国家出版基金项目
NATIONAL PUBLICATION FOUNDATION

中 国 近 代
思 想 家 文 库

◎

梁培宽　王宗昱　编

梁漱溟卷

中国人民大学出版社
·北京·

《中国近代思想家文库》编纂委员会名单

主　任　　柳斌杰　纪宝成
副主任　　吴尚之　李宝中　李　潞
　　　　　王　然　贺耀敏　李永强

主　编　　戴　逸
副主编　　王俊义　耿云志
委　员　　王汝丰　刘志琴　　许纪霖　杨天石　杨宗元
　　　　　陈　铮　欧阳哲生　罗志田　夏晓虹　徐　莉
　　　　　黄兴涛　黄爱平　　蔡乐苏　熊月之
　　　　　（按姓氏笔画排序）

总　序

　　对于近代的理解，虽不见得所有人都是一致的，但总的说来，对于近代这个词所涵的基本意义，人们还是有共识的。一个国家、一个民族走入近代，就意味着以工业化为主导的经济取代了以地主经济、领主经济或自然经济为主导的中世纪的经济形态，也还意味着，它不再是孤立的或是封闭与半封闭的，而是以某种形式加入到世界总的发展进程。尤其重要的是，它以某种形式的民主制度取代君主专制或其他不同形式的专制制度。中国是个幅员广大、人口众多、历史悠久的多民族国家，由于长期历史发展是自成一体的，与外界的交往比较有限，其生产方式的代谢迟缓了一些。如果说，世界的近代是从 17 世纪开始的，那么中国的近代则是从 19 世纪中期才开始的。现在国内学界比较一致的认识，是把 1840 年到 1949 年视为中国的近代。

　　中国的近代起始的标志是 1840 年的鸦片战争。原来相对封闭的国门被拥有近代种种优势的英帝国以军舰、大炮再加上种种卑鄙的欺诈打开了。从此，中国不情愿地加入到世界秩序中，沦为半殖民地。原来独立的大一统的中央集权的君主专制国家，如今独立已经极大地被限制，大一统也逐渐残缺不全，中央集权因列强的侵夺也不完全名实相符了。后来因太平天国运动，地方军政势力崛起，形成内轻外重的形势，也使中央集权被弱化。经历第二次鸦片战争、中法战争、甲午战争、八国联军入侵的战争以及辛亥革命后的多次内外战争，直至日本全面侵略中国的战争，致使中国的经济、政治、教育、文化，都无法顺利走上近代发展的轨道。古今之间，新旧之间，中外之间，混杂、矛盾、冲突。总之，鸦片战争后的中国，既未能成为近代国家，更不能维持原有的统治秩序。而外患内忧咄咄逼人，人们都有某种程度"国将不国"的忧虑。

　　"天下兴亡，匹夫有责"，读书明理的士大夫，或今所谓知识分子，尤为敏感，在空前的危机与挑战面前，皆思有所献替。于是发生种种救亡图存的思想与主张。有的从所能见及的西方国家发展的经验中借鉴某些东西，形成自己的改革方案；有的从历史回忆中拾取某些智慧，形成某种民族复兴的设想；有的则力图把西方的和中国所固有的一些东西加以调和或结合，形成某种救亡图强的主张。这些方案、设想、主张，从世界上"最先进的"，到"最落后的"，几乎样样都有。就提出这些方案、设想、主张者的初衷而言，绝大多数都含着几分救国的意愿。其先进与落后，是否可行，能否成功，尽可充分讨论，但可不必过为诛心之论。显而易见，既然救国的问题最为紧迫，人们所心营目注者自然是种种与救国的方案直接相关的思想学说，而作为产生这些学说的更基础性的理论，及其他各种知识、思想，则关注者少。

围绕着救国、强国的大议题，知识精英们参考世界上种种思想学说，加以研究、选择，认为其中比较适用的思想学说，拿来向国人宣传，并赢得一部分人的认可。于是互相推引，互相激励，更加发挥，演而成潮。在近代中国，曾经得到比较广泛的传播的思想学说，或者够得上思潮的，主要有以下几种：

（一）进化论。近代西方思想较早被引介到中国，而又发生绝大影响的，要属进化论。中国人逐渐相信，进化是宇宙之铁则，不进化就必遭淘汰。以此思想警醒国人，颇曾有助于振作民族精神。但随后不久，社会达尔文主义伴随而来，不免发生一些负面的影响。人们对进化的了解，也存在某些片面性，有时把进化理解为一条简单的直线。辩证法思想帮助人们形成内容更丰富和更加符合实际的发展观念，减少或避免片面性的进化观念的某些负面影响。

（二）民族主义。中国古代的民族主义思想，其核心是"非我族类，其心必异"，所以最重"华夷之辨"。鸦片战争前后一段时期，中国人的民族思想，大体仍是如此。后来渐渐认识到"今之夷狄，非古之夷狄"，"西人治国有法度，不得以古旧之夷狄视之"。但当时中国正遭受西方列强的侵略和掠夺，追求民族独立是民族主义之第一义。20世纪初，中国知识精英开始有了"中华民族"的概念。于是，渐渐形成以建立近代民族国家为核心的近代民族主义。结束清朝君主专制，创立中华民国，是这一思想的初步实现。第一次世界大战爆发，中国加入"协约国"，第一次以主动的姿态参与世界事务，接着俄国十月革命爆发，这两件事对近代中国的发展历程造成绝大影响。同时也将中国人的民族主义提升到一个新的层次，即与国际主义（或世界主义）发生紧密联系。也可以说，中国人更加自觉地用世界的眼光来观察中国的问题。新生的中国共产党和改组后的国民党都是如此。民族主义成为中国的知识精英用来应对近代中国所面临的种种危机和种种挑战的一个重要的思想武器。

（三）社会主义。社会主义作为一种模糊的理想是早在古代就有的，而且不论东方和西方都曾有过。但作为近代思潮，它是于19世纪在批判近代资本主义的基础上产生的。起初仍带有空想的性质，直到马克思和恩格斯才创立起科学社会主义。20世纪初期，社会主义开始传入中国。当时的传播者不太了解科学社会主义与以往的社会主义学说的本质区别。有一部分人，明显地受到无政府主义的强烈影响，更远离科学社会主义。直到五四新文化运动兴起之后，中国人始较严格地引介、宣传科学社会主义。但有一段时间，无政府主义仍是一股很大的思想潮流。中国共产党的成立，从思想上说，是战胜无政府主义的结果。中国共产党把在中国实现社会主义乃至共产主义作为自己的奋斗目标。此后，社会主义者，多次同各种非科学社会主义思想的信仰者进行论争并不断克服种种非科学社会主义思想的影响。

（四）自由主义。自由主义也是从清末就被介绍到中国来，只是信从者一直寥寥。直到五四新文化运动兴起，具有欧美教育背景的知识精英的数量渐渐多起来，自由主义始渐渐形成一股思想潮流。自由主义强调个性解放、意志自由和自己承担责任，在政治上反对一切专制主义。在中国的社会条件下，自由主义缺乏社会基础。在政治激烈动荡的时候，自由主义者很难凝聚成一股有组织的力量；在稍稍平和的时候，他们往往更多沉浸在自己的专业中。所以，在中国近代史上，自由主义不曾有，也不可能有大的作为。

（五）激进主义与保守主义。处于转型期的社会，旧的东西尚未完全退出舞台，新的东西也还未能巩固地树立起来，新旧冲突往往要持续很长的时间，有时甚至达到很激烈的程度。凡助推新东西成长的，人们便视为进步的；凡帮助旧东西排斥新东西的，人们便视为保守的。其实，与保守主义对应的，应是进步主义；与顽固主义相对的则应是激进主义。不过在通常话语环境中人们不太严格加以区分。中国历史悠久，特别是君主专制制度持续两千余年，旧东西积累异常丰富，社会转型极其不易。而世界的发展却进步甚速。中国的一部分精英分子往往特别急切地想改造中国社会，总想找出最厉害的手段，选一条最捷近的路，以最快的速度实现全盘改造。这类思想、主张及其采取的行动，皆属激进主义。在中共党史上，它表现为"左"倾或极左的机会主义。从极端的激进主义到极端的顽固主义，中间有着各种程度的进步与保守的流派。社会的稳定，或社会和平改革的成功，都依赖有一个实力雄厚的中间力量。但因种种原因，中国社会的中间力量一直未能成长到足够的程度。进步主义与保守主义，以及激进主义与顽固主义，不断进行斗争，而实际所获进步不大。

（六）革命与和平改革。中国近代史上，革命运动与和平改革运动交替进行，有时又是平行发展。两者的宗旨都是为改变原有的君主专制制度而代之以某种形式的近代民主制度。有很长一个时期，有两种错误的观念，一是把革命理解为仅仅是指以暴力取得政权的行动，二是与此相关联，把暴力革命与和平改革对立起来，认为革命是推动历史进步的，而改革是维护旧有统治秩序的。这两种论调既无理论根据，也不合历史实际。凡是有助于改变君主专制制度的探索，无论暴力的或和平的改革都是应予肯定的。

中国近代揭幕之时，西方列强正在疯狂地侵略与掠夺殖民地和半殖民地，中国是它们互相争夺的最后一块、也是最大的资源地。而这时的中国，沿袭了两千年的君主专制制度已到了奄奄一息的末日，统治当局腐朽无能，对外不足以御侮，对内不足以言治，其统治的合法性和统治的能力均招致怀疑。革命运动与改革的呼声，以及自发的民变接连不断。国家、民族的命运真的到了千钧一发之际，危机极端紧迫。先觉分子救国之心切，每遇稍具新意义的思想学说便急不可待地学习引介。于是西方思想学说纷纷涌进中国，各阶层、各领域，凡能读书读报者，受其影响，各依其家庭、职业、教育之不同背景而选择自以为不错的一种，接受之，信仰之，传播之。于是西方几百年里相继风行的思想学说，在短时期内纷纷涌进中国。在清末最后的十几年里是这样，五四时期在较高的水准上重复出现这种情况。

这种情况直接造成两个重要的历史现象：一个是中国社会的实际代谢过程（亦即社会转型过程）相对迟缓，而思想的代谢过程却来得格外神速。另一个是在西方原是差不多三百年的历史中渐次出现的各种思想学说，集中在几年或十几年的时间里狂泻而来，人们不及深入研究、审慎抉择，便匆忙引介、传播，引介者、传播者、听闻者，都难免有些消化不良。其实，这种情况在清末，在五四时期，都已有人觉察。我们现在指出这些问题并非苛求前人，而是要引为教训。

同时我们也看到，中国近代思想无比的多样性与复杂性呈现出绚丽多彩的姿态，各种思想持续不断地展开论争，这又构成中国近代思想史的一个突出特点。有些论争为我们留下了非常丰富的思想资料。如兴洋务与反洋务之争，变法与反变法之争，革命与改良之争，共和与立宪之争，东西文化之争，文言与白话之争，新旧伦理之争，科学与人生观之争，中国社会性质的论争，社会史的论争，人权与约法之争，全盘西化与本位文化之争，民主与独裁之争，等等。这些争论都不同程度地关联着一直影响甚至困扰着中国人的几个核心问题，即所谓中西问题、古今问题与心物关系问题。

中国近代思想的光谱虽比较齐全，但各种思想的存在状态及其影响力是很不平衡的。有些思想信从者多，言论著作亦多，且略成系统；有些可能只有很少的人做过介绍或略加研究；有的还可能因种种原因，只存在私人载记中，当时未及面世。然这些思想，其中有很多并不因时间久远而失去其价值。因为就总的情况说，我们还没有完成社会的近代转型，所以先贤们对某些问题的思考，在今天对我们仍有参考借鉴的价值。我们编辑这套《中国近代思想家文库》，希望尽可能全面地、系统地整理出近代中国思想家的思想成果，一则借以保存这份珍贵遗产，再则为研究思想史提供方便，三则为有心于中国思想文化建设者提供参考借鉴的便利。

考虑到中国近代思想的上述诸特点，我们编辑本《文库》时，对于思想家不取太严格的界定，凡在某一学科、某一领域，有其独立思考、提出特别见解和主张者，都尽量收入。虽然其中有些主张与表述有时代和个人的局限，但为反映近代思想发展的轨迹，以供今人参考，我们亦保留其原貌。所以本《文库》实为"中国近代思想集成"。

本《文库》入选的思想家，主要是活跃在 1840 年至 1949 年之间的思想人物。但中共领袖人物，因有较为丰富的研究著述，本《文库》则未收入。

编辑如此规模的《文库》，对象范围的确定，材料的搜集，版本的比勘，体例的斟酌，在在皆非易事。限于我们的水平，容有瑕隙，敬请方家指正。

《中国近代思想家文库》编纂委员会

目　录

梁漱溟先生之所以成为思想家

费孝通

梁先生是我一向尊敬的前辈，是当代中国一位卓越的思想家。我学生时代就读过他的书，虽然没有全都读懂。但梁先生的确是一位一生从事思考人类基本问题的学者，我们称他为思想家是最恰当不过的。

梁漱溟先生在他自己 1984 年出版的《人心与人生》一书的第 27 页这样说："我曾多次自白，我始未尝有意乎讲求学问，而只不过是生来好用心思；假如说我今天亦有些学问的话，那都是近六七十年间从好用心思而误打误撞出来的。"

好一个"好用心思"，好一个"误打误撞"！这几句简单的心里话，正道出了一条做学问的正确道路。做学问其实就是对生活中发生的问题，问个为什么，然后抓住问题不放，追根究底，不断用心思。用心思就是思想。做学问的目的不在其他，不单是为生活，不是为名利，只在对自己不明白的事，要找个究竟。宇宙无穷，世海无边，越用心思追根，便越问越深，不断深入，没有止境。梁先生是一生中身体力行地用心思，这正是人之异于禽兽的特点，是人之所以为人的属性。人原是宇宙万物中的一部分，依我们现有的知识而言，还只有人类有此自觉的能力。所以也可以说，宇宙万物是通过人而自觉到的，那正是宇宙进化过程本身的表现。进化无止境，自觉也无止境。思想家就是用心思来对那些尚属不自觉的存在，误打误撞，把人类的境界逐步升华，促使宇宙不断进化。

我正是从梁先生的做学问和他的为人中，看到了一个思想家之所以成为思想家的缘由。他的思想永远是活的，从不僵化；他可以包容各种学科、各科学说，从前人用心思得到的结果中提出新问题，进行新思考，产生新的学问。环顾当今之世，在知识分子中能有几个人不唯上、唯书、唯经、唯典？为此舞文弄笔的人也不少，却常常不敢寻根问底，不敢无拘无束地敞开思想，进行独立思考。可见要真正做一个思想家，是多么不容易。正因为是物以稀为贵吧，我对梁先生的治学、为人，是一直抱着爱慕心情的。

我原本想就梁先生用心思打撞的问题提出一些我自己不成熟的看法，但这几个月来一直没有坐定过。因此这次讨论会上我不能提出论文来求教于梁先生和诸位到会的学者，请予原谅。我只能利用这个机会表达我为什么爱慕梁先生的心意。我认识到他是一个我一生中所见到的最认真求知的人，一个无顾虑、无畏惧、坚持说真话的人。我认为，在当今人类遇到这么多前人所没有遇到的问题的时刻，正需要有更多的这种人，而又实在不可多得。什么是文化，文化不就是思想的积累么？文化有多厚，思考的问题就有多深。梁先生不仅是个论文化的学者，而且是个为今后中国文化进行探索的前锋。限于我本身的水平，我对这位思想家的认识只到这个程度，仅能提供与会的朋友们、同志们作参考。

导　言

　　梁漱溟先生是 20 世纪中国新儒家的先驱，也是 20 世纪中国极具特色的思想家。

　　自从 20 世纪 80 年代的"文化热"以来三十年间，梁先生和他的思想被越来越多的中国人关注。无论是学术研究的还是社会评论的文字，都已经有了很多关于梁先生的信息。他的著作已经被许多出版社出版。梁先生的思想成为 20 世纪中国的一个有价值的研究对象。我们作为后辈，该如何享用这份遗产呢？不同时代的人对前人的评价肯定是不同的。随着时间的流逝，梁先生已经成为古人。20 世纪 80 年代，那是一个思想解放的时代。阅读梁先生著述的人们希望再次进入他生活的那个时代，更希望能回到五四运动的时代，自由地探索中国的未来。这背后是对于长期思想禁锢的厌恶和叛离。1985 年，梁先生也再次站在讲台上，像是一个思想解放的参与者，平等地和满怀憧憬的青年们对话，再次成为青年们的导师。进入 21 世纪，到了今天，先生已经故去二十六年了。他的思想已经成为一种学术研究对象，不再与当年社会中活生生的运动相关联。研究者对他思想的关注，只是纯粹出于研究的需要，甚至必须在理解的时候排除感情的色彩。了解梁先生的人群当然增长了几十倍甚至上百倍，那是因为文字的媒体作用，使更多的人有机会接触他的思想。在他们的眼里，梁先生是个与许多学者不同的、有传奇色彩的人物。梁先生是属于旧时代的人物，可是他的著述还有存在的理由，当然还是处在主流之外的。他的思想见解，多出自独立思考，往往有其独特之处，因此其思想性著述即可进入这一"中国近代思想家文库"，供人们研讨。本文作为导言，不作探讨，只是做些引导工作，提出几点意见，便于读者理解他的思想。

一、人生问题和社会问题

梁先生经常说他一生关心的问题有两个：一个是人生问题，一个是中国社会问题。他自称从 14 岁的时候就开始思考苦乐问题。不过，他青年时代更关心的是中国的社会问题。受到当时新思潮的影响，他极赞赏西方宪政体制，热心于将其引入中国。他更多地是从中国社会的角度表达自己的政治主张。作为一个青年学生，他当然对于功利主义还没有什么社会经验。梁先生后来总结人类有三种人生态度的时候说，自己对三种态度都曾经热心过、崇信过。这当然是实情，不过对于西方的人生态度更多的是从政体方面表现的，例如参与中国新旧政协时期的政论文字，也更多地表现在社会方面。他在 20 岁的时候明确表示要出家为僧。这之后几年潜心研读佛典，是他思考人生问题特别是苦乐问题最深入的时期。《东西文化及其哲学》把三种文化归纳为三种不同的人生态度。在这部书的后序里面，他表示说因为预见到世界文化的近期前景是儒家的人生态度，所以他要站出来倡导儒家生活。梁先生关于三种人生态度的思考对于他的个人生活和他的社会活动以及他的著述都有深远的影响。本书把这方面的文字作为第一组，帮助读者了解梁先生一生行止的基础。

梁先生是一个知行合一的人。不仅他本人忠实于自己的信仰，这也是旧时代大多数人的共识。古代的社会教育和学校教育都是在教宣教的。今天的社会是各种宗教平等共存的，任何教育机构不能由一种宗教或教义垄断。古代的教育和生活是一体的，无论对知识阶层还是劳动阶层都是如此。今天的书本知识和社会生活有很大距离。梁先生作为一个修行者更要体现知行合一。我们今天不讲求知行合一，自然很难理解梁先生的生活和追求。梁先生曾经描述自己是一个有思想而且本着自己的思想行动的人。几乎所有的研究者都注意了梁先生的文字，而忽略了他的个人生活和社会生活。本书也难免集中了他坐而论道的文字。所以，我们要提醒读者，能有时间去关注他的生活，例如他的日记以及当年关于乡村建设和民盟活动的报道。本书收入一篇《三种人生态度》。他用逐求、厌离和郑重分别概括西方、印度和中国的人生态度。他特别结合自己的生活经历谈三种人生和三种文化。梁先生从中学时代起为追求西方的宪政制度奋斗，参加了同盟会。进入民国，接受了佛家思想，一心想着出家为僧。《东西文化及其哲学》出版以后，他在书中倡导宋人讲学风气，辞去了北京大学的教职，自己去办教育，又进一步发展为从事社会改造。梁先生的生活比他的文字给我们的启示更多。当然，佛教的生活主要是作为他个人的志向，也由于参与了越来越多的社会生活，他佛学的修持经历很少为世人知晓。尽管他的乡村建设运动有明显的儒家色彩，但是仍然体现了他希望吸收西方宪政文化的追求。梁先生不是一个想把自己的生活推广甚至强加给社会的人。他甚至说可以暂时放下自己的出世志愿，站出来带领社会过孔子的生活，于是有了他的社会教育和乡村建设的经历。然而，如何理解他参与创建民盟和参与国共和谈呢？本书的编者希望大家看到文字以外还有一个梁先生，这也是我们由于时代的关系难于理解的方面。我们只是要记住他对自己倡导的人生态度是身体力行的，要去亲证它。

　　梁先生关心的社会问题实际上是针对中国社会而言的。这在他中学时代就开始了。他对于英国宪政体制的兴趣是考虑到它们对于中国社会变革的意义。《东西文化及其哲学》回答了现实问题，告诉人们应该选择什么道路，所以才产生了巨大影响。人生问题和社会问题是紧密联系的。《东西文化及其哲学》就是描述人类在不同历史时期采取不同的人生态度。不过，社会问题并非仅就个人的生活态度而言，而是要处理人结成社会以后的整体文化如何演变。梁先生一生的著述都是把人生问题和社会问题联系在一起的，在政治活动中也是如此。他在《东西文化及其哲学》里说："常想以近代的社会改造活动与古人讲学的风气并作一事而矢以终身。"1924 年，他辞去了北京大学的教职到山东办学。此后，梁先生从事社会教育直至 1949 年。梁先生对于教育问题曾经做过深入研究。他对于教育问题的关注分为几个阶段。1921 年，他应邀到山西教育会讲演，后来发表了《东西人的教育之不同》。他认为西方人重在知识教育，而中国人的教育是情志的教育；西方人重视生活的工具知识，中国人重视生活本身。这当然是《东西文化及其哲学》论述的延伸。随着研究的深入，并参观了欧洲人卫西琴和陶行知的办学，梁先生的教育思想也在发展变化。他在山东和广州办学的过程中提出了很多新颖的设计，也借鉴了陶行知的晓庄师范。在这以后，梁先生走向了社会教育，并且把社会教育和社会改造融为一体。这突出表现在乡村建设过程中。他设计的乡农学校就是要造就具有民主政治生活习惯的新农民。这个社会教育的思想继承了儒家的教化政治传统，也希望吸收西方的政治生活经验。本书收入了一组教育论述，希望读者能了解梁先生的教育思想。

梁先生的社会改造追求的是"认识老中国，建设新中国"。所谓认识老中国就是认识到中国文化中有长久价值的因素。这个因素就是"理性人心"。建设新中国就是"从旧文化里转变出一个新文化"。乡村建设就是一个具体的实验。日本的入侵，中断了这个工程，但是却继续并扩大了他的实验范围。梁先生在抗战中参加了国防参议会和国民参政会，对中国的政治建设做了更加深入的研究。抗战以后，他发表了多篇讨论中国宪政的文章，似乎使他关心的问题又回到辛亥革命以前的时代。不过，梁先生显然超越了那个时代。1939 年，梁先生参与创建了"统一建国同志会"。1940 年，他参与创建"中国民主政团同盟"，翌年代表民盟到香港创办《光明报》，起草了民盟成立宣言和政治纲领。一个孔子的门徒，成为中国迄今最有代表性的在野政治团体的代表性人物。这在中国的政党历史上，也是值得研究的。然而，无论从当时的历史形势看，还是考察梁先生的言行，他参与创建的组织不是为了参与政党斗争。抗战时期他致力的是动员民众、团结各方面力量。抗战即将胜利的时候，他提议从战时民众动员发展为民意机关。他的政治理想还是乡村建设时代追求的，希望民众积极参与政治生活。在政党活动方面，他作为民盟的秘书长协调国共和谈，而实际上是代表国共以外的各方面力量，协调国共关系。他们都是在为国家的团结统一而共同努力的同道，无论结合为团体，或一时共事，全是自愿的、彼此敬重的。而他自己，更是抱着和而不同的态度，求同存异，故少有个人恩怨，却松而不散，工作得以推进。这种行事风格反映了他对于政党在中国政治生活中的作用有独到的见解。本书由于篇幅原因，收入少量他对于中国社会政治的研究以及和民盟相关的重要文献。读者还可以关注未能收入本书的他在20 世纪 40 年代后期的一些政论文章。

二、理智和理性问题

梁先生在中学时代开始热心于西方思想，如英国的功利主义，但是在进入民国以后，似乎立场转而倾向东方。梁先生到北京大学任教的第一天就对蔡元培校长说："我此来除去为释迦、孔子去发挥外更不做旁的事。"1918 年 10 月，梁先生在《北京大学日刊》上刊登启事，征求研究东方学的同志。11 月，梁先生在哲学门研究所，讲演孔子哲学。

这是属于正常教学之外的研究性活动。梁先生到北京大学任教是被聘请教授印度哲学课程的。1919 年，他出版了《印度哲学概论》。1920 年 1 月，他出版了《唯识述义》。在这两部著作中，梁先生都吸收了当时西方相应领域中最前沿的成果，例如著名宗教学家缪勒的《印度六派哲学》和欧洲感觉主义学派波耳松的著作。与《东西文化及其哲学》相比，这两部著作没有那么贴近当时文化论战的前沿。《印度哲学概论》实际上是课程教材。但是，这两部著作的西学内容反映出梁先生很注意西方的前沿学术。《东西文化及其哲学》也不是那么顽固老朽，尽管它被很多人看作是保守主义的。这种融会东西的学术品格，一直贯穿在梁先生以后的各种著作中。当然，《东西文化及其哲学》有着强烈的现实性的品格，因为北京大学永远不是象牙之塔，永远和中国社会的脉搏息息相关。他后来回忆说：“当时的新思潮既倡导近代思潮（赛恩斯与德谟克拉西），又同时引入各种社会主义学说的。我自己虽然对新思潮莫逆于心，而环境气氛却对我这讲东方古哲之学的，无形中有很大的压力。就是在这压力之下产生出来我的《东西文化及其哲学》一书。”这部著作在历史上的形象更是一个思想体系而不是一个理论体系，尽管它在当时的论战著述中是最有系统性和说服力的。这部著作发表以后，梁先生在北京大学开设了“孔子思想史”的专题课程。这个课程的部分内容反映在他十年以后在乡村建设研究院的课程中，也反映在他 1975 年完成的《人心与人生》里面。我们会看到他在 1923 年就开始关注的问题和致力的学术资源，例如心理学和柏格森哲学。由于在《东西文化及其哲学》中倡导儒家的学说，因此，梁先生此后的大部分论著是集中在儒家文化而不是佛教文化。本书收入了梁先生关于东方文化的一组论著，希望有助于读者了解他在不同时期对于东方学术的研究。

　　梁先生看到中国文化在征服自然方面应该多多向西方文化学习。他一直认为西方文化在这方面取得的成就是伟大的，不能忽视。不过，他认为这是属于理智方面的文化。人类表现其特殊性的方面还在于理性。理智与理性的关系一直是他用心思考的问题。他特别看重西方比较心理学的学说，希望考察人类的理智如何从动物进化而来，又从本质上不同于动物。他认为理智本身还是一种为了生存的工具，但是理智使人可以暂时不理会生存问题。这说明人能够超越生存问题的束缚。这个可能就表现为理性。他也因此把东方的理性文化看作是超越西方理智文化的。然而，由于很多人认为东方文化低于西方文化，梁先生的这些论述被看作是保守主义的思想理论。我们看到在西方关于如何看待新科技和旧传统的关系上也是有争论的，不过并不表现为激进主义和保守主义的分野。西方社会中一直有一股力量，希望用人类长期发展的文化成就矫正短期成就，尤其是现代科技带来的环境问题、伦理问题。所以，仅仅用激进主义或保守主义概括一个人的思想不是一个合适的标准。

梁先生至少在 20 世纪一直被看作保守主义者，这个称呼是有贬义成分的。我们今天应该重新看待保守主义。《不列颠百科全书》定义保守主义说：保守主义是一种信念，抱有这种信念的人相信现有的政治、社会和经济秩序的价值，认为应该尽可能多地加以保存。更确切地说，保守主义是一种倾向。持这种倾向的人认为应该依据经过时间考验和证实了的那些传统和制度来审时度势，做出自己的选择，并且仅愿意渐渐地和偶尔地使它们发生变化。保守主义一词也被用来指说明这种倾向是正确的那些哲学学说。因此，与其说保守主义是一种政治态度，不如说是对各种政治建议所抱的一种态度。我们从这个角度看待梁先生的保守主义就会比较宽容，因为在过去的一百年保守主义是贬义词，而且经常被用做政治斗争的武器。进入新世纪以来，全世界都认识到人类的进步速度太快，带来很多问题，于是不得不反省传统的价值，因此保守主义逐渐被尊重和有限度地接受。当然，这还不是正确、彻底地认识保守主义的方法，仍然有功利性。新文化论战时候各派的意见都很鲜明，在国民参政会里各党派的争执也是很激烈的。激进派和保守派都有权利表达立场。今天的网络社会也给我们不同意见的共存提供了技术保障。然而，我们在评价历史上的激进派或保守派的时候还不免有价值判断的功利心。实际上，激进派和保守派只是人们的习惯称呼，在常态下的舆论界，它们都有存在的理由和必要。在社会历史的进程中也自然会有这样两派分野。这样两派的主张都在不同程度上代表着民意。由于 20 世纪的中国社会变革剧烈，两派的社会效应就凸显出来。如果放在一个大的空间和时间的幅度里，它们的效应没有那么大强度，也自然就不会有人对它们作价值的评断。自从 20 世纪 90 年代以来，大陆舆论对于当代新儒家的关注，使得人们逐渐冷静地对待梁先生的思想。如果参考以余英时为代表的台湾地区学院派学者对于东西文化差异的剔发，我们就会感到梁先生当年的主张里面有很多值得思考的学理。我们任何时候都不要把它当作政治主张。梁先生的著作在五四运动时期被看作保守主义的性质，是因为那时的课堂和社会联系密切。但是，梁先生的《乡村建设理论》和《中国文化要义》并不表现为保守主义。这或许因为梁先生在亲身参与了社会活动以后，他的理论著述反而更趋冷静客观。五四运动时期的著述对现实社会的期待很迫切，而且要发为行动。从事社会活动以后，他更希望将自己的实践提升到理论的高度，也参考了中外众多的学术成果。他在历史学、人类学、法学和心理学诸多方面都曾经深入钻研。尽管他的著作中还有很多文字属于对某种文化的赞扬和对未来社会的期待，但是他提出的某些问题仍然值得今天再次探讨。我们不能因为他在乡村建设中倡导儒家文化从而把他的著作一概看作是保守主义的，即使他早年在《东西文化及其哲学》里面对于中西文化的分析仍然值得重新思考。如果我们阅读余英时教授《从价值系统看中国文化的现代意义》一文，会感觉他的思路和梁先生很相近，只是他的语言比梁先生更接近我们。梁先生当年的语言让我们容易把它归纳为佛学认识论和进化论。如果我们把它和后面的著作联系起来阅读，就会看到他终生关心的问题。

三、是佛家还是儒家？

"最后的儒家"是美国学者艾恺教授加给梁先生的称号，也很快被许多中国读者接受。但是，当他们第一次相见时，梁先生告诉他自己是一个佛教信徒。这使艾恺教授感到相当意外。艾恺教授增补自己的著作时第一个要讨论的问题就是："最后的儒家，还是最后的佛家？"梁先生个人的信仰问题不仅让外国人难以理解，也让被西方文化熏陶了的当代读者感到费解。

即使在今天宗教信仰自由的社会里，我们也看到政府、法律、科技的力量要远远大于宗教团体的力量。所以，我们今天很难理解旧时代的人如何从自己的信仰出发行事，尽管在中国的农村很多人还没有摆脱旧宗教，城市里的人实际上也信奉了法治或科技的新宗教。很多人的研究忽略了梁先生的佛教信仰，片面地强调了梁先生的儒家特征。我们向来关注的梁先生的著作和活动都是属于世间法的。这些在他看来，都不是他个人的最高理想。他更喜欢出世间法，可是我们对他这方面的思想和活动知之甚少，能够理解的更少。这不仅是时代使然，也是信仰使然。最近十年来陆续有梁先生的日记以及修佛经历的文字编辑出版。从那些文字里读者可以看到梁先生的佛教信仰是坚定的，从年轻时代直至暮年，从未动摇。如今我们已经无法理解梁先生这样一个保守主义的代表，怎么能和当时最激进的李大钊、张申府亲密相处。重温梁先生的历史也只是提醒我们注意这样一个原则：将来再有这样的和谐局面也断然不能重现中国古代的文人生活。

梁先生作为一个佛教信徒，有几个比较值得注意的特点：第一，佛教是主张出世的，但是梁先生却参与了那么多的世间事务，为抗战、为战后和平奔走，并且作为第三方代表参与国共和谈。第二，梁先生的佛教信仰是理性的。他是一个佛教信徒，也礼拜过藏传佛教大师，与能海和尚交往密切，然而他并不是一个烧香叩拜的信徒。他深刻地认识到人世间的苦，但是自己并不追求来生的果报。他更多地是在日常生活中证实，自己是否能够破除佛教反对的"法执"和"我执"。第三，梁先生的经历是多方面的，因此他的性格也是多层次的。世人多以为他是个儒者，但是我们会在日记里看到，他用佛教的义理批判自己在社会生活中表现出的儒家形象。这些在宋明时代的儒家那里也是见不到的。尽管古人有所谓"朱老陆释"的评判，但主要是针对朱熹、陆九渊的理论，而不重在他们的生活。梁先生的特别之处在于他对于儒家和佛家的修行都有亲身的经验，而且他的佛教信仰使他和大多数儒者有根本的不同。梁先生从来不向他人宣传佛家思想，也不介绍别人入佛门。第四，梁先生在佛家功夫的修持方面，有过很认真的实际经验，能够辨析佛教功夫和道家功夫的不同。他曾经告诉一位愿意进入佛门的青年要发愿，而且要发"悲愿"。如何理解这个发愿的心态，也是我们后人要仔细思考的。无论是在儒家方面还是在佛家方面，梁先生都是要求自己的生活能够"证道"。这也是他最具魅力的人格特征。

以往的大全性选集往往注重梁先生的专著。本书也不能免俗，所以在最后一组文字里选录了梁先生几部重要著作的篇章。《东西文化及其哲学》只选录了"自序"和最后一章，阐述了他对于世界文化大势和中国文化的预见。篇幅有限，本书不能介绍作者关于东西文化及其哲学的分析。《乡村建设理论》是社会大众理解比较少的。这次选录的文字反映了梁先生对于中国文化改造的设想。《东西文化及其哲学》偏重论述人生态度，《乡村建设理论》则对于社会组织做了很多深入的研究，并且进一步思考如何综合中西文化的长处。他讨论的问题以及提出的方案，在今天仍然值得学者和政治家参考。近年来仍然有日本研究本土乡村文化的学者来搜寻梁先生当年乡村建设的史料。如果我们承认保守主义的必要性，那么梁先生在那个时代提出的设想，特别是他考虑到的问题，仍值得我们借鉴。艾恺教授曾经研究 19 世纪世界上的保守主义（他使用"守成主义"以避免贬义）。随着中国对于现代化的迫切追求，梁先生的及与其相类似的论著被冷落；也随着现代化带来的危机，他们的著述仍然可以帮助我们探索新路。《中国文化要义》尽管近年来多次印刷，但是影响仍然不及《东西文化及其哲学》。该书中的一些观点、主张，梁先生从 20 世纪 20 年代末就酝酿了，不过是在这部著作中得到系统的总结和表述。梁先生坚决反对用阶级关系看待中国社会。他从家庭入手，对照西方的教会组织阐述了中西社会的根本区别。梁先生在理论方面和实践方面都坚决反对在中国推行阶级斗争。虽然经过历次政治运动，阶级观念在中国也开始发生影响，但梁先生的著作仍然可以帮助我们反省过度强调阶级斗争给我们带来的一定程度的灾难，至少可以帮助我们从非阶级分析的角度认识中国历史。《中国文化要义》里面有专门一章论述人类的理性。这是梁先生在理论上超越《东西文化及其哲学》时代的一个重要成果。这个思想也是他在以后《人心与人生》一书中要努力论述的。本书选取了《人心与人生》第七章，目的即在使读者了解梁先生对理性问题的总结。

　　本书内容分为几组，每组文字尽量以发表时间先后为序。

谈　佛
——与张蓉溪舅氏书
（1914）

　　东渡过速，不及晤送，亦歉亦怅。两年来，劳悴太甚，得此休息，原自大好。至于国危民困，亦但有流涕而已，吾独奈之何哉？留别书读过，根本之论，确切不移。甥常有肆论。

　　舅辛亥迄今，无论关乎政治之行为，或个人私行，为无过誉，无过毁，则"始终不失书生本色，"最为的评。世人颇视书生为贬辞，自我观之，立宪制度下之政治家，实以能保持书生本色者，力最上选，而居议员地位者为尤然也。今之政象不良，未始非一群"不为书生"之政客有以成之。世有明德君子，必不以我为迂也。甥以畴岁极荷青睐，屡思以年来思想，今后志趣，书陈鉴教。值政务鞅掌，未敢多渎，今幸清闲，可毕吾说矣。所谓年来思想者，一字括之，曰佛而已矣！所谓今后志趣者，一字括之，曰僧而已矣！顾吾所谓佛，异乎千年来一般人之所谓佛也。有如苏轼、白居易之流，资质聪明，未闻大道，窃附解脱之说，驱遣烦恼，义惟大迷，语皆非量，斯为最下。[1] 又如宋明诸儒，无欲近似无念，敬静仿佛止观，《订顽》、《识仁》诸篇，乃更几于大乘诸经（《订顽》为《西铭》旧名）。论者谓实杂佛老，其或然欤。[2] 然义理

---

[1]　苏白均略讲佛，然所造至浅，遽列之《传灯录》中，未免徒慕文名，不求实际。

[2]　儒以通经致用为主，宋学虽云有《礼记》天理人欲，《孟子》求放心、养浩气等等诸说为根据，而以前究无此专讲性理之一派，何独逾千数百年至宋始发生。有许多人觅得其杂佛确据，但今不记得耳。杂老之说，因梁启超有"濂学渊源出自种放，李之才、陈抟，则道家之流裔也"之语，而濂学者，则宋明之祖师也。从来讲佛者，大都好评论宋学有抑之太过者，有扬之太过者，皆坐不明佛学故，不足以论理学。

今人咸谓道教创自张道陵，去老、庄、列之学甚远，甚是。然固非全体杜撰，泰半尚根据老学也，三家之中端推庄子为最高，老病在阴险，列病在诡异，独庄对于世事从侧面下极冷静的批评，间与佛理相发明特远，不如佛学之起原竟委一丝不漏耳。又，只能有数多之警切句子，而不能为周密之论理，此则周秦诸子之通病也，亦中国书之通病。

又，王阳明良知之说与康德真我自由之说相同，所谓直觉主义也。然晚近心理学大改革，知、情、意之三分法推翻，均谓此种（道义感）之能力。在新心理学上全无根据，现在吾尚不能下若何之判断，大约亦可为佛学推翻道德说一助力也。

良知，匪是真如。（梁启超指义理为真如，大谬）利民济物，不出有为，知欲之务去而不悟，即此饥思食，渴思饮，冬求暖，夏求凉者，亦罔非妄。其所以耽著世间而不能出者，亦只差此一间耳。故既曰，学为人而已。又曰，灭人欲净尽，支离矛盾。王船山、谭复生先我而讥之矣。然千年来能仿佛佛理者，固无能出其右，斯为最上。迨乎近世欧风东渐，平等博爱之说以昌，谭、康、梁摘拾经句，割裂佛说，专阐大悲，不主出世。不学之辈，率相附和，是则晚近一般人心目中之佛所从来也。稽其造诣，又远在濂、洛、姚江之下矣！①然则我之所谓佛，果何如乎？噫难言矣！灵山说法，四十九年，湛渊浩瀚，千经万论，犹不能尽，顾可以毛道如溟者，笔之于片纸乎，无已则亦姑妄言之耳。于此有须先识之者，则权实之判是矣，实者所谓第一义胜义佛理之究竟也。权者所谓世谛俗谛为接初机便钝根而说者也。天竺论师云，佛初时说有，令离恶住善；次说不有而空，令离染住净；再次方说究竟，玄而又玄离言说相矣！此而不辨，则矛盾刺谬荆棘横生，未有不罔措失据者。②若甥今兹所欲云者，以不愿失佛学真相故。说离染住净，以不愿闻者生疑骇故。暂置第一义，权而几于实者矣，审此则吾将为佛教下左之诠释。佛教者，以出世间法救拔一切众生者也。（众生或称有情，一切含生者之谓也。）故主出世间法而不救众生者非佛教，或主救众生而不以出世间法者非佛教。前者声闻独觉是，后者孔、墨、耶诸家，社会诸主义是，复进而分别说明之。

一、出世间法 无始终无内外，强名曰法界，法界性即法身。因不觉（或曰无明，或曰妄，或曰染）故，而有情世间器世间以生（器世间指天地及一切无机物）。所谓苦乐善恶要即以此不觉为因，而入于因果律中而起，初非实有，故仍当以觉而返于法界而为法身，名曰涅槃，即出世间法也。觉觉之法若何，则所谓慎勿造因，所谓无念，而藉静虑以证得之是矣。（佛之轮回即吾之所谓因果律静虑，或曰止观，即坐禅入定。按以上所云，一字一字皆有理由来历，甚深微妙。千经万论不出此范围，实一佛教之简而赅的说明也。然但有言说都

_____

① 谭颇有造诣，不敢一概抹煞。然不甚明出世法，亦不能为其讳。梁则徒有谭之缺点，而无其长处，不足道矣！《佛学杂志》出版必欲得其文冠之首。去岁来京，缩素欢迎均可笑之极。熊希龄亦号称讲佛，恐亦与梁等式。大约聪明人、有学问人无论从那方面均可入于佛，但只明一义，出不了权教范围耳。真讲佛者首推章太炎，次则雷西楞，山东教育司长。

② 讲佛者所以派别歧出，儒释问题所以纠缠莫决，苏白派之误解与谭梁派之误解，皆坐不判权实，或则冲突纷起，或则疑猜迷惑，或则抓住两句佛经便算佛理在此。

无实义，须知在佛学中固不值一文也。）质言之，则一切倡言救世者，无不谋人类之生存发达，而佛则从根本上认人类为妄，而绝对否认其生存发达者也。（苟不知此而要讲佛，虽千言万语都无是处。然亦非要人死，盖死仍是造因，则仍不出因果律，必藉静虑证无念乃能绝。因果出轮回不复为人畜生等等矣。此专言其戒慧，二者亦不可缺。）

二、救拔众生　孔仁耶爱，以及一切言救世者，其范围不过止于人类而已，独佛则必曰一切有情（有情即含生），非好为高远也。舍于有情而证涅槃实不可得故。盖所谓法身者，统有情世间器、世间而言之也，有一小众生未返于法界，斯法身为不完，斯涅槃为不成。（千年来之讲佛者，主出世者不主救世，主救世者不主出世，以为二者不相容。观此则二者，不但相容，而且只是一事不是两事。彼不懂救世者即是不懂出世，不懂出世者，即是不懂救世。）佛说修静虑波罗密多者，得五神通，谭浏阳全本仁学，只发挥得此通字。通者，通于一切有情，而不局于四大假合之一体也。故涅槃非寂灭以神通故，非不寂灭以无念故。①

声闻独觉，刻苦修证，非世所趋，惟一切世间法，执食色为天性，以生存为前提，最便业识众生五欲之图，故孔耶诸家社会诸主义，藉名经世，盛诩大同，遂以风靡天下，而正法以晦，世乱未已，人苦滋甚，彼皆曰是吾道之未行耳。是故不待其圆满畅行之后，此等大惑，终不得解。即佛理无由而彰，然亦非谓诸家之说，必一一行之而后可也。人群演进，由图腾而宗法，而军国，后此并军国亦且不存。而诸家者泰半为军国以前说法。事属过去，其方兴未艾者，独社会主义耳？而人群之进，亦至斯而极，是经世派之救世法，亦至斯而穷，则所谓圆满畅行者，亦独在社会主义而已！（包括无政府诸主义。）盖经世诸家，悲悯为怀，睹夫人之受苦为恶，而思所以救济之，志原可敬，特误在"人人饱暖，天下太平，斯即苦恶尽袪，极乐现前。"而不悟苦恶即藉人性，（即妄心耳）而有一方谋人类生存发达，一方谋袪苦恶，实南辕北辙，绝对的不可能也。是故社会主义既行，

---

① 孔只云毋我，而佛则觅我了不可得。我，即个人也。故道德上说话，佛亦较他家亲切，盖不强派为当然，而从实际上说明其所以然，且可亲证，得其境界也，混德智而一之者也。

大同不难立致，而人之受苦为恶，则绝无以异于畴昔。① 所谓一切有
为之为有漏法者此也。然后诸家乃憬然悟，翻然悔，而别求所谓无漏
者，思之思之，鬼神通之，而后知四大假合之非身相，六尘缘影之非心
相，则其入于佛也，驷马迫而弗及，千牛挽而莫回矣。故观于今日社会
主义潮流之盛，而知佛理之彰不远矣。且雷铤发现原子不生不灭之原
则，破宇宙客观存在之说不成，而一微空故众微空之义炳若日星，催眠
术进步，而心生则种种法生，心灭则种种法灭，复有左证，是以晚近柏
林诸哲师，罔不钻研内典。② 他日进步，则所谓西洋哲学，尽成佛经注
脚无疑矣。（以上年来思想一段完。）甥之所谓僧，亦非复一般之僧也。
盖在家居士，三惑未尽，（三惑谓娶妻食肉等）不免魔说，聚落喧动，
不宜修止，戒定不有，复何学佛之可言？故决定立愿出家为沙门，今已
得请于父兄矣（今年七月间事）。然今之僧，既不修学，复不敷教，宗
法陵夷，于今为最。甥虽不肖，曾发大愿，一曰研考哲理，以阐佛学；
一曰唱导社会主义，以促佛教之成功。（吾所谓社会主义颇与时人所论
有异，今不详。）"誓不舍众生而取涅槃"。我佛所诏，誓愿自勉。又僧
侣生活，惟恃募化，致今之丛林，尽成偷惰，鄙夫藏身渊薮，颓风不
挽，必且每况愈下。养生之途，惟农与医，似尚可取。是以迩者亟致力
于中西医。他日布衣蔬食之费，或不难也。至甥此举，似有徒逞理想之
讥。此甚不然，甥常谓读书人不当作此语，所谓书皆理想也。读书人皆
求理想之实现者也，且自无机而有机，而原始动物，而至于人。或字曰
进化，或字曰发展，或字曰意欲。要而言之，实一种不可阻之倾向。哲
者因之以推未来，则所谓理想，岂容为能实现与否之商量，实不可逃

① "大同之世人之受苦为恶绝无异于畴昔"，此实吾人弃经世取出世之唯一理由，由此
而入于佛，乃为真人，于佛断非怨愤无聊肥遁厌世者所可假冒。（此种偶尔激于感情者之讲
佛，只算谤佛耳）千年来大多数之沙门居士所以甘受经世派寂灭之斥，全无驳能力即坐未能
察见此经世派之错误，点〔出〕自己之主出世本无充分理由之故，甚至不能不赞许经世派，
而唱为道并行而不悖，儒释同源诸说，一味含浑模糊，攀援附会，如来大法扫地以尽。（尝考
其所以然之故，盖不研哲理，但事戒定所致，是以每修证有得者亦尚不能作一佛理的人生观
世界观之明确说明。所谓哲理非他，慧也，但哲理尚不足尽慧。）甥极想依谨严之逻辑为此
理作一透澈之说明，但今兹不暇，请俟他日可耳。
又，西哲叔本华或作索宾海霍或作旭宾海尔者，其书溟不得见，惟哲学丛书哲学要领章太
炎集各载其数语，似是能知此理由者。蔡子民亦称其说似佛云。
② 雷铤 radium 为一种化学新质，其说今不详。宇宙不能客观存在，即佛说山河大地以
众生妄见而有。众生证涅槃，则此器世间亦同还为法身而不存，今不详述。《佛教日报》译登
德人所著佛学问答，章太炎集亦言德哲学家极研内典云。

耳。甥早岁失学，① 幸亟自鞭策，略涉理学之藩，又以师友之力，转而耽研哲学，读书无多，但假思考，穷搜瞑索（虽上庠之顷无成废舍），致成脑疾。辛亥之冬，壬子之冬，两作自杀之谋。（回粤中途而返即因此事也，此中亦多有可述，不能详矣。）渐迄平复，遂入于佛。然夸辩徒逞，实义都无，亦济得甚事？是又可为惕然者矣。后此计画，愿宏力荏，竭蹶之情，瞭若可睹，此亦曾涤生所谓莫问收获，第问耕耘而已。

（录自《正谊》，第 1 卷第 2 期，

1914 年 2 月 15 日。）

---

① 甥自九岁入中西小学堂习教科书，迄今中国四书五经全未读过，故曰失学。

又，前言推翻道德有语病。道德之说，自佛理观之全无是处，盖必有人而后有道德也。然有人一日则道德亦须存留一日，经世家亦然，今日皆有存在之必要也。

吾曹不出如苍生何[*]
（1917）

　　嗟乎！生民之祸亟矣！宣统二三年时，便已天下骚然，民不聊生，伏莽遍地，水旱频闻。辛亥以来，兵革迭兴，秩序破坏一次，社会纪纲经一度之堕毁，社会经济遭一度之斫丧。纪纲愈堕，天下愈乱，社会经济愈斫丧则愈穷竭。而愈乱愈穷，愈穷愈乱；六七年来未尝少休。譬如白象入淖，转陷益深。吾居京师，京师下级社会之苦况盖不堪言。严冬寒冽，街头乞丐累累相逐，每一触目，此心如饮苦药。方衡州构兵，吾寓长沙闻有人探战讯者附石油公司小船以行。傍昏时于某地泊岸，闻山头一小儿哭号云："白天抢掠我们，晚上又来强奸我们，天呀！天呀！不能活了！"呼声惨厉，一船怆恻。今被兵六七省，其间罪恶宁可偻指？嗟呼！生民之祸亟矣！吾曹其安之乎？吾曹其安之乎？吾曹不出如苍生何？

　　或问所谓吾曹者果谁指也？吾应声曰，吾曹好人也。凡自念曰吾好人者皆吾曹也。凡读吾文而默契于吾曹自谓焉者，即吾曹矣。夫今日真所谓水深火热矣！而举国之人蹙额摇头相顾咨嗟而已。个个人口口声称无办法；夫果无办法乎？藉使无办法即相与安之而不办乎？余以为若不办，安得有办法。若要办即刻有办法。今但决于大家之办不办，大家之中心自吾曹始，吾曹之中必自我始。个个之人各有其我，即必各自其我始。我今不为，而望谁为之乎？嗟乎！吾曹不出如苍生何？

　　夫举国人之对于此种之局面皆痛心懊咻不能一日安者也。而构成此种局面者实即此举国之人，则举国之人起而更张之，直一举手耳。譬如

---

　　* 此文写于1917年。著者是年10月自长沙回北京，沿途见军阀交战，百姓生活于水火之中，民不聊生，遂写成此文，印册分送。

甲乙间共一问题，甲以为否者而乙不同意；此所谓难办也，所谓无办法也。今甲之所否者，乙亦否之；则岂非最易解决者乎？而顾曰无办法何也？今日之事直不办耳。若办即可解决。是故吾曹当知今吾所号招吾曹攘臂共赴之大事，所谓改造今日不可安之局面而成一举国皆安之局面者，乃易为解决之事，乃必成功之事，嗟乎！吾曹其兴起！

谓余不信，请言解决之途术与其原理。于此当于所欲解决之问题，所欲改造之局面，先加以说明；次乃商榷其途术，更次乃叙述其理由。

今欲问此是何问题？此是何局面？似乎先已说过，何待烦絮？不知人人所痛疾者虽只此一个时局，而实各人心中各有其问题，各有其痛疾之处。譬如南方所持之问题为护法，所痛疾者为破坏法律之局面；北方所持之问题为统一，所痛疾者为破坏统一之局面。虽双方行动之内幕不尽为此，要此各异之问题，皆有吾所谓好人者实力持之；不尽为恶人之假面具。则吾曹所应承认其为问题者也。此外大家心目中各有问题，兹并排之如下：

法律之破坏 　其实不拘南北皆痛心于此，政治不入轨道即在此中。

统一之破坏 　同上。

兵火之创刈 　战地商民之所患。

营业之损失 　无论被兵省分非被兵省分，无论农工商业皆所同患，不过有直接的有间接的之别，如一般营业之停滞不发达皆归入间接损失中。

金融之窘迫 　举国同患国际负债之日增，币制之紊乱亦归纳于此。

闾阎之骚扰 　无论被兵省分非被兵省分皆同患，无论为兵队之骚扰或土匪之骚扰皆归纳在此。

水旱之灾难 　虽云天灾而责任在人，若能预防与救济即不成灾故也。此问题不独北方黄白各河，若南方之各江，湖南之洞庭，江北之淮皆吾民之大患也。

风俗之败坏 　此为大家所痛疾之问题。无论上中下社会皆为莠民所布满，或在公众方面之恣肆，或私行之淫僻，皆归纳于此。

学术之不讲 　此与隆替存亡有极大关系，不过唯学者始知为大患，余人不晓耳。教育问题姑归入风俗学术二条中。

若问此种种之恶局面，果何由而致此乎？则吾敢断然曰政治上之武装的势力所作成。西医之说病，于咳嗽，吐血，发热皆说为症状；不说为病。症有病灶，是在肺部之结核。所谓种种恶局面皆症状也，非病之所在也。今日之病只此武装的势力是病。政治上既悉属武装的势力，其向外发展而彼此相通，则为法律之破坏，统一之破坏，兵火之创刈，乃至其余等症状；向内则政治之腐败，直且无政治，为金融之窘迫，阎闾之不安，天灾之不防救，风俗之败坏，学术之不讲等症状。总之不但政府对于人民应有之措施俱废，抑其腐败更遗吾民莫大之苦痛。此如京师商民所最痛疾之纸币跌落其显著之一端也。而内症外症又互为因果，缠作一团。故吾曹于今日之问题，所下之说明曰"武装势力的问题"；于今日之局面所下之说明曰"武装势力的局面"。所欲解决者，解决此；所欲改造者，改造此。

题目既认明，然则其途术如何乎？一言以蔽之曰非战，曰组织国民息兵会。吾盖尝闻诸当世策时局者之言矣。或曰"北洋实力即国家实力；非发挥北洋之实力，平定西南，则无容奠宁宇内，设施百政"。或曰"西南为共和保障，非兴兵护法政治何从入轨道？"或曰"民间疾苦，外侮日逼，非调和两者无以共谋国是"。或曰"战无可战，和不能和，而以联邦泯除旧嫌，别开新局"。余以为皆不相干之言也。岂唯不相干，直是愈驱入乱途耳。兹一一取而破之。

第一者之言，彼盖不悟彼所痛疾之西南一隅负固，即是彼自身所感召。第二者之言，彼不悟彼所痛疾之北派破法恣横，即是彼自身之反应。盖政治上本不许有武装的势力，其性质实根本的予政治以大危险。而此种势力一出现于政治社会，有如恶货币之驱逐良货币，运用宪政之轨道内的势力即求存不得，天下从风，席卷以去。不幸民国肇造未久，方惧宪政之运用未习，乃缔造共和者先抱以武装的势力左右政局之谬见，而以武力解决政治问题为天下倡。项城拥有河北，孙黄结联皖赣，遂有癸丑之役。自是以来，北方非广布势力则为私无以固位，为公无以图安；南方非修缮甲兵则为私无以自卫，为公无以胜残。互相激荡，迭为兴仆。同是罪首，何有屈直？倘痛疾西南者，当自反彼之负固我为造因；痛疾北洋者，当自反彼之恣横我为造因。并痛悔武装的势力之为乱本，而共舍之。武力若无，谁来负固？武力若无，谁来破法？今顾欲发挥一己之武力，以求解决；则是相寻无已，入乱愈深，去治愈远，不亦惑乎？语曰"大惑者终身不解"，在固执之人，犹或以为我北洋武力未发挥到极处，是以统一不成；或犹以为我西南武力未发挥到极处，是以护法不就。不知军旅之事，万夫专于一长；易以自私，易以召争。天下事偏走于一端，则与其相反之端即含在此端之内。分裂之性兆于不平等之专一矣。故以武力的势力求统一，或不待包举遐方，先已崩溃于内。试以吾说一一征之事实。合肥秉政，猜忌陆唐，机心一动，诈虞之兴如环。彼既见猜而自卫，此察其自卫而忌之愈甚，图之愈急。图之愈急，而自卫愈固。宇内初非不可奠安，而自兹始以不宁；国家原非不统一，而自兹始以破坏；斯则吾说西南负固为北方自身所感召之可征者也。南服未定，肘腋患兴。冯段之交恶，吉林之抗命，此外道路所传尤难尽数；则又武装统一崩溃自内之可征者也。然则藉使西南降志，统一之效不亦可睹耶？历稽史策，凡创业之主莫不嫉忌功臣，戮诛佐命，否则，亦必削夺兵柄，几成一定之例。非是残刻之性有同然，盖听其拥兵则统一之局复将分崩也。而其所以用钳制群伦者，以有忠君之教，天降之命。此岂所语于今日？今使合肥得尽其志，宇内虽定；吾诚不知其何以处置骄悍？若听其恣睢，则设施法治之谓何？（合肥退后通电有设施法治之言）少加裁抑，割据之祸不待旋踵，有断然矣。况西南未及底定，北方范围之下政令已不能行；教育厅实业厅之事胡不自悟？乃犹梦想统一后之设施，而瞑行直前，只见其愚耳！凡今之督军之抗中央，师长之抗督军，旅长之抗师长，皆武装的势力心成分裂自私之局，而根本上与统一相违迕之表征；则第一者发挥北洋实力之说，其不足以解决时局而愈驱入乱途当不能再辩矣。第二者执著西南武力未发挥到极处，故护法不就者，其愚妄正复相同。武力之为物，根本的与法律相刺谬。武力若张，法律必亡。奖励武力即是奖励破法。以武装的势力谋法律之有效，或不待北方向化，法律之存于西南者几希？试以吾说一一征之事实。北方之破法横恣出于徐州之盟。唐少川北上就职，阻于天津；声讨檄文播自警察之手，挟十余省督军护军使师长警察厅长以逼政府逐阁员，夫岂仇一唐君哉？其后督军团树叛帜于津门，所谓兵谏黄陂，解散国会者，亦岂仇黄陂仇国会哉？并是对西南而示威，翦西南之臂翼而已。斯则吾说北方破法为西南势力之反应之可征也。武装护法即此所护之法实破坏于武装，即此护法之兵实是非法。更或猥云多事之秋，不拘绳尺；于是勾结土匪可以编护法之军；师旅之长可以强敛财赋、更任知事；地方厅竟对于高等厅而独立；凡武装之下凌乱无法之状态均不难想见。则吾说不待北方向化，而法律之存于西南者几希，此其征矣。试问以今日藩镇称雄之局面，纵使中央依法恢复国会，组织内阁，法治是否能施？则护法虽就，其效不亦可逆睹耶？欲法治之得施，当屏除武装的势力而致力于轨道内之势力。此种势力不假斧柯，而其强莫御；则立宪之局万年可奠。若第二者欲以西南为法律保障，真背道而驰耳。

第三者之言，调停两者，恐无是处。今日之局，譬如斗室之内而操戈挟刃之夫环立相向；格斗其常，宁息是暂，纵得少休，旋即触发。调停者能参其臂使勿相刺乎？必知溅血之凶由有戈刃，而相与弃之，庶可无事耳。质言之，必举国各方面之武装的势力一齐放下，则天下太平矣。否则，虽言和，直不相干也。第四者之意，以为分裂之势终不可合，不如因之以建联邦，则彼此间之利害关系较疏，或可弭争。不知联邦宁非法治？既是法治，武力宁不为梗？就割据以敷联邦，此则涂臭粪以旃檀，讵得贸假乎？谓今之骄悍者可以转而就范乎？谓今之腐恶者可以转而清明乎？且亦初未足以弭争，不过化大纷争为多数小纷争，其乱之遍中国则一。征之浙江吕公望张载扬之争，黑龙江许兰洲英顺巴应额之争，陕西对陈树藩数起反抗之军，至今未已，一省之中又为镇守使割据，陈不能问，皆非因大局而起，而本地之问题也。武装势力即是乱源；乱源不清，联邦何补？乱源既清，而后联邦可言耳。第四者之说便思于武装势力局面之上建立联邦，此大误也。

总之，四者之说皆不足以解决时局。盖皆为未认明题目者之一种主张，而吾曹标题固已说明为武装势力的问题也。故四者之说本不能认为解决此问题之途术，特以当世策时局者多持其说，用委曲破之于此。若解决本问题之途术，余顷所举之国民息兵会，则所愿与国人商榷者也。

国民息兵会所持者为非战论。兹先言非战，更言斯会之组织与进行。吾破第一第二两说，于南北两种主战论之非已深切言之。而世之持主战论者不能外乎此，则是主战论已无复立足地。兹当申论战之为祸。战之为祸，其破坏统一，破坏法律两端已表出；兹将申论其余种种。兴言及此，诚可痛心。直接之祸所谓兵火之创刈，如吾文开端所述山头小儿者特其一例也。盖应募为兵，本多莠民，成军之后又鲜教训，以京师严重，每出恣事，警察犹不能禁；况揭征讨之名，以临异地，则更不为所欲为，视同当然乎？平居无事，犹惧其哗变焚掠，况在战地不更饱噬乎？吾曹虽未深遭其祸，岂难想见。呜呼！痛矣！吾尝于中夜静思滇川之战，陆龙之战，闽粤之战，湘鄂之战，涂炭之惨，悲心溃涌，投袂而起，誓为天下生灵拔济此厄，乃旦而取视报章，尽多鼓吹用兵之言；诚不解其习性不仁与我舛背至此。今设山头小儿之祸中于报章记者之家，不识将鼓吹用兵乎？将遏阻用兵乎？吾见人之睹战事将作于其身家财产所在之地也，莫不奔走呼号，求画出战线以外，祷炮火之勿相加遗。以是推之，则是尽二十省而战线无可画，累年而炮火不作也。顾战祸之蔓延未已，其谁为之也？岂不以灼痛不及，则夷然无动于中，曰"求统一不得不如此"，曰"求护法不得不如此"。而悍然主战乎？呜乎是则我所谓不仁也。商民之苦痛固矣。即彼兵士者亦是无辜而就死地。王范既溃，吾自长沙北归。同舟者多北军兵弁，入夜对坐而谈。言在贺家山与南军对垒三十三日，而冻雨者十七日。冷刺骨髓，山路滑油，仆死相继。退兵之日，穷力溃走，不获一息，两踝尽肿。受伤之兵奄卧医院，委之而去，两日无食。又傅良佐自河南招募脚夫前后将及万人，亦悉委而去之。此辈本内地穷民，无装服械饷，流散无所得食，有转死沟壑而已。果使卫国御侮，则糜骨捐躯可言也。若今日之事果何居乎？当局之罪恶，不可恕也。兵火之所创刈固是损失，即此兵火之虚糜又是损失。数年外侮频来，若俄蒙之事，若日本 5 月 7 日之事，皆以军实乏少，忍辱求全；若再不事储蓄，覆亡可待。而乃不惜虚糜抛费，如川军今竟以子弹告竭闻。试问外患来逼，无以为御，则主战者之肉岂足食乎？战事直接之为祸殃若此；是既火吾居，剐吾肉，扼吾吭矣。吾可不奋起争之乎？争之若何？曰非战。

直接之祸犹有局量，间接之祸巧历不能算也。盖所谓损失者，不独损失其所失，抑并损失其所失者应有之滋生；抑并滋生者之滋生焉。所谓遗害者不独遗害其所害，抑所害者更有所滋害，而滋害者又有所滋害焉。其数皆乘数的，而非加数的。故祸机一发，不难牵率天下以入九渊。祸害如此，福利有然。福机滋始，亦不难升举天下而臻盛治。转移之间，天渊所判。今日之事听其战则沈渊莫挽，遏其战则生机是回。是故战争间接不可悉数，而不可不察也。湘事既起，讫于长沙之溃，中央之济军用者千数百万。此千数百万即是因用兵而有之损失也。使以此千数百万者整顿纸币，则公私交利。不独此千数百万者未失，而其所滋殖抑又多矣。而此所滋殖者同时又可以殖利，展转于无穷。则是非徒损失千数百万而已，抑并其应有滋殖，与滋殖之滋殖而损失焉。质言之，则并府库市面于此千数百万所应获之苏润亦付诸战事矣。不必整顿纸币也，凡百政之待举者，使能以此千数百万者举之；则此所举之政莫不有其所造之福利。所造之福利又有其所造。今则并付诸战事而损失之矣。又湘事既起，湘南一带矿场或被抢掠，率多罢业，此则战争之遗害也。

矿场罢业而工匠失所，饔餐不给。又湘中以矿业为主，矿既罢业，其余各业相缘浸微；影响所及，甚或达于汉沪。此则所遗害者又有其所遗害也。又矿业多取赢于异国，使不能罢业，则所输入资金不良多乎？此资金周流市面不又有所滋殖乎？此种损失亦战事之遗害也。此外若教育之停滞，汇水之增高，种种者莫非战事之遗害。（省城善堂捐款均被督军提作军用，节妇堂节妇亦受闲矣）湘事如此，则其余用兵各省可推而知。其影响之播于远近者又可推而知。然此犹其可见者。民生之艰，由于企业不兴。企业不兴由于秩序不宁，市面恐慌，莫肯投资；则其不可见而害中于吾民实最大者也。一战之祸如此其烈且大。而双方之当局悉精力之所注，注战事也，竭财力之所为，为战事也。则是举国策驷马以入损失之途，而奋大勇于创害之业也。则今日之国力凋残，人民就死，复何言乎？转而言之，使回马首以入福利之途，悉精神财力以举百政。一瞬之间，形势为变。合互相成，展转相利，顿而周乎天下。则垂毙之民可以复苏，积弱之国不难就强，吾所谓转移之间天渊以判者此也。其机甚微，而国人曾不之慎，以成今日之局，其罪必有尸之者。而今后之局生死未决，吾曹所不可不出死力以争，而戒当局者慎勿为前人之续也。成以为纵使不战，而政府非人，百政谁举，福利之言犹属空想。不知但使不战，则保留之元气已多。元气不伤，则社会上自然之生息无限。原不尽待良政府之举措。况无论如何，犹必有多少之兴举乎？今之不举，非是不愿，为备战之不暇耳。平心而论，合肥贞干之资，任公优于持算，倘得尽用，岂难责效。徒以从事于损害之业，吾曹何由食其福而安得不蒙其害乎？此则彼之自误，而国之人实共误之也。故诚得不战，即是兴举之基。舍今日无政治之状态，即可入于有政治状态。生途死路历历分明。今有按吾项，牵吾臂，推而坠我于沟壑者，我可不奋起争之乎？争之若何？曰非战。

非战主义既明，次言国民息兵会之组织与进行，大要如左：

一，斯会之组成侧重于商民，最好即以各地之商会教育会为机关。

二，斯会揭简单之非战两字以广结同情，取斩截之息兵两字为进行标的。

三，斯会之进行一面传播非战主义，发布论文及白话小册子等，一面要求各方面罢兵，永不许战争见于国内。

四，斯会以作到息兵为止，其余政治上问题概不过问。

　　大要如此，而其用意则有种种。前云叙述理由者，即兹所欲说也。兹先述两大方面，其余更缕缕言之。

　　一政治方面者，夫立宪政治岂厌政争？运用既巧，直欲以争为政。凡政府之不流于恶，曰唯争之故；政象之所由日新，曰唯争之故。争之为用岂不大矣乎？岂图吾国乃以争而乱天下也。其根本错误，则政客尽背宪政之旨，借武装的势力以达政争。平日则图地盘，有事则动干戈。六年抢攘，民不堪命。穷极思异，至于追怀故清，颂美专制。革命之家，谈宪之士，乃自败其颜面如此，可胜痛耶？往日之事，既是南辕北辙。今后所勉，只在回南辕以北向无他，发挥民的势力以为政争是已，发挥理的势力以为政争是已。余以为解决目前问题必须痛悔前非，造成将来局面，作始于国民息兵之会。

　　夫武装势力之缪于政轨，彼政客者何曾不知。而甘于饮鸩者，只是贪嗔所蔽。或急于自效，或忿思所激。妄思援彼以为我用。其所以自慰解者，岂不曰："我因放澄清天下也，不如是不能为政治活动"；曰："我固爱护国家也，不如是不能奠定共和"。一方利用之不已，各方竞效。一度假借之不已，又复一度。终竟我之政治目的何尝成就得丝毫？我之政治问题何尝解决得分寸？而所借之势力转愈扩愈大，武人之身分以愈推愈尊。初时尚是彼此结纳，厥后则群相奔走，政客乃悉成武人之附属矣。试观今日之宇内，一国之政权操之武人，一地方之政权操之武人。弥天漫地，乱恣骄横，酿成不可收拾之局。其去政轨何啻几千万里，尚容吾辈作政治活动否？真所谓自作之孽。枉尺直寻之教训，乃为六年之政争设矣。六年之政争乃将枉尺直寻之祸作到十分，为古人作证明矣。吾此所说，犹是责备贤者。若其坏尽心术者，不惜教猱升木，举自身之人格国脉民命而牺牲之；宁复知有宪政哉？则所不足责者也。且实由贤者自律不严，信道不笃，其端既开，而后小人无所不至。挽回机杼亦全赖贤者之悔艾。吾草此篇，始终对好人而说话，此读者所宜晓也。或狃于目前，谓天下大势尽在武人，莫奈之何？唯有因势利导，不能与抗。则请观杨晳子之于项城，康长素之于张勋，梁卓如之于合肥，可曾听我因势利导否？到头来，暗地伤心，不重可哀耶？更试问，就今日之局面使即弥缝破绽，组织内阁，南北彼此可能支配？即北之与北彼此可能支配？虽握政柄，动作不得，只取辱耳。是故打破此种局势，虽有圣智不能为功。依南附北之政治家，抑何弗思也！又当知今日局势宁是天造地设如此？宁是本所自有如此？当初既可象长架高，今日讵不可从而折毁。但使大家齐知痛悔前非，更不向武人腋下讨生活。则譬如一聚炽火，望之焰势耸天，但不添薪送炭，便自就息。况复从而抽取之乎？诸公必谓天下大势尽在武人，斯在武人矣。诸公而曰天下大事不在武人，斯不在武人矣。第决于诸公之一念。诸公澄清之志正在此处用着，乃望而短气何也。因循牵就，总是纷拿。武力消解，通体清凉。吾所谓解决今日问题，必须痛悔前非者谓此。

六年政争，莫不怨他人之攘取民意，而却无一人肯从发展民意上作工夫，则民意安得不为强者之攘取也。假使当年致力于此，则人心所向，势不可侮，宪政岂不早奠？而胜算亦可在我。此理至浅，谋国者夫岂不知。而觉其事迂功缓，相与弃置不图，而争势力于议席，争势力于阁位。偶有寸得，便矜大党。抑知此种势力浮奇无根，纵便尽虚议席阁位以相属，亦济得何事？彼方且举议会内阁而废之也。前局顿翻，瞠目无出。犹不自悟失图，急作补救。而张皇走险，以求一逞。姑无论倡导出轨之非，抑又大为失算。盖必讲理而后是吾曹胜著，使天下相率而讲力，更安有余地以容我辈。而彼强者所恃正在其力；舍理斗力，岂非自弃所优，而用其所绌？则倾覆固其宜矣。时至今日，唯力是较，无理相衡。原由自毁庐荫，复谁尤乎？吾未作政治生涯，累年之事身所不与，而念好人之自杀，诚不禁其出涕也。自今以往，其宜猛省急图。一力求民的势力之养成，得此便是吾辈好地盘；一力求理的势力之伸发，即此乃是我辈好武器。此种地盘辟得一分，即有一分不拔之基，此种武器则用之不敝而愈利。而舍此不图，生路即绝，图之若何？则群向导诱国民的意思下工夫，务使发挥表露，斯所谓养成民的势力已；群知凭理而不凭力，而信理可以有力，斯所谓伸发理的势力已。而民取径于理以施展其势力，则所施无滥。理而断之自民，以表著其是非，效力更果。二者不可分歧。夫举国之中，孰则非民？人心所向，孰不在理？此种势力之发育，原是顺其自然，应其需要，谁谓其事迂难图也？而此种势力一伸，武力亦即刻退听，毫无杆格。有如久病者，一身之中非是病邪，便是药邪。元气不伸，左支右撑，无不是邪；而元气若复，邪气顿不可见。转移之间，起死回生，妙方即在国民息兵会矣。盖今日国民切肤之痛，即在战争。人人心中更无第二个念头，只是急盼息兵而已。抑塞含怨，积莫能伸。试一开导，沛若江河。吾曹欲求国民的意思而导诱之，使蔚为国家元气，其机会有过于此者乎？其方法有过于组织国民息兵会者呼？息兵开讲理之端，国民结合又是民的势力之初基。吾所谓造成将来局面，作始于国民息兵之会者谓此。

一社会方面者，复可分为两方面：一道德方面，一经济方面。兹说道德方面。累年以来，社会上道德之败坏，无人不痛疾之矣。社会之万恶，众口腾说。无论何地何时嘲骂忿诋之声充盈两耳。几于天下更无好人，末可如何。昧者俚传，至云天降恶魔，扰乱人世。吾则以为社会诚恶，而其人则皆不足言有为恶之资，抑又莫不可与为善。特一社会之中，善的势力抑闭，恶的势力发扬；一人之身善点抑闭，恶点发扬；故表现者若是耳。其一抑一扬则累年政治上之所影响，而握其枢机者端在好人。吾曹国民息兵会之组织，固在转移政象，而同时亦即对于社会上之善恶势力，人之善恶点而伸诎之矣。试详其说。

所谓社会上恶势力之发扬者，如此辛亥癸丑乙卯（鲁秦湘粤为著）丁巳（川鄂湘西为著）历次南中举兵，以敌势高压，反抗激切，不惜假借会匪帮匪刀客及地方莠民共相扶助。或彼假托美名，时当事急，难可分辨。此一种也。北欲制南，或亦利用恶徒党棍，收为侦探刺客（项城时广收密布洪应其一端），或以威武富贵屈人，人即变节相从，结托自固，交为其私，略不避讳（项城收结各督，各督皆以子弟入质）。此一种也。又诸大政客以达其政治上志愿之故，明知为恶势力而不惜通融假借为之导扬者，其例亦不一而足（杨晰子之于洪宪群僚梁任公收统一党合组进步，近次长财政第一二日即布三令，以段某为长芦运使，以倪某为凤阳关监督，以张某京师税务监督，皆军人为营私而来，不异明揭于众者，复辟诸公借用雷张，又于许兰州王丕焕逐其长官者，皆授巡抚等官，此显事，余不胜说）。此一种也。又累次变故，小人随之反覆；滥恶无耻，宜所共弃。而相与优容，一旦投合，更不惜从而推奖（如联合洪宪军人以倒段者）。此一种也。枚举一二，余略可推。要之恶势力但图厥私，无所宗旨。其性原不能自为扬举，而恰宜于供利用。而时之欲行其志者，不知其危，竞为假借。前后相逐，每一度之政变，徒赢得恶势力一度之增高，所增者犹复有限，而其因此自相援引，酝酿滋蔓，与夫感染及于社会者，乃不可算（其滋蔓之广，感染之烈，今不及数，不独在政治社会、官吏社会，并及各种社会，读者试一推察，当为失惊）。则恶象安得不腾于社会也。假借之祸有如此，吾用是尝叹天下事败坏于好人之手。盖其人虽非有为善之资，而固对于国家人群抱有积极的善意，其终以遗祸人群者，岂其愿也。可知恶势力之来也如此，其去也亦易。诚使好人自悔铸错，则其发扬之机即绝，而日就陵夷固不难矣。所谓人之恶点发扬者，如此四围局势若有相当之制裁，而无洽便之导诱，即在恶人恶势力将不为恶，则今日之为恶者，即其恶点因四围局势之利而发扬者矣。此一种也。又人殊非恶，外事鼓荡，内情激迫，流而为恶不能自止（梁任公、汤济武之主张临时参议院与用兵即其类）。此一种也。又虽在好人亦以无制裁安于恶风，不能严以自守。此一种也。夫至于好人而为恶，则其社会之恶诚不可言矣。然此特局势为之耳。盖世之真有为善之资者，与真有为恶之资者，皆未易见。其习恶者姑命之曰恶人；其性不失于善者姑命之曰好人。此已良不多矣。其盈社会者则皆命之恶人又过，命之好人又非，而不痛不痒之人也。时恶亦恶，时善亦善。举手投足，若不自知。世之见乱法越轨者之纷纷也，则以为悉恶矣。不知此顺势从风而已。何有为恶之资？必轨奠法循，秩序久治，而有敢于发破法之端，恣其大欲者乃庶几耳。若今之人其豪者亦不过夙习于恶，敢于趁火打劫。余则时恶亦恶者已。吾未见其能为恶也。吾曹诚取其利于为恶之四围局势而改造之，使不容为恶，斯亦不为恶矣。然则所谓四围局势者若何？此深细复杂不可以一言尽。抑亦各有不同。其大要者若社会上恶势力之发扬滋蔓，目今之无法律状态（南北两方各自成无法律状态），秩序累经破坏，人心浮动苟偷，纲维尽堕，感情激越，生计困难等等，皆直接或间接关系政治问题，而总须从恢复秩序入手。秩序果定，为恶者自稍敛抑；而社会之制裁，法律上之制裁亦渐就伸展。更求政治入轨，则一一皆可徐徐就理。恶势力既无由更滋，而已布者亦就绳尺而消融。善恶之机一开一阖，社会便可改观。况此所谓善恶者亦无甚高论。所谓恶者谓其破坏人群应循之条件，而妨害及其群；善者即是循理尽分，以安其生。故社会上之恶现象即其一社会中之自相妨害，如人身之自起病痛。而社会之善者亦人身循生理之常之类而已。吾曹欲使社会回恶而就善，其势固至顺也。而其入手处所谓恢复秩序，转移政象者，不举在国民息兵会耶？岂独抑恶在此，而社会中向所潜伏善的势力实自此而宣达之矣。好人不自结合，善的势力何自而生？善的势力不生，谁来转移大局？吾曹诚无所逃责也。吾见今之好人多在彷徨，莫能发挥其好，吾愿共结合而相与发挥其好；是即吾曹国民息兵会。岂唯好人是好，即恶人亦好，彼特欲为善而未得。吾以为天下之人其意无不善，今之为恶者非其本意，诚得吾曹者出而共天下人相与为善，则天下之人无不善。此我所信，而愿吾曹共勉之者也。其造端亦在今之国民息兵会。

关于社会方面之经济方面者，今日社会经济之紊乱与屈竭，与贫民生计之艰苦，类皆人人目睹。又其转移枢机，如非战论中已说。入手处仍在恢复秩序，转移政象，而其办法则国民息兵会也。

于政治暨社会两大方面已说。吾人更试揽取全局从旁观察之。如吾前所言，今日举国痛疾此局面，而构成此局面者即是举国之人。究竟此予人痛疾之局面，何自而生？岂个个之人彼此原相妨害，而不容共处耶？此必不然矣。又某个人，某部分人，性为妨害而必屏诸国外耶？此必不然矣。然则何由致此疾病？吾以为生于错缪。彼此相错相缪则相妨害矣，有似一盘机器，轮轴械件配置相依，运行各尽其用。倘生一线错缪，则轮齿绞轧，互相毁伤，愈演愈错；循致大小械件，俱进出系贯；枝节横生，彼此抵触；用力愈勤，毁害愈大。是即疾痛由来矣。揆其初，又果相妨乎？既不相妨，仍可相安。但须徐徐整理，解其绞轧，剂调系贯，使之合缝入轨；则运行如意，国家日进，固不难也。吾说若果有合，则由是可得种种见解。（凡人事皆可以此观察其相妨害，皆由分齐关系之生错缪，盖无处无轨。不独政有政轨也，人非机械而借以为譬易明了。）

自元二年以来，各方人物其用力之方向已向轨外错出。六七年中不知多少精神心思才力俱向此错中用去。不独彼此抵销，无所成就；且相创相毁，为祸烈矣。使其力量俱用于合轨之一方向，则运行之速，成就之大，国家又是何等局面？真可痛惜。今日切须将此种力量收回。此当知者一也。既错之后，绞缠一团，其力量已全乱；切不可使更动，而急须静止。故今日各方切勿使动，而当镇之使静。此当知者又一也。既错于轨者，其所错之点若在；不动作则已，动则其力量始终向错方用去。故徒倡和议者固亦求静解纷，但各方错出政轨之点所谓武装的势力者仍在，则其心力才思始终在图此事。今日必须根本上反对武装的势力，而后可。此当知者又一也（其解去错点之法似当从移军驻边及改督军制度入手）。愈演愈错，几多轮轴，大小械件，无不迸出轨外。凡一轮之内外左右悉在绞缠，彼此抵住，动转不得；深陷纠纷，全无力量。解决所由，必在他力。吾人若希望各方当局对此问题自为解决，乃至不可能之事。盖自一系贯中，初时相错，犹是一彼一此，彼此犹有力量（项城盛时）。迨愈演愈错，则绮互牵引，各自错缪，枝节横生，已非二系矣。系贯悉翻，支配不动。欲前则前抵后掣；欲后则东推西阻。当局至此，举足不得，尚何自为解决之可言乎？非有他力不能解决也。谁是他力？

则素未参加此纠纷之商民是已（强邻干涉亦是他力非所忍言矣）。此当知者又一也。外力所加，宜顾全局，不可因依一方，自堕纠纷。凡在此纠纷问题中者，无论何派，欲使之解决此问题皆属不可能之事。盖其一动作，即又是一纠纷，又是一问题也。故他力之进行，宜保其他力之资格，常处旋涡之外；切不可利用局中之某一力量。此当知者又一也。我来解纷缪而纳之于轨，对于全局亦非敌对形势，不过大局待人转移，我则转移之耳。此当知者又一也。

总上种种即是国民息兵会之用意与理由之所本，可不待剖说。其办法之务求简单斩截，则又图结合之大，而进行之明快有力也。

自政治方面言，有待于吾曹之出而组织国民息兵会；自社会方面言，有待于吾曹之出而组织国民息兵会；揽全局而言，有待于吾曹之出而组织国民息兵会。吾曹不出，悉就死关；吾曹若出，都是活路。而吾曹果出，大局立转，乃至易解决之事，乃必成功之事。今日之宇内更无有具大力量如吾曹者，握全国之枢机者不在秉钧之当局，而在吾曹。嗟呼！吾曹其兴起！吾曹不出如苍生何？

> 闻我说者多蹙额以为难办；而转以请教，则又沈想无出，希望于不可知之数。或云"索性大乱，乱久必治"。或云"有大人物出而统一全国方可太平"。凡此之说试问从何处入手办去？宁得称为办法耶？即今日倡和议者亦是无办法。盖和与不和操之自人，一也；彼此条件全难接近，二也；调和者已非居间而陷于敌位，三也。任你苦心瘁力总不得成。唯有国民息兵会是一办法，可以著手作去，节节前进，而非希望他人也。彼宁拿几千万去打仗，不肯为市面作一毫之救济，对于吾民尚有顾惜之心乎？吾民不图自救，一味迟延顺受，何时是了期耶？嗟呼！吾曹不出如苍生何？
>
> 漱溟补识

（录自《漱溟卅前文录》，61～92 页，
商务印书馆，1923 年 12 月出版。
《村治》月刊，1 卷 1 期，
1930 年 6 月 1 日。）

如何成为今天的我[*]
（1928）

在座各位，今天承中山大学哲学会请我来演讲，中山大学是华南最高的研究学问的地方，我在此地演讲，很是荣幸，大家的欢迎却不敢当。

今天预备讲的题目很寻常，讲出来深恐有负大家的一番盛意。本来题目就不好定，因为这题目要用的字面很难确当。我想说的话是说明我从前如何求学，但求学这两个字也不十分恰当，不如说是来说明如何成为今天的我的好——大概我想说的话就是这些。

为什么我要讲这样的一个题目呢？我讲这个题目有两点意义：

第一点，初次和大家见面，很想把自己介绍于诸位。如果诸位从来不曾听过有我梁某这个人，我就用不着介绍。我们从新认识就好了。但是诸位已经听见人家讲过我，所听的话，大都是些传说，不足信的，所以大家对于我的观念，多半是出于误会。我因为不想大家有由误会生出来对于我的一种我所不愿意接受的观念，所以我想要说明我自己，解释这些误会，使大家能够知道我的内容真相。

第二点，今天是哲学系的同学请我讲演，并且这边哲学系曾经要我来担任功课之意甚殷，这个意思很不敢当，也很感谢。我今天想趁这个机会把我心里认为最要紧的话，对大家来讲一讲，算是对哲学系的同学一点贡献。

（一）我想先就第一点再申说几句。我所说大家对于我的误会，是不知道为什么把我看做一个国学家，一个佛学家，一个哲学家，不知道为什么会有这许多的徽号，这许多想象和这许多猜测！这许多的高等名

---

* 应该校哲学会之请，于 1928 年在广州中山大学所作的一次讲演。

堂，我殊不敢受。我老实对大家讲一句，我根本不是学问家！并且简直不是讲学问的人，我亦没有法子讲学问！大家不要说我是什么学问家！我是什么都没有的人，实在无从讲学问。不论是讲哪种学问，总要有一种求学问的工具：要西文通晓畅达才能求现代的学问；而研究现代的学问，又非有科学根底不行。我只能勉强读些西文书，科学的根底更没有。到现在我才只是一个中学毕业生！说到国学，严格地说来，我中国字还没认好。除了只费十几天的工夫很匆率地翻阅一过《段注说文》之外，对于文字学并无研究，所以在国学方面，求学的工具和根底也没有。中国的古书我通通没有念过，大家以为我对于中国古书都很熟，其实我一句也没有念，所以一句也不能背诵。如果我想引用一句古书，必定要翻书才行。从七八岁起即习 ABC，但到现在也没学好；至于中国的古书到了十几岁时才找出来像看杂志般的看过一回。所以，我实在不能讲学问，不管是新的或旧的，而且连讲学问的工具也没有。那么，不单是不会讲学问，简直是没有法子讲学问。

但是，为什么缘故，不知不觉地竟让大家误会了以我为一个学问家呢？此即今天我想向大家解释的。我想必要解释这误会，因为学问家是假的，而误会已经真有了！所以今天向大家自白，让大家能明白我是怎样的人，真是再好不过。这是申说第一点意义的。

（二）（这是对哲学系的同学讲的）在我看，一个大学里开一个哲学系，招学生学哲学，三年五年毕业，天下最糟，无过于是！哲学系实在是误人子弟！记得民国六年或七年（记不清是六年还是七年，总之是十年以前的话），我在北京大学教书时，哲学系第一届（或第二届）毕业生因为快要毕业，所以请了校长文科学长教员等开一个茶会。那时，文科学长陈独秀先生曾说："我很替诸位毕业的同学发愁。因为国文系的同学毕业，我可以替他们写介绍信，说某君国文很好请你用他，或如英文系的同学毕业时，我可以写介绍信说某君英文很好请你可以用他，但哲学系毕业的却怎么样办呢？所以我很替大家发愁！"大学的学生原是在乎深造于学问的，本来不在乎社会的应用的，他的话一半是说笑话，自不很对，但有一点，就是学哲学一定没有结果，这一点是真的！学了几年之后还是莫名其妙是真的！所以我也不能不替哲学系的同学发愁！

哲学是个极奇怪的东西：一方面是尽人应该学之学，而在他一方面却又不是尽人可学之学。虽说人人都应当学一点，然而又不是人人所能够学得的。换句话讲，就是没有哲学天才的人，便不配学哲学；如果他要勉强去学，就学一辈子，也得不到一点结果。所以哲学这项学问，可以说只是少数人所能享的一种权利，是和艺术一样全要靠天才才能成功，却与科学完全殊途。因为学科学的人，只要肯用功，多学点时候，总可学个大致不差，譬如工程学，算是不易的功课，然而除非是个傻子或者有神经病的人，就没有办法，不然，学上八年十年，总可以做个工程师。哲学就不像这样，不仅要有天才，并且还要下工夫，才有成功的希望；没有天才，纵然肯下工夫，是不能做到，即算有天才不肯下工夫，也是不能成功。

　　大家可能会问哲学何以如此特别，为什么既是尽人应学之学，同时又不是尽人可学之学？这就因为哲学所研究的问题，最近在眼前，却又是远在极处——最究竟。北冰洋离我们远，它比北冰洋更远，如宇宙人生的问题，说它深远，却明明是近在眼前。这些问题又最普遍，可以说是寻常到处遇得着，但是却又极特殊，因其最究竟。因其眼前普遍，所以人人都要问这问题，亦不可不问；但为其深远究竟，人人无法能问，实亦问不出结果。甚至一般人简直无法去学哲学。大概宇宙人生本是巧妙之极，而一般人却是愚笨之极，各在极端，当然两不相遇。既然根本没有法子见面，又何能了解呢？你不巧妙，无论你怎样想法子，一辈子也休想得到那个巧妙，所以我说哲学不是尽人可学的学问。有人以为宇宙人生是神秘不可解，其实非也。有天才便可解，没有天才便不可解。你有巧妙的头脑，自然与宇宙的巧妙相契无言，莫逆于心，亦不以为什么神秘超绝。如果你没有巧妙的头脑，你就用不着去想要懂它，因为你够不上去解决它的问题。不像旁的学问，可以一天天求进步，只要有积累的工夫，对于那方面的知识，总可以增加，譬如生理卫生、物理、化学、天文、地质各种科学，今天懂得一个问题，明天就可以去求解决一个新问题，而昨天的问题，今天就用不着再要去解决了。（不过愈解决问题，就也愈发现问题。）其他各种学问，大概都是只要去求解决后来的问题，不必再去研究从前已经解决了的问题；在哲学就不然，自始至终，总是在那些老问题上盘旋。周、秦、希腊几千年前所研究的问题，到现在还来研究。如果说某种科学里面也是要解决老问题的，那一定就是种很接近哲学的问题；不然，就决不会有这种事。以此，有人说各种科学都有进步，独哲学自古迄今不见进步。实则哲学上问题亦非总未得解决，不过科学上问题的解决可以摆出外面与人以共见，哲学问题的解决每存于个人主观，不能与人以共见。古之人早都解决，而后之人不能不从头追问起；古之人未尝自闷其所得，而后之人不能资之以共喻；遂若总未解决耳。进步亦是有的，但不存于正面，而在负面，即指示"此路不通"是也。问题之正面解答，虽迄无定论，而其不可作如是观，不可以是求之，则逐渐昭示于人。故哲学界里，无成而有成，前人工夫卒不白费。

这样一来，使哲学系的同学就为难了：哲学既是学不得的学问，而诸位却已经上了这个当，进了哲学系，退不出来，又将怎么办呢？所以我就想来替大家想个方法补救。法子对不对，我不敢断定，我只是想贡献诸位这一点意思。诸位照我这个办法去学哲学，虽或亦不容易成功，但也许成功。这个方法，就是我从前求学走的那条路，我讲出来大家去看是不是一条路，可不可以走得。

不过我在最初并没有想要学哲学，连哲学这个名词，还不晓得，更何从知道有治哲学的好方法？我是于不知不觉间走进这条路去的。我在《东西文化及其哲学》自序中说："我完全没有想学哲学，但常常好用心思；等到后来向人家说起，他们方告诉我这便是哲学……"实是真话。我不但从来未曾有一天动念想研究哲学，而且我根本未曾有一天动念想求学问。刚才已经很老实地说我不是学问家，并且我没有法子讲学问。现在更说明我从开头起始终没有想讲学问。我从十四岁以后，心里抱有一种意见（此意见自不十分对）。什么意见呢？就是鄙薄学问，很看不起有学问的人，因我当时很热心想做事救国。那时是前清光绪年间，外国人要瓜分中国，我们要有亡国灭种的危险一类的话听得很多，所以一心要救国，而以学问为不急之务。不但视学问为不急，并且认定学问与事功截然两途。讲学问便妨碍了做事，越有学问的人越没用。这意见非常的坚决。实在当时之学问亦确是有此情形，什么八股词章、汉学、宋学……对于国计民生的确有何用呢？又由我父亲给我的影响亦甚大。先父最看得读书人无用，虽他自己亦尝读书中举。他常常说，一个人如果读书中了举人，便快要成无用的人；更若中进士点翰林大概什九是废物无能了。他是个太过尚实认真的人，差不多是个狭隘的实用主义者，每以有用无用，有益无益，衡量一切。我受了此种影响，光绪末年在北京的中学念书的时候，对于教师教我的唐宋八家的古文顶不愿意听，讲庄子《齐物论》、《逍遥游》……那么更头痛。不但觉得无用无聊之讨厌，更痛恨他卖弄聪明，故示玄妙，完全是骗人误人的东西！当时尚未闻

"文学"、"艺术"、"哲学"一类的名堂，然而于这一类东西则大概都非常不喜欢。一直到十九、二十岁还是这样。于哲学尤其嫌恶，却不料后来自己竟被人指目为哲学家！

由此以后，这种错误观念才渐渐以纠正而消没了，但又觉不得空闲讲学问，一直到今天犹且如此。所谓不得空闲讲学问，是什么意思呢？因为我心里的问题太多，解决不了。凡聪明人于宇宙事物大抵均好生疑问，好致推究，但我的问题之多尚非此之谓。我的问题背后多半有较强厚的感情相督迫，亦可说我的问题多偏乎实际（此我所以不是哲学家乃至不是学问家的根本原因），而问题是相引无穷的，心理不免紧张而无暇豫。有时亦未尝不想在优游恬静中，从容地研究一点学问，却完全不能做到了。虽说今日我亦颇知尊重学问家，可惜我自己做不来。

从前薄学问而不为，后来又不暇治学问，而到今天竟然成为一个被人误会为学问家的我。此中并无何奇巧，我只是在无意中走上一条路；走上了，就走不下来，只得一直走去；如是就走到这个易滋误会（误会是个学问家）的地方。其实亦只易滋误会罢了，认真说，这便是做学问的方法吗？我不敢答，然而真学问的成功必有资于此，殆不妄乎。现在我就要来说明我这条路，做一点对于哲学系同学的贡献。

我无意中走上的路是怎么样一条路呢？就是我不知为何特别好用心思，我不知为什么便爱留心问题，问题不知如何走上我心来，请它出去，它亦不出去。大约从我十四岁就好用心思，到现在二十多年这期间内，总有问题占据在我的心里。虽问题有转变而前后非一，但半生中一时期都有一个问题没有摆脱，由此问题移入彼问题，由前一时期进到后一时期。从起初到今天，常常在研究解决问题，而解决不完，心思之用亦欲罢不能，只好由它如此。这就是我二十余年来所走的一条路。

如果大家要问为什么好用心思？为什么会有问题？这是我很容易感觉到事理之矛盾，很容易感觉到没有道理，或有两个以上的道理。当我觉出有两个道理的时候，我即失了主见，便不知要哪样才好。眼前有了两个道理或更多的道理，心中便没了道理，很是不安，却又丢不开，如是就占住了脑海。我自己回想当初为什么好用心思，大概就是由于我易有这样感觉吧。如果大家想做哲学家，似乎便应该有这种感觉才得有希望。更放宽范围说，或者许多学问都需要以这个为起点呢。

以下分八层来说明我走的一条路：

（一）因为肯用心思所以有主见。对一个问题肯用心思，便对这问题自然有了主见，亦即是在自家有判别。记得有名的哲学家盾姆士（James）仿佛曾说过一句这样的话："哲学上的外行，总不是极端派。"这是说胸无主见的人无论对于什么议论都点头，人家这样说他承认不错，人家那样说他亦相信有理。因他脑里原是许多杂乱矛盾未经整理的东西。两边的话冲突不相容亦模糊不觉，凡其人于哲学是外行的，一定如此。哲学家一定是极端的！什么是哲学的道理？就是偏见！有所见便想把这所见贯通于一切，而使成普遍的道理。因执于其所见而极端地排斥旁人的意见，不承认有二或二以上的道理。美其名曰主见亦可，斥之曰偏见亦可。实在岂但哲学家如此！何谓学问？有主见就是学问！遇一个问题到眼前来而茫然的便是没有学问！学问不学问，却不在读书之多少。哲学系的同学，生在今日，可以说是不幸。因为前头的东洋西洋上古近代的哲学家太多了，那些读不完的书，研寻不了的道理，很沉重地积压在我们头背上，不敢有丝毫的大胆量，不敢稍有主见。但如果这样，终究是没有办法的。大家还要有主见才行。那么就劝大家不要为前头的哲学家吓住，不要怕主见之不对而致不要主见。我们的主见也许是很浅薄，浅薄亦好，要知虽浅薄也还是我的。许多哲学家的哲学也很浅，就因为浅便行了。詹姆士的哲学很浅，浅所以就行了！胡适之先生的更浅，亦很行。因为这是他自己的，纵然不高深，却是心得，而亲切有味。所以说出来便能够动人，能动就行了！他就能成他一派。大家不行，就是因为大家连浅薄的都没有。

（二）有主见乃感觉出。旁人意见与我两样，要自己有了主见才得有自己；有自己，才得有旁人——才得发觉得前后左右都有种种与我意见不同的人在。这个时候，你才感觉到种种冲突，种种矛盾，种种没有道理，又种种都是道理。于是就不得不有第二步的用心思。

学问是什么？学问就是学着认识问题。没有学问的人并非肚里没有道理，脑里没有理论，而是心里没有问题。要知必先看见问题，其次乃是求解答；问题且无，解决问题更何能说到。然而非能解决问题，不算有学问。我为现在哲学系同学诸君所最发愁的，便是将古今中外的哲学都学了，道理有了一大堆，问题却没有一个，简直成了莫可奈何的绝物。要求救治之方，只有自己先有主见，感觉出旁人意见与我两样，而触处皆是问题；憬然于道理之难言，既不甘随便跟着人家说，尤不敢轻易自信；求学问的生机才有了。

（三）此后看书听话乃能得益。大约自此以后乃可算会读书了。前人的主张，今人的言论，皆不致轻易放过，稍有与自己不同处，便知注意。而凡于其自己所见愈亲切者，于旁人意见所在愈隔膜。不同，非求解决归一不可；隔膜，非求了解他不可。于是古人今人所曾用过的心思，我乃能发现而得到，以融取而收归于自己。所以最初的一点主见便是以后大学问的萌芽。从这点萌芽才可以吸收滋养料，而亦随在都有滋养料可得。有此萌芽向上才可以生枝发叶，向下才可以入土生根。待得上边枝叶扶疏，下边根深蒂固，学问便成了。总之，必如此才会用心，会用心才会读书；不然读书也没中用处。现在可以告诉大家一个看人会读书不会读书的方法：会读书的人说话时，他要说他自己的话，不堆砌名词，亦无事旁征博引；反之，一篇文里引书越多的一定越不会读书。

（四）学然后知不足。古人说"学然后知不足"，真是不错。只怕你不用心，用心之后就自知虚心了。自己当初一点见解之肤浅不足以解决问题，到此时才知道了。问题之不可轻谈，前人所看之高过我，天地间事理为我未及知者之尽多，乃打下了一向的粗心浮气。所以学问之进，不独见解有进境，逐有修正，逐有锻炼，而心思头脑亦锻炼得精密了，心气态度亦锻炼得谦虚了。而每度头脑态度之锻炼又皆还而于其见解之长进有至大关系。换言之，心虚思密实是求学的必要条件。学哲学最不好的毛病是说自家都懂。问你，柏拉图懂吗？懂。佛家懂吗？懂。儒家懂吗？懂。老子、阳明也懂；康德、罗素、柏格森……全懂得。说起来都像自家熟人一般。一按其实，则他还是他未经锻炼的思想见地；虽读书，未曾受益。凡前人心思曲折，经验积累，所以遗我后人者乃一无所承领，而贫薄如初。遇着问题，打起仗来，于前人轻致反对者固属隔膜可笑，而自谓宗主前人者亦初无所窥。此我们于那年科学与人生观的论战，所以有大家太不爱读书，太不会读书之叹也。而病源都在不虚心，自以为没什么不懂得的。殊不知，你若当真懂得柏拉图，你就等于柏拉图。若自柏拉图、佛、孔以迄罗素、柏格森数理生物之学都懂而兼通了，那么，一定更要高过一切古今中外的大哲了！所以我劝同学诸君，对于前人之学总要存一我不懂之意。人问柏拉图你懂吗？不懂。柏格森懂吗？不懂。阳明懂吗？不懂。这样就好了。从自己觉得不懂，就可以除去一切浮见，完全虚心先求了解他。这样，书一定被你读到了。

我们翻开《科学与人生观之论战》一看，可以感觉到一种毛病，什么毛病呢？科学派说反科学派所持见解不过如何如何，其实并不如此。

因为他们自己头脑简单，却说人家头脑简单；人家并不如此粗浅，如此不通，而他看成人家是这样。他以为你们总不出乎此。于是他就从这里来下批评攻击。可以说是有意无意地栽赃。我从来的脾气与此相反。从来遇着不同的意见思想，我总疑心他比我高，疑心他必有为我所未及的见闻在，不然，他何以不和我作同样判断呢？疑心他必有精思深悟过乎我，不然，何以我所见如此他乃如彼？我原是闻见最不广，知识最不够的人，聪明颖悟，自己看是在中人以上；然以视前人则远不逮，并世中高过我者亦尽多。与其说我是心虚，不如说我胆虚较为近实。然由此不敢轻量人，而人乃莫不资我益。因此我有两句话希望大家常常存记在心：第一，"担心他的出乎我之外"；第二，"担心我的出乎他之下"。有这担心，一定可以学得上进。《东西文化及其哲学》这本书就为了上面我那两句话而产生的。我二十岁的时候，先走入佛家的思想，后来又走到儒家的思想。因为自己非常担心的缘故，不但人家对佛家、儒家的批评不能当做不看见，并且自己留心去寻看有多少对我的批评。总不敢自以为高明，而生恐怕是人家的道理对。因此要想方法了解西洋的道理，探求到根本，而谋一个解决。迨自己得到解决，便想把自己如何解决的拿出来给大家看，此即写那本书之由也。

（五）由浅入深便能以简御繁。归纳起第一、第二、第三、第四四点，就是常常要有主见，常常看出问题，常常虚心求解决。这样一步一步地牵涉越多，范围越广，辨察愈密，追究愈深。这时候零碎的知识，段片的见解都没有了；在心里全是一贯的系统，整个的组织。如此，就可以算成功了。到了这时候，才能以简御繁，才可以学问多而不觉得多。凡有系统的思想，在心里都很简单，仿佛只有一两句话。凡是大哲学家皆没有许多话说，总不过一两句。很复杂很沉重的宇宙，在他手心里是异常轻松的——所谓举重若轻。学问家如说肩背上负着多沉重的学问，那是不对的；如说当初觉得有什么，现在才晓得原来没有什么，那就对了。其实，只仿佛没话可讲。对于道理越看得明透越觉得无甚话可说，还是一点不说的好。心里明白，口里讲不出来。反过来说，学问浅的人说话愈多，思想不清楚的人名词越多。把一个没有学问的人看见真要被他吓坏！其实道理明透了，名词便可用，可不用，或随意拾用。

（六）是真学问使有受用。有受用没受用仍就在能不能解决问题。这时对于一切异说杂见都没有摇惑，而身心通泰，怡然有以自得。如果外面或里面还有摆着解决不了的问题，那学问必是没到家。所以没有问题，因为他学问已经通了。因其有得于己，故学问可以完全归自己运用。假学问的人，学问在他的手里完全不会用。比方学武术的十八般武艺都学会了，表演起来五花八门很像个样。等到打仗对敌，叫他抡刀上阵，却拿出来的不是那个，而是一些幼稚的、拙笨的，甚至本能的反射运动，或应付不了，跑回来搬请老师。这种情形在学术界里，多可看见。可惜一套武艺都白学了。

（七）旁人得失长短一望而知。这时候学问过程里面的甘苦都尝过了，再看旁人的见解主张，其中得失长短都能够看出来。这个浅薄，那个到家，这个是什么分数，那个是什么程度，都知道得很清楚；因为自己从前皆曾翻过身来，一切的深浅精粗的层次都经过。

（八）自己说出话来精巧透辟。每一句话都非常的晶亮透辟，因为这时心里没有一点不透的了。此思精理熟之象也。

现在把上面的话结束起来。如果大家按照我的方法去做功夫，虽天分较低的人，也不至于全无结果。盖学至于高明之域，诚不能不赖有高明之资。然但得心思剀切事理，而循此以求，不急不懈，持之以恒者，则祛俗解蔽，未尝不可积渐以进。而所谓高明正无奥义可言，亦不过俗祛蔽解之真到家者耳。此理，前人早开掘出以遗我，第苦后人不能领取。诚循此路，必能取益；能取益古人则亦庶几矣。

至于我个人，于学问实说不上。上述八层，前四层诚然是我用功的路径；后四层，往最好里说，亦不过庶几望见之耳——只是望见，非能实有诸己。少时妄想做事立功而菲薄学问；二三十岁稍有深思，亦殊草率；近年问题益转入实际的具体的国家社会问题上来。心思之用又别有在，若不如是不得心安者。后此不知如何，终恐草草负此生耳。

末了，我要向诸位郑重声明的：我始终不是学问中人，也不是事功中人。我想了许久，我是什么人？我大概是问题中人！

（录自《梁漱溟全集》，卷四，847～859 页，
山东人民出版社，1991 年 2 月出版。）

三种人生态度 *
——逐求、厌离、郑重
(约 1934)

"人生态度"是指人日常生活的倾向而言，向深里讲，即入了哲学范围；向粗浅里说，也不难明白。依中国分法，将人生态度分为"出世"与"入世"两种，但我嫌其笼统，不如三分法较为详尽适中。我们仔细分析：人生态度之深浅、曲折、偏正……各式各种都有，而各时代、各民族、各社会，亦皆有其各种不同之精神，故欲求不笼统，而究难免于笼统。我们现在所用之三分法，亦不过是比较适中的办法而已。

按三分法，第一种人生态度，可用"逐求"二字以表示之。此意即谓人于现实生活中逐求不已，如饮食、宴安、名誉、声、色、货、利等，一面受趣味引诱，一面受问题刺激，颠倒迷离于苦乐中，与其他生物亦无所异；此第一种人生态度（逐求），能够彻底做到家，发挥至最高点者，即为近代之西洋人。他们纯为向外用力，两眼直向前看，逐求于物质享受，其征服自然之威力实甚伟大，最值得令人拍掌称赞。他们并且能将此第一种人生态度理智化，使之成为一套理论——哲学。其可为代表者，是美国杜威之实验主义，他很能细密地寻求出学理的基础来。

第二种人生态度为"厌离"的人生态度。第二种人生态度为人对于物的问题。第三种人生态度为人对于人的问题，此则为人对于自己本身的问题。人与其他动物不同，其他动物全走本能道路，而人则走理智道路，其理智作用特别发达。其最特殊之点，即在回转头来反看自己，此为一切生物之所不及于人者。当人转回头来冷静地观察其生活时，即感觉得人生太苦，一方面自己为饮食男女及一切欲望所纠缠，不能不有许多痛苦，而在另一方面，社会上又充满了无限的偏私、嫉妒、仇怨、计

---

* 这是著者于山东乡建院在例行朝会上与学生的一次谈话，约讲于 1934 年。

较，以及生离死别种种现象，更足使人感觉得人生太无意思。如是，乃产生一种厌离人世的人生态度。此态度为人人所同有。世俗之愚夫愚妇皆有此想，因愚夫愚妇亦能回头想，回头想时，便欲厌离。但此种人生态度虽为人人所同具，而所分别者即在程度上深浅之差，只看彻底不彻底，到家不到家而已。此种厌离的人生态度，为许多宗教之所由生。最能发挥到家者，却为印度人。印度人最奇怪，其整个生活，完全为宗教生活。他们最彻底，最完全，其中最通透者为佛家。

第三种人生态度，可以用"郑重"二字以表示之。郑重态度，又可分为两层来说：其一、为不反观自己时——向外用力；其二、为回头看自家时——向内用力。在未曾回头看而自然有的郑重态度，即儿童之天真烂漫的生活。儿童对其生活，有天然之郑重，与天然之不忽略，故谓之天真。真者真切，天者天然，即顺从其生命之自然流行也。于此处我特别提出儿童来说者，因我在此所用之"郑重"一词似太严重。其实并不严重。我之所谓"郑重"，实即自觉地听其生命之自然流行，求其自然合理耳。"郑重"即是将全副精神照顾当下，如儿童之能将其生活放在当下，无前无后，一心一意，绝不知道回头反看，一味听从于生命之自然的发挥，几与向前逐求差不多少，但确有分别。此系言浅一层。

更深而言之，从反回头来看生活而郑重生活，这才是真正的发挥郑重。这条路发挥得最到家的，即为中国之儒家。此种人生态度亦甚简单，主要意义即是教人"自觉地尽力量去生活"。此话虽平常，但一切儒家之道理尽包含在内，如后来儒家之"寡欲"、"节欲"、"窒欲"等说，都是要人清楚地自觉地尽力于当下的生活。儒家最反对仰赖于外力之催逼与外边趣味之引诱往前度生活。引诱向前生活，为被动的、逐求的，而非为自觉自主的。儒家之所以排斥欲望，即以欲望为逐求的、非自觉的，不是尽力量去生活。此话可以包含一切道理，如"正心诚意"、"慎独"、"仁义"、"忠恕"等，都是以自己自觉的力量去生活。再如普通所谓"仁至义尽"、"心情俱到"等，亦皆此意。

此三种人生态度，每种态度皆有浅深。浅的厌离不能与深的逐求相比。逐求是世俗的路，郑重是道德的路，而厌离则为宗教的路。将此三者排列而为比较，当以逐求态度为较浅，以郑重与厌离二种态度相较，则郑重较难，从逐求态度进步转变到郑重态度自然也可能，但我觉得很不容易。普通都是由逐求态度折到厌离态度，从厌离态度再转入郑重态度，宋明之理学家大多如此，所谓出入儒释，都是经过厌离生活，然后重又归来尽力于当下之生活。即以我言，亦恰如此。在我十几岁时，极接近于实利主义，后转入于佛家，最后方归于儒家。厌离之情殊为深刻，由是转过来才能尽力于生活；否则便会落于逐求，落于假的尽力。故非心里极干净，无纤毫贪求之念，不能尽力生活。而真的尽力生活，又每在经过厌离之后。

（录自《朝话》，84～89 页，
乡村书店，1937 年 6 月出版。）

以出家的精神做乡村工作[*]

（1934）

　　真正的和尚出家，是被一件生死大事，打动他的心肝，牵动他的生命；他看到众生均循环沉沦于生死之中，很可怜的，所以超脱生死，解决生死，遂抛弃一切，不顾一切。现在我来作乡村运动，在现在的世界，在现在的中国，也是同和尚出家一样。我同样是被大的问题所牵动，所激发；离开了朋友，抛弃了亲属，像和尚到庙里去般的到此地来。因为此事太大，整个的占据了我的生命，我一切都无有了，只有这件事。此时即如出家和尚出家时觉得世人都是在作梦，而自己甚为孤独，但多数人仍占在他的心内。在佛家原是为众生，悲悯众生，为众生解决生死；这种不忘众生、念着众生的心理，作乡村运动的人，应当仿效。在普通和尚很少这样激动，这样决心，自动发愿出家；如果那样的出家，等于未出家，他虽出了家，不过随随便便念念经，其生活是同世人一样的无聊。这样的生活是无味的生活。如果乡村运动者不是自动出家，在内心并没起了激动，仍系鬼混度日，这是最冤枉、最无味的生活。如果我们真是发愿而来，我们应当真的像和尚一样感到孤独，常常念着众生，常常念着一件事，常常像要解决一个很急切的问题似的。（我在廿岁时曾经想出家，后来没有；可是到现在还常常觉着出家的味道。）一个人很容易一阵明白，一阵糊涂；明白时很容易明了他的责任，糊涂时便恍惚忘记了。这只有常常提醒自己，要问出一个很真切的心来。如果不是真想干，干脆的不如不

---

　　* 此次朝会上对学生的谈话转引自朱秉国所写《邹平漫纪》(《山东民众教育半月刊》5 卷 6 期，1934 年 8 月) 一文。据朱文说，讲话由李鼎记录，未经著者过目。

干；如果真想干，那末应该很深沉的内决于心，虽有时糊涂恍惚，也可觉醒的。

（录自《梁漱溟全集》，卷五，425～426 页，
山东人民出版社，1992 年 8 月出版。）

我的家世与生平行事[*]
（1952）

我的家世

提起我的家世出身、生活环境以及所受教育这一切，现有参考资料很不少。例如先父遗书——《桂林梁先生遗书》（1926 年商务印书馆出版），其中有先父《年谱》一卷就叙到我的出生和父母先世。又如 1942年我在桂林应《自学》月刊编辑之约所写《我的自学小史》，则十八九岁以前的我完全可见。又如 1933 年在邹平有《自述》一种，系我口述经同学们笔记而出版的小册，则连后来如何作乡村运动亦讲到了。资料既多，反而现在不大好写，只能摘取几点与当前作检讨密切相关的说一说（当然不免亦有些是在摘取之外的话）。假如要查考其详，好在有原书在。

我的曾祖是进士，"榜下知县"。在今河北定兴、遵化等处作官。以忤上官意而罢官。罢官后，无钱而有债。债务便落到祖父身上。祖父十八岁中举人，先作京官，因穷而自请改外——照例外官有钱而京官则穷，通常有"穷京官"一名词。债权人索债，有"好汉子还钱"一句话，祖父便刻"好汉子"一块图章以自励。不料在山西作官只一两年就病故了。病故时不过三十六岁，我父亲那时才八岁。这样回到北京。当然很穷。幸赖我祖母是个读书能文的女子，就自设蒙馆课儿童，收点学费度活。父亲先在一义塾读书求学，到二十岁那年便接着在义塾中教

---

* 本文节录自《检讨我的立场、观点和过去一切行事》一文。此文作于 1952 年秋。大小标题均为编者所加。

书。此时祖母在家设馆，父亲在外就馆，薄薄地各有束脩收入，据说就是生活最舒展的时候了。

父亲二十七岁中举，并于是年结婚。我母亲亦出于"书香人家"、"仕宦人家"，一样读书能文；所以其后清末维新时，北京初创女学堂，曾出来参与其事，并担任国文教员。母亲带来陪嫁的财物倒很有一点。据父亲自记："余幼无恒产，而今较之则有屋可住，有茔可葬；此屋与茔多半由夫人春漪奁中物毁变而成。"又我和哥哥的学费有时不足亦求之于母亲的妆奁（两妹均系师范公费毕业不用什么钱，哥哥去日本留学是自费，就用钱多点）。

父亲四十岁入仕，但那个官——内阁中书——是没有俸米俸钱的（好像听说翰林亦如此）。除末后改官民政部其间有一短期有收入外，四十岁之前和后约近二十年都靠笔墨为生。根据父亲自记"八九年间约入三千四百金"一句话，似乎平均每年有三百八十两银，每月有三十两银光景。

读者从以上说的家世出身和生活来源，对于我家的阶级成分可有些估计捉摸了。

我所受的教育

讲到我所受的教育是有些出人意外的：

第一，我没有读过中国的"四书五经"；四书五经没有在我小时经老师教过，只是到后来自己选择着看过而已。这在与我同样年纪又且同样家世的人所绝无仅有。不读经何以这样早？那自然是出于父亲的主张。如《我的自学小史》所述，我经过两度家塾四个小学而入中学，在其间很早读了些 a、b、c、d，此外就是各科教科书了。有人误以为我受传统教育很深，其实完全没有。

第二，我读那个中学经五年半而毕业；我所受正规教育即此而止，没有再升学。我虽然后来在大学教过书，却先没有在大学读过书，更没有出过洋。为什么不升学呢？就在临毕业那年辛亥革命；革命潮流先已暗中传入学校，出校即作革命活动。接着便同朋友们办报，作新闻记者；接着便转到出世思想。出世思想否定人生，自不想求取世间学问（此时只有二十岁）。所以到今天依然不过一中学生而已。传统旧教育在我固然受的很少，受外来新式学校教育亦有限。

第三，有人推想我受的家教必然很严，其实恰巧相反。如《自学小史》所述，父亲给我的教育不外是：（一）讲戏。父亲喜看戏，即以戏中故事情节讲给儿女听。（二）携同出街购买日用品，或办些零碎事，教我们练习经理事务，懂得社会人情。（三）关于卫生或其他如何照料自己身体的许多嘱咐，却没有给我讲过书。我在父亲面前（在母亲面前更不必说）完全不感到一种精神上的压迫。他从未以端凝严肃的神情对儿童或少年人。在我整个记忆中，没有挨过一次打，我们在父母面前几乎不晓得什么礼貌规矩。当十四岁后二十岁前那时候，父子思想见解非常相合，父亲最喜听我发议论。二十岁以后思想见解不相合，每天看报必谈时事（大局政治、社会风教），每谈必然争吵。吵得可以不吃饭、不睡觉。（以上均见《年谱》后我所作《思亲记》。）

但毫无疑问，父亲对我的影响极其大。因此在《自学小史》里面，所以特有一节叙述父亲，还特有一节叙述我的一位父执彭翼仲先生。父亲给我的影响可分两面：一面是消极的，就是《自学小史》中已拟出题目尚未写的《父亲对我信任而且放任》那一节所准备说的父亲如何给我充分机会让我创造自己①；另一面积极的，就是从父亲的人格和思想给我一种感召和暗示。

近百年来由于帝国主义的侵略压迫激起了中国人的爱国和维新，我父亲和我的一位父执彭翼仲先生便是距今六十多年前到四十多年前（约当1890—1910）那段时期热心爱国而勇于维新的人。那时爱国维新不是容易事。他们具有的一种反抗精神至今我留有深刻印象。反抗什么？反抗亲戚故旧一般流俗的窃笑与非议。流俗总是琐琐碎碎只为自己身家作打算而不问他事；流俗总是安于庸暗，循常蹈故，没有一点自己的识见。我父与此完全相反，但又不像彭公那样激昂奋发，爽朗表示出来，在含蓄谦逊之中而义形于色，给人印象更为有力。

学习上自觉　行动上自主

回忆十六七岁时我很喜欢看广智书局出版的三名臣（曾国藩、胡林翼、左宗棠）书牍和三星使（郭嵩焘、曾纪泽、薛福成）书牍，圈点皆满。而尤其爱胡公与郭公之为人，正是由于受父亲影响。**胡公主要是代**

---

① 著者已于1974年将此节补写出，只是较原计划为简略。

表一种侠气热肠人对大局勇于负责的精神，把重担子都揽在自己身上来，有愿力有担当，劳怨不辞。郭公主要是代表独具深心远见的人一种实事求是的精神，不与流俗同一见解，虽犯众议而不顾。我父和彭公的行动和言论，几乎无时不明示或暗示这两种精神；**我受到启发之后，这两种精神亦就几乎支配了我的一生。**并且在中国革命问题上，我总认为中国革命运动是爱国维新运动之一种转变发展，不认为是社会内部阶级矛盾的爆发；我总认为是先知先觉仁人志士领导中国革命的，不承认是什么阶级领导；所有那些见解亦都源于此。

我很早（约十四岁）有我的人生思想，极其与西洋功利派思想相近。这亦是受了父亲处处以"务实"为其一贯的主张影响而来。因为几十年一次一次的国难国耻给父亲的刺激，使他体会到西人所长正在务实，而中国积弱全为念书人专讲些无用的虚文所误。作事要作有用的事，作人要作有用的人。诗词文章、汉学考据，宋儒的迂腐等等已经把中国人害得太苦，今天再不要那些。他心里简直是深恶痛绝，但态度温雅，从不肯开口伤人。当我一懂得他的意思的时候，我马上很起劲地跟着他走了。

我常说我一生思想约分三期：第一期可说是西洋思想，第二期可说是印度思想，第三期才转回到中国思想。所称第一期即从上面那种观念开端，加以深化，加以组织而成。

我常说：我从无意讲哲学，我是不知不觉走入哲学之中，经人指明而后才恍然"原来这就叫哲学"。其所以无意讲哲学，就为当初把文学、哲学那一类东西都认为无用而排斥之故。所谓不知不觉走入其中，即是从最初那种实用主义不知不觉慢慢加以深化，加以组织。

当初不止不要哲学，甚至于根本就把讲学问看轻——重事功而轻学问。后来这种错误观念虽得纠正，但依然**不甘为学者而总是要行动**。三十年前旧著《东西文化及其哲学》出版时，我主张重振古人讲学——特别是明儒泰州学派那种讲学——风气，而要把它与近世的社会运动合而为一，意正可见。这或者是从八九岁便参加那些在街头散放传单（例如为美国虐待华工而倡导抵制美货）的种种活动有关系。**综观四五十年间，有革命思想就要革命，有出世思想就要出家，说改造社会就要下乡，说抗日就要到敌后工作，主张从联合求统一就奔走各方……**如此之例不一而足。

说到行动，一个人在幼小时自难有多大自己主动性可言；但由于父亲启发我的心思而不干涉我的行动之故，养成了我在行动上的自主性。在学业上只读到中学而止，不再升学，就是行动上自主自决的表现。而这一决定又实源于学业上很早便是自学之故。几乎从幼年时起便在学业上是自学。在行动上是自主，到后来在自己一生表现则为有志业而无职业的一个人。关于有志业而无职业的话容后说，先把自学的话说一说以结束上文（讲我所受的教育）。

当我九岁那年（1902年）春上，彭翼仲先生创办《启蒙画报》出版；这就供给了我最初亦最好的自学资料。如《自学小史》所述"我从那方面不但得到了许多各科常识，并且启发我胸中很多道理，一直影响我到后来；我觉得近若干年所出儿童画报都远不及它"。《启蒙画报》先是日刊，随后改旬刊；而同时别创《京话日报》一种。讲到北京报业史，这要占第一页。它用白话文（远比胡适的白话文运动为早），意在以一般市民为对象，而不是给所谓"上流社会"看的。内容有新闻，有论说。新闻以当地（北京）社会新闻为主，约占三分之二；还有三分之一标题"紧要新闻"，则包涵国际国内的重大事情。论说多半指摘社会病痛，时或鼓吹一种运动，所以甚有力量，对社会发生了很大影响。但初时风气不开，被呼为"洋报"。取价虽廉，而一般人家总不愿增此一种开支。先靠热心人士出钱订阅，沿街张贴，或设立"阅报所"、"讲报处"之类，慢慢推广。坚持到第三年，而后才发达起来。然主要还是由于鼓吹几次运动，报纸乃随运动之扩大而发达的。第五年报纸被封闭，彭先生被发配到新疆，这些事今不及谈。主要说一句：《启蒙画报》出版约满两年，是我十岁内外的好读物；《京话日报》首尾五年，是我十四岁以前的好读物。它们都是非常有生气的。

十四岁入中学后，大部分精神都用在课外读物上。换言之，完全以自学为主而不是学习功课作一个普通中学生。我当时拥有梁任公先生主编的《新民丛报》壬寅、癸卯、甲辰三整年六巨册和他编的《新小说》（月刊杂志）全年一巨册，以及其他从日本传递进来的或上海出版的书报甚多。再往后（1910年）更有梁任公的《国风报》（旬刊或半月刊在日本印行）和上海《民立报》（属革命派）按期陆续收阅。这都是当时在内地寻常一个中学生所不能有的丰富财产。其中一小部分是自己设法得来，十分之九是从父亲或父亲的朋友得来。深有自学兴味的我，有了这些资料，便"寝馈其中"；自学之遂成在此。

生平行事有志业而无职业

何以说我一生有志业而无职业呢？通常一个人总要在社会上有一种职业而后能生存，少时求学即所以为后此就业作准备。但自己如何求生存这问题在我脑中却简直像没有出现过。占据我脑中的是两大问题：一个是当前的中国问题，还有一个则是普遍而渊深的人生问题。父亲似乎颇为我虑，但他反对作"自了汉"的思想启发我在先，到我"高谈大睨"起来，拒谈自己谋生之事，父亲亦只好不管了。从革命而作新闻记者；那个新闻记者几乎没有收入的，不是作为一职业在做。随后转入社会主义思想，又转到出世思想，对于个人谋生说乃愈去愈远。倒是在倾心佛法准备出家的那三年（1913—1916 的上半年），想兼学些医术以矫和尚们坐享供养之偏弊。一面读佛典，一面读医书。除了中国旧医书之外，向上海丁福保医学书局购取大批西医书报，研究甚勤。《自学小史》中预拟"学佛又学医"为题而未及写的第十三节正指此①。不要说后来没有出家亦没有行医，出家了又怎算一项职业呢？

就在不放弃出家之念时，无意中被邀出任 1916 年（倒袁后）南北统一政府的司法部秘书。那时同任秘书的有沈钧儒先生。沈老是有他的政治关系；我不是。我一半为帮忙关系②，一半实迫于家庭负债而出。官吏虽是一种职业了，但这种出其不意的官，本不想以此为业，又没有担任好久（至次年离去），似亦算不得我的职业。

就在司法部任职之时，蔡元培、陈独秀（文科学长即现在的文学院院长）两先生邀我给北京大学讲授印度哲学。这又是我想不到的事。当时我一时难兼顾，转请许丹先生代课。1917 暑后我才接任，后来又兼着讲儒家哲学，就这样在北大有七年（1917—1924 年）。这算不算我的职业呢？连续七年以此为生，似乎要算是我的职业了。然而我的讲哲学，正像我自己说的话是"误打误撞"出来的，当初既非有意讲它，后来亦无意就此讲下去。且不说旁人认我够不够作哲学教授，在"不甘为学者而总是要行动"（语见前）的我，绝不承认这就算是我的本行本业。

于此有一证明：就在 1917 年尾，我到北大任课不久时候，我写

---

① "学佛又学医"一节已于 1974 年补写完，并已收入《我的自学小史》一长文中。

② 时任司法总长的张耀曾先生（镕西）邀其任秘书，而张为其舅父，故说为"帮忙关系"。

《吾曹不出如苍生何》一文，印成一种小册子到处分送给人，向全国呼吁组织"国民息兵会"以遏止南北战争①（此文收入《漱溟卅前文录》，商务印书馆出版）。

因这年南北军战于衡山，当北军溃败时我恰在湖南遇着，有感而出此。记得辜鸿铭先生捡起一册看了②，抬眼望一望我，说了一声"有心人！"胡适之则于事隔一年后对我说，他看完小册在日记上这样记着："梁先生这个人将来会要革命的！"（胡氏此语曾于旧著引用。）咳！革命二字太惭愧了，不安于书房雅静生活是真的。

所以后来卒于发起作乡村运动，作起乡村运动来，倒是惬心恰意，仿佛"这才是我的行业"！当初所谓"重振古人讲学风气而与近世的社会运动并合为一"那句话，至此算是满了愿。假如社会各行各业之中有此一行业，我倒愿以此终其身。但这明明是我的志业所在。有志业而无职业，或者说以志业为职业，好像有人说"职业革命家"那样，实是我一生与通常人不大同之一点。

我曾说，我只是一个自己有思想又且本着自己的思想而行动的人，其他都说不上——见《中国文化要义》自序。

在这里有顺便交代说到的一点，就是很多知识分子作检讨常常不免有个人主义、小资产阶级向上爬的心理和贪图资产阶级的享受等等问题，在我身上差不多没有的③。这从前面叙说之中已经可见，不过亦可把我少年时的一种古怪脾气就此补说两句。

我少年时有一种反对阔绰享受的心理；古人说："不耻恶衣恶食"，我则以美衣美食为耻。父母兄长皆爱看京戏，我不要看，我表示反对。除幼小时可不计外，似记得我看戏是在司法部任职那一年才自己开禁的。像"第一舞台"（北京最早建筑最阔的大戏院），像"真光影院"（较早的阔电影院）那种车马盈门的情形我尤其憎恨，觉得我若侧身其

---

① 1917年7月初，张勋拥废帝溥仪复辟。段祺瑞（北洋军阀中的皖系军阀）以"讨逆"之名率兵入京，后又自任国务院总理。孙中山指出段为假共和真复辟，正式发出"护法"（维护《临时约法》与国会）号召。8月在广州成立中华民国军政府，孙中山被推为军政府大元帅。而段所控制下的北京政府下令通缉之。10月初，段宣布"出师剿灭"南方护法军，派遣直系军队（北军）入湖南，于是南北战争开始。

② 作者本人有文字记载说，此小册子曾有一部分放在北大教员休息室内，任人取阅。辜先生即在此处见之，并发感叹。

③ 在作者《寄晓青甥》（1952年）一信中也曾写有这样的话："我这里虽不能无人情，却不许有俗肠。像小资产阶级的向上爬心理，可说自幼没有。"

间将是莫大的耻辱。哥哥的心理与我不同。他爱享受而喜欢作官。记得有一次（约在1911年）我与母亲在屋内谈话，哥哥从窗外走过，母亲叹道："那一个是官儿迷，这一个就是革命党！"二十岁倾心佛法以后，茹素不婚。虽然到二十九岁还是结婚了，茹素则一直到今天已有四十年。后来丧偶，又曾十年不续婚。1942年住桂林穿山，有人称我是"苦行头陀"，有人说我矫情立异。**矫情立异在少年时是有的，壮年时已经放平。在人生思想上，除所谓第一时期而外，四十年来我一贯反对从欲望出发，而支配我行动的大抵是一种义务或任务观念**①，至少主观上如此。

关于我很早一度热心社会主义的事，见于《自学小史》第十一节，旧著《乡村建设理论》亦提到。当时所写《社会主义粹言》一稿曾自己油印。几十份送人，现在早已不存。只民国十二年在《北京大学日刊》上有一文以《槐坛讲演之一段》为题，说到当初思想上如何反对私有财产私有制度。记得曾引起杜国庠先生（北大同事）的注意，为此谈过一次话。说"当初反对"不是说后来不反对。后来致力乡村建设运动，主张从农业引发工业而反对从商业里发达工业（反对资本主义），要有方针有计划地走向社会主义，当然还是基于早期思想。不过中间转变到出世思想，就把社会主义完全冲淡；其后虽从出世而又回到世间来，但是把一切放得很平，没有当初那种激烈感情了。（下略）

（录自《梁漱溟全集》，卷六，1015～1023页，
山东人民出版社，1993年2月出版。）

---

① 作者曾有更为精要的表述："我的生命就寄于责任一念。处处皆有责任，而我总是把最大的问题摆在心上。所谓最大问题即所谓中国问题。而我亦没有把中国问题只作中国问题看。不过作为一个中国人要对世界人类尽其责任，就不能不从解决中国问题入手。"（见《全集》卷八中《寄晓青甥》）

自述早年思想之再转再变[*]
（1969）

近著《人心与人生》于第七章中曾自述对人类心理之认识前后转变不同。因亦言及人生思想尝有三期之不同：（一）近代西洋功利主义思想，（二）古印度人的出世思想，（三）中国古时的儒家思想，顾未遑道其间转变由来。兹用申述其概略如次。

一、第一期思想与近代西洋功利主义同符

今以暮年追忆早年之事，其时期段落难于记忆分明，大约十岁以后，二十岁以前，可说为第一期。此期主要受先父思想之影响，以利害得失来说明是非善恶，亦即以是非善恶隶属于利害得失之下也。认为人生要归于去苦、就乐、趋利、避害而已。是非善恶者，社会之公名，从其取舍标示其所尚与所耻，而离开利害得失又何有取舍耻尚乎？此一哲学思维，与西欧边沁、穆勒诸家为近，原非吾父所有，而出于我的头脑。然父亲启导之。

愚生于 1893 年，即甲午中日战争前一年。国难于此，既日亟矣，先父忧国之心于此弥切。寻中国所以积弱不振，父谓是文人之所误。"文人"指读书人居于社会领导地位而什九唯务虚文，不讲实学。说话，不说实话（虚夸）；做事，不做实事，循此不改，不亡其国不止。反观西人所以致富强者，岂有他哉，亦唯讲实学、办实事而已。东邻日本蕞尔小国，竟一战胜我者，亦唯其步趋西洋求实之效耳。凡此"实学"、

---

* 此文写于 1969 年，即"文革"开始后第三年，著者时年 76 岁。这是本书著者自述其一生人生思想前后转变经过极为精要之作，故推介给读者。

"实事"之云，胥指其用实用者。① 此种实用主义或实利主义，恒随时见于吾父一言一行之间，而在我绕膝趋庭日夕感染中。此即此期思想形成之由来。②

二、转入古印度的出世思想为第二期

功利主义对于人生是肯定其欲望的。径直可以说，欲望就是人生的一切。——人生不就是在欲望的满足或不满足中度过乎？然古印度人的出世思想却与此相反，恰好是完全否定欲望的，亦即根本否定人生的。我如何竟从功利主义一转而抱出世思想呢？

我生来有一好用思想的头脑，因而于所谓利害得失者不囫囵吞枣，而必究问其词之内涵果何所指。利害云，得失云，非二事也，异其名，同其实。核求其实，则最后归着当不外苦与乐乎？苦与乐是人生所切实感受者。人之趋利避害亦在去苦就乐耳。利害得失信非必就个体生命而言之，然一家一国乃至世界范围的利害得失，其最后结果不仍归落在其人的苦乐感觉上耶？

于是又当究问：何谓苦？何谓乐？我乃发现一真理曰：苦乐不在外境。通俗观念恒以苦乐联系于外境，谓处富贵则乐，处贫贱则苦。因为人类仰赖外在物资而生活，物资之富有或贫乏就决定着生活欲望之易得满足或不易满足，而人当所欲得遂时则乐，所欲不遂时则苦也。这自然不是没有理由的，却有工种淆乱错误隐伏其间。

"所欲得遂则乐，所欲不遂则苦"，这两句话是很好的概括，即可据为准则以事衡论。欲望出自主观，其或遂或不遂则视乎客观际遇，是故苦乐殊非片面地从主观或片面地从客观所得而言之者。凡指目任何一种外境为苦或指目任何一种外境为乐，如世俗流行的观念都是欠分析不正确的。苦乐问题于其着重在外境来看，不如着重在吾人主观方面犹为近真——较为接近事实。试申论之如次。

欲望通常表现于吾人意识上，而欲望之本则在此身。苦乐之直接感

---

① 清季北京有私立"求实中学堂"，又有国立的"高等实业学堂"。此高等实业学堂入民国后改称"工业专门学校"，盖其内容正是讲习工矿业各门学术也。此可见当年吾父识见未有异于时流，独以吾父为人感情真挚，一言一行之不苟乃非一般人所及耳。

② 先父生平言论行事极近古代墨家一流，亦似与清初之颜（元）李（塨）学派多同其主张。然实激于时势辄有自己的思想，初非有所承受于前人。

受在此身，却每因通过意识而大有变化：或加强，或减弱，甚或苦乐互相转易。此常识所有而必须提出注意者一。注意及此，便知苦乐不定在外境矣。欲望在人不是呆定的，一欲望过去，一欲望将来，层出不穷，逐有增高。此又必注意者二。注意及此，便知千金之子所欲不在千金，而别有其所欲；所欲不遂之苦，在彼亦同乎一般人耳。一般贫人岂无其遂心之时；彼富贵人亦自有其苦恼之事；善观其通，则平等，平等。又个性不相同的人其欲望不相同，其感受不相同；欲望感受既随从乎人的个性不一，便往往难于捉摸。此又必注意者三。注意及此，便知从外境而妄臆其人之苦乐，是不免混淆错误的。

研究思辨至此，又得一结论曰：人生基本是苦的。试看，人生从一堕地便带来了种种缺乏（缺食、缺衣、缺……），或说带来了一连串待解决的问题，此即欲望之本，而苦亦即在是焉。苦非缺乏不得其满足之谓乎？苦非问题不得其解决之谓乎？很明白，苦是与生俱来的。试再看，人之一生多得其所欲之满足乎？抑不得之时为常耶？显明的是不得之为常也。历来不是有不少自杀的人吗？加以曾怀自杀之念者合计之，为数就更多。凡此非谓其生之不足恋而苦之非所堪乎？勿谓人类文明日进，所缺乏者将进为丰富，许多问题可从科学技术得其解决也。章太炎先生《俱分进化论》最有卓见①，指出远从原始生物以来其苦乐皆相连并进的。特如高等动物至于人类，其所有之乐愈进，其所有苦亦愈进，事例详明，足以勘破世俗之惑。

你莫以为人类所遇到的问题，经人类一天一天去解决，便一天从容似一天也。我告诉你：所谓问题的解决，除掉引入一更高更难的问题外没有他义。其最后便将引到一个无由解决的问题为止。什么无由解决的问题？要生活而不要老死，就是个无由解决的问题。②

一切问题原都出自人类生命本身而不在外面，但人们却总向外面去求解决。这实在是最普泛最根本的错误！放眼来看，有谁明见到此呢？恐怕只有佛家了。其余的诸子百家，古今中外一切圣哲，尽管你们存心解救生民苦难，而所走的路子却全没有脱出这根本错误之外，都是不足取的。于是我此时一转而趋向古印度人根本否定

---

① 《俱分进化论》一文，我于六十年前读之深为佩服。今检《章氏丛书》内（太炎文录）初编别录卷二可得。

② 此义见《东西文化及其哲学》小字本第 105 页。原文略云：宇宙不是恒在而是相继；相继即无常矣。而吾人则欲得宇宙（此身生命）于无常之外，于情乃安，此绝途也。

人生的出世思想。我当时初非受了佛家影响而倾慕出世的，乃是自家思想上追寻到此一步，然后觅取佛典来参考学习，渐渐深入其中的。[①]

"欲望就是人生的一切"那种看法，此时并未改变，只不过由肯定欲望者，一变而判认欲望是迷妄。慨叹人生不外是迷妄苦恼的一回事，诚如佛家之所说：起惑，造业，受苦。

三、再转而归落到中国儒家思想为第三期

大约 1911 年后 1920 年前，都是我志切出家入山之时，虽以老父在，未即出家，而已守佛戒茹素不婚。后来我在清理先父遗笔手泽时（1925 年春）所撰《思亲记》一文，有如下的几句话：

> 漱溟自元年（指民国元年）以来，谬慕释氏。语及人生大道必归宗天竺，策数世间治理则矜尚远西；于祖国风教大原，先民德礼之化顾不知留意，尤大伤公之心。（下略）（原文见《桂林梁先生遗书》卷首）

我转归儒家思想之晚，即此可证。

我于 1920 年冬放弃出家之念，于 1921 年冬末结婚，所以第三期思想应从 1920 年算起。在思想上如何起变化的呢？略说如次。

当我幼时开蒙读书，正值吾父痛心国难之时，就教我读《地球韵言》一类的书，俾知晓世界大势，而未曾要我读"四书五经"。其后入小学，进中学，读一些教科书，终竟置中国古经书未读。古经书在我，只是像翻阅报刊那样，在一年暑假中自己阅读的。

经典各书的古文字，自己识解不易，于其义理多不甚了然，唯《论语》、《孟子》上的话却不难通晓。特使我思想上有新感受者是在《论语》。全部《论语》通体不见一苦字。相反地，劈头就出现悦乐字样。其后，乐之一字随在而见，语气自然，神情和易，缕指难计其数，不能

---

① 我对于苦乐之分析、观察、思索、体验，盖始于十四五岁时。参加辛亥革命后即结念出世，从琉璃厂有正书局觅得佛典及上海出版之《佛学丛报》读之。其时前青厂有一处图书分馆亦藏有佛经，恒往借读。凡此处所述早年出世思想，具见 1914 年夏间所撰《究元决疑论》一长文。此文先刊出于商务印书馆之《东方杂志》，后收入《东方文库》为一单行本。

不引起我的思寻研味。卒之，纠正了过去对于人生某些错误看法，而逐渐有其正确认识。

头脑中研寻曲折过程不可殚述，今言其觉悟所在。我觉悟到欲望之本，信在此身，但吾心则是卓越乎其身而能为身之主宰的。从而吾人非定然要堕陷纠缠在欲望里。何以见得？即于此出世思想而可见。

语云"饮食男女人之大欲存焉"，此非即；本于身体构造而来者乎？此代表着个体存活和种族繁衍两大欲求，固为一切生物之通性，莫能有外。但在生物进化途程上，人类远高于一切，其所欲望乃大不简单，几于千变万化不可方物。然直接间接，若近若远，何莫非自此身衍出者？唯独登此身欲望于反省批判否定之中的出世思想却明白地超越此身了。此非以我有自觉能反省而不为身所掩盖之心乎？唯人有人生观，而牛马却不能有牛生观马生观；彼诸动物岂曰无心哉，顾惜其心锢于其身，心只为身用耳。此一分别不同，则缘于脊椎动物头脑逐渐发达，至于人类而大脑乃特殊发达，实为其物质基础。儒书云："形色，天性也；唯圣人然后可以践形。"又云："人之所以异于禽兽者几希；庶民去之，君子存之。"这些说话证以今日科学家言，便见其字字都有着落。[①] 儒家之学原不外是人类践形尽性之学也。

人非定纠缠于欲望，则亦非恒在苦中而已耳。儒家之乐又何自来乎？前说"所欲得遂则乐，所欲不遂则苦"者，应知是片面之见，未尽得其真际。苦乐真际视乎生命之流畅与否。一言以尽之：生命流畅自如则乐，反之，顿滞一处则苦。说苦乐之视乎其所欲遂不遂也，盖就一般人恒系乎外来刺激之变换以助其生命流畅者言之耳。外在条件长时不变，其乐即转为苦矣；此不难取验于日常生活事实者。人们欲望所以层出不穷，逐有增高者，正为此也。有道之士——得乎生命自然流畅之道者——更不须待外来刺激，固可以无时而不乐。

---

　　① 此处所引古语，均出《孟子》书中。形色指身体说。人类生命托于大脑特别发达之身体构造而有其种种活动；凡天赋之性能（不断成长发展的）即在是焉。大脑者，人心之所寄；而一切性能则统于人心。人所区别于禽兽者，从其见于形体构造上说是很小的，从其无形可见之心理性能上说，则似乎不大，却又是很大的。说区别不大者，人与禽兽的生活讵非同趋于为生存及传种而活动乎？又说很大者，人心超卓乎其身体而为之主，禽兽却不足语此也。然人心之超卓乎其身体，只是其性质上之所可能，初非固定如是；在一般人（庶民）的生活上，其流于"心为形役"者乃是常事，曾何以异于其他动物？大约只有少数人（君子）不失此差距。真正充分发挥人类身心的伟大可能性（伟大作用），那就是圣人。近著《人心与人生》说此较详，可参看。

后世如宋儒，每言"寻孔颜乐处"。明儒王心斋更作有《乐学歌》云：

> 乐是乐此学，学是学此乐；不乐不是学，不学不是乐。（见《明儒学案》中《泰州学案》一章）

王氏又云："人心本无事，有事心不乐；有事行无事，多事亦不错。"其云"有事"者，指此心有所罣碍，即失其流畅也。其云"无事"者，指此心随感而应，过而不留也。此乐是深造自得之乐，与彼有所得于外之乐迥然两回事，恰为生活上两条脉络。

前后综合起来，人生盖有三条路向：

（一）肯定欲望，肯定人生；欲望就是人生的一切；

（二）欲望出在众生的迷妄；否定欲望，否定一切众生生活，从而人生同在否定之中；

（三）人类不同于其他动物，有卓然不落于欲望窠臼之可能；于是乃肯定人生而排斥欲望。

儒家自来严"义"、"利"之辨，"天理"、"人欲"之辨者，盖皆所以辨别人禽也。

1920 年讲于北京大学，次年出版之旧著《东西文化及其哲学》，即以此三条路向或云三种人生态度为其立论之本，谓儒家、佛家之学从人类生活发展变化历史途程上看，实皆人类未来文化之早熟品；瞻望前途，中国文化即将在最近未来复兴于世界。自己既归宿于儒家思想，且愿再创宋明人讲学之风——特有取于泰州学派之大众化的学风——与现代的社会运动融合为一事。其详具见原书，兹不多及。后此我之从事乡村运动即是实践其所言。

（1969 年国庆节前属草，
10 月 21 日草成。）

人生实践上追求真理的勇士[*]
——读《河上肇自传》
（1973）

《河上肇自传》[①] 一书，我于 1967 年 3 月及 1973 年 11 月先后阅读过两次，深爱其人，——其人信为在人生实践上一追求真理的勇士——辄于其叙述有所摘录，间附以愚见，或可为阐明东方学术之一助云。

一、有关获得宗教经验的部分

（上略）前面已经讲过，（人们）利己活动的绝对否定的真理性问题，是我二十来岁在大学读书时代紧紧拉牢着我，叫我忘不掉，扔不开，摔不去的一个人生问题。（见原书上册 121 页）

愚按：此为其不自觉地走向宗教的根本，同时亦是其开端。没有内心这样真实而强烈的要求，就不可能体认（经验）得宗教真理。

我们人类具有高度发展的意识作用。靠了这意识作用，我们才能……有种种知识。随着科学的进步、发达，知识越来越正确，越来越丰富。同时，就利用这些知识更积极地改变我们的环境（外在之物），无止境地改造这世界，使它更有利于我们的生活。但宗教真理不是关于外界事物的知识。（略）宗教的使命在于意识不向外

---

[*] 这是本书著者所写的一篇读书笔记，作于"文革"中，动笔于 1973 年 11 月上旬，写毕于 11 月底。由于传主自述其人生的内心体悟极为深刻，显然深深触动了本书著者。又因彼此体悟多有相近或相似之处，遂引起强烈的共鸣，因而写成后，竟多达七八千字。以其内容有助于对本书著者思想的了解，故选入本卷，供读者参阅。

[①] 河上肇（1879～1946），日本帝国大学教授，经济学博士，共产党人，有各项著作近百种。《自传》上下两册，有中译本，1963 年商务印书馆出版。——漱注

而是向内。它不作用于外物，却作用于它生命本身。（略）科学真理主要是（近代）西洋人加以认识的；宗教真理则主要是（古代）东方人特别是印度人和中国人掌握得最深刻。（原书下册280至281页）

（上略）我幼年时代和宗教毫无接触。（下略）（下册391页）

我读了（基督教）《圣经》之后，受到的刺激十分强烈。（中略）这种刺激是我从前读任何一本书都没有受到过的。特别是下面一节初次读到的时候深深地打动了我的心弦，并且直到很久很久以后还是始终以强大的力量支配着我的灵魂。那一节是这样说的：

有人打你右脸，连左脸也转过来由他打。有人想要告你，要拿你的里衣，连外衣也由他拿去。有人强迫你走一里路，你就同他走二里。有求你的，就给他；有向你借贷的，不可推辞。（马太福音第五章）

这是绝对非利己主义的无上的指示，我良心无条件地向它拜服了。（略）我内心里叫着："对呀！对呀！"（略）觉得内心深处有一种强烈的要求，要我不折不扣按照这个理想来支配自己的行动。但同时我心里又有这样的疑惧："你如果抱定这样态度，就不能在这个社会生存，就会自己毁灭掉！"（略）应该怎样来规定自己的生活，这样一个疑惑……苦闷就从此开始了。

有许多人之所以对人生发生疑惑引起苦闷，往往是由于遇到了某种使自己对人生悲观失望的重大事件，例如亲友突然死去，自己得了不治之症，遭受失恋的痛苦等等。可是我压根儿没有遇到这种事情，而是我自己招惹的，可以说是平地掀起的风波。（以上均见下册391页至392页）

愚按：此见出凤慧不凡，故尔不同一般人那样，在世俗趣味中混过一生，而独能在没有外来打击，生活平顺之中，自家触发了人生疑问，失去人生兴味，坠入苦闷深渊，然后独特地获得了宗教经验也。宗教是什么？如我凤昔所说："宗教者出世之谓也。"一切生物（人类在内），生灭不已，是曰世间；从生物生命中解放出来，是曰出世间。生物的生活总就是向外取足，新陈代谢（饮食排泄）的那回事。其向外取足也，正为有物我相对在；而幻妄之"我执"实为其本。我执泯除，相对化归一本，不生不灭，斯为出世。我执现于吾人意识中者，曰分别我执，那是粗浅的，较易破除；若其与生俱来，深隐不露的俱生我执，恒转如

在此生命根本的俱生我执上多少有所爆破，是即所谓宗教经验矣。

流，为生物生命根本者，破除盖难。在此生命根本的俱生我执上多少有所爆破，是即所谓宗教经验矣。如自传所述其早年稀有经验，而径称之为宗教经验，自是不错的。

此经验之获得，是在经历了他不平凡的行动之后，非无故猝然出现者，试节录其叙述之文如次。

（1）1901年著者二十一岁，听了为救济足尾矿毒区灾民举行的大会讲演后的行动。

> 正在我抱着（人生）疑惑，过着学生生活的当儿，1901年11月底，我到本乡区中央会堂去听妇女矿毒救济会主办的讲演会……目的在于募捐钱财衣物去救济足尾矿毒区的灾民……灾民都没有过冬的衣服，正在彷徨。……我耳边清楚地听到"有求你的就给他，有向你借贷的不可推辞"的声音。于是我决心除眼前需用的以外，把自己所有全都捐出去。当我出会场的时候，我就脱下随身穿的日本服外套、大褂和围巾，交给管事的妇女。回到寓舍之后，又把余下的全部衣物都捆进行李，第二天清晨托一个人力车工送到救济会办公室。（原书下册392至393页）

漱按：原书下册424至429页引据当时新闻报纸及其他处记载，叙及因他行动的不平凡，既曾为时人所赞扬，同时救济会主事者又疑其出于精神失常，抑或有其他情节，特追踪调查，他原来不吐露自己姓名，而其姓名卒为人所知等等，这里均从省略。

（2）1905年著者二十五岁，12月为投身"无我教"的宣教运动而有辞掉各处学校教师职业的行动。

（自传著者1902年在帝大法科毕业，结婚生子，1903年任职东京帝大农科讲师，旋又兼专修学校台湾协会专门学校、学习院等处讲师。）

> （上略）早就怀着人生疑问的苦恼，又猛然抬起头来。（略）我怀着这种疑问，像乞丐一样彷徨街头。（略）正在彷徨不安的时候，我读了托尔斯泰写的《我的宗教》方才知道现在活着的人中间有力求奉行《圣经》教训的思想家，大为感动。（略）1905年11月28日对我来说是一个非常值得纪念的日子。（略）我最后下定决心抛弃当时的职位，也可以说完全是受了这本书的影响。因此11月28日就成了我最后一次登台讲课的纪念日。接着我又读了伊藤证信编

的《无我爱》的杂志，于是又知道现在日本人当中也有和托尔斯泰走着同样道路的人，从而受到了几乎是具有决定意义的影响。（下略）（原书下册395至396页）

漱按：据原书下册401至403页叙述著者于12月1日访伊藤不遇，夜间写信给伊藤求于其辞职传道问题指教之。信付邮之后，又发一信，告以自己有了决定，不需要回信。然次日则收到伊藤回信，约期会晤。4日访伊藤；5日向各学校提出辞职。7日伊藤来答访，即听从其劝告，停止为《读卖新闻》写连续刊登的社会主义评论文章。8日再访大日堂"无我苑"，但返寓后却打定主意脱离"无我苑"的组织，独立进行传道工作。原因详下。

（3）同年12月9日深夜作书时遽然获得有若禅宗"大死一番"的经验。

（上略）原因是我觉得那些"无我苑"的教友口头上虽说要竭尽全力爱别人，行动上则没有足以使我深受感动之处。尤其是他们晚上只知睡大觉，证明他们还没有竭尽全部力量。因此到了第二天，也就是9日那天，我就完全脱离"无我苑"独行其是。并且决定从此既不睡觉，也不休息，来传播真理，只要我这瘦骨嶙峋的身体还能支持，就最大限度地加以驱使，直到死而后已。（略）就在下这决心的当天晚上，我经历了最最奇特的体验。（原书下册403至404页）

12月9日夜里……我和朋友谈笑了一会，又闭目深思了一会，过了几小时以后，下定决心从今要不再睡觉，传播真理，做到死而后已。于是和竹内政一约好，组织"献身园"出版《献身》杂志。那时正好是半夜一点多种，我想给《献身》杂志写文章，先写了一个题目《我们所确信的宇宙本性》，接着深思了十几分钟，然后写道：

一、组成宇宙的一切个体的存在，绝对不是依靠自身的力量，绝对要靠此身外在的力量。

二、组成宇宙的一切个体的活动，绝对不是以自身为目的，绝对要顺从外在目的。写好之后，我解释道："宇宙是无限的，个体是有限的。既然是以有限对无限，可知个体有而等于无……"当时我正要写"我们所确信的人生真正目的"的时候，还没有着笔，我就觉得我的思想出奇地明确，同时奇怪自己过去为什么没有领会到这个最简单、最崇高的真理，惊叹现在自己领会到真理的伟大——这是我当时的真实感觉。（略）这时候我头脑里瞬息间感到无法形容的清醒明朗，仿佛玻璃水晶一样透明。（略）过了一会我觉得我的眼睑仿佛用灵药洗了一遍，真稀奇，我的眼界突然开旷起来，视力顿时增加了一倍。我这时的心情，可以说是万里晴空，月到天心，不，那种舒畅无比的感觉，简直不是言语笔墨所能形容。（下略）（下册 411 至 412 页）

石野准坐在旁边，看到我这个情况，觉得非常奇怪，我自己亦觉得很奇怪，拿出表来一看，当时正是半夜一点五十分。（下册 413 页）

总之，12 月 9 日深夜我所体验到的精神变动非常激烈，以致在那以后的几天里，我全身皮肤几乎完全失去感觉，即使用力掐手或脚也不感到疼痛。（略）这是无关紧要的，重要的是我通过这次体验，解决了多年人生疑问，从那以后直到今天四十年来我总是感到自己总是轻松愉快的。（下册 416 页）

（上略）从前我担心实行这一教义将会无法生活下去，这是因为我把五尺之躯看为是自己的东西了。其实身体并不是自己的私有物，把它看作私有物是错误的。身体是天下公器，暂由自己保管而已。明白了这一点，就懂得自己任务在于好好保养这身体，于必要时献给天下。这样明白过来，我才做到了一面信奉绝对非利己主义，同时毫无内疚地允许自己穿衣吃饭，睡眠休息，并且钻研学问，积累知识。（同书 416 页）

漱按：代表最高级宗教的佛法，即在指明"能取"、"所取"之二取为世间根本；断得二取，即为出世了。如《唯识论》所云"二取随眠是世间本，唯此能断，独得出名"是也。二取则来从"我"、"法"二执。请参看上文讲"俱生我执"、"向外取足"那些话，不难明白生物生命正不外基于我执法执（法谓外物）之执着，而不断地往复能取所取之间，辗转出不得耳。因我执生"烦恼障"，因法执有"所知障"，破二执，断二取，解除二障，便从生物生命解放出来，而恢复宇宙一体之真，亦便是成佛（大觉悟）。佛法大意如此而已，宗教真理如此而已。其他高级宗教接近乎此，多不彻底。不谓著者竟从基督教片言只语诱发凤慧不惜身命直向破执断障而趋，则其身心骤起非常变化，不亦宜乎！

　　著者自许其所体验者便是禅宗的（明心）见性，愚于禅宗见性未曾体验，不能为之作证，只能推想其不差，抑且推计在体验上亦未见得人人同一也。其原文如次。

　　　　他（著者）深信……乃是禅宗的见性；……当时他是在真心诚意地准备抛弃自己生命……这一决心简直彻底到极点。由于这一决心，他觉得他把自己生命扔了出去，然后又双手把它接住，而自己用眼看了一番。（下略）（下册 340 页）

　　漱按：自传文中说明宗教真理科学真理之分别亦复不差，兹摘取如次：

　　　　普通知识是由外界事物反映到心理而产生的。外界事物是客，心是主，这里成为条件的是主客相互对立。这种主客对立，在任何情况下都是相对的。而宗教知识，只能通过以心见心（禅宗所云见性）才能获得，所以它是超越主客对立的。在这里，它是绝对的。（下册 410 页）

　　　　宗教真理……是意识那意识本身，以心反映心。（略）在这种情况下，意识不是向外而是向内。它不作用于外物，却作用于它本身。（下册 408 页）

　　　　（上略）像心理学……是用对待物的方法来对待心的；这时活生生的心……就被对象化，固定化了……（下略）（下册 409 页）

　　　　（上略）然而既成为客观对象，心就变成外界东西而死亡。（下册 340 页）

　　愚按：统观著者所说原是不差的，但词句间不免有些小疵累，抑或由中文译笔之未得简而能达耶？例如下册 340 页有云"要十分确切地掌握活的心，就必须依靠性质和科学研究方法完全不同的极其特殊的意识的自觉作用"一句话便多疵累。应知科学研究之能精审得真，全靠人心之自觉；宗教真理还即此自觉自身之贯彻开朗而已，非有他也。所不同者，一则意识向外用，一则不向外用，姑且说向内，实则无所向（一有所向便向外去了）。深深地深入于无所向，便自贯彻开朗。试详看我《人心与人生》一书，便可晓然。

　　　　我的心窍最初可说是《圣经》给开的。所以我的肉体虽则在1879 年 10 月出世，而心灵的历史却是二十世纪初年才开始的。（上册 117 页）

我这里所说的宗教，既不是基督教，佛教，亦不是真宗禅宗，而是叫不出名字的、十足闭门造车的东西。（下册 388 页）

愚按：著者既深受基督教启发，又自称其体验便是禅宗的见性，顷不自承其为任何宗教教徒，且能为马克思所说"宗教是人民的鸦片烟"之名言有很好的说明，加以肯定。此正见出著者是真懂得宗教的人。

二、有关忠实于无产阶级革命的部分

这本书（1923 年出版的《资本主义经济学之史的发展》）……却是著者根据其特殊要求而独出机杼的。它从肯定利己活动的思想写起，以否定利己活动的思想结束。（上册 119 页）

漱按：著者是学生时代先在大学法科习经济学，后则在大学担任经济学方面讲课的。经济学发端于早期资产阶级思想家，以人生欲望为社会经济的出发点，所谓从肯定利己活动的思想写起者指此。但著者秉性既倾向于非利己主义，其结果遂自然地转入马克思经济学说而倾心无产阶级革命了。

（上略）我的研究对象已从资产阶级经济学一变而为马克思主义经济学，而到这时，我已不能安分守己地仅仅当一个大学教授，非走出书斋不可了。（中略）我离开大学是 1928 年 4 月，其实在此以前，我已经一点一点地开始参加无产阶级运动的实践了。（上册 139 页）

漱按：如我所称许著者是在人生实践上追求真理的勇士那样，他是不可能当一个学者呆在书斋而止的。但在转入到实践行动上又不是轻易之事，而是有其颇为迟钝的过程。他的踏实不浮认真不苟，正从其迟钝中见出。试录原书一段如次。

总之，我最初从资产阶级经济学出发，多年来寻求安身立命的真理，一步一步地靠拢马克思，到了最后终于转化为和最初出发点相反的东西。为了完成这样的转化，我在京都帝国大学费了二十年的岁月。我虽则不外乎证明我的愚钝，却也足以驳倒一部分人指摘我现在的立场是对马克思学说无批判的盲从的说法吧！回头看一下我的彻底转向马克思学说，乃是长期经历几乎值得唾弃的踌躇折衷态度以后，方才实现的。不过正由于我经历了长期思索研究，好不

应知科学研究之能精审得真，全靠人心之自觉；宗教真理还即此自觉自身之贯彻开朗而已，非有他也。所不同者，一则意识向外用，一则不向外用，姑且说向内，实则无所向（一有所向便向外去了）。深深地深入于无所向，便自贯彻开朗。

容易达到今天这境界，所以我觉得今天即使把我抛进火里去烧炙，我在学问上的信仰也是决不会动摇的。（上册第 110 页）

（上略）所以尽管反对的声浪很高，它反而给我增加了勇气。我终于决眦而起，发誓要抛弃一切，从此为新劳农党而工作。大概就是从这个时候（1929 年秋天）起，我完全从书斋走上了街头。（上册 219 页）

漱按：正为他不止走上街头而已，更且是投身革命，不避牺牲，其后卒于被捕入狱五年之久。他这里有一段话：

（上略）要知道，如果留在完全合法场面上从事活动，那么尽管表面看来在为解放运动而斗争，结果总是帮了不出乎改良主义圈子的无产阶级政党（如社会民众、日本大众、劳农等党）的忙。这样不管本人主观意图怎样，毕竟只能产生有害效果，所以我们必须避开这种不三不四的——归根到底反动的——政党活动。（下略）（上册 280 页）

（上略）只要我相信非走那条路不可，我就既不逃避，也不退缩，勇往直前地向前走，这乃是我的面相的特征，要不是粗笔浓墨地把这富于特征的面部筋肉画出来，就画不像我。抱着这种想法，我才写了这篇自画像。（上册 274 页）

漱按：自传文可录取者尚多，不拟备录。第于其信宗教有真理，同时又说明宗教是人民的鸦片烟之一段话，应加录取。

在现实的历史里，却是以宗教真理为核心，结合哲学上科学上的许多知识，以及迷信、谬见、妄想、空想、欺骗、虚伪等各种各样的东西，形成一定的宗派的宗教。这种宗教一方面受到统治阶层的保护和一方面利用，经常把它用来做麻痹民众反抗的工作。最初掌握了宗教真理而向人宣传的宗教界伟人，自然没有指望把宗教作为政治的一个工具。可是，他所宣传的宗教真理随着它的深入民间，丧失了它本来的精神，它的意义（完全与始祖意图无关的）开始由社会力量的对比以及各阶级的客观相互关系来决定。在阶级社会里这种事情是无可避免的。这样宗教真理就被附着在它身上的许多杂七杂八的东西十重二十重地遮蔽起来，完全失去了它的光辉。马克思主义者抓住了这样的历史现实，因而把宗教说成是民众的鸦片烟。我一方面相信进步的宗教里含有一定的宗教真理，同时，在

另一方面却和所有马克思主义者一样，认为宗教是民众的鸦片。（下册第 182 页）

愚读此自传之后感想颇多，扼举其要有下列两点：

一点是忆及愚所亲炙伍庸伯先生当壮盛之年，在世俗极好生活环境中，竟以怀抱人生疑闷而辞官弃禄，求师问道，今此著者之事正复有可举以相比互证者。此其事例，上有类于释迦牟尼感触人生问题而弃家出走，下则如我愚劣亦曾于人生烦闷中早年思求出家者，皆有若同符。

再一点是著者晚年在狱中虽在马列主义信念上终不变节，却作了出狱后退出阶级斗争之诺言。他一面说："本来人到死都不可没志气，而我呢……"另一面又说出："我今天才真正明白世上的确有一类事情不是青年就干不了……"（上册 516 至 518 页）前一句话在品德上是对的，后一句话在事理上亦不假。试回看上举各事例（伍公、河上、释迦、愚我）非皆出在年青力壮时乎？此一问题从我近著《人心与人生》第十一章述卫西琴学说可得其解答。

辑录者附记：

撰写此《读〈河上肇自传〉》时，先父已年届八十整。从他当年日记中，仍可见出其读书之勤奋与认真。据日记，此读书录于 1973 年 11 月 8 日开始思考着笔，此后二十天中，其中四天因"批林批孔"，去政协参加"运动"，不得不中断，实有十六天每日必用一定时间埋头于此，不曾中断。工作的进行，均在早起之后。如，"早起写读书录，查阅《河上肇自传》"（11 月 13 日）。"早起翻阅河上传。"（11 月 18 日）"早起写读书录。阅自传甚久。"（11 月 24 日）"早二时半起写读书录。"（11 月 29 日）"早起写河上肇自传读书录完。"（12 月 1 日）

可注意的是，此读书录全部撰写工作的进行，正当"批林批孔"运动进入高潮后的前期，先父一方面不得不应对来自运动的干扰，而另一方面撰写工作依然有计划地进行，不为所动。为完成此工作，有时竟"早二时半起写读书录"，言其勤奋由此可见。

（录自《梁漱溟全集》，卷七，801～812 页，
山东人民出版社，1993 年 6 月出版。）

孔子真面目将于何求？[*]
（1923）

今天得来到贵校演讲，鄙人觉着非常荣幸。所要谈的题目是"孔子真面目将于何求"。今天只能说到哪里去找孔子的真面目，至于孔子的真面目是什么，不是今天所能讨论的。我们要讲明到哪里去求，不可不先晓得"取材"和"方法"这两个条件，先说明了这两个条件，然后再论及孔子的真面目到底往什么地方求去。

（一）取材。中国的书籍，真是"浩如烟海"。在这"浩如烟海"的书籍里，关于孔家的也多至不可数量。打算寻出一个头绪来，实属困难。现在只好就孔子手定的六经来讲，但是学者对于六经，尚有如"今古文"的争论，迄今无有定局。我们现在要研究它，也只好以争论较少的书为凭。如此我们的取材，可以分作两样：（甲）严格狭窄的取材：六经中比较着少有问题的是《论语》和《易经》；但《易经》的《系辞传》是否为孔子写的，也不能确定；所以最少有问题的，就是《论语》了。《论语》里虽也有假托的，如孔子对子路谈"六言六蔽"时，然而大部分还靠得住。（乙）宽泛的取材：不但那些假托的书籍中可以取材，那些先后各学派的书籍中也可以；至取材以通俗一般人对于孔子的见解，亦可作为研究的材料。他们所说的，不一定是对的；就是错了，我们可以问，到底为什么单错到这边来而不错到那边去？这是很可研究的。譬如一般人以孔家为迂缓或文弱，这必定有个缘故。他们的见解，虽然不对，但是可以指给我们一个大概的方向，让我们不往别的方向去寻孔子。我们所找得的结果，不一定就是迂缓或文弱，然而可以给那错

---

[*] 当著者在北大开讲"孔家思想史"时（1923 年夏至 1924 年夏），1923 年末应燕京大学之请，作一次关于孔子思想的演讲。这是此次演讲的纪录。纪录注明：由张士雋君纪录，时在民国十二年十一月廿五日。

看孔子的人说出一个缘故来。如不能说明这个缘故，那么，我们所得的结果，仍非其根本精神所在处。

（二）方法。孔子所谈论的问题是很实际的。他拿生活的事实来讲授给人；他的每一句话，都可以代其一件生活的事实。我们讲孔子，不应只在文字上求，文字不过是代表观念的符号。譬如"仁"、"慎独"……全是代表观念的符号。后人则仅在这种话头上转来转去，虽然也能说出一点意思来，不过是极其"恍兮惚兮"、"迷离徜徨"的。我们要揭去符号的皮壳，找到它所代表的事实，好知道这究竟是指着什么说的，让那件事实灼然可见。这样，全不必引用书中的名言词句，也就可以明白了。如此，才有了根据，使我们可以开辟新的意思，可以继续着寻求。

凭借以上所说的取材和方法，我们现在来问：孔子的学问究竟是什么东西？从《论语》上所找来的结果：孔子所谓学问，是自己的生活，《论语》上说：

> 子曰：吾十有五而志于学，三十而立，四十而不惑，五十而知天命，六十而耳顺，七十而从心所欲不逾矩。

我们不必瞎猜："所学"、"而立"、"不惑"……这些名词的内容，究竟是指什么说的，我们现在通通地不知道。但是我们所能知道的，从孔子的幼年以至于老，无论是"不惑"、"知天命"、"耳顺"……都是说他的生活。他所谓学问，就是他的生活。他一生用力之所在，没在旁处，只在他的生活上。我们可以再从《论语》里，说两个佐证：

> 哀公问，弟子孰为好学。孔子对曰："有颜回者好学，不迁怒，不贰过，不幸短命死矣！今也则亡，未闻好学者也。"

木匠的好学生当然是善做木工了。画匠的好学生当然是善画了。至于孔子的好学生，到底是会干什么呢？颜回是孔子顶好的学生，而他所以值得孔子的夸奖和赞叹，就在这"不迁怒，不贰过"的两点上。我们在这两点上，也不敢乱讲，说是什么意思。但是的确知道，孔子是指着颜回如此的生活，而夸奖而赞叹的。再看第二个佐证：

> 子曰：回也，其心三月不违仁。其余则日月至焉而已矣。

颜回顶大的本领，是"其心三月不违仁"。到底"不违仁"这个符号是怎讲，我们现在也无从知道；但是孔子所说的系指着颜回的生活，这个符号，就是代表生活，是可以断言的。

从此可知孔子自己的学问是生活；他的学生所以值得他赞叹，也是因为生活。根据这个结果，我们有以下的讨论：

（甲）我们将大方向已经确定了：就是知道孔子和他的学生一生所着力的是在生活上，我们就应当从生活上求孔子的真面目。若对于他的生活，能彻底地了解；对于他的面目，自然就认识了。认识了他的面目，然后才可去谈他的其他学问。

（乙）我们从此可以证明出来，在孔子主要的只有他老老实实的生活，没有别的学问。说他的学问是知识、技能、艺术或其他，都不对的，因为他没想发明许多理论供给人听。此较着可以说是哲学，但哲学也仅是他生活中的副产物。所以本着哲学的意思去讲孔子，准讲不到孔子的真面目上去。因为他的道理，是在他的生活上，不了解他的生活，怎能了解他的理呢？

（丙）平常人主张孔子的，攻击孔子的，多讲"三纲五常"，以为这就是孔子的精神所在，其实这原是与孔子的真面目不大相干的。"三纲五常"是否为孔子的东西，我们无从知道。这些东西，全是属于社会方面的。若所谓"不惑"、"知天命"等，只是他个人的生活，并未曾说到社会。即认"三纲五常"是孔子的东西，那也是由他生活上发出来而展布于社会的。所以打算主张孔子，或攻击孔子，要从根本上着眼在他的生活上才是；若仅主张或攻击"三纲五常"，就不对了，那也是主张攻击到旁处去了，断没论到孔子的根本精神上。

（丁）新经学家如廖平、康有为辈，都以《礼运》上的"小康"、"大同"来主张孔子。《礼运》是否为孔子所作，本已可疑；即认定为孔子的东西，也不过是社会政治的几方面，那也讲到旁处去了。只有去讲孔子一生着力所在的生活那才是讲孔子。若对于他的根本的学问没有了解，讲旁的，有什么相干？

（戊）证明胡适之先生《中国哲学史大纲》里面一条的不对：胡先生以为《学》、《庸》应在孟、荀之前，因为"儒家到了《大学》、《中庸》时代，已从外务的儒学进入内观的儒学。那些最早的儒家只注重实际的伦理和政治，只注重礼乐仪节，不讲究心理的内观"（258页）。然而试看孔子的生活和"回也，其心三月不违仁"，那不是心理的内观么（用内观二字我本不赞成）？所谓"不迁怒"、"不贰过"，更全是内心的生活；若说是"外务"，那便大错了。孔子自己说："默而识之，学而不厌”，要先“默”才去“学”，这岂是“只注重礼乐仪节”呢？

我们所能晓得孔子的，主要的是他的生活。从书中找他讲论生活的地方，又只有到《论语》里去找。但是《论语》一书不同《孟子》。孟子好辩，有长篇大论的文章容易观察出他的槲申所在。《论语》只是零零散散的话语凑合成的，打算找孔子的特色，非得费一番整理的工夫不可。我们什么时候能将散乱的《论语》一条一条地整理出来；然后拿一个最重要的条件，贯串全部，就算得孔子了。例如：

古者言之不出，耻躬之不逮也。

君子欲讷于言，而敏于行。

仁者其言也讱。

子贡问君子；子曰，先行其言，而后从之。

君子耻其言而过其行。

其言之不怍，则为之也难。

巧言令色，鲜矣仁。

刚毅木讷近仁。

以上这些话，可以归作一条去研究，即是说当做一个态度去研究。我们所归纳出的态度是：不要讲许多好话，只要实实在在地按着所讲的去实行在自己的生活里就够了。

再将别的一类的话，用同样的方法，归并成一条一条的，作为一个态度一个态度地去研究。这样，全部散碎的《论语》，只有几条，那时便容易下手研究了。

现在将孔子的生活的态度，举几条作例，给大家看：

子曰：学而时习之，不亦说乎!？有朋自远方来，不亦乐乎!？人不知，而不愠，不亦君子乎!？

单从这几句话里，我们可以看出他的生活是何等舒畅自得！

叶公问孔子于子路，子路不对。子曰：“汝奚不曰：其为人也，发愤忘食，乐以忘忧，不知老之将至云尔。”

这可以见出孔子里边的那种乐趣、畅快、力量，是非常之大的了。

子曰：贤哉回也！一箪食，一瓢饮，在陋巷，人不堪其忧，回也不改其乐，贤哉回也！

孔子自己的生活是如此的乐，他顶好的弟子的生活，也是如此的乐。这"乐"字在《论语》里是常见的，并且没有一个"苦"字。

> 子曰："君子道者三，我无能焉：仁者不忧，知者不惑，勇者不惧。"子贡曰："夫子自道也。"

他的弟子子贡承认他是能这样作的，所以说"夫子自道"。"知"与"惑"，"勇"与"惧"，"仁"与"忧"，都是对待的字。孔子说"仁者不忧"。到底仁者是怎样的呢？仁者就是"不忧"的人。反过来说忧者就是不仁了。要打算作仁者必得要不忧，不忧就是乐了。所以也可说，仁者就是乐的。更有许多话可引的，如：

> 知之者不如好之者，好之者不如乐之者。
> 知者乐水，仁者乐山，……知者乐，仁者寿。
> 默而识之，学而不厌，诲人不倦。
> 饭疏食饮水，曲肱而枕之，乐亦在其中矣。

看他这般的乐，不厌、不倦，无时无地不是乐的，"乐"真是他生活中最昭著的色彩呵！此外还有一个最有关系的例：

> 君子坦荡荡，小人长戚戚。

荡荡戚戚，都是生活的情状。这仿佛在伦理上的君子小人，也因此有了分别。以前所举的例，只是自己生活的情状；现在生活上的苦乐，却和伦理的善恶连到一块了。乐与善有关系，苦与恶也有关系。那么，假如人要不乐，就不免有做小人可能。

（丑）孔子生活上最昭著的色彩是"乐"，最重要的观念，就是"仁"了。有人查过，《论语》内见"仁"字，凡一百零五次，专讲"仁"的，就有五十八章。从此也可看出"仁"字，是个最重要的观念了。

（寅）讷于言而敏于行。（见前）

（卯）不迁怒。

（辰）不贰过。

（巳）反对功利。如"君子放于利而行，多怨"；"君子喻于义，小人喻于利"等。

（午）礼乐。

（未）反对刑法。如"为政以德，……"；"道之以政，齐之以刑，民免而无耻。道之以德，齐之以礼，有耻且格"等。

（申）天命。如"不知命无以为君子"；"五十而知天命"；"乐天知命故无忧"……

（酉）孝弟。如"孝弟也者，其为仁之本与?"……

以上各项不能一一详说，不过举个例罢了。

我们要寻出一条道理来，试着去贯串以上的各项，如能通盘串起，那么这条道理便可以说是孔子的真面目。如果寻出的道理不能完全串起，便当放下它再去寻求。循着这个方向走才能说是正当的路。至于所得的如何现下不及说了。

（录自《燕京大学周刊》（增刊），25～26 期。

《北京大学日刊》，第 1327 号，

1923 年 12 月 26 日。）

东方学术之根本[*]
（1934）

我常说，中国、印度的学术，是要使生命成为智慧的，此意甚重要。

我在《中国民族自救运动之最后觉悟》一书内的《我们政治上的第二个不通的路——俄国共产党发明的路》一文中曾说：

> 马克思以机械的眼光来解说社会的蜕变改进，我想在欧洲或是适用的。人类比诸其他动物，本来特别见出其能为事先的考虑思量，而有所拣择趋避，——这便是所谓意识。（因人与其他动物不同，其意识甚发达，理智很高。）因此，人类的历史似乎就不应当是机械的。"机械的"这句话是指意识之先，意识所不及，或意识无容施的。（意识似不能与机械并存，这话是反说，是宾，下面一句才是主。）然我之有知本非意识的；有生以后，生命本身自然流行，亦几乎是意识无容施的（注意几乎二字）；意识为他（生命）用，被他所左右，而不能左右他。单就一点一点上看，似乎是意识作主；但横览社会，纵观历史，而统算起来，意识之用正不出乎无意识，生活上基本的需要尤其当先；（基本需要的范围，是随着文化之进而俱进的）则看成是机械的，而从经济上握其枢机，推论其必然之势，亦何不可。唯物史观所以说来近理的，大概是这缘故罢。（这话是主而仍为宾，下面才是主。）然而这只为意识被役于盲目的生命，故只在这圈里转，而不得出耳。使一旦意识之向外用

---

* 这是 1935 年前后在朝会上与学生的一次谈话（已收入《朝话》一书）。此讲话中所引用文字，全出于《我们政治上的第二个不通的路——俄国共产党发明的路》，而此文作于 1930 年，可见这一重要见解的提出早在 1935 年前四五年。

者，还而对于生命本身生其作用，则此圈遂破，不得而限之矣！例如中国文化和印度文化之产生，便都是超出这唯物史观的圈外了。中国文化和印度文化有其共同的特点，就是要人的智慧不单向外用，而回返到自家生命上来，使生命成了智慧的，而非智慧为役于生命。（这是主。）

这点便是中国学术和西洋近代学术的一个分水岭。西洋学术之产生，就是由于智慧向外用。分析观察一切，这就是科学，科学方法最要之点，即是将一切物观化。将现象放在外面，自己站在一边，才能看得清楚。它非排在外面的格式上不行；不然，就失去物观性，而不成其为科学方法了。但在中国与印度则不如此；他正好是掉转过来，不能物观，"物观就不是"了。中国的道家比较儒家是粗浅的；道家所观者虽为内观，但仍为外而非内，现在一般心理学之所谓内省法，与道家不同，但所省者亦仍为外而非内，与道家陷于同一的缺欠中。这话就是说"中西是各走一道"。天下事要紧者在此：要走那条道，就彻底地走那条道，不彻底是不行的。讲科学，不能彻底运用科学方法，则无所谓科学；其他一切做学问做事情都是如此，非彻底不可。彻底了，则底下自然要转弯。你往东去，不能徘徊，走到头自然一定转弯，没有疑问。西医往前走，自然会发现中医，现在则不能容纳中医，就是这个意思。方法只能有一个，不能掺杂调和，掺杂调和就纷乱而无所主。我开头想调和中西医，仔细研究之后才知其不可能，亦即以此。但从科学方法的应用，可以发见哲学的方法，这亦只能期之于将来。下面又说：

> 但这意识的回向生命本身，就个人说，不到一定年龄，即生理心理发达不到相当程度，是不可能的；同样的，就一民族社会说，基础条件不备，即其文化的发达不到相当程度亦是不行。所以东西各民族早期的文化，大抵相去不远，唯物史观均易说明。到得后来，则除欧洲人尚复继续盲目地奔向前去外，东方有智慧的民族，则已转变了方向。其最大的见证，即在经济方面，生产方法不更进步，生产关系不更开展，现出一种留滞盘桓的状态，千年之后，无以异乎千年之前，唯物史观家莫能究其故。

他之所以盘旋不进，就是因为他的智慧不向外用，他只讲反观内照，这如何能让生产技术进步？在印度遍山遍野几乎都是讲修养的宗教道士，生产技术自必无法进步。下面又说：

而在唯物史思想家所谓'上层建筑'的法律政治，及一切精神的生活过程，应视其基础为决定者，在东方殊不尽然；有许多处或宁说为从上层支配了下层，较近事实。至于欧洲人之为盲目的前奔，这亦有一大见证，即在其到了工业资本主义时期，经济上的无政府状态，以及破坏最大的欧洲大战所含经济上的机械必然性。总之，若没有以经济为主力而推动演出的欧洲近世史，亦不会有马克思演绎得唯物史观的理论出来。大体上这理论亦唯于欧洲社会史上可以前后都适用。倘必以此为准据，要普遍地适用于一切民族社会，恐其难通。尤其此眼光以观测印度文化或中国文化已开发后的社会，是不免笑话的。

我们对于唯物史观并非不了解，并且亦只有我们才能替唯物史观找到根本所在；此根本所在即在意识那句话上，乍看意识不是机械，其实它还是机械的，为役于生命。下面又说：

> 更进一层说，仿佛物体自高处下落一样，离地面愈近，速度愈加；欧洲社会到近世晚世以来，其机械性亦愈演愈深。这时节，意识不但无救于其陷入机械之势，而且正为意识作用的发达，愈陷入无法自拔的机械网阱中。使得近世社会日益演成为机械的关系者，举其大要有三：一是经济，二是工业，三是科学。三者各为一有力之因；而尤在社会关系的一切经济化，经济的工业化，工业的科学化，互为连锁因缘以成此局，而归本则在科学。科学者，人类意识发达所开之花。今日一切成了科学化，即无不经意识化。于是就化出了这天罗地网！人类之有意识，自生物学上看是一种解放，却不料乃从意识而作茧自缚也。此皆由意识居于被役用地位之故。然于今更不得自休，只有这样走下去，倒要他彻底才行，彻底自然得到解决——欧洲问题的解决或者更无他途呢？

东方学术的根本，就在拿人的聪明回头来用在生命的本身上。此功夫则以儒家为最彻底，他就是专门去开发你当下的自觉，并无另外的反观内观，他让当下自觉更开大。当下自觉，就是当下的是非好恶痛痒，让这些在当下更切实明白开朗有力，喜欢这个就喜欢这个，不喜欢这个就不喜欢这个，如恶恶臭，如好好色，毫无半点虚假。道家有所观的东西，儒家则只是教你当下不马虎，此即王阳明先生之所谓致良知，亦即真诚之诚，此非反观，而实是反观之最彻底最深者，道家之反观为生理的，

而它是心理的，儒家即如此而已。此话许多人都不敢讲，其实就是这样
简单。儒家与道家在现在学术界都莫能自明，不能与现代学术接头，我
觉得我有一个最大的责任，即为替中国儒家作一个说明，开出一个与现
代学术接头的机会。《人心与人生》一书之作，即愿为儒家与现代学术
界之间谋一说明，作一讨论。此工作甚难作，盖以明白心理学的人不能
明白儒家，明白儒家者又不明白心理学，两者能都明白而又能有所讨论
的，这个人现在很难有；我则甚愿努力于斯。

（录自《朝话》，198～205 页，
乡村书店，1937 年 6 月出版。）

孔子学说之重光*
(1934)

今天开孔子诞辰纪念会，按中央规定的典礼节目，有孔子学说一项，现在由我来讲。

我常同大家说：中国近百年来遭遇一种不同的西洋文化，给我们一个很大的打击，让我们历久不变的文化发生变化，显出动摇。大家又都知道孔子在中国文化上的地位关系，所以中国文化受打击，发生动摇，当然亦就是孔子学说的受打击发生动摇。此时孔子之被怀疑，是应有的现象，是不可少的事情。大概是应当这样子，不怀疑不行；只有在怀疑之后，重新认识，重新找回来才行。我曾告大家说中国民族精神，必须在唾弃脱失之后，再慢慢重新认识，重新找回来；他必不能是传统的传下来！因为传统已全无用处。可是重新认识，重新找回，很不容易！不能仍然敷陈旧说。几时是孔子学说重光的时候，我们不敢说。在眼前很明白的还是一个晦塞的时候，怀疑的空气仍然浓厚。

我曾经努力这个工作——即对于孔子学说的重新认识，把晦暗的孔子重新发扬光大，重新透露其真面目。这个工作，依我所见，大概需要两面工夫。一面是心理学的工夫，从现代科学路子，研究生物学、生理学、心理学，这样追求上去，对人类心理有一个认识；认识了人到底是怎么回事，然后才能发挥孔子的思想。如无这面工夫，则孔子思想得不到发挥。因为孔子学说原是从他对人类心理的一种认识而来。孔子认识了人，才讲出许多关于人的道理。他说了许多话都是关于人事的，或人类行为的；那些话，如果里面有道理，一定包含对于人类心理的认识。对于人类心理的认识，是他一切话与一切道理的最后根据。所以心理学

---

* 这是 1934 年在孔子诞辰纪念会上的一次演讲稿。

的研究是重新认识孔子学说，重新发挥孔子思想，顶必要的一面工夫。还有一面，是对于中国的古籍，或关于孔子的书，要有方法的作一番整理工夫。我们现在无法再与孔子见面，所可凭藉参考的，除了传下来的古籍，更有何物？所以要想重新认识孔子，古籍的整理工夫，亦是很必要的。可是从来想发挥孔子思想学说的人很多，似乎都欠方法，很容易落于从其主观的演绎，拿孔子的一句话、一个意思、一个道理去讲明发挥孔子的思想，而没能够有方法的来发现孔子的真面目。仿佛前人大都有此缺欠。所以孔子学说的发挥解释可以千百其途径；一个人有一个说法，一百人有一百个说法，一千人有一千个说法。同是孔子的一句话，我可以这样讲，你可以那样讲。讲孔子学说的人越多，孔子的真意思越寻不出。为什么越讲越分歧，越讲越晦暗呢？就在没有方法。自孔子以后，到现在很多年代，代代都有想讲明孔子学说的人，都自以为是遵奉孔子学说的人。可是遵奉的人越多，越加分歧，讲明的人越多，越加晦暗。今后如果仍然如此下去，岂不更没办法！所以我们现在要想讲明孔子，不能重蹈前辙，必须有方法的去清理一遍才行。当我们作这个工夫，不要忙着往高深处讲，宁可有一个粗浅的意思；如果粗浅的意思而是确定的、明了的、不可摇移的、大家公认的，就要胜过含混疑似两可难定的高深之见！从粗浅起手，步步踏实向前走，不定准的话不说，说了便确定无疑；如此踏实确定地走向深处，庶可清理出一点头绪来，发现孔子的真面目。现在总起来说：大概必须得有这两面：一面作认识人类心理的心理学工夫，一面作有方法的清理古籍的工夫，然后才能对孔子学说重新认识。

今天所要讲的是偏于后一面，即从粗浅的地方脚踏实地的来确定孔子是怎么回事。现在所讲的仍是好多年前——民国十二年——在北京大学讲过的。当我们研究孔子思想学说，首先应问孔子毕生致力研究的到底是一种什么学问？虽然大家都知道孔子的学问很多，许多人称赞孔子博学多能，当然是事实；可是他一定不单是博学多能。他的真正长处不一定在博、在多，假定孔子有一百样才能，一百样学问，那么，现有一百个专家亦不能及得孔子么？恐怕孔子有他一个毕生致力用心所在的学问，为他种种学问的根本。我们如此追问下去，就发现孔子毕生致力用心所在的学问，不是现在所有的学问。虽然现代世界学术很发达，大学专门的科学很繁多，可是统同没有孔子研究的那一门学问，并且给他安不上一个名词来。很显而易见的，孔子研究的学问，不是物理化学或植物动物——不是自然科学；恐怕不单不是自然科学，并且亦非社会科学。孔子学说固亦包含类属社会科学的政治教育乃至其他种种的道理，但孔子毕生真正致力并不在此。也许有人要说孔子学问是哲学，我说孔子学说不单不是自然科学，社会科学，并且亦不是哲学。哲学一名词本非中国所固有，是从西洋外来的；如果哲学内容是像西洋所讲的那样子，则孔子学说可以断定亦非哲学。例如西洋哲学中有所谓唯心论，唯物论，一元论，二元论，人生观，宇宙观，本体论，认识论，机械论，目的论，……孔子学说全然不是这一套复杂细密分析系统的理论玩艺。如此看来，孔子学说很难安上一个名词；在事实上所有世界的专门大学很难找到有这样的学科。那么，孔子的学问究竟是什么呢？我们根据比较可靠的古籍《论语》，来看孔子毕生致力用心所在的学问是什么，拿其中许多条来参考勘对，比较研究。我们发现最显著的一条："吾十有五而志于学，三十而立，四十而不惑，五十而知天命，六十而耳顺，七十而从心所欲不逾矩。"这是孔子自己说明他自己的话。我们要想明白孔子，这一条很有关系，很可帮助我们知道他。但这些话的内容是什么呢？"吾十有五而志于学"，志于什么学呢？话很浑括，很难明白。"三十而立"，立字怎样讲呢？很不好讲。"四十而不惑"，不惑的究竟是什么？对什么不惑？不惑两字仿佛会讲，大概就是不糊涂吧！但其内容究竟是什么，则非吾人所可得知。"五十而知天命"。什么是天命？什么是知天命？亦不好乱猜。"六十而耳顺"，耳顺是一种什么境界？更不可知。"七十而从心所欲不逾矩"，就字面说似乎好讲，可是事实上更不好懂，因这是他学问造诣的顶点，是从志学……耳顺等等而来，对于那些我们尚且不懂，如何能懂得他七十岁时的进境呢？所以我们不愿随便去讲古人的话，不愿往深奥高明里去探求。我们只注意这些话是孔子自己诉说他自己学问的进境与次第，至其内容如何，我们不愿乱猜。在前人亦许就要讲了，什么是不惑，什么是知天命，什么是耳顺，什么是从心所欲不逾矩。前人都可有一个解释给你。而我们则暂且留着不讲，先从粗浅处来看。这些话所讲的大概不是物理学、化学，乃至政治学、教育学吧？甚至亦不是哲学吧？哲学不像是这样。这些怎能是哲学呢？他仿佛是说他自己，——说他自己的生活，说他自己的生命，说他自己这个人。仿佛可以说，他由少到老，从十五到七十，所致力用心的就是关乎他自己个人的一生。我们隐约地见出他是了解他自己而对自己有办法。照我所体会，他的学问就是要自己了解自己，自己对自己有办法；而不是要自己不了解自己，自己对自己没办法。比如他说"不惑"、"耳顺"、"从心所欲不逾矩"，内容固然不好懂，可是我们隐约看出，到那时候，他的心里当很通达，自己很有办法，自己不跟自己打架。平常人都是自己跟自己打架，自己管不了自己，自己拿自己没办法。而孔子从心所欲不逾矩，自己生活很顺适，自己对自己很有办法。这个意思我们可以体会得到，不是随便乱猜或妄说的。孔子毕生致力就在让他自己生活顺适通达，嘹亮清楚；平常人都跟自己闹别扭，孔子则完全没有。这种学问究竟是什么学问，安一个什么名词才好呢？恐怕遍找现代世界所有大学、研究院，学术分科的名词，都找不到一个合适的给他安上。孔子毕生所研究的，的确不是旁的而明明就是他自己；不得已而为之名，或可叫做"自己学"。这种自己学，虽然现代世界学术很发达，可是还没有。这就是我们从《论语》上得到关于孔子学说的一点消息。现在再举《论语》一章可以帮助明白这个意思。"哀公问弟子孰为好学，孔子对曰：有颜回者好学，不迁怒，不贰过，不幸短命死矣！今也则无，未闻好学者也。"孔子最好最心爱的学生是颜回，而颜回最大的本领最值得孔子夸奖赞叹的就在"不迁怒，不贰过"。究竟"不迁怒，不贰过"如何讲，我们不懂，暂且不去讲明；但可以知道的一定不是自然科学、社会科学、或哲学。从这二句话，又可证实上面发现的消息：大概"不迁怒，不贰过"是说颜回生活上的事情。还是我们上面所说：研究他自己，了解他自己，对自己有办法。"不迁怒，不贰过"，大概就是不跟自己闹别扭，自己对自己有办法。孔子学问是什么，于此似乎又得到一个证明。从学子可以知道先生，从弟子可以知道老师，最好的学生就是最像老师的学生。譬如木匠的好学生就是会作本工活的，裁缝的好学生就是最会缝衣服的。而孔子的好学生，没有旁的本领，是"不迁怒，不贰过"，则老师的学问是什么，亦可从而知之了。现在结束这面的话：我们要想讲明古人的学问必须注意方法，不能随便往高深处讲。说句笑话，我不是孔子颜子；即使是孔子颜子，我才四十二岁，如何能知道孔子六十而耳顺、七十而从心所欲不逾矩的境界呢！所以我们现在只能从粗浅易见的地方来确定孔子的学问是什么。虽属粗浅，可是明白确定；明白确定，就了不得！比方孔子学问很古怪，不是这个，不是那个，说来说去都是说"他自己"；我们确定孔子学问是如此。意思虽很粗浅，可是很明白，很确定，可以为大家承认，毫无疑问，无可再假。我们如果这样一步踏实一步，一步确定一步，慢慢走向高明深远处，则孔子的真面目亦可被我们清理出来重新认识。

这是关于整理古籍方法一面的话；底下转回来讲孔子的学问。

孔子的学问是最大的学问，最根本的学问。——明白他自己，对他自己有办法，是最大最根本的学问，我们想认识人类，人是怎么回事，一定要从认识自己入手。凡对自己心理无所体认的人，一定不能体认旁人的心理；因为体认旁人心理无非以我度他，了解旁人必须先了解自己。我随便举一个例，如吃辣子，看见旁人张嘴作态，我就明白那是感觉辣的表现；我何以能知道？就在我曾经有过那样的经验，从我自己的经验可以推度旁人。不然，我对旁人的心理就无法知道。所以要想认识人类必须从认识自己入手；只有深彻地了解自己，才能了解人类。而了解人类则是很了不起的学问；因社会上翻来覆去无非人事，而学问呢，亦多关人事。如历史、政治、教育、经济、军事，都是研究人事的学问。所以明白了人，不啻明白了一切学问；明白了人类心理，能作的事就太多了。他可以办教育，开工厂，干政治，可以当军事官，带兵，因这些无非是人事啊！可是孔子学问之大远不在此，虽然对于人类心理的认识，是一切学问知识的最后根据，不过这仍为一种知识学问，孔子的伟大尚不在此。

孔子学说的真价值，就在他自己对自己有办法，用他自己的话说，就是从心所欲不逾矩。自己对自己有办法，亦就是自己不跟自己打架，自己不跟自己闹别扭。所谓自己对自己有办法，其实尚是我们解释他的话，在他自己无所谓有办法无办法，只是他的生命很圆满，他自己的生活很顺适而已！此即孔子学说真价值所在。申言之，所有办法皆从了解来，因为一切学问都包含两面：一面是对其研究对象的了解，一面是对其研究对象的有办法；而办法则从了解来。办法是偏乎应用一面，了解是纯粹研究的工夫。如果对于人类心理有认识有办法，那一定是从深彻的了解个人自己起；了解自己与对自己有办法，是丝毫离不开的。如对自己没办法即不能对自己有了解，对自己无了解亦不会对自己有办法。反之，有一点了解即有一点办法，有一点办法亦有一点了解。愈了解自己便愈对自己有办法，愈对自己有办法便愈了解自己；所以办法与了解是一回事的两面，即了解即办法，完全离不开。这是一种最亲切最有用的学问。

现在的西洋人，我敢断定，将要失败。我更说一句话，现在的西洋人要失败在中国人面前。"为什么？"大家一定会诧怪发问。就是因为西洋人对什么都了解都有办法：天上的电，地下的矿，山上的草木无不了解；上穷天际，下极地层，都有办法。西洋人对一切都考查研究过，一切都明白都有办法。可是他就差了一点，少回来了解他自己，体认他自己，所以对自己没有办法。西洋人诚然发达了许多学术，不过对自己尚没有顶亲切而有用的学问。他对物的问题算有解决，而对自己则无办法。这就是我说西洋人非失败不可的原因。中国人占一个便宜，即他一向受孔子的启发与领导，曾在了解自己的学问上用过心。我在《中国民族自救运动之最后觉悟》一书中有几句话与刚才说的意思相关系，大家可以用心去想：

> "中国文化和印度文化有其共同的特点，就是要人的智慧不单向外用，而回返到自家生命上来，使生命成了智慧的，而非智慧为役于生命。"①

西洋人至近代以来，学术虽很发达，可是都系智慧向外用的结果。所谓智慧为役于生命，即系智慧单单成立了生命的工具。中国最高学问与印度的最高学问，是让智慧回到自己生命，使生命成立了智慧的生命。而普通人的智慧都向外用，生命仍是蠢生命。智慧回头用在了解自己，认识自己，自己有办法，此时生命不是蠢生命而是智慧的生命。西洋人虽然会造飞机，上升天空；可是他的生命是蠢的，所以制造无数飞机放炸弹，自己毁灭他自己，自己对自己没办法。自己对自己没办法，则其他办法都不是真办法。中国人对其他办法——征服自然一方面很不够，而回头认识他自己，了解自己，对自己有办法，亦没作到好处；作到好处的只有少数圣贤，这是中国人今天失败的原因。可是西洋人对于人类根本地方，少所了解，少有办法，所以我断定他亦要失败。等到西洋人失败的时候，中国文化的坠绪从新接续，慢慢再发挥光大。孔子学说的价值，最后必有一天，一定为人类所发现，为人类所公认，重光于世界！

（录自《乡村建设》旬刊，4 卷 5 期，
1934 年 9 月 16 日。
《梁漱溟全集》，卷五，548～556 页，
山东人民出版社，1992 年 8 月出版。）

---

① 见本卷《我们政治上的第二个不通的路——俄国共产党发明的路》一文，第二节第二段。

礼记大学篇伍严两家解说合印叙[*]
（1965）

（一）

儒家之学在求仁。"仁者，人也；"即求实践其所以为人者而已。孟子固尝言之："形色天性，唯圣人为能践形。"儒家之学要不外践形尽性，非有他也。然牛生而成其为牛；马生而成其为马；人生而为人矣，若何有待更求实践其所以为人者邪？又孔子尝云："仁远乎哉！我欲仁斯仁至矣！"顾既不敢以仁自许，亦不轻以仁许人；是何为而然邪？人之于仁，离合之间，难易之数，其必有以说明之乃可。

"仁，人心也；"人之所以为人者，其在人心乎。人心究是如何的？此既非有形相可指之物，必须自家体认乃得。为了指点人们去体认，今且说两个方面：内一面是自觉不昧，主观能动；外一面是人与人之间从乎身则分则隔，从乎心则分而不隔，感通若一体。试从此两面潜默恳切体认去，庶几乎其有悟入。

心非一物也，故无形体，但有其效用通过身体而表见出来。以上所言两方面，皆其效用也。人当幼稚，其身体发育未全，其心之效用即不充实完具。征之孔子"十有五而志于学"，亦可见此学无从过早言之。身体发育成人矣，习染随增，天真渐失，心之不能外于身体而显其用者，转因身体机能之自发势力（此兼先天本能后天习染之惯性而言）而

---

* 本文写成于 1965 年 3 月。《礼记大学篇伍严两家解说》主要内容为伍庸伯的讲学记录和严立三的著作，由梁漱溟与他人合作编纂，于 1988 年 12 月由巴蜀书社出版。本文即为此书序言，主要在介绍伍、严二位关于如何作儒家修养功夫的见解。此书于 1991 年收入《梁漱溟全集》第四卷。现据《全集》文本将此文收入本卷，并据巴蜀书社文本校正个别错误。

大受影响。所谓"血气未定，戒之在色；血气方刚，戒之在斗；血气既衰，戒之在得；"不过略举其例，而"心为形役"一句话要可概括一切。《孟子》"人有放心而不知求，"《大学》"心不在焉，视而不见，听而不闻"。显然皆谓此。于是而求仁之学为必要矣，不可缓矣。

牛马物类岂全然无心哉？独为其心锢于其身，其心为形役是固定的了，则几于无心矣。此其所以异于吾人之仁也。仁，人心也。心则主观能动者也，不为身体血气所主使，而主乎血气身体者也。其窍要则能自觉也。自觉失，即落于被动而不自知矣；几于禽兽之归矣！可不惧哉！

何言乎牛马锢其心于身邪？当知此非独牛马为然也，盈天地间一切生物，除人类而外盖莫不然矣。试看生物之一生，莫不为其个体保存、种族蕃衍两大中心问题而尽悴。其尽悴于此也，虽有多途，在动物界大率以本能出之。本能者先天预为安排规定之生活能力也。此要以节肢动物为代表，而蜂若蚁造其极。信乎蜂蚁之有其群，亦犹吾人类之有家、国；然而其群体内部之秩然有序者未足尚也。盖生物莫不有其个体生命与群体生命之两面。重于群体生命者则个体保存为轻，置重于个体生命者又轻乎种族蕃衍。物各有其所轻所重，而蜂蚁之类则重在群体生命者。其一一之身体机构乃随之以有分异而配合成其群。夫社会秩序著见于其身，是锢其心于身者不既昭昭乎。

牛马为脊椎动物。脊椎动物原不以本能生活为归趋。其身体结构之间渐向主（脑髓）从（各部器官）分明发展去，心独寓乎大脑统属全身，居中而为之主宰；大脑特殊发达之类即其最后出现者。相应地，在生活方法上先天本能随以减弱，而敊重后天补充学习。是盖中枢权衡灵活之用愈高，则各官体功能之先天预为安排规定者愈不足故耳。凡于此进化愈高之物类，其儿童（不成熟）期愈以延长，至人类而最长者正在此。是即所谓理智之路。牛马本属此一脉路，顾其进度不高，犹滞于本能生活，遂不免锢其心于身也。即远高于牛马之灵长类，其生活总未能超越乎依靠本能，其心曾不得不为其身之所囿。独至于人而豁然开朗，局面一新。

简单言之，人类之独灵于万物者，为其生活以理智而不以本能。本能犹机括也；理智非他，即此机括之倾向于弛解耳。脊椎动物之渐进于理智，不得之于积极有所增长，而得之于消极有所减除。减之又减，而翳蔽消除，其所透露者即人心也。本能者一触即发之动势也；所云翳蔽者指此。理智之特征在冷静；是人之所以能有知识思想，为一切物类所不及者也。人心之透露，即静德之透露也。《礼记》不云乎，"人生而静，天之性也;"古人早见及之矣。

人心唯静，斯有自觉于衷。《大学》之"明德"指此。非静德无以有明德也。自觉不昧是其内在一面;其外面则无所限隔，人与人之间乃至人与物之间感通若一体。人类之侧重于社会（群体）生命也，即由其无所限隔而来，因亦不必有其一定范围。夫是乃所谓仁也。凡家人之间、国人之间、天下人之间，其得以有雍睦和平生活之一日者，胥赖此焉。

人类生命既以其解放于先天本能而得转其重心于群体，却更从其侧重社会生命而得完成其所走后天补充学习之路（没有那一点不可能完成这一点）。两点相依相成，结合为一事，是即吾人所以有教育和学术的由来;人类之首出庶物特殊优胜于兹确立。

然人类非遂无本能也。古语"食、色，性也"，既明言之矣。后儒所谓"气质之性"，吾上文所云"身体机能之自发势力"、所云"血气"，何莫非指目乎此。人为生物之一，其于个体保存、种族蕃衍抑何能有独外邪!

然而又非无辨也。物类于此，行乎其所不得不行，止乎其所不得不止，颇邻于机械。其生命遂为本能所役使，无复自觉自主之可言。而在人类则大有伸缩余地，因之亦可能失之过当，亦可能失之不及，每为后天习染或意识所左右，初无一定。当夫不放失其心之人，则恒能自觉自主，处处有其节文。一言总括之:本能在物类生命中直若为之主;其在人类生命中却已退处于工具地位，附丽乎身体而心资借之以显其用，而主宰自在也。此其辨也。

是故:牛生而成其为牛，马生而成其为马;蜂也、蚁也，生而成其为蜂与蚁;一切自是当然，宁有问题! 而人之于仁，乃至不易言之矣。

（二）

人之于仁，诚所谓我固有之，不待外求者，宜其至易矣;胡乃言其不易邪? 事实正是如此;同时具有其至易、至不易之两面。仁，人心也。心非一物也，以求物者求之，夫岂可得?[①] 人有所求，莫不外顾，

---

① 孟子悲悯人心放失，借用鸡犬提出警告，而如何求放心固不同于鸡犬之求。

而心不在外也。不求自至，求之转不可得也。譬如睡眠，宁非至易事邪？然在病失眠之人，殆有百事莫难于此之苦。是何为而然？睡眠是大脑抑制，不可求也。意求抑制，则兴奋矣！纵或知其不可外求，多方以自喻自戒，而失眠之苦难忘，隐微之间犹存期待；兴奋卒不歇，抑制卒不来。唯其至易，乃适以成其至不易。——

　　然其所以为不易，犹不在此。且不求自至者，不可恃也，殊未足尚。确言其所以为不易，有如下两层。

　　第一当知：人之易流于不仁也。人与人之间，从乎身则分则隔，从乎心则分而不隔。情同一体是为仁；隔则不仁矣。然而在自然环境、社会环境种种压迫威胁下，时时斗争、竞争的人生，此心能有几时得免于其身之牵制者？是流于不仁，其势则然。方知识文化之未进，所受自然环境乃至外群异族之压迫威胁固极重；知识文化既进，宜较轻矣。而此时之人则视前又习于分别、计较、机变、诈伪，难说后后有胜前者。自顾而不顾恤乎人，此人世纠纷，所以无穷无尽，不得一日而息。知人与人感通不隔之难，斯知仁之为不易矣。

　　以上就利害得失之刻刻干扰乎人心言之。兹更言其是非之易有所蔽而心之明德不明。是非存乎自觉，有不容昧。谚语"是非自在人心"；古语"人心有同然"；似天壤间宜必有公是公非者。然而社会秩序之在人，非若蜂、蚁之安排于先天也；凡宗教、礼俗、法律、制度——或总括云风教——起于后天而隐操是非之柄者，一时一地各有不同；横览大地，纵观古今，是非乃至纷然莫准。盖风教之为翳蔽，犹本能也；不过一则先天寓乎个体，一则后天起于社会耳。在生物千万年进化之后而有人心透露，若夫人心昭炳则又必待人类社会历史逐步发展之后也。[①] 孟子所云"义内非外"、"由仁义行，非行仁义"者，在事实上固从来皆不免在"义外"与"行仁义"之中。而此所行在外之义，抑且莫不有其所偏。此从其一时一地各有不同又可以判知之者。蔽矣！偏矣！焉得仁？知不为习俗所移而有以独立地明辨是非之绝难，斯知仁之为不易矣。

　　在吾人生命中，恒必有一部分转入机械化（惯常若固定），而后其心乃得有自由活动之余裕。此在个体则本能与习惯，其在社会则组织与

-----

　　① 当社会在经济上实现其一体性，人与人不复有生存竞争，而合起来控驭自然界时，实为人类文化发展上一绝大转折关键，而划分了前后期。前期文化不过给人打下生活基础，后期方真是人的生活。前期假如可称为身的文化，则后期正可称为心的文化。此处人心昭炳云云，盖指未来共产社会也。说详《中国文化要义》、《人心与人生》各书，请参看。

礼制，皆是也。是皆人类生命活动之所必资借，非必障蔽乎心也。然而凡可以为资借者，皆可转而为障碍；此一定之理。心不能用之，则转为其所用矣。其辨只在孰为主孰为客耳。其辨甚微而机转甚妙；心有一息之懈，而主客顿易其位焉。亦或不远而复，亦或久假不归。久假不归者不仁矣。不仁非他，硬化之谓也。于内则失其自觉之明而昏昧，于外则失其情感之通而隔阂，落于顽钝无耻是已。其不远而复者，仍不免旋复旋失；其于不仁，宜不若是之甚。知平常人总不出乎旋复旋失与久假不归之间而莫能外也，斯知仁之为不易矣。

一切善，出于仁；一切恶，由于不仁。不仁只为此心之懈失而已，非有他也。恶非人所固有；不仁之外，求所谓恶者更不可得。是即人性之所以为善也。世俗徒见人之易流于不仁，不仁之事日接于耳目，辄不敢信人性善之说，正坐不自识其本心故耳。

第二当知：人不自识其本心，即将永沦乎上文所云"旋复旋失与久假不归之间"；而且失不自知其失，复不自知其复，终其一生于仁为远，于不仁为近。仁之所以为不易，确言之盖在此。

平常人终其一生于仁为远，于不仁为近者，为其失不自知其失，复不自知其复也。如何得免于此？是必在能以自识其本心。自识其本心，而兢兢业业如执玉，如奉盈，唯恐失之；如或失之，必自知焉。而由其志切，即知即复，或不远而复焉。其复亦自知其复。盖本心非他，只此衷了了常知、炯炯自觉是已。古人"戒慎乎其所不睹，恐惧乎其所不闻"。不睹不闻即指吾心之常知处，盖谓其不可以形求、不可以言显也。唯其慎也，庶几此心其得以恒一而不懈乎。然而未易言也，是力求实践其所以为人者所必勉之者而已。勉乎此，虽不能至，而于仁为近，于不仁为远矣。慎独功夫便是求仁之学。

儒家之学在求仁。善为此学者宜莫如孔门高第。然试观孔子之言"回也，其心三月不违仁，其余则日月至焉而已矣"；且如宰我竟遭不仁之斥。仁固如是其不易，则所谓此心恒一而不懈者，世果有其人邪？驽劣如我曾何足以知之。不过向上有志者，其必在有以自识其本心而兢兢业业如执玉，如奉盈，若唯恐失之，舍此无他道焉，则可知也，无可疑也。

孔子不云乎，"默而识之，学而不厌"。而孟子之言"先立乎其大者，则小者弗能夺也"；最为明白。大者此心，小者耳目之类（试详《孟子》原文），不能夺者主宰常在，不为其所资借者之所篡夺也。后于孟子者莫如宋儒大程子，则其言曰"学者须先识仁"。其又后如阳明王子，则直指知是知非之本心而教人以"致良知"。此一学脉自古相传先后一揆，不既昭昭乎。凡未自识得其本心者，虽儒言、儒行、儒服焉，终不过旋转乎门外而已耳，不为知学也。

（三）

然而本心其果易识乎？仁与不仁之分别，其为相对抑为绝对乎？应知仁与不仁既为相对的比较等差，亦为绝对的是即是，不是即不是。从其是即是、不是即不是者言之，仁至未易识也，本心至未易识也。然而识仁者正指识此，自识其本心者正指识此。

试即阳明先生为例，以确证此事之未易。

据钱绪山所为《阳明文录序》云：

> 先生之学凡三变，其为教也亦三变。（中略）居贵阳时，首与学者为知行合一之说。自滁阳后，多教学者静坐。江右以来始单提"致良知"三字。（中略）良知之说，发于正德辛巳年；盖先生再罹宁藩之变、张许之难，而于学又一番证透。故《正录》书凡三卷，第二卷断自辛巳者，志始也。

又据年谱，阳明寿五十七岁；辛巳者其五十岁时也，所谓晚年也。计自二十一岁，阳明知慕圣学，然犹出入乎佛老；三十一岁乃悟二氏之非而一意此学；三十五岁谪龙场驿，于患难中动心忍性乃有悟于良知。却必待五十岁乃揭良知以教人，则距其悟此既十有五年；是即为其再罹忧患，此时于学又有一番证透也。上距其讲学教人之初且将二十年，是即所谓其教之第三变也。以故阳明尝自言：

> 某于此良知之说，从百死千难中得来，今不得已，与人一口说尽。

此可见非第其当初自己认识之匪易，抑且迟迟不轻出以指示人，正为究竟当如何以教学者俾其有入焉，亦大有不易。

如钱绪山之在王门即始于辛巳年，宜其所闻为致良知之教矣。顾据其自述，乃于此恍恍无入头处。经同门先辈指点，习静僧舍，"倏见此心真体，如出蔀屋而睹天目"。驰告阳明，阳明印可；但仍告以凡教学者"较来莫如致良知之无病"。再如王学之卓卓者要推聂双江、罗念庵，其闻教阳明皆在晚年。顾其所得力皆不在泛泛之致良知，而在其所谓"归寂"习静功夫——凡此皆值得注意。

呜呼！本心岂易识哉！吾人稍知向学，便会设想使无"百死千难"，阳明绝不能成其学也。百死千难非人人所有，抑且不可求也，则如何用功以冀有所体认，其不能不有其道乎？

试再就大程子《识仁篇》而论，亦可为一好证。此篇寥寥二百余字，所以指示学者如何识仁及其如何存养，简明切当，至可宝也。然晦庵朱子却嫌其过高，非浅学可几，竟不以入《近思录》。在取舍间，朱子似失之隘矣。然果其识仁之无难也，则何所谓过高？非浅学可几，之言又何从来邪？

吾文至此，须得作一总结，而后引起下文，达到本题。

总括上文大意而重言以申之，有如下：

一、儒家求仁之学，不外自勉于实践人之所以为人者；

二、"仁，人心也"；人之所以为人者独在此心，其异于禽兽物类者几希；

三、心有一息之懈便流于不仁（粗言之，内失其清明，外失其和厚），亦即失其所以为人；

四、是故求仁之学即在自识其本心，而兢兢业业葆任勿失，以应物理事；

五、然而人自识其本心——亦即识仁——却甚非易易。

（四）

问题就在这里：为此学者莫要于自识其本心，顾其事乃殊非易；其亦有路可循否乎？前人岂其无路；然途路种种不一，将何所适从？又或为可通之一路（如习静）而易滋迷误，则亦非所取也。求其循之可必致，既切近又平妥者，其有之邪？

于此，请得而回顾本文开初之所云：

仁，人心也；人之所以为人者其在人心乎。人心究是如何的？此既非有形相可指之物，必须自家体认乃得。为了指点人们去体认，今且说两个方面：内一面是自觉不昧，主观能动；外一面是人与人之间从乎身则分则隔，从乎心则分而不隔，感通若一体。试从此两面潜默恳切体认去，庶几乎其有悟入。

此所云者，是否即为回答上一问题，指出自识其本心之切近途路在此？今当加以剖析，申论其涵义。

上文曾言：仁与不仁即为相对的等差不同，亦为绝对的是即是，不是即不是。从其是即是，不是即不是者言之，仁至不易识，本心至不易识。换言之：从其相对的分别而言，则亦不尽然也。常说的"有心人"，即仁矣；"没有心肝"，即不仁矣。有心没有心，亦即知痛痒不知痛痒。痛痒在人，恒为等差相对的。于此而言体认人心，又何尝如彼其难乎？

本心之在人，莫或异也。无智、愚、贤、不肖一也。虽千万人不异也。心必通过身体、气禀、习惯乃得显其用，是则为人所各自有之者，又莫或同也。斯其智、愚、贤、不肖之所以分也；千万人，千万其殊焉。抑非第人各不同而已，人心灵活无滞，人身体、气禀、习惯刻刻在发展转换非不变，其环境遭际又前后之非一也，即在一人之身其生命所表见者夫岂得一以概之乎？从乎人人莫或异之本心，通过于身体、气禀、习惯而有所表见，是即人心有同然之表见，即所谓仁也。是固人人所可能有之者，要亦不可多见。若在其人屡屡表见不鲜，数数得人心之同然，则众人共仰之矣，是即贤智之士已。反之，其生命所表见者总不出一己身体、气禀、习惯所拘限之中，而其有同然之本心顾沉隐暧昧焉，势必与人扞格多忤，其能不为人所贱弃乎？此则不仁者所以不免为下愚不肖之归也。

平常人殆不知人禽之有辨而懵乎人禽之当辨也，此时骤语之曰：人心究是如何的？盖鲜不认饮食男女知觉运动以为心者。此孟子所为叹息于众人之不著不察也。人们日常生活沉没在习气（兼括身体气禀、习惯）中，其譬犹日光之遮于云翳乎。通常只有翳蔽或轻或重等差不同而已；其若赤日之当晴空者，吾人几时乃一有之？又谁能于此反躬而默识之？晴日，仁也；轻翳薄云不犹日光乎，讵非仁邪？乃至云雾重重矣，从其迷暗则云无光，则为不仁；从其随时可以豁然晴朗而言，则日光固自在，仁自在也。凡所谓"刚毅木讷近仁"，"巧言令色鲜矣仁"，皆泛泛较论乎外者，其与反躬默识远非一事。

本文开初之所云者，虽若指点人以默识之所从入乎，其实去泛论正复不远。盖不过为平常人言之，冀其于人禽不辨之中，知其所以辨之者而已。不足语乎默识。默识，识其体也。吾所指出内而自觉、外而感通之两面，固皆言其作用。用必有体，其体谁能状之？昔人云"寂然不动，感而遂通"，又或云"寂而照，照而寂"，皆不得已而为之说。苟只从言语上理会，终不能得；得之必在生活实践中。

默识，儒者之事，乃其为学之所当务。为学只在日常生活实践中，不在其外。然说实践，须知实践个什么？阳明先生云"为学须得个头脑，功夫方有着落"是也。头脑在本心；功夫着落，严格言之亦必在此。然未曾识得头脑，如何实践（如何用功）？一朝识之，非能勿失也。既识而失之，又如何实践？此识前、失后的功夫问题切要莫比，正是上文所云为自识其本心既切近又平妥之路者，我不敢言之。对一切有志此学者，我只愿以伍、严两先生之言进。本文所为作，即在为伍、严两先生作介绍。以下便入本题。

（五）

古人往矣，吾不及见；吾所及见，番禺伍庸伯先生（观淇）、麻城严立三先生（重），真近世之醇儒也。两先生志虑真切，践履笃实，不后古人；而从其精思力践之所诣，乃大有贡献于斯学，足以补宋儒、明儒之所未及。此即指其能解决上述问题，以最切近平妥之功夫道路昭示学者，救正朱子、阳明过去解释《大学》之失，实为近八百年来未有之创获。

《礼记·大学》一篇，昔人称为孔氏之遗书，在儒家典籍中独详著其为学门径次第，为后世言儒学者所必资取。顾自宋儒尊信表章以来，解说之者乃纷纭莫衷一是。盖在前之汉唐人但注疏书文，殊未用功体验于身心间，争论不起。宋明之世，斯学复兴，则学者究当如何用功，在彼此大体相近之中，不免人各有其所取径。朱、陆异同，其明例也。而事实上功夫取径虽在自己，却必求证古典乃有以自信而信人。此即《大学》一篇所以解说百出，独远过其他书典之由来。凡于书文讲解之歧异者总由于功夫取径之不同，且问题莫不出在所谓"格物、致知"之两句书文上，此固明白可见者。前贤如朱子、如阳明，其失在此。即今我所推重伍、严两先生，其所以立说不同，又何尝不在此邪？

须知此在事实上是无法避免的。承认此事实，有助于学术研究；不承认之，反自蔽其明。然则何独取于伍、严两先生之说？两先生于书文，不擅改古本（伍先生）或基本上未改（严先生），是即其主观造作最少；而其解释书文通顺近理之程度却最高。此一面也。更重要一面，则在其内容所示功夫道路切近平妥，有胜朱子、阳明。关于解书通顺一层请审两先生之所为说者，此可不谈。对于功夫道路问题仍须稍申浅见，以吾之推重在此。

此学功夫，我上文已自说得明白，原只在自识本心葆任勿失而已。其奈本心大不易识，从而葆任勿失的话即无从谈起。于是功夫切要便不得不转而在其如何有助于识心（或识仁）上面。凡"切近"云、"平妥"云者，举谓其于识心为切近，且妥善无病也。当前功夫道路问题在此，前贤似未有能解决此问题者。寻绎《大学》"格物致知"之文，恰似在谈功夫道路，顾其内容何指颇引起后人猜度。朱子以"即物穷理"为说，支离无当，阳明非之，伍、严两先生并皆非之，可无再赘。但阳明必以"致良知"为说，伍、严两先生并皆断其亦未为得之。我同意两先生所见。

何以阳明亦未为得邪？阳明必以"致知"为"致良知"，强古人以就我，尚非此所欲论。其所以未为得者：阳明之"致良知"实即是"自识本心，葆任勿失，以应物理事"（见前）之谓；功夫原是对的，却非有助于识心的功夫，不解决当前问题也。此试看其说"功夫不离本体"，"戒慎恐惧是本体，不睹不闻是功夫"，便自可见。初学之士，其何从入手邪？于是不得不时时从粗浅处指点，以资接引初学，则又易启学者冒认良知、轻于自信之弊。功夫终不得力，或教以静坐，或教以防检，又用种种方法为帮补。此严著所以有"阳明教人实无定法"之评语。而阳明之后，出其门者往往各标宗旨，别自成家，殆非无故也。

（六）

从上所述，昔贤讫未得其至近至妥之路以指教于学者，后之人顾能得之邪？此必须具体作答，即伍、严两先生为学之路是已。然两先生固有所不同。欲言其所用功夫之不同，还须从其解书不同说起。

伍先生之讲"格物致知"也，全从《大学》本文内得其训释："格物"即格其"物有本末"之物，"致知"即致其"知所先后"之知。天下、国、家、身四者皆物也，而其本在身。达其本末，知所先务，一以修身为本（事事责己不责人），则心思力气一向驰骛乎外者渐得收拢来，刻刻在自身意念行动上用功夫，便自近道。《大学》提出"近道"，学者所必当着眼。明德是道；必近道焉，乃有以明明德也。由格物致知以至诚意统所谓近道。功夫要在诚意上做，而格物致知则其前提，以引入诚意者也。诚意功夫如何做？慎独、毋自欺是已。人能一念归根向里，慎于兹始，而意渐即于诚，夫然后于一向不免自欺者乃有所觉察，而进一步毋自欺焉，明德之明浸启矣。慎而曰"独"者，其始必在独居（人所不及见）独念（人所不及知）上认真，其卒也独知（阳明所云良知）炯然以露，昭昭而灵灵矣。——是谓由近道而即于道。[①]

人能觉知其自欺，是其"心正"矣。从而毋自欺焉，是即修身而"身修"。身修而后"家齐"、"国治"、"天下平"可致也。盖凡此皆从修身立其本，而以次收其功效者。大学之道在明明德，古之欲明明德于天下者必以修身为本，而致其力于慎独；功夫门径只是如此。——此伍先生之说也。

严先生之为说异于是；其着眼在一"善"字，以此贯串《大学》全篇。盖《大学》固曰："大学之道在明明德，在新民，在止于至善"，而紧接以"知止"为其作始也。善必在乎物我情感之通。故严著之训释"格物致知"云：

> "物"者对己之称，凡一己之外皆是也。（略）"格"字（略）展转引申总以感通通达为正训。"致"者，极也。（略）所谓"知"者（略），盖即应物起感之感耳。是故通彼之谓"格物"，极感之谓"致知"。通彼者通彼之情，极感者尽吾之意。即感即通，即通即极；情同意洽，若无间然，是谓之格物以致其知矣。

其切要语云：

> 一念通物即是"善"；通而极之，即是"至善"；慎守而弗失之，即是"止至善"。小人者何？小之一国，一国之外非所通也；小之一家，一家之外非所通也；小之一身，一身之外非所通也；小之一时之欲求，一时欲求之外非所顾也。无感无通，不耻不畏，此小人之所以无忌惮也。故通之之谓大，窒之之谓小。通之之谓善，窒之之谓恶。（略）夫大学者大人之学也；其本始功夫，舍物我感通之外，亦将何所致力哉！

严先生极言"格致"恰即是"忠恕"：

> （上略）反身者何？自度其情而已。是故格物者推己以及物；致知者尽己以全天。格致之学，忠恕之道，一而已矣。皆所谓能近

---

① 参看我所为《礼记大学篇伍氏学说综述》一文之第六至第八各段。

取譬，求仁之方耳。

（上略）夫推恩尽己，所以为善也。推恩者恕，尽己者忠。忠恕之道即格致之功。

古语"忠恕违道不远"。孔子既以吾道一贯诏曾子，而曾子顾以忠恕语人，意或在此。严先生以忠恕释格致，功夫平实，予人以入手处。

（七）

从上看来，两先生之解书若是其不同，无可调和融通，而其所用功夫又若是其非一也，吾何为而两取之邪？两取之，其在学者又将何所适从邪？

从解书而言，必无两是之理，有一是，必有一非。两家相较，我之所信宁在伍先生。至于严说，亦窃好之，第论简捷明切，则嫌不足矣。然读者试取而与过去朱子、阳明之说相比较，非独伍说也，即在严说，其允合书文而理致通顺，亦复有胜古人。吾不能轻去其一，故只有并举以进；好学之士其自择之焉。且主要是实际功夫问题。解书亦是为了知晓如何用功。学者于功夫果其得力，书有未解者可舍之不问。

（八）

功夫问题是主要的。两先生功夫虽若不同，然而事实上却有殊途同归之妙。读者苟不忘本文开初之所云云，便自会得伍先生为学恰侧重在人心自觉不昧之一面入手，而严先生所从入手者恰重在其另一面：人与人情感相通。两面皆人心之效用也，其体则一。用不离体，入手虽异，天然会归一处。

两先生功夫虽若不同哉，然正自有其共同一致者在。此可以两言括之：

一、心不可求也，则以不求求之；

二、近道自然合道。

本文初段既言之：心不可求；不求自至，求之转不可得。且曾借喻病失眠者如何乃可入睡，以明其理。默识本心有专从"不求"而得入者，静坐是也。静坐未始非此学一捷径。前贤借此得人者多矣，非第绪山、双江、念庵也。前乎此，若陈白沙，非曰"静中养出端倪"乎。又前，如程门于静坐者辄称其善学，皆是已。此固亦阳明教法之一，见于上文。

静坐缘何乃得以识心？此在熟审本文前半之后，固不难达其理。人心乃生物经千万年之进化从消除本能翳蔽而得透露出来。本能则先天有组织之反应而一触即发之动势也。是故人心之为人心，正在其能静。动物何为而动邪？为有所求取也。有求焉，虽不形于动，来为静也。真静、似静（思想）、动作三者，皆人类生命之所可能。但人类以其本能至不足以应付生活也，一切活动必有赖后天习惯之建立。习惯，盖又一种后天有组织之反应而一触即发之动势也。凡动势一经触发，恒有其不能自止之惯性。人在生活中无时不随从乎习气而运动劳攘，而情怀动荡，亦即无时不困于有所求取，不能自止，几何时其得有真静现前邪？静坐从息止动作而息止求取，真静容或得一呈露。吾谓其于默识本心未始非一捷径者在此。然而非可必得也；且歧途至多，易滋迷误，非吾人所谓切近平妥之路，殊未足尚。若以为用功之一助，类如孟子所云"夜气"之存而有"平旦之气"者，则无不可耳。

伍、严两先生未尝言静坐也，顾其功夫有合于"以不求求之"，殆胜于常人之习静。常人之习静，动作息止矣，浮念息止矣，似无所求矣，乃若隐微间并其期待而根绝之，不易言也。若是，则本心其能见乎？两先生之为学，一专乎慎独，一专乎忠恕，各事其事，意不求识心，而心乃自见，是其所以胜也。

阳明先生之为学，即本体即功夫，一贯地"是即是，不是即不是"，可谓卓绝。然此非人人所能承当也，遂乃多其接引之方。伍、严两先生则不然。其于本体"是即是，不是即不是"，固不能有异；若功夫则宁从其"近是"者而力行之。伍先生之由格致而慎独，严先生之言格致即忠恕，莫非人人所能知能行（绝无高不可阶者）。果其力行而不怠也，则刻刻鞭辟近里（几近本心），随功夫之进而明德以明；澈始澈终，一路下来，其间只有生熟，更无转换。此正《大学》所云"近道"，《中庸》所云"违道不远"，《论语》所云"力行近仁"，《孟子》所云"强恕而行求仁莫近"者。一言总括之：日常生活在"近道"中实践不已，便自然能合道；孔子所云"默而识之，学而不厌"者，将不期而自得之。

谛观《论语》，孔子因人施教，至为显然。其弟子问仁，随时随事指点，莫或同也。即在同一人亦且前后不同。盖未尝必教以识仁为先。"吾道一贯"之诏，隐若指目乎此，要非其人，非其时机，固不轻发。

（九）

宇宙间一事一物莫不有其历史发展。学术，一社会产物也；一面随社会之发展而发展，又一面学术本身自有其发展。儒学发展史非我所敢谈，其早熟于春秋，中绝于汉唐，复兴于宋明之世，——尚待阐明其所以然。至宋大程子出而著《识仁篇》，盖其时势需要，抑亦时机成熟。朱子、阳明各家之学，要亦各有其时。今伍、严两先生所以有其贡献于斯学者，殆亦其时则然邪？两先生处在宋明之后数百年，既睹解书聚讼历久莫决之苦闷，而为己为人尤痛感功夫莫得其路之一大问题；同时，其于前人为说为学所有得失之数亦渐分明。其有此发明足以补前贤之所未及者，虽曰心裁创见，正自有其缘会与条件在；其殆亦为儒学发展至此所宜有之事乎。吾固非谓两先生于斯学之造诣成就更贤于朱子、阳明也，然吾敢信朱子、阳明复生，必自弃其说而大有取于两先生之说。

（上方所为叙文，1963 年暑期着笔于大连休假中，而未及完成；今续成之，如下。1965 年 3 月漱志）

从儒学自身历史发展言之，历经宋、元、明、清，递传至伍、严两先生，其存乎个体生命之修养如何且不论，其形著于意识足以供后人学习之所资者（尤其是伍先生）确乎其大有进于前，深可庆幸。然从中国面临世界形势发展之近代史来看，则中国此时固沦于衰败，遭受其有史以来之最大困厄，而儒学亦为时人摒弃，同遭空前未有之厄运。盖数千年间中国之拓大绵久，依于中国文化；中国文化发展自始不以宗教作中心，而依于周孔教化。其卒也，以此而兴者即以此而衰，曾食其利者亦必承其弊。改革势不容已，儒学屏退自为事所应有。今也，幸以共产党四十余年之努力奋斗，中国得从衰败而崛兴而蔚起，前途光明之极。顾儒学则由清季之奖西学，"五四"之掊孔家，与夫今日之反封建，迄未见有否极泰来之象。然则儒学其从此遂为过时的一种学术资料而已乎？世有通人，宜不存此浅见。

两先生自是有其信心的；而愚之信此学，从而信两先生也，亦不敢后。严先生所为《礼记大学篇考释》一书成于抗日战争末期，时际艰难，印刷窳劣之极，又讹夺纷出。印出数百本，先生用以分赠知交朋友，其果知重视而保存之者殆亦不多其人。既不出售于市坊间，外人知之者甚鲜。苟不重为印刷流布，其必绝而不传。伍先生一生谈学而不著书，传与不传一听后人，毫不介意。苟不为之纪录其词，宣扬其义，则其湮没可以立待。愚暨诸友既就先生口说者编录成书，又为综述一文加以阐发。凡此皆须付印问世。于是而有两家解说合印之念。此即叙文所由作也。然而究在何时付印，不敢知也。窃愿及身见之耳。脱不及见，当以属之愚子若孙。

"世界未来文化，恰将是中国文化的复兴。"——此言愚发之四十四年前（见《东西文化及其哲学》）。儒学昌明盖正在今后之世界。时人不有所谓"科学预见"者乎，愚固不虞其所愿望之竟虚也。七十三叟梁漱溟识。

（录自《梁漱溟全集》，卷四，3～22页，
山东人民出版社，1991年2月出版。）

儒佛异同论*
（1967）

　　作者附记：我于 1966 年 8 月 24 日在所谓"文化大革命"中，被红卫兵小将抄家，一切衣物书籍荡然无存，并迫我从北房移小南屋栖身。此时我初颇不释，但旋即夷然不介意。闲暇中写成此稿，既无一书在手，全凭记忆以着笔。9 月 6 日写出论一，嗣于 11 月 10 日写出论二，其论三则不复记忆于何时写出矣。①

儒佛异同论之一

　　儒佛不相同也，只可言其相通耳。

　　儒家从不离开人来说话，其立脚点是人的立脚点，说来说去总还归结到人身上，不在其外。佛家反之，他站在远高于人的立场，总是超开人来说话，更不复归结到人身上——归结到成佛。前者属世间法，后者则出世间法，其不同彰彰也。

　　然儒佛固又相通焉。其所以卒必相通者有二：

　　（一）两家为说不同，然其为对人而说话则一也（佛说话的对象或不止于人，但对人仍是其主要的）。

　　（二）两家为说不同，然其所说内容为自己生命上一种修养的学问则一也。其学不属自然科学，不属社会科学，亦非西洋古代所云"爱智"的哲学，亦非文艺之类，而同是生命上自己向内用功进修提高的一种学问。

---

　　* 本书著者对儒佛两家思想有独到见解，而更为重要的是他对两家思想均有一定的躬行修养功夫，因而对两家思想精神有自己的深刻领悟，值得介绍给读者参考。

　　① 据作者日记：1967 年 1 月 25 日，"写儒佛论文三"。同年 2 月 25 日，"写稿至收尾处"，2 月 26 日，"早五时起，写稿完成"。

敢问两家相通之处其可得而言之耶？曰，是不难知。两家既同为对人而言其修养，则是必皆就人类生命所得为力者而说矣，其间安得不有相通处耶？且生命本性非有二也。生命之所贵在灵活无滞；滞而不活，失其所以为生命矣。生命之所贵在感应灵敏，通达无碍。有隔碍焉，是即其生命有所限制。进修提高云者，正谓顺乎此生命本性以进以高也。两家之所至，不必同，顾其大方向岂得有异乎？

譬如孔子自云"七十从心所欲不逾矩"，而在佛家则有恒言曰"得大自在"；孔门有四毋——毋意、毋必、毋固、毋我——之训，而佛之为教全在破"我法二执"，外此更无余义。善学者盖不难于此得其会通焉。然固不可彼此相附会而无辨也。

儒佛异同论之二

佛教传入中国后，社会上抵拒之者固有其人，而历来亦有不少躬行修养之儒者领悟于彼此相通之处，辄相附会而无辨焉，是不可不再一申论之。

儒书足以征见当初孔门传授心要者宜莫如《论语》；而佛典如《般若心经》则在其大乘教中最为精粹，世所公认。《论语》辟首即拈出悦乐字样，其后乐字复层见叠出，偻指难计，而通体却不见一苦字。相反地，《般若心经》总不过二百数十字之文，而苦之一字前后凡三现，却绝不见有乐字。此一比较对照值得省思，未可以为文字形迹之末，或事出偶然也。

是果何为而然耶？是盖两家虽同以人生为其学术对象，而人生却有两面之不同，亦且可说有两极之不同。

何言两面不同？首先从自然事物来看，人类生命原从物类生命演进而来，既有其类近一般动物之一面，又有其远高于任何动物之一面。

复次，由于客观事实具此两面，在人们生活表现上，从乎主观评价即见有两极。一者高极：盖在其远高于动物之一面，开出了无可限量的发展可能性，可以表现极为崇高伟大之人生，它在生活上是光明俊伟，上下与天地同流，乐在其中的。一者低极：此既指人们现实生活中类近于动物者而言，更指其下流、顽劣、奸险、凶恶远非动物之所有者而言，它在生活上是暗淡龌龊的，又是苦海沉沦莫得自拔的。

两面之于两极，自是有着很大关联，但不相等同。人类近于一般动物之一面，不等于生活表现上之低极；人类远高于任何动物之一面，不等于生活表现上之高极。此必不可忽者。

后一面与前一极为儒家之学所自出，而从前一面与后一极就产生了佛家之学。以下分别叙述两家为学大旨，其相通而不可无辨之处随亦点出。

儒家之为学也，要在亲切体认人类生命此极高可能性而精思力践之，以求"践形尽性"，无负天（自然）之所予我者。说它"乐在其中"，意谓其乐有非世俗不学之人所及知也。如我夙昔之所论断，此学盖为人类未来文化在古代中国之早熟品。它原应当出现于方来之社会主义社会中。出现过早，社会环境不适于其普及发展。历来受其教益，能自振拔者非无其人，亦殊不多矣。近代西学入中国后，留心及此者更少，其价值乃益不为人所知，正为世人对它缺乏现实经验故也。

人生真乐必循由儒家之学而后可得。却非谓舍此而外，人生即无乐之可言。人类生命无限可能性为人所同具，虽不必知此学，或由天资近道，或由向上有志，或由他途修养，均未尝不可或多或少有以自拔于前文所云低极者，其生活中苦之感受便为之减少，或且有以自乐焉。

于是要问：苦乐果何由而定乎？苦也，乐也，通常皆由客观条件引起来却决定于主观一面之感受如何，非客观存在而不可易者。俗说"饥者易为食"，在受苦后辄易生乐感，掉转来亦复有然。其变易也，大抵寄于前后相对比较上；且不为直线发展，而恒表现为辩证地转化。即苦乐之增益恒有其适当限度，量变积而为质变，苦极转不见苦，乐极转失其乐。又须知主观一面——人的各自生命——是大有不同的，即在同一人又各时不同，从而对于同一客观条件往往可以引起大不相同的感受。凡此皆不及详论。

扼要言之：乐寄于生命流畅上，俗说"快活"二字，实妙得其旨。所不同者，世俗人恒借外来刺激变化以求得其流畅，而高明有修养（儒学或其他）之士则其生命流畅有不假外求者耳。反之，苦莫苦于深深感受厄制而不得越。厄制不得越者，顿滞一处，生命莫得而流通畅遂其性也。《般若心经》之必曰"度一切苦厄"者以此。

为儒学者，其生活中非不有种种之苦如一般人所有，第从其学力，苦而不至于厄耳。学力更高，其为感受当然又自不同焉。宋儒有"寻孔颜乐处"之说，明儒有"乐是乐此学，学是学此乐"之说，不亦可为很好佐证之资乎。

佛学以小乘教为其基础，大乘教表现若为一翻案文章者，而实则正是其教义之所由圆成也。"苦"、"集"、"灭"、"道"四谛是小乘教义，基于"起惑"、"造业"、"受苦"的人生观而来；而此人生观则得之于寻常见到的人类现实生活也。《般若心经》"无无明亦无无明尽，乃至无老死亦无老死尽；无苦、集、灭、道，无智亦无得"，云云，则为对此表示翻案的说法。此一翻案是必要的，亦是真实语。假使世间一切之非虚妄无实也，则出世间又岂可能乎？

世间一切云何虚妄无实？世间万象要依众生生命（人的生命及其他生命）以显现，而佛家则彻见众生皆以惑妄而有其生命也。试看生命活动岂有他哉，不断贪取于外以自益而已。凡众生所赖以生活者胥在此焉。分析言之，则于内执我而向外取物；所取、能取是谓二取，我执、法执是谓二执。凡此皆一时而俱者，生命实寄于此而兴起。佛教目为根本惑（根本无明），谓由此而繁衍滋蔓其他种种惑妄于无穷也。

起惑、造业、受苦三者相因而至，密切不可分。自佛家看来，人生是与苦相终始的。正以人之生也，即与缺乏相伴俱来。缺乏是常，缺乏之得满足是暂。缺乏是绝对的，缺乏之得满足是相对的。缺乏不安即苦（苦即缺乏不安），必缺乏而得满足乃乐耳。则佛家看法不其然乎？

众生莫不苦，而人类之苦为甚。何以故？正唯人类生命有其乐的可能之一极端，是乃有其另一极端之苦不可免地见于大多数人现实生活中。

佛家之学要在破二执、断二取，从现有生命中解放出来。在一方面，世间万象即为之一空；在另一方面则实证乎通宇宙为一体而无二——自性圆满，无所不足，成佛之云指此。所谓出世间者，其理如是如是。读者勿讶佛家涉想之特奇也，既有世间，岂得无出世间？有生灭法，即有不生灭法。生灭托于不生灭，世间托于出世间。此是究竟义，惜世人不晓耳。

上文以厄制言苦，只为先以生命流畅言乐之便而言之，未为探本之论。苦乐实起于贪欲；贪欲实起于分别执著——内执著乎我，外执著乎物。厄制之势盖在物我对待中积渐形成。它成于积重难返之惯性上，一若不可得越者；然果我执之不存也，尚何厄制可言乎？

我执有深浅二层：其与生俱来者曰"俱生我执"，主要在第七识（末那识）恒转不舍；其见于意识分别者曰"分别我执"，则存于第六识（意识）上而有间断。自非俱生我执得除，厄制不可得解。色、受、想、行、识五蕴（总括着身心）实即生命之所在；它既从我执上以形成，而在众生亦即依凭之以执有我。必"行深般若波罗密多"，"照见五蕴皆空"，乃"度一切苦厄"者，正言其必在我执之根除也。我执根除必在行深般若波罗密多时，亦即诸佛所由之以成佛者；若是，则我执根除之匪易也，可知矣！

一切苦皆从有所执著来。执著轻者其苦轻，执著重者其苦重。苦之轻重深浅，随其执著之轻重深浅而种种不等。世有"知足常乐"之语，盖亦从不甚执著则不甚觉苦之经验而来。俗云"饮食男女人之大欲"；此盖从一切生物之所共具的个体存活、种类繁殖两大问题而来。前谓人之生也与缺乏相伴俱来者，亦即指此。众生于此执著最深最重，其苦亦深亦重。人类于此虽亦执著深重，其为苦之深重或且非物类所得相比。然以人类生命具有（自主）变化之无限可能性，故终不足以厄制乎人也。

人心执著之轻重深浅，因人而异。且不唯各个生命习气有所不同，在社会文化发展各阶段上亦复不相等同。譬如远古蒙昧未开化之人群，心地淳朴，头脑简单，一般说来其分别、计较、弯曲、诡诈较少，其执著即较轻浅，其为苦也不甚。同时，其于乐趣之理会殆亦不深。然在两千五百年前的中国社会和印度社会，其文化程度却已甚高，其人心思开发殆不后于今人，则表现在生活上高极者低极者当备有之。设非有此前提条件则儒佛两家之学亦将无从产生也。

儒佛两家之学均为人类未来文化在古代东方出现之早熟品，旧著《东西文化及其哲学》、《中国文化要义》各书均曾论及，且将有另文申论之，这里从省。

孔门毋意、毋必、毋固、毋我之训，有合于佛家破我法二执之教义，固可无疑；然其间之有辨别亦复昭然不掩。试略言之。

如前论所云，两家同为在人类生命上自己向内用功进修提高的一种学问。然在修养实践上，儒家则笃于人伦，以孝弟慈和为教，尽力于世间一切事务而不息；佛徒却必一力静修，弃绝人伦，屏除百事焉。问其缘何不同若此？此以佛家必须从事甚深瑜伽功夫（行深般若波罗密多），乃得根本破除二执，从现有生命中解放出来，而其事固非一力静修，弃绝人伦，屏除百事不可也。儒家所谓"四毋"既无俱生执、分别执之深浅两层，似只在其分别意识上不落执著，或少所执著而已。在生活上儒者一如常人，所取、能取宛然现前，不改其故。盖于俱生我执固任其自然而不破也。

不破俱生我执而俱生我执却不为碍者，正为有以超越其上，此心不为形役也。物类生命锢于其形体机能；形体机能掩盖了其心。人类生命所远高于动物者，即在心为形主，以形从心。人从乎形体不免有彼此之分，而此心则浑然与物同体，宇宙虽广大可以相通而无隔焉。唯其然也，故能先人后己，先公后私，以至大公无私，舍己而为人，或临危可以不惧，或临财可以不贪，或担当社会革命世界革命若分内事，乃至慷慨捐生、从容就义而无难焉。俱生我执于此，只见其有为生命活动一基础条件之用，而曾不为碍也，岂不明白矣乎？

佛家期于"成佛"，而儒家期于"成己"，亦曰"成己、成物"，亦即后世俗语所云"作人"。作人只求有以卓然超于俱生我执，而不必破除俱生我执。此即儒家根本不同于佛家之所在。世之谈学术者，其必于此分辨之，庶几可得其要领。

然而作人未易言也，形体机能之机械性势力至强，吾人苟不自振拔以向上，即陷于俱生我执、分别我执重重障蔽中，而光明广大之心不可见，将终日为役于形体而不自觉，几何其不为禽兽之归耶？

是故儒家修学不在屏除人事，而要紧功夫正在日常人事生活中求得锻炼。只有刻刻慎于当前，不离开现实生活一步，从"践形"中求所以"尽性"，唯下学乃可以上达。

儒佛两家同事修养功夫，而功夫所以不同者，其理如是。

或问：儒佛两家功夫既如此其不同矣，何为而竟有不少躬行修养之士乃迷离于其间耶？应之曰：此以其易致混淆者大有深远根源在也。试略言之。

前不云乎，生灭托于不生灭，世间托于出世间。所谓生灭法、世间法者非他，要即谓众生生命而人类生命居其主要。其不生灭法或出世间云者，则正指宇宙本体也。儒佛两家同以人类生命为其学问对象，自非彻达此本源，在本源上得其着落无以成其学问。所不同者：佛家旨在从现有生命解放出来，实证乎宇宙本体，如其所云"远离颠倒梦想，究竟涅盘"（《般若心经》文）者是。儒家反之，勉于就现有生命体现人类生命之最高可能，彻达宇宙生命之一体性，有如《孟子》所云"尽心、养性、修身"以至"事天、立命"者，《中庸》所云"尽其性"以至"赞天地之化育"、"与天地参"者是。

然而菩萨"不舍众生、不住涅槃"，此与儒家之尽力世间者在形迹上既相近似，抑且在道理上亦非有二也。儒家固不求证本体矣，但若于本源上无所认识，徒枝枝节节黾勉于人事行谊之间，则何所谓"吾道一以贯之"乎？故"默而识之"是其首要一着，或必不可少者。"默识"之云，盖直透本源，不落能取所取也。必体认及此，而后乃有"戒慎乎其所不睹，恐惧乎其所不闻"（见《中庸》）之可言。其曰"不睹、不闻"正点出原不属睹闻中事也。后儒阳明王子尝言"戒慎恐惧是本体，不睹不闻是功夫"，是明告学者以功夫不离本体。衡以体用不二之义，功夫其必当如是乎。

宋明以来之儒者好言心性、性命、性天以至本心、本体……如是种种，以是有"性理之学"之称。凡西洋之所谓哲学者只于此仿佛见之，而在当初孔门则未之见也。此一面是学术发展由具体事实而抽象概括之自然趋势；更一面是为反身存养之功者，其势固必将究问思考及此也。顷所云迷离混淆于两家之言者皆出在此时。不唯在思想上迷混已也，实际功夫上亦有相资为用之处。虽儒者排佛更多其人，而迷混者却不心服，盖以排佛者恒从其粗迹之故。

吾文于本、末、精、粗析论不忽，或有可资学人参考者乎？然最后必须声明：一切学问皆以实践得之者为真，身心修养之学何独不然。凡实践所未至，皆比量猜度之虚见耳。吾文泰半虚见之类，坦白自承，幸读者从实践中善为裁量之，庶免贻误。

（1966 年 11 月 10 日写竟于小南屋）

儒佛异同论之三

儒佛异同既一再为之析论如右矣，忽又省觉其有所遗漏，宜更补充言之。

何言乎有所遗漏？人类实具有其个体生命与社会生命之两面，不可忽忘。儒佛两家同为吾人个体生命一种反躬修养的学问，是固然矣；顾又同时流行世界各地，为中国、日本、印度及其他广大社会风教之所宗所本，数千年来在其社会生活中起着巨大作用，有好果亦有恶果，种种非一，而右所论列曾未之及；是即须略为言之者。

在此一方面：佛家为世界最伟大宗教之一，而儒家则殊非所谓宗教，此其异也。儒非宗教矣，然其为广大社会风教之所宗所本，论其作用实又不异乎一大宗教焉。世人有由是而目以为宗教者，此即当下有待辨析之问题。

往者常见有"儒、释、道三教"之俗称；清季康有为陈焕章又尝倡为"孔教会"运动；民国初年议订宪法，亦有主张以"孔教"为国教者，其反对之一方颇辨孔子之非宗教，论争热烈。此正以其事在疑似之间，非片言可以解决也。求问题之解决，必先明确何谓宗教。

对于宗教，旧著《东西文化及其哲学》、《中国文化要义》各书皆曾有所阐说，读者幸取而参看，这里不拟再事广论。只申明凤日观点用资判断此一问题。

宗教是人类社会的产物，为社会意识形态之一种。如世界历史之所显示，自今以溯往，它且是社会生活中最有势力之一种活动。其稍见失势，只不过晚近一二百年耳。人世间不拘何物，要皆应于需要而有。宗教之为物，饥不可为食，渴不可为饮，其果应乎人生何种需要而来耶？如我凤昔所说：

> （上略）这就因为人们的生活多是靠希望来维持，而它是能维持希望的。人常是有所希望要求，就借着希望之满足而慰安，对着前面希望之接近而鼓舞，因希望之不断而忍耐勉励。失望与绝望于他是太难堪。然而怎能没有失望与绝望呢？恐怕人们所希求者不得满足是常，而得满足的不多吧！这样一览而尽、狭小迫促的世界谁能受得？于是人们自然就要超越知识界限，打破理智冷酷，辟出一超绝神秘的世界来，使他的希望要求范围更拓广，内容更丰富，意味更深长，尤其是结果更渺茫不定。一般宗教就从这里产生，而祈、祷、禳、祓为一般宗教所不可少亦就在此。虽然这不过是世俗人所得于宗教的受用，了无深义；然宗教即从而稳定其人生，使得各人能以生活下去，不致溃裂横决。（旧著《中国民族自救运动之最后觉悟》）[1]

据此而分析言之，所谓宗教者，一方面都是从超绝于人的知识、背反于人的理智那里，立它的根据，一方面又都是以安慰人的情感、勖勉人的意志为它的事务。试看从来世界所有宗教，虽大小高下种种不等，然而它们之离不开祸福、生死、鬼神却绝无二致；求其所以然之故正在此。——正为祸福、生死、鬼神这些既是人们情志方面由以牵动不安之

---

① 引自《中国民族自救运动之最后觉悟》一文，第六节"解一解中国之谜"的第二大段。

所在，同时对于人们知见方面来说又恰是超绝莫测、神秘难知之所在也。①

上面所说如其肯定不错的话，则孔子之为教与一般所谓宗教者殊非一事，亦可肯定无疑。何以言之？此从《论语》中征之孔子所言所行而充分可见也。略举数则如次：

> 季路问事鬼神。子曰：未能事人，焉能事鬼。曰：敢问死。子曰：未知生，焉知死。

> 子不语怪、力、乱、神。

> 樊迟问知。子曰：务民之义，敬鬼神而远之，可谓知矣。子疾病，子路请祷。子曰：有诸？……丘之祷久矣！王孙贾问曰：与其媚于奥，宁媚于灶，何谓也？子曰：不然？获罪于天，无所祷也。

即此而观，孔子之不走一般宗教道路，岂不昭昭乎？

孔子而后代表儒家者必数孟子、荀子。孟子尝言"莫之为而为者，天也；莫之致而至者，命也"；其不承认有个"上帝"主宰着人世间的事情，十分明白。荀子则更属儒家左派，反对"错人而思天"，又说君子"敬其在己，而不慕其在天"。其他例证尚多，不烦备举。一言以断之，世有以儒家为宗教者，其无当于事实，盖决然矣。

然而单从其不随俗迷信、不走宗教道路来看孔子和儒家，尚失之片面，未为深知孔子也。须知孔子及其代表之儒家既有其极远于宗教之一面，更有其极近于宗教之一面，其被人误以为宗教，实又毫不足怪焉。

儒家极重礼乐制度，世所知也。礼乐之制作，大抵因依于古而经过周公之手者，殊为孔子之所钦服，如所云"郁郁乎文哉吾从周"是也。其具体内容在形迹上正多宗教成分，如祭天祀祖之类是。孔子于此，诚敬行之，备极郑重。有如《论语》所记：

> 祭如在。祭神，如神在。子曰：吾不与祭，如不祭。

又且时加赞叹，如云：

> 禹，吾无间然美！菲饮食而致孝乎鬼神，（中略）。禹，吾无间

---

① 费尔巴哈的《宗教的本质》、《基督教的本质》各书有许多名言足资参考，例如：
依赖感乃是宗教的根源。
弱者而后需要宗教，愚者而后接受宗教。
唯有人的坟墓才是神的发祥地。
世上如果没有死这回事，那亦就没有宗教了。

然矣。

然于时俗之所为者又非漫无抉择也；如云"非其鬼而祭之，谄也"之类是。

孔子何为而如是，外人固未易识。墨家尝讥儒者"无鬼而学祭礼"，正是感觉其中有些矛盾。然实非矛盾也。孔子盖深深晓得尔时的社会人生是极需要宗教的；但又见到社会自发的那些宗教活动弊害实多，不安于心，亟想如何使它合理化，既有以稳定人生，适应社会需要，复得避免其流弊。恰在此时，领悟到周公遗留下来的礼乐制度含义深远，与此有合，于是就"述而不作"——其实述中有作——力为阐扬。在不求甚解之人，辄从形迹上目以为宗教而无辨也，固宜。

假如孔子之垂教示范遂如上所举者而止也，则亦谁敢遽然判断儒家之果不为宗教？吾人之识得其决定非宗教者，实以孔门学风显示出其在积极地以启导人们理性为事也。人类理性之启导，是宗教迷信、独断、固执不通之死敌，有此则无彼也。

此在《论语》中可以证明者其多，试举其两例如次：

（一）宰我问：三年之丧期已久矣。君子三年不为礼，礼必坏；三年不为乐，乐必崩。旧谷既没，新谷既升，钻燧改火，期可已矣。子曰：食夫稻，衣夫锦，于汝安乎？曰：安。汝安则为之！夫君子之居丧，食旨不甘，闻乐不乐，居处不安，故不为也。今汝安则为之。宰我出。子曰：予之不仁也！子生三年，然后免于父母之怀。三年之丧，天下之通丧也。予也，有三年之爱于其父母乎？

（二）子贡欲去告朔之饩羊。子曰：赐也！尔爱其羊，我爱其礼。

如所常见，宗教中的礼节仪式不论巨细，一出自神职人员之口，便仿佛神秘尊严，不容怀疑，不可侵犯。然在孔门中虽其极所重视之礼文，亦许可后生小子从人情事理上随意讨论改作。尽你所见浅薄幼稚，老师绝不直斥其非，而十分婉和地指点出彼此观点之不同，教你自己从容反省理会去。这是何等伟大可贵的人类理性精神！何等高超开明的风度！此岂古代宗教所可能有的？

又假如孔子后学于儒家礼乐具有之宗教成分，不明白地剖说其意义所在，则两千数百年后之吾人亦何能强为生解？其迹近宗教而实非宗教，固早已由孔子后学自白之于两千多年前也。此从《荀子》书中可以见之。例如其《礼论篇》之论祭礼有云：

> 祭者思慕之情也，忠信爱敬之至矣！礼节文貌之盛矣！苟非圣人莫之能知也。圣人明知之，君子安行之；官人以为守，百姓以成俗。其在君子以为人道也，其在百姓以为鬼事也。①

又在其《天论篇》论及祈祷等事，有云：

> 雩而雨，何也？曰：无他也，犹不雩而雨也。日月食而救之，天旱而雩，卜筮然后决大事，非以为求得也，以文之也。故君子以为文，百姓以为神。

儒家非貌为宗教有意乎从俗而取信也。独在其深识乎礼乐仪文为社会人生所必不可少耳。

人类远高于动物者，不徒在其长于理智，更在其富于情感。情感动于衷而形著于外，斯则礼乐仪文之所从出而为其内容本质者。儒家极重礼乐仪文，盖谓其能从外而内以诱发涵养乎情感也。必情感敦厚深醇，有发抒，有节蓄，喜怒哀乐不失中和，而后人生意味绵永乃自然稳定。

人们情志所以时而不稳定者，即上文所云"人们的生活多是靠前面希望来维持"，失其重心于内而倾欹在外也。此则不善用理智，有以致之者。

理智之在人，原为对付外物处理生活之一工具，分别、计较、营谋、策划是其所长。然由是而浑融整个的人生乃在人们生活中往往划分出手段、方法与目的，被打断为两截，而以此从属于彼，彼则又有所从属，如是辗转相寻，任何一件事的意义和价值仿佛都不在其本身。其倾欹乎外而易致动摇者实为此。

又须知：人生若理智之运用胜于情感之流行，则人与大自然之间不免分离对立，群己人我之间更失其亲和温润，非可大可久之道。唯墨家未省识乎此，乃倡为节葬、短丧而非乐；唯儒家之深识乎此也，故极重礼乐以纠正之焉。

孔子正亦要稳定人生，顾其道有异乎一般宗教之延续人们时时地希望于外者；如我在旧著所说：

---

① 《前汉书·韦贤传》：永光四年议罢郡国庙，丞相韦玄成等七十人议，皆曰："臣闻祭非自外至者也，由中出于心也，故唯圣人为能飨帝，唯孝子为能飨亲。"观此，则汉儒见解犹能代表孔子后学而未失其宗旨。

（上略）他（孔子）给人以整个的人生。他使你无所得而畅快，不是使你有所得而满足；他使你忘物，忘我，忘一切，不使你分别物我而逐求。怎能有这大本领？这就在他的礼乐。①

何言乎忘物，忘我，忘一切？信如儒家所云礼乐斯须不去身者。（《礼记》原文："礼乐不可斯须去身。"），人的生命时时在情感流行变化中，便释然不累于物耳。生死祸福，谁则能免？但得此心廓然无所执著，则物来顺应，一任其自然，哀乐之情而不过焉，即在遂成天地大化之中而社会人生于以稳定。稳定人生之道孰有愈于此者？

鬼神有无，事属难知。"知之为知之，不知为不知，是知也"；遽加肯定或遽加否定，两无所取。第从感情上丰富其想象仰慕，而致其诚敬，表其忠爱，却在古代社会稳定人生备极重要有力。孔子之"祭如在。祭神，如神在"；又说"敬鬼神而远之"；试理会其义，或在此乎？

是故我在旧著《中国文化要义》中说：

> 大约祀天祭祖以至祀百神这些礼文，（中略）或则引发崇高之情，或则绵永笃旧之情，使人自尽其心而涵厚其德，务郑重其事而妥安其志。人生如此，乃安稳牢韧而有味，却并非向外（神灵）求得什么。

又接着做结束说：

> 礼乐使人处于诗与艺术之中，无所谓迷信不迷信，而迷信自不生。（中略）有宗教之用而无宗教之弊；亦正唯其极邻近宗教，乃排斥了宗教。②

儒家以后世统治阶级之利用推崇，时加装点扮饰，乃日益渐具一宗教之形貌；然在学术上岂可无辨？"儒教"或"孔教"之名，自不宜用。我一向只说"周孔教化"，以免混淆。周孔教化，从古人之用心来说是一回事；从其在社会上两千年来流传演变所起作用所收效果来说，又是一回事。论其作用暨后果有好有恶，事实俱在总不可掩。论周孔之用心，如我浅见，其务于敦厚人情风俗（仁）而亟望人们头脑向于开明，

---

① 引自《中国民族自救运动之最后觉悟》一文，之六"解一解中国之谜"一节第三段。
② "宗教宜放弃其迷信与独断而自比于诗"之说，发之于西方学者桑戴延纳；时人冯友兰曾引用其说而指出中国古代儒家正是早将古宗教修正转化为诗与艺术，见其所著《中国哲学史》。

远于愚蔽（智）乎？凡此，旧著《中国文化要义》既均有论及，今不更陈。

质言之，在社会生活方面，佛家是走宗教的路，而儒家则走道德的路。宗教本是一种方法，而道德则否。道德在乎人的自觉自律；宗教则多转一个弯，俾人假借他力，而究其实此他力者不过自力之一种变幻。

佛家作为一种反躬修养的学问来说，有其究竟义谛一定而不可易？从其为一大宗教来说，则方便法门广大无量而无定实。此其所以然：一则宗教原为社会的产物，佛教传衍至不同时代，不同地域，便有许多变化不同；再则，当初释迦创教似早有种种安排，如中土佛徒判教有"五时八教"等说者是。由是须知佛教实是包含着种种高下不等的许多宗教之一总称。人或执其一而非其余，不为通人之见也（但时不免邪门外道之掺杂，亦须拣别）。

然而不可遂谓佛家包罗万象，既无其统一旨归也。中土佛徒判教之所为，盖即着重在其虽多而不害其为一。此一大旨归如何？浅言之，即因势利导，俾众生随各机缘得以渐次进于明智与善良耳（不必全归于出世法之一途）。旧著《印度哲学概论》于此曾略有阐说，请参看。儒佛本不可强同，但两家在这里却见其又有共同之处。

榷论儒佛异同，即此为止。

1969 年 12 月清抄

（录自《东方学术概观》，5～31 页，
巴蜀书社，1986 年 11 月出版。）

东方学术概观（选录）*
（1975）

《东方学术概观》初草约两万字，着笔大约在十数年乃至二十年前。今从箧中检出审视，觉其文笔软弱无力，盖亦识力不足之征。1975 年《人心与人生》一书写出后，决计从新改作。在《人心与人生》第十三章既提出有"东西学术分途之说"，今作即根据之，分就东方三家——儒家、道家、佛家——之学各有所阐述，力求简明切当，有助于后之学者识得其途径而止，实以自己学识浅薄，所能为者亦止于如此也。

1975 年 7 月漱溟记

第二章　儒者孔门之学

孔子特被尊崇，奉为儒家宗主先师，乃后世渐渐演进之事。当初所谓儒，并不代表一学派，而是往古社会内少数通习文字有些知识的人一种泛称。经过几代时间，这种人传习的学识积渐发展丰富，思想主张不免分化，就出现后来的那些学派。既然学派歧出，而后儒家之称遂以归之孔子一派了。因此，既可以分化出来的各学派说为"诸子百家"，亦

---

* 人心有向外与向内之两面。与向外一面成就了西方学术（如自然科学等）不同，向内自反，以求自觉之明强，由此大力发挥，于是成就了儒、佛、道三家之学，即东方学术。如著者在"题记"所说：此文分就三家之学"各有所阐述，力求简明切当"，因而可有助于后之学者"识得其途径"的作用。又，此文节录后，略去了第一章、第三章（部分），以及第五章、第六章，盖因篇幅所限。

可以列儒家为诸子之一家。①

学术传习虽有口授，但主要总寄在文字图书而为古代社会上层所谓"王官"所掌握，此外一般人劳于治生，不暇问及。孔子所以在近二千数百年中国学术文化上有其特殊地位者，因为后世所诵习的古书皆远古祖先的事功学问著于典册，而经过孔子一道整理后所贻留下来者。后人重视这些书典，尊之曰"经"。治经遂为儒者之业，乃至一切读书人都算是儒。而其实孔子及其门弟子当时所兢兢讲求的学问，何曾在书册文章上。汉唐经学称盛，与孔门之学不为一事，干涉甚少。我故标明"儒者孔门之学"严其区别，避免流俗浮泛观念。

孔门之学是一种什么学问？此从《论语》中孔子自道其为学经过进境的话可以见得出来。

> 子曰：吾十有五而志于学，三十而立，四十而不惑，五十而知天命，六十而耳顺，七十而从心所欲不逾矩。

要认明孔子毕生所致力的是什么学问，当从这里"吾十有五而志于学"以下寻求去。然而所云"三十而立"，立个什么？却不晓得其实际之所指。向下循求："四十而不惑"，虽在字面上不惑总是不迷误之意，却仍不晓其具体内容。"五十而知天命"的"天命"果何谓乎？当然是说在其学问上更进一境，顾此进境究是如何，更令人猜不透。"六十而耳顺"，何谓耳顺？颇难索解。"七十而从心所欲不逾矩"，字面上较"耳顺"似乎易晓，但其境界更高，实际如何乃更非吾人所及知。试想：在孔子本人当其少壮时固亦不能预知自己六十、七十的造诣实况，外人又何由知之。乃后儒竟然对于如上一层一层进境随意加以测度，强为生解，实属荒唐。孔子训诲说"知之为知之，不知为不知，是知也"。末一知字即内心自觉之明，正是此学吃紧所在（详后）：这里麻糊不得，我们断然反对。

我们局外人虽然无从晓得孔子一生为学那一层一层的进境，却看得十分明白其学问不是外在事物知识之学，亦非某些哲学玄想，而是就在他自身生活中力争上游的一种学问。这种学问不妨称之为人生实践之学。假若许可我们再多说一点，那便是其力争上游者力争人生在宇宙间

---

① 《庄子·天下》篇叙说各学派之前，说出"诗书礼乐邹鲁之士，缙绅先生多能明之"，又论列诗、书、礼、乐、易、春秋的意义，显然不以儒为各学派之一，正是较古的看法。孔老相对，儒墨并称，皆是后来之事。

愈进于自觉、自立、自如也。

以上所见可自信其不诬者，盖从孔门弟子方面恰可得到有力佐证，申说如次。——

从《论语》中看到孔子门下颜回是最邀老师称叹嘉赏的好学生。其称叹之词在《论语》中屡见不一，且记其死孔子痛悼之情。兹试摘取其可为此学明征者。

> 哀公问弟子孰为好学。孔子对曰：有颜回者好学，不迁怒，不贰过；不幸短命死矣！今也则亡，未闻好学者也。

颜回所见赏于其师，独许为好学者，乃非有他长，只在"不迁怒，不贰过"两点上，讵不大可注意乎！何谓不迁怒？何谓不贰过？切莫轻率地像后儒那样去了解它。若看得简单，则孔门那许多贤才为何竟然无人能及得他？这两点看似不难懂得，我们应当承认还是不懂。但又看得十分明白：它不属科学知识，不是哲学玄想，而恰同孔子一样是在自身生活上勉力造达一种较高境界。其勉力方向仍是在自觉、自主、自如。

颜子优长处全于其自身生活上见之，非在其它方面有何专长如同门其它诸子者。再摘《论语》记载之又以资佐证：

> 子曰：贤哉，回也！一箪食，一瓢饮，在陋巷，人不堪其忧，回也不改其乐。贤哉，回也！
>
> 子曰：回也，其心三月不违仁，其余则日月至焉而已矣。
>
> 子曰：语之而不惰者，其回也欤！
>
> 子谓颜渊曰：惜乎吾见其进也，未见其止也！

此外则颜子勉力于学而自叹的话亦可资参考，录之于次：

> 颜渊喟然叹曰：仰之弥高，钻之弥坚，瞻之在前，忽焉在后。夫子循循然善诱人，博我以文，约我以礼。欲罢不能，既竭吾才，如有所立，卓尔，虽欲从之，末由也已。

通过前面叙列的那些事实，我们已经晓得颜子追随孔子全力以赴的不在其它学问，再看到他这番说话，虽远远不够懂得其内容实际，却更加明白、更加证实这是迥然不同其它学问的一种学问——人生至高无上的学问。

若不是内行人如颜子，那么，孔子生活真际如何，在一般人是看不出来的。孔子教人总是从孝悌忠信入手，既不说向高玄神妙处，而孔子本人亦绝无超妙神奇的行迹可见。其外面可见的，是谦谨和勤劳；只在必要时偶尔吐露十分自信的话和其生活上的通畅。例如：

> 子畏于匡，曰：文王既没，文不在兹乎！天之将丧斯文也，后死者不得与于斯文也，天之未丧斯文也，匡人其如予何！
>
> 叶公问孔子于子路，子路不对。子曰：汝奚不曰，其为人也发愤忘食，乐以忘忧，不知老之将至云尔！

孔门之学却未得因颜子而传于后，传之者其为曾子乎？孔子尝以"吾道一以贯之"语曾子，曾子应声曰"唯"，可见其是于此学夙有心得者。

今所见古籍，其能阐发此学者莫如《易经》中的《系辞传》及《礼记》中《大学》、《中庸》两篇。其作者均不甚可考。或谓《系辞传》为孔子作，《大学》为曾子作，《中庸》为子思作。殆不必然。自宋儒以来特别表彰《大学》、《中庸》。因之特指此学之传在曾子；由曾子而子思，由子思而孟子。其间事实关系虽不明确，而此学传递的重点要不外是。

人类生命从生物演进而来，已造乎通天地万物为一体之境（见《人心与人生》第六章第五节）。孔门之学原是人类"践形尽性"之学（《人心与人生》第五章）。盖人心要缘人身乃可得见，是必然的；但从人身上得有人心充分见出来，却只是可能而非必然（同前第五章）。尽性云者，尽其性所可能也。力争上游，使可能者成为现实之事，我故谓之人生实践之学（见前文）。一面说来极平常，另一面则闳大深微莫可测度。[1]

然弥足重视和玩味者乃在为此学者之粗浅事验，有如昔人所云：

> 学至气质变化方是有功。
>
> 不学便老而衰。
>
> 涵养到着落处，心便清明高远。

（以上皆宋儒大程子之言）

此所云着落处，指有受用说，盖学问不徒在知见上也。[2]

---

[1]　此如儒书下列之所云：

致中和，天地位焉，万物育焉！

（上略）可以赞天地之化育，则可以与天地参矣！（以上见《中庸》）

（上略）充实之谓美，充实而有光辉之谓大，大而化之之谓圣，圣而不可知之之谓神。（见《孟子》）

[2]　按孟子早有"睟然见于面，盎于背，施于四体；四体不言而喻"的话。

此学要在力行实践，以故后儒王阳明揭举"知行合一"之说，不行不足以为知。

于是就要问：力行什么？此不必问之于人，反躬自问此时此地我所当行者而行之，可已。请教旁人未尝不可，思量审决不仍在自心乎？孔子答宰我问三年丧，并不教人听信他的主张，却告以"汝安则为之"，"君子不安故不为也"。孔门之学岂有他哉！唯在启发各人的自觉而已。从乎自觉，力争上游，还以增强其自觉之明，自强不息，展转前进，学问之道如是而已。[①]

宗教总是教人信从他们的教诫，而孔子却教人认真地自觉地信自己而行事。孔子与宗教的分水岭在此。

一个人的自觉果如是其可信可恃乎？

人心通常总是向外照顾寻求如何有利于自身生活的，其行事通常说为有意识。而意识（consciousness）之原义即自觉。二者似乎分不开。但有必要注意其分别：从其对外活动则曰意识，从其内蕴昭明非以对外者则曰自觉（请参阅《人心与人生》第六章第六节）。人的意识往往不足恃，不可信。其落于不足恃不可信之故有二：

> 一者，向外活动时，则内蕴之明不足——"自觉与心静是分不开的。必有自觉于衷，斯可谓之心静，唯此心之静也，斯有自觉于衷焉。"（《人心与人生》第六章第六节原文）。

> 二者，向外活动进退取舍之间决于利害得失的计较而非从乎无私的感情——"具此无私的感情是人类之所以伟大，而人心之有自觉则为此无私的感情之所寄焉。"（同前，第六章第七节原文）

人有无私的感情存于天生的自觉中。此自觉在中国古人语言中，即所谓良知（见《孟子》），亦或云独知（见《大学》、《中庸》），亦或云本心（宋儒陆象山、杨慈湖）者是已。自觉能动性为人类的特征，表现出至高无上的主动精神。但人们却可怜地大抵生活在被动中：被牵引，被诱惑，被胁迫，被强制……如是种种皆身之为累而心不能超然物外也。自觉能动性是无时不有的，无奈人要活命先于一切，不免易失而难存。

---

① 附录《论语》孔子答语于此——

宰我问三年之丧，期已久矣。君子三年不为礼，礼必坏，三年不为乐，乐必崩，旧谷既没，新谷既升，钻燧改火，期可已矣。子曰：食夫稻，衣夫锦，于汝安乎？曰：安。汝安则为之！夫君子之居丧，食旨不甘，闻乐不乐，居处不安，故不为也。今汝安，则为之！（下略）。

所以良知既是人人现有的，却又往往迷失而难见，不是现成的事情。孔门之学就是要此心常在常明，以至愈来愈明的那种学问功夫。

此心如何能常在常明以至愈来愈明呢？这必得反躬隐默地认取之，孔子说的"默而识之"正谓此。识得是根本，不失是功夫。这即是要自觉此自觉，庶几乎其相续不忘焉。然而大不易，大大不易！

《论语》上孔子亟称颜回"不迁怒，不贰过"，其在《易·系辞》则曰"颜氏之子其殆庶几乎，有不善未尝不知，知之未尝复行也"。怒与过均所谓不善。不善是免不了，但一有不善立刻自己知道，知道了就如浮云之去而晴空无翳。其好学全在"未尝不知"的"知"上，即在自觉上。由于好学便常在自觉中，一有忽失，不远而复。此岂寻常人之所及耶？

《大学》、《中庸》两篇所以为此学极重要典籍者，即在其揭出慎独功夫，率直地以孔门学脉指示于人。独者人所不及知而自己独知之地也，即人心内蕴之自觉也。吾人一念之萌，他人何从得知，唯独自己清楚；且愈深入于寂静无扰，愈以明澈开朗[1]。

《中庸》之说慎独，"戒慎乎其所不睹，恐惧乎其所不闻"。不睹不闻状其寂虚，戒慎恐惧言其懔懔，总在觉识其自觉中不放逸。《大学》之说慎独则曰"诚其意者无自欺"，"十目所视，十手所指，其严乎！"隐微之间不忽不昧。

《论语》中不见慎独一词，然颜子曾子所为兢兢者应不外此功夫。《中庸》、《大学》为晚出之书，慎独应为后来提出之术语。其实《中庸》、《大学》原文均为"君子必慎其独"，其简化成"慎独"一词固后来之事。事物发展大抵由简入繁，又由繁而趋求简要。孔子当初只教人敦勉于言行之间，虽其间有一贯不易者在，却不点出而待人之自悟。颜子悟之最早，继之者其为曾子乎。

后来有功于此学者必数孟子。孟子豪气凌人，其书未见有慎独字样，而言修身。修身亦或云修己，信乎其为传此学脉者。（关于修身或修己可看后文。）

孟子而后末闻有宏扬此学者，因遂谓之无传人云。

此学复兴于宋明之世，盖外受刺激于佛老两家之学，从而寻得其旧绪者。宋儒中，大程子（颢）被称为上继孟子的一千四百年后之一人，

---

[1] 此如《孟子》书中所云之夜气、平旦之气者，俗语云半夜里扪心自问者，可以见之。

我衷心钦服，不能有异词。其他人不具论，亦不敢妄肆议论也。

人类社会生产进步必有劳心劳力之阶级分化，马恩之学剖析甚明。如我所究论，中国社会的历史发展是属于马克思所谓亚洲社会生产方式者（请参看我《试论中国社会的历史发展属于马克思所谓亚洲社会生产方式》一文）。此由道德气氛在古中国过早出现之故（参看我夙昔所持古中国为人类文化之早熟论）。孔孟所生活的社会无疑为阶级社会，孔孟皆为其社会上层人物，事实甚明，可无待论。但其社会阶级之分化既不严刻凝固，而孔孟自处处人之道不强调贵贱之分和主张劳心劳力"通功易事"的思想，更有其学术根本大异乎一般，此必须指说明白。

在一般阶级社会中，其阶级虽莫不有互相依存之一面，而不掩其对立对抗之势，著见其此压迫彼抵抗者，而孔孟之道乃大反之也。何言乎反之？例如：

> 季康子问政于孔子。孔子对曰："政者正也；子帅以正，孰敢不正。"
>
> 季康子患盗，问于孔子。孔子对曰："苟子之不欲，虽赏之不窃。"
>
> 季康子问政于孔子，曰："如杀无道以就有道何如？"孔子对曰："子为政，焉用杀，子欲善而民善矣。君子之德风，小人之德草；草上之风必偃。"

总之，孔子论政，皆本道德之旨而不尚刑罚，其例可不备举。这是在人类第一期文化尚未完成而早见出第二期文化的萌苗。

盖在人生第一问题下，人们总是向外用力的，恒不免以对物者对人。必待进入人生第二问题（人对人的问题）后，人们乃不得不各自向内用力焉。然而当时处于统治阶层之孔子，一言及为政之道却反乎一般而主张向内用力。其根本态度具见于子路问君子一章。

> 子路问君子。子曰："修己以敬。"曰："如斯而已乎？"曰："修己以安人。"曰："如斯而已乎？"曰："修己以安百姓。修己以安百姓，尧舜其犹病诸。"

君子为往古社会上层人士之通称，同时亦为有品德者之称。时代愈后其人浸益众多，渐渐于其本义不复认真讲求，而孔门则要讲求之，子路因以为问。孔子答言"修己以敬"，原是一口说尽，子路却信不及，一再提问"如斯而已乎？""如斯而已乎？"孔子只能在"修己以安人"、

"修己以安百姓"的效用上加以申明，更无其它可说。在孔门看来统治阶层只须尽其自身修养功夫，不需用刑罚去制服人。此即证明上文所指出向内用力与向外用力截然两途。①

《论语》上修己以敬的话，在各不同典籍如《孟子》，如《大学》，如《中庸》，则修己字样均易为修身。例如见于《孟子》者：

> 君子之守，修其身而天下平。

字面微易，语意全然相同。而孟子此语亦就括尽了《大学》全篇旨趣。修身一词在《孟子》、《大学》、《中庸》层见叠出，其为此一学派习用术语，十分显明。言修身，则切己近里，精神集中当下，从而应物理事，刻刻不失自觉；不言慎独，慎独在其内矣。此即孔子一贯之道，当时不轻以语人者，而百年后卒为其后学探索得之，盖亦学术发展自然之势也。

往世为此学者，吾不及见之；吾所及见，广东番禺伍庸伯先生（观淇）是能为此学而得其真者。我既面聆先生解说《大学》之词而编录之，又撰为《伍氏学说综述》一文，读者取而参看，可补这里阐说此学之所不足。②

临末附言：中国人在人生第一问题远未得解决之下，过早地进入人生第二问题，萌露着人类第二期文化，非始于孔子而孔子承前启后，实为其关键。由是而向外用力与向内用力两种人生态度乃时时交相牴牾牵掣，社会发展遂陷于盘旋不进之境。近二千年中国历史上只见一治一乱之循环而不见有推陈出新之革命，呈现病态文明者，即坐此之故也。吾

---

① 事实很明显，孔子之教难以行得通。当在社会发展史上人生第一问题（人对物问题）远未得解决之时，人们一般地要向外用力，妨碍着此人生第二态度之施行。其结果，春秋战国之世自然是法家得势，霸道胜利而王道不行。

但切莫谓孔子好逞理想。一切理想来从事实，正为有事实在先，乃有孔子的理想。此事实要从对照西洋传统文化史实而见出来。即在西洋先之以希腊罗马之海国城邦，后则以基督教会，总是集团生活偏胜；集团与集团相对立，集团内团体与其成员个人相对立。孟德斯鸠的名言"争之与群乃同时并见之二物"，其人与人之间习于向外用力者正在此。反之，中国远古以来家族家庭生活偏胜，家人父子兄弟之间，邻里乡党之间，务于和睦相亲相安以生活，重视伦理情谊而尚礼让。礼让拶谦——向内用力——早为此土风教一大异彩，非创始于孔子。孔子深有体认，自称好古，又系统地发扬之耳。

② 其可参看者有《〈礼记·大学〉篇伍、严两家解说》一书中：
一《〈礼记·大学篇〉伍、严两家解说合印叙》；
二《〈礼记·大学篇〉伍氏学说综述》；
三《〈礼记·大学篇〉伍先生解说》。（均见全集卷四）

旧著《中国文化要义》第十三章第四节备言之，可参看。

第三章　道家之学（选录）

《庄子·天下》篇叙列各学派均以"古之道术有在于是者，某某闻其风而悦之"开始，我以为这很合乎事实。例如道家之学初非始于老子，犹乎儒家之非始自孔子，而都是传自远古者。

我以为古先中国人，在其精神气息、思想路数上，对于它方是自具特殊风格面貌的。儒家道家皆渊源自古，而儒家代表其正面，道家代表其负面。言其思想路数特殊的由来，即在早有悟于宇宙变化而于自家生命深有体认；——其向内多于向外在此。类乎"太极"、"阴阳"、"天地"、"乾坤"、"性命"等等皆其共同常用的词汇概念，而各有其所侧重。

儒家道家同于人类生命有所体认，同在自家生命上用功夫，但趋向则各异。儒家为学本于人心，趋向在此心之开朗以达于人生实践上之自主、自如。道家为学所重在人身，[①] 趋向在此身之灵通而造乎其运用自如之境。

心也，身也，不可分而可分。人与人之间从乎身则分则隔，从乎心则分而不隔。不隔者言其通也，痛痒相关，好恶相喻是已。人类有其个体生命与社会生命之两面，而社会一面实为所侧重。个体生命寄于此身，而人心则是其社会生命的基础（参看《人心与人生》第一章）。

孔子关心当世政教，汲汲遑遑若不容己；而老子反之，隐遁幽栖，竟莫知其所终。[②] 学术上所以分明两途者，即其一从心，其一从身之异也。然两家学问功夫入手处又无不在人心内蕴之自觉。（参看《人心与

---

① 《老子》书五千言，而身之一字频频见之，多至二十三见。《史记·太史公自序》司马谈称为道家学，其述六家要旨，以形神二者关系来说明道家学问，其云形与神即身与心也。

② 我窃疑老子即老前辈之谓，未必定指某一个人，其学可致长寿，亦传授自古者。老聃一作老耼。聃者，耳漫。耼者，耳大垂。郑康成曰："老聃，古寿考之号。"盖其人无意乎留名于世，且复不一其人也。今传其名耳，其字聃者，似皆后人虚拟妄加，不必认真。否则，马迁父子既宗尚道家，轻视儒者，何以为其祖师传记而其词竟惝恍迷离乎尔！至若儒书《礼记·曾子问》数见有孔子问礼老子之文，当是其事传说甚早且盛，追数百年后莫可诘究矣。

老子非定指某一人，然其间某一人作用较显著又是可能的。流传的《道德经》文率多有韵成语，似为时代不一的古格言集。今有朱谦之《老子校释》，考订详明最可看。

人生》第十三章）

（中略）

东方古人直从生命本身自返地体认生命，西方今日科学家则从生命外表测验讨究之，取径不同，宜可互资参证，求得学术进步。我固谓东西学术终有沟通之日，然而为期尚远尚远。

第四章　佛家之学

今谈佛家之学，将从儒、道、佛三家之较核异同入手。一切事物要从比较而得认识。

宇宙一大生命也（宇宙实为不可分割之一大生活体，盖人必资于其它生物而生活，一切生物又资于无生物而生活），而人类现为生命发展之顶峰。宇宙同此宇宙，人类同此人类，三家者皆于生命有所体认以成其学，虽各有所发明，而同出一本，岂复有不能相通者乎？然而世人执其一而非其二，如宋明一般儒士者多矣。识见幼稚，其量自隘。同时，亦有务为和会混同之谈者，则又识见模糊不明也。

迟钝的我，早年经历幼稚狭隘阶段盖不止一度二度。但有一点突出者，则我先有人生烦恼苦闷之感，倾慕出世之佛家；佛家而外，举不谓然。如早年所为《究元决疑论》，一意崇佛而菲薄儒家是其例。迨后有悟儒家之高明，讲演《东西文化及其哲学》，极称扬孔孟（实未得其当），对于道家则讥笑之。其时年近三十，犹存意气，识见殊不通达。其晓悟道家介于儒家佛家之间，在人类生活中自有其价值与位置者则将近四十之年，可不谓迟钝乎。

昔贤有悟于三家学术异同，各予以适当位置者独有阳明王子耳。据《年谱》，阳明答张光冲问，有如下的话：

> （上略）即吾尽性至命中完养此身，谓之仙。即吾尽性至命中不染世累，谓之佛。但后世儒者不见圣学之全，故与二氏成二见耳。譬之厅堂三间共为一厅，儒者不知皆吾所用，见佛氏则割左边一间与之；见老氏则割右边一间予之；而己则自处中间（下略）。
>
> （见阳明五十二岁《年谱》文内）

此答语不出阳明手笔，但为旁人一粗略记录，未必尽达其原意。但可以看出阳明是通达无碍的。

如上文所言，儒家盖不妨谓曰心学，道家盖不妨谓曰身学；前者侧重人的社会生命，后者之所重则在人的个体生命。佛家怎样呢？此须分两层来说。第一，前两家均属世间法，佛家则出世间法也。世间者生灭相续，迁流不已，而出世间便是超脱乎生灭，正不妨看做彼此相反。第二，寂灭是求者，佛家小乘，未云究竟；大乘菩萨不住涅槃，不舍众生，留惑润生，乘愿再来，出世间又回到世间；出而不出，不出而出。——容后文说明之。知其一，又知其二，则亦非定相反也。

佛家有三法印之说：

一、诸行无常（诸行指一切生灭流转的世间有为法而言，故是转变无常的）；

二、诸法无我（诸法兼有为法和无为法而言，"我"在凡夫执念中则有恒一主宰之义。不论在有为法在无为法同是无"我"可得的）；

三、涅槃寂静（涅槃之义为圆寂，为解脱，即谓从生命解放出来，不再沉沦在生死轮回中）。是佛法非佛法要以此为衡准，故曰法印。

起惑、造业、受苦，原是佛家的人生观；"苦"，"集"，"灭"，"道"四谛法则是原始的佛教，亦即后来目为佛教小乘者。如上三法印盖本于原始教义。起惑之惑指众生的我执，无我可得而强执着之，故是惑也。佛教初（小乘）终（大乘）一致地在破我执。破我执，即一口说尽了全部佛法。但如上三法印之外，另有大乘教的法印。大乘教以一切法平等平等的实相为法印。

明快地来说，大乘所不同于小乘者，就是对于一切分别的否定，首先是世间出世间的否定。《般若心经》所以说"无苦、集、灭、道"者即在此。大乘教正是在小乘教的基础上百尺竿头更进一步，所必不可少的一大翻案也。

此翻案云何不可少？

要知道，从最低级的原始生物说起，所谓生活就是吸收和排泄，时时在自我更新之中。一旦不进不出，新陈代谢停止了便是死亡。一切生命现象全基于有"自我"（详见《人心与人生》第十二章），然而"自我"却是妄情而已。赓续生灭的世间法原于众生我执而来，一切不过是假象。妄情执着则有，涣然冰释则无。非然者，世间若是实在的，云何可出？

佛说"无始无明"，即指众生我执之迷误说。一切分别执着从此滋蔓纷纭，漫衍无穷。世间生灭迁流不驻，便是这样积重难返、弄假成真的一回事。脱出迷途，未尝不可得之一悟，如迷东为西者，东西不曾为之易位，一时有觉，天清地宁。① 然佛之设教则循从两步以利开导。初步指出色、受、想、行、识五蕴为人们执着有我之所从来。常一主宰之我是没有的，所有者不外此五蕴而已。② 解破我执至此，犹存五蕴生灭、染净、增减之分别，亦即世间与出世间之分别。此关不透破，不行。必深入地明了五蕴空幻（《般若心经》云："行深般若波罗密多时，照见五蕴皆空"）。既净烦恼障，更净所知障，达于一切法平等平等之实相。倒翻初教，乃得究竟涅槃。——实则佛法不离初教而有，翻乎不翻，相反适以相成。

宗教为社会产物，信如马克思所说为社会之一上层建筑，自是世界一通例。顾在印度从古以来乃特见厌苦人生倾慕出世之宗教繁盛莫比，则如我夙所指明肇见世界未来文化之早熟者。佛教在其土宗教群中原属后起，破除一切迷执，颇著革命精神，实为其文化早熟之成果所在。③

佛教在释迦说法四十余年之身后，曾隆盛一时，而卒归衰落。盖此文化早熟成品处于广大社会环境中，其影响于环境社会者终不敌其所受环境之影响，历时愈久而弥甚。影响最大者即染受各宗教间彼此辩论之风而相率趋于头脑思辨之业，有失佛法固有根本之学。根本之学在六波罗密（一布施，二持戒，三忍辱，四精进，五禅定，六般若智慧），从世间生命解放出来。不此之务，而相尚以理论之精、理论之圆。遂有号为大论师者，先则护法与清辩对抗，继之则戒贤与智光对抗。大乘佛教由是歧为性、相二宗派。当玄奘游学印度时，即受学戒贤之门而传唯识因明之学于中国。因明之学即是形式逻辑，类同古希腊人之所为者。盖循从人们头脑习于分别执取而发展出的思辨轨则。此与数学同为治自然科学者之先务。唯识之学则出于瑜伽师静中之谛察生命活动；此虽非以外物为对象，而其务于分析辨察则又类似科学家之所为。因其分析名

① 禅宗顿悟，有"教外别传"之称，盛行于中国唐宋间，历明代清代以至最近犹间或一见之。其初似不假勤劳修持，却在生命上起绝大变化。从黄蘗（唐德宗时人，依公元约当九世纪）教人"看话头"，大慧（南宋高宗时人，依公元约当十二世纪）教人"参公案"，始若有用功轨辙可循。总之，此与头脑思维语言文字原不相干，世上所传《六祖坛经》及《传灯录》等书颇嫌驳杂，不尽可取。

② 色、受、想、行、识五蕴总括着一个具体的人类生命。蕴为积聚和合之义。色蕴即指人身，其受等四蕴则指人心作用。这里不详谈。

③ 印度社会特有所谓种性制度，传之自古。于此制度中有大量"不可摸触"之贱民，而佛教则平等相待，独不加歧视，是即革命精神之一端。

相，称为相宗，与般若空一切相者若为对立。性宗在前，相宗在后，释迦身逝一千余年在印度本土大乘佛教要即歧为此两大宗派。

破执是佛家宗旨，一切归于离言；若无般若波罗密则任何言教难免其为毒药。此即大乘教所以为小乘教之必要补充也。思辨源于执取，因明兴于外道，而唯识家袭之，如后来诸大论师之争鸣者，尽可目为佛家之堕落。《成唯识论》及《成唯识论述记》一书，治唯识学者奉为最要典籍，实取护法、安慧等十家之义糅合而成。其中义理非尽本乎定慧内证，而多来从头脑思维。宜乎后人往往有另自为说者，可见其价值不高。

然世间一切事物发展皆是势所必然，其在效果上为得为失不能片面来看。现在看来，佛家之学设若无法相唯识之一派展现于世，唯独般若明空，殆难启后世学术界之迷蒙。往世瑜伽师静中之所谛察与现代科学家之所发明多有互资印证者，谁能不承认佛学之为实学。陈那入定而有新因明之开出，固又可从思辨以取消思辨，比如以战争消灭战争。虽谓性相二宗相得益彰可也。①

佛家之学，盖从世间迷妄生命中解放之学也。法相唯识则是对于如此生命之剖析说明；其能为此剖析说明者，则修瑜伽功夫之瑜伽师。瑜伽即是禅定，为六波罗密之一。修六波罗密，从静定中返照而得生命之一切，乃出以指说于为此学者。笔者未曾有此实践功夫，顾既生活在如此生命中矣，切就自身，资藉古书（主要是《成唯识论述记》），于其所剖说者不难有少许体会。试简略申叙如次。——

（甲）综括一言：二执二取是世间生命之本。二执者，我执、法执；二取者，能取、所取。生命寄于生物，而表见于生物之生活。从原始生物以至人类，所谓生活便是从外有所吸收后又排泄于外，时时在自我更新之中。即此于内执我而向外取足，便见出我法二执来（法为一切事物之通名）。宇宙一体，圆满清净，岂有内外？又何所不足？即此饥虚贪

---

① 小乘末流染外道习气，派别繁兴，最见堕落可耻，故尔大乘以等同外道看待之。

世俗大病在迷信锢蔽，而一般宗教往往又加重其势。佛教而称宗教中之反宗教者，以其破除一切迷信故，更以其力破宗教中那个强大堡垒故。此堡垒即是信仰宇宙唯一大神的那些宗教，其形式不一而同具强大稳固势力。其出现在世界史上少则迄今有二千余年，多则如印度既有四五千年之久。佛教兴起在其后，唯从开导人们的理解入手乃有以破之。佛之说教，先以"四谛"、"五蕴"、"十二因缘"等剖明人生因果往复之理，而非有上帝为主宰！因果自作自受，亦非有常一能以作主之自我，唯是五蕴相续而已。此即是小乘教，先破我执尚未破法执者；此其所以难免执着兴净也。

取，便有能取所取两面之变生。世间生命森然万象者，一切由是而兴。破二执，断二取，规复乎圆满清净之体，是即佛家之学也。

（乙）唯识家何为而说有八识？我执根伏深隐，恒转不舍，非止一时浮现于意识者：眼、耳、鼻、舌、身、意，所谓前六识，皆不过生命对外工具；生命主体之我要在第七末那识恒缘第八阿赖耶识而转，从无间断，合起来故是八识也。

（丙）根伏深隐恒转不舍之我执，与生俱来，名曰"俱生我执"。俱生我执在第六识亦有之；若时而浮现于意识上者，则名曰"分别我执"。分别我执深浅强弱既各视乎其人，又随时不定。

人当寿命未断，虽在闷绝位中（前六识不起用），而依然有其生活相续者在，第七缘第八之我执（生命主体）依然犹在也。

（丁）人们的种种感情意志，在唯识学中属于其所云"心所有法"，简称"心所"。八识各附有其相应之心所，为数不等。其在末那识则以我痴、我见、我慢（傲慢）、我爱（耽爱）居于首列，名曰"四烦恼"。人生一切烦苦恼乱根源在此，为别于"随烦恼"名之曰根本烦恼。佛典中"无明"、"惑"、"障"等词皆指目乎此。

（戊）然法执实为我执之所依。喻如昏暗中误杌为人；人是没有的，却是有杌；我是没有的却是有色等五蕴。色等五蕴是人们依之而起我执者。佛家指点出五蕴来是其破我执的初步。必待从深般若波罗密多照见五蕴皆空，一切法毕竟空，而后破了法执。

破我执，净烦恼障；破法执，净所知障。

（己）次当讲能所二取。我法二执起则同起，其起也既为向外取足，能取、所取便自与之毕现。执也，取也，法、我、能、所也，原只一事耳。一事而纷然矣。纷然出于幻妄，讵改本真，何尝有外可得而取？能取分，所取分，不离当下，唯识所变。例如眼前所现白色，唯当下眼识自所变生，初非外在之物。同样地，舌上甜味唯当下舌识（味觉）自所变生，其他类此应知。唯识家谓之见（分）相（分）同体，是识自体分。其以白与甜为外物者出于后天形成之知觉而非原始感觉，今科学家已阐明之矣。六根（眼、耳、鼻、舌、身、意）皆是生命对外工具，用以探求生活所需和侦避敌人者。当其发用实即向外之发问。其六尘（色、声、香、味、触、法）即其所得之回答；因此有相当客观情况在内，但另一面则原为情报工作，其间轻重取舍一从乎主观。

于此有两条路走：一为科学家之路，另一为佛家之路。科学家根据情报内具有相当客观事实者向外追求去，步步在认识乎物，初则不免机械地唯物，进而为辩证的唯物；就世间法来说，这是合乎实用的，信而不诬的学术之路。其所以有信用者就在人类摆脱了动物式本能，依从理智来进行考索测验，头脑冷静的理智思考，是则是，非则非，原是无我的。科学家忠实于他的清明自觉，不能自欺；自欺即失败无效验也。但应注意谨守此路，知之为知之，不知为不知，不越出轨道妄作宇宙究竟之谈，便无可非议。①

佛家之路则以六根所得六尘既为出乎有我之私的情报工作，因于人生烦恼而憬然有悟其幻妄，自反而转向生命本身有所认识，——认识到幻妄在二执二取上。于是破二执，断二取，即一切法而空一切相，是则从世俗生命解放出来的出世间法之学也。②

（庚）质言之，佛家之路即是要从迷妄生活中静歇下来，《楞严经》云："歇即菩提"是已。人类生命由于舍本能而向理智，显得举止文雅，其实内则贪婪迅猛势不可当，无时不在有所奔逐之中。以故眼等五根一有所接而生感觉（sensation），迅即变为知觉（perception），准备行动。感觉是在唯识家说为现量，为性境者，如闪电一过，有而若无。若得纯感觉现量前，便是静歇之初步。

于此初步现量中，方觉方白，相续而转，才生即灭，不觉不白，既不固定，亦无内外，亦无白义（白义待从红、绿、黄、黑诸色比较而得）。假有白鸟白驹掠过，亦只白白现转而已，其飞动之势非感觉所有（如电动影片接连而来，乃若见其动耳）。

（辛）更为深入静歇的现量中则有觉无白，即有见无相。所见之相分原为探问之回报；探问歇矣，何有乎白？至此能取所取复归一体，清净本然，顿出世间。唯识家所说"二取随眠是世间本，唯此能断，独得出名"，指此。二取之断也，二执（我、法）破除可无待言。

---

① 感觉知觉等所为情报，主观成分很重，虽于外界情况有所反映，却非一如其实者，《人心与人生》第十六章第三节有阐述，请看看。但科学家依凭种种工具仪器以至电子仪器以资考索测验，乃大排除主观成分，逼近客观，是其所以能制胜自然界（物界）者。

关于白非外有，唯是色觉自所变生；甜非外有，唯是味觉自所变生；见（分）相（分）同体，从而人各一世界之义，旧著《唯识述义》第一册剖说晓畅，务请参看。

② 二执二取只是人生迷妄之本，由此而造种种业（有善有恶），颠倒迷离于苦乐、得失、利害、祸福一切自欺之谈，展转弥增其妄，深自缠缚。犹以近世资本主义社会中人深陷于唯我中，其转向社会主义发展扩大其我，稍向于光明，顾尚谈唯物，讥弹唯心，曾不悟根本立场犹在幻妄中。

以上种种在旧著《唯识述义》第一册中解说晓畅，务请读者参看，此处不转录之。①

（壬）佛家之学在修习六波罗密，一名六度，即是度脱生死之学，生死之本在我执，唯修习此六者可以破除。第一，布施，要在破除悭吝习气。于内执我，向外贪求，是悭吝习气的由来。破我执莫要于破贪吝。学者应尽一切可能而施舍之，乃至不惜身命。第二，持戒，要在戒除杀、盗、淫、妄诸般恶行，对治贪嗔痴三毒，不种恶因，不招恶果。第三，忍辱，要在对治我慢，远离我见，不起嗔恚，减除根本烦恼。第四，精进，从上布施，持戒，忍辱三项以至第五禅定功夫皆当出之精勤勇猛，力行不怠。第五，禅定，要在屏绝杂念，入于凝静专一之境，寂而照，照而寂。第六，智慧波罗密即般若波罗密，空一切相，无二无别。要必以此通贯乎前之五项；若离此空观，一一皆难免因药成病。

（癸）大乘菩萨度脱了生死轮回而得大自在，却本于悲愿不舍众生，不住涅槃，有留惑润生之义，乘愿再来，既出世间而仍回到世间，如前文所云，出而不出，不出而出，不同乎寂灭是求之小乘法。

佛家之学如上所说约见其概。然佛家旨趣之可言者无量无边，与其终归于离言无二无别。旧著《印度哲学概论》曾就其可言与离言之间有所陈说，略摘于次：

> 佛法虽统以破执为归，而自有其缓急次第，方便区处。唯以化度众生而言说，其言无意于通玄而用心于导愚。化度固要于开明，而导愚宜有方便。由是随缘应机，教法遂有层次类别。质言之，佛法中固不建立迷执即所谓宗教式之信仰者以增益众生之执取，而次第开导犹不无宗教式信仰之遗留。逐渐蜕化以至于无执。观其改革之点，宗教式信仰之精神全亡，根本已摧，而安俗顺序之迹又般般可考。凡本土固有之思想、学术、传说、风俗、习惯皆一意容留而不相犯。（中略）《金光明经》云，一切世间所有善论皆因此经，若深识世法即是佛法。《大涅槃经》：佛告摩诃迦叶，善男子，所有种种异论、咒术、言语、文字皆是佛说，非外道说。《悉昙藏释》云，问言，所有种种异论咒术文字皆是佛说者，为是佛口所说名为佛说，为非必佛口所说耶？解云，不必尽是佛口所说名为佛说。（中略）然说于众生有益者皆是佛说。若无益者则是外道。（下略）（见

---

① 《唯识述义》（第一册），见全集卷一。

《印度哲学概论》第一篇第四章第二节）（全集卷一）

在佛法，严其区别要严到极处，严到有见即除，开口便错。放宽来，正不妨宽到极处。凡稍能向于开明一点，向于仁善一点都好；一切是比较的、相对的，次第而进，莫要执着。通达无碍，才是佛法。

（录自《梁漱溟全集》，卷七，324～358 页，

山东人民出版社，1993 年 6 月出版。）

中国民族自救运动之最后觉悟[*]
（1930）

觉悟时机到了

我在本刊第一期，《主编本刊之自白》一文中，说明我现在的见解主张，是由过去几年的烦闷开悟而得。这是我个人的悟么？这是中国民族的开悟！中国民族以其特殊文化迷醉了的心，萎弱了他的身体，方且神游幻境而大梦酣沉，忽地来膂力勃强心肠狠辣的近世西洋鬼子，直寻上家门；何能不倒霉不认输，不吃亏受罪？何能不手忙脚乱，头晕眼花？何能不东撞西突，胡跑乱钻？……然而到今天来，又何能不有这最后的觉悟！

天下事，非到得最后不易见出真相，非于事过后回转头来一望，不能将前前后后的事全盘了然于胸。我们今天固已到得这时机，真是所谓"可以悟矣"！

所谓近世的西洋人及西洋文化

说到西洋人，就是指其近世的而言。这好比说到印度人或中国人，就是指其古代的而言一样。今之所谓西洋人和所谓西洋文化，实在是到得近世才开出来的玩艺。

在 1800 与 1900 年间，欧洲经过一次大革命。其结果，相沿传下之封建制度，君主、贵族、特权、驿车、烛光为特征的欧洲文化归于破产。代之而起者，即今日之所谓西洋文化（western civilization）。这个文化的特征，乃是平民主义、选举制度、工厂、机器、铁路、汽车、飞机、电报、电话和电灯。（中略）是以在 1750 与 1850 年间，欧洲之进步已可比拟由石器时代而进于铜器时代，或是由铜器时代而进于铁器时代。而在此同一百年内，无论亚洲人或非洲人，仍然沿袭故旧，其所生活所作为于所思想者，实与其祖先数千年前之情形无稍差异。

世界是一个悠久而辽阔的大地，实际上已有无数年代的发展。在其历史上，并不是第一次才有各种不同的文化存在。古代希腊、埃及和巴勒斯坦文化极相悬殊，然各能平行发展，毫无抵触。即在十八世纪时，欧洲、亚洲与非洲之文化和野蛮，也是各自循其历史而发展；纵然有时交换理想、宗教或货物，且亦不免有冲突的发生；但就全体说，实在没有多大关系。但是十九世纪之新欧洲文化，则变更一切。这个文化是一种好战喜争与支配利用的文化；而其这种威吓形态，是许多原因助成的。因机器之发明，交通运输方法大为进步，缩短了世界的空间距离。在十九世纪以前，因交通运输之困难，致各大陆与各种文化间完全孤立绝缘；虽然有征服和殖民的事实，但是多属偶然，而且没有多大影响。

这个由产业革命所发生的新西欧文化有一个特质，就是在欧洲以外完全是掠夺的。就经济方面说，必需多数市场与大宗原料。产业愈工业化，则开拓新市场与新原料来源愈为必须。因此发生了对亚洲、非洲、澳洲与南美洲的经济侵略。这便是在各洲民族感觉新文化压迫力的第一方法。临于亚洲与非洲方面的这种压迫具有其特别形式，使十九世纪之帝国主义迥异于前世纪之政治侵略，或文化竞争。因交通运输上机器之发明，给欧洲人以绝大权力，使能开拓远方土地以达其工商业之目的。至如工业机器之发明与新式工业之兴起，则已完全变动了世界自然力的均衡（blance of Physical power in the World）。在十九世纪以前，各大陆文化平行发展，此一文化并无压服彼一文化之优势。亚洲军队为争此优势，常能与欧洲军队接战；非洲人亦能恃其毒箭、湖泽、丛林与蚊虫以求自卫，而与肩荷枪弹腰带水瓶之欧洲人相抵抗，但是这种情形不久就完全改变了。亚洲人之生活及战术与其十二世纪时之祖先无异者，顿觉其已陷于新式枪炮、军舰、飞机、铁路各种利器之重围中；更有为彼所未见且不识者，即所谓近代国家内新式工业之有组织的权力（the organized power of modern industry in a modern state）在。这样一来，无论亚洲人，或非洲人，都没有抵抗欧洲人意志的力量了。

所谓"近代国家内新式工业之有组织的权力"一语，实足显明十九世纪帝国主义与欧洲对世界关系上之别一特质。在由产业革命所发生，并由盲目经济势力所引诱，以谋操纵亚非两洲市场与出产之制造家、商业家和资本家的背后，更站立了一个由法国革命与拿破仑战争所产生之富国强兵的国家主义的近代国家。这种国家的政府权力常有意或无意的，直接或间接的，被其资本家利用以侵略其他洲土民族，而达到自私自利的目的，这事实极为显著，其影响至足惊异。曾有一次迅速而极凶恶之世界征服为人类历史上所罕见者。在1815与1914年间，亚洲、非洲与澳洲几全部皆直接或间接屈服于欧洲国家威力之下。

这是英国学者乌尔弗（Leonard Woolf）近著《帝国主义与文化》书中一段导言，所说虽是普通，而话甚简捷。我于此，不愿用我自己的笔墨，来叙述西洋人和西洋文化：一则是自己在学问上的自信力不够，二则是恐怕人家对我亦信不及。我只从这里面指出请大家注意之点，则我的意思即尽足表达了。我请大家注意者三点：

（一）西洋人是新兴的民族，西洋文化是从近代开出来的新玩艺；

（二）西洋文化是以如飞的进步，于很短期间开发出来的；

（三）西洋文化具有如是特异的强霸征服力及虎狼吞噬性。

这三点亦都是普通常说到的，然我为促大家注意，更引乌尔弗书的一段，不厌求详地证明他。

法国革命、拿破仑战争与产业革命把欧洲的社会结构完全变更了。散居村落的农民因以改变而为工商业的城市居民。这些十九世纪工业化的国家较之十八世纪的农业国家远没有自给自足的可能，所以不能不发展一种组织完密而复杂的国际商业制度。我们可说这个时代是机器、工厂、股份公司、资本主义，工业商业及财政国际化的时代。这是关于经济方面的情形，再看政治方面，这确是由君主政体或贵族政治转向所谓德谟克拉西政治的一个过渡时期。在这个过渡期间，各工业国家的政治权力转移到新兴中间阶级（new middle class）的手里，尤其是这个阶级里面有势力的分子如财政家、工业制造家与商人操纵了政权，所有政府机关是完全仰承这个阶级的意旨。而这个时期文化的特色便是工商业的权威，公私财富的累积，物质事物的先占，理性和科学的心理态度，物质昌盛的理想与自由平等的思潮。

我们由新文化的几种特色看去，就知道其影响绝对不仅限于欧洲，而必然的趋势是要向外扩展冲压到亚非两洲的民族与文化，随着新运输方法的进步，经济势力更强迫此新文化扩张其经济关系到更为广阔的范围，新兴城市的居民必须由国外输入食物才足以自给，新式制造工业必须有热带出产的原料供给；而机器廉价出产品的发达，更有搜掠世界矿产的必要。这样一来，其结果便有国际贸易的大扩张。同时作为向欧洲工业制造家原料供给地的各洲，也更加重要成了销纳欧洲工业出产品的市场。而且因为欧洲各国保护关税主义的盛行，不易开拓市场，是以欧洲工业制造家更觉有在亚非两洲多觅新安全市场的必要。

这个经济冲动不可避免的结果，便是欧洲工商业化的新文化和亚非两洲民族的短兵相接。而第一次接触实在是经济的。非洲、印度、锡兰、中国与日本开始认识西方文化，是由于商人及贸易公司的关系，当然在这新文化的后面也就感觉了欧洲国家的威力。因为文化所包含的，一半是实质的事物如火车、飞机、军舰和枪炮，一半是人们内心的信仰和欲望。说到这里，我们似乎相信人们头脑中的理想很能决定他们的历史及其文化的命运。如十九世纪欧洲人的头脑中有些事情思索着，就必然的先之以商人在亚非两洲的试探，继之以欧洲国家的干涉。我们知道"经济竞争"（economic competition）在十九世纪的欧洲是一个基本理想。税率与保护关税政策是这个竞争里面的武器，厉行保护关税是给工业制造家和商人一个很大打击。所以亚洲与非洲的富源和市场还未及完全开发的时候，就变成了这个国际经济竞争的对象。在这个竞争里面，各国的商人与资本家自然要请求本国政府的援助。欧洲列强利用这个时机，一面可以夺取并统治国外的领地，一方为其商人和工业制造家开拓了良好的市场与原料采源。这样一来，便是剑及履及的旗帜随着商业走，商业跟着旗帜跑了。

影响帝国主义历史的另一种思想，便是可以代表十九世纪文化一种特色的国家主义的爱国心（nationalistic patriotism）。欧洲的国家主义很早就变成了一种宗教，以国家为其尊崇的物象。不久帝国的理想和国家主义者爱国理想发生了密切关系。一个帝国比较一个欧洲国家大，乃是一个更大的国家；而一个更大的国家比较一个小的国家在国家主义者的心目中是一个更大的偶像。所以欧洲商人对于国外市场的竞争就随着爱国者对于国家光荣竞争的心理而更加奋进了。因为在亚洲或非洲获得了一块土地，在一方面是经济的获利，而在他方面又是爱国者的天职。

既是这样，所以附着经济竞争、实用效率、开拓、武力和国家主义各种理想的西方文化，便直接袭击了亚洲与非洲。但是除此以外西方文化还带了一类由法国革命所得来的理想。这便是德谟克拉西，自由、平等、博爱和人道主义。这些理想对于帝国主义后半历史有极大影响，就是激起了殖民地或被压迫民族的反帝国主义运动。

以上我们只是由欧洲的观点来考察这个问题。然亚非两洲的形势也是这个问题的一个部分。当新文化在欧洲开出这样茂盛之花的时候，亚洲人与非洲人仍然是在他们固有历史所遗留下来的情形之下过生活。如果我们稍为考察中国、日本及印度的情形，就知道这些民族依然生活在一种组织牢固的村落社会。这种社会是古代文化的产物，而这种文化的特色是安静的、宗教的、形式的，与西方文化截然不同。这些东方民族已经发展了他们本身精巧形式的政府制度、社会阶级、国民传说、伦理标准、人生哲学、文学艺术和雕刻。至如非洲方面虽然大都是原始民族，但是他们渐渐有了特殊形式的社会和政府制度。（中略）

我们知道挟着西方新文化而与亚非两洲相接触的原始冲动是经济的。凡是替帝国主义作先驱的欧洲工业制造家和商人，他们来到亚洲与非洲都是有一定经济目的，就是贩卖棉花或棉布而收买锡铁、橡皮、茶叶或咖啡。但是在西方文化的复杂经济制度之下进行这种业务，必须使亚非两洲的整个经济制度适合或同化于欧洲经济制度而后可。这种同化工作已经由欧洲工业制造家、商人、财政家或欧洲政府在其威力、指挥和利益之下积极推行。在这个过程里面，殖民地人民的生活完全改变，固有文化的基础多被破坏，而给他们感触最大的，就是坐视异国政府用威力来强制推行一切外来的事物。

我们相信以前世界上一定没有像这样剧烈的事情发现过。

我再请大家注意认识的，便是西洋文化里而，资本主义的经济、新兴中间阶级的民主政治、近代的民族国家之"三位一体"。继此又可认识出其富于组织性，而同时亦即是富于机械性。乌尔弗书中亦说：

> 我们试将今日欧洲的政府、工业、商业财政各种精密制度和十八世纪的简单制度比较，就可知道近代文化和过去文化的差别所在，各种制度的精细与复杂确是近代文化的要害之点：如果除掉了这个精细与复杂要素，我们就立刻转到了前世纪的生活状况与文化形式。

所谓精密复杂就是组织性，亦就是机械性。其文化的强霸征服力和虎狼吞噬性，实借着这组织性机械性而益现威力，并成为不可勒止的狂奔之势。凡走上这条文化路径的民族无论在欧在美抑在东方如日本，都成为世界强国，所谓"帕玩"（Power）者是。就从这个名字，其意可思了。其实这一个字所含的意味，亦就可将西洋全部文明形容得活现。所以有人说西洋文明即可称之为"帕玩"之文明（日本人金子马治尝为此说）。

要而言之，近代的西洋文化实是人类的一幕怪剧。这幕怪剧至今尚未演完；我们上边所举，更未足尽其万一。我们还应当要举说他侵略非洲、印度时演出怎样贪残惨酷；注意，这是与个人贪残惨酷不同的、文化之贪残惨酷。我们还应当要举说他在民族社会内演出怎样强悍猛烈的大规模阶级斗争，例如1925年的英国大罢工。我们还应当要举说他在国际间演出怎样明争暗斗以讫1914年空前的世界大战之爆发。我们还应当要指出他在最近未来又将演第二次世界大战。我们还应当要推论他——这幕怪剧——将演到什么地步而结局。自一面言之，这幕剧亦殊见精彩，值得欣赏；然而不免野气的很，粗恶的很。

中世的西洋社会和他们的文明程度

现在我们自不免要追问：这幕热闹剧是怎样发生的呢？那须回头看

近世以前的——中世纪的——西洋社会和他们的文明程度。

中世纪的西洋社会是所谓"封建制度"（Feudalism）的。此封建制度在北欧、西欧、南欧各地方不能都一模一样；更且是其中有些情形，已不易确考，各历史学家、社会学家的说法亦都不一样。但我们如不晓得这封建制度，则中古千余年间之欧洲史即茫然无从说起。他大概是这样，那时社会都是靠农业，而土地则都分属于君主、大小诸侯、僧侣寺院、骑士等所有；其从事生产的农民，或曰农奴，则附于土地之上而亦各有所归属。于是社会中显然成为两大阶级：一面是领有土地者之贵族僧侣，一面是占绝对大多数而服役的农奴。各领主于其采邑（Manor）大多是形成一个一个的村庄；领主宅第居于中央，农奴绕居其四周；其外围，即为耕地；又外为林地，又外为公用牧场之草地。农奴为领主耕耘，服定期及临时劳役，节日纳贡，尤要在绝对服从。据说：[1]

（一）农奴不经领主的承认，不能离去他的采邑，而到别个采邑。

（二）农奴应依照领主所命令的方法与分量而从事任何的勤务。

（三）当领主认为有收回之必要时，农奴应将其一切之人与物权奉还领主。

农奴不能有任何权利；他的不动产不用说，就是动产亦完全属领主所有。[2] 又亚西来教授说：从 Glanyill 时代到爱德华四世时（十五世纪）的法理论上，都说农奴绝对不应有任何的所有权。此外，农奴还要常受种种琐细的干涉与束缚。例如：不得领主许可，不能结婚，（有处领主还享有所谓初夜权）；不得领主许可，不能卖牛；女子出嫁到外方，要课其父母一定赔偿金，等等。

在这时，统治权是随着土地所有权的。领主在他的采邑中，有些职员小吏督管或料理种种事务。更其要紧的，则有"采邑法庭"，其裁判官便是领主的管事人充任。据说：[3]

每个"采邑国家"的管理，差不多都由同一原则组成的。国家机关是与封主（领主）的经济管理机关合在一起的。

---

[1] W. Page：*The End of Villainage in England*，今此据《中世欧洲经济史》（民智书局译本）。

[2] Maine：*Early and Custom*，今据同前书。

[3] 《世界社会史纲》，132 页，平凡书局译本。

封主个人的佣仆，也好似国家的官吏一样。如马舍管理员、封主的寝室侍从、文件保管员以及酒室等，一面替他们主人照料门户和经济，同时又为国家管理机关的指导者，料理军队财政法庭和行政等事务。愈大的独立的封主，实际上亦愈少为佣仆，而多为国家的高官。

所谓政事或行政就是这样。政治大权操握在贵族领主手中，而贵族多是不读书没教育，世代作威福，不晓得什么政治的。

采邑的经济，是专为满足私自的地方需要，不为销售而生产。他是自给自足的、完全闭锁的经济，因为每一个采邑都是离开其他采邑而可独立的，差不多不取任何东西于外方，亦不为外方生产任何东西。除非当时封建地主想要贵重的武器，或丝织的长套、金石嵌的装饰品等，才须转向外来的商人。

近代资本主义社会，就是从这样封建制度社会开出来的。货币盛行，工商业发达起来，交换经济打破了闭锁经济，封建制度才站不住，而资本主义代兴。故而封建制度的毁灭，以经济进步为主因，而人为的革命助成之。其毁灭时期，在欧洲各处亦迟早不同：英国是在十七世纪，大概从依里莎白女王时起，到"三十年大战"时代（1618—1648年）；法国是在十八世纪，1789年大革命时，国会乃议决废除农奴制度；德奥又在法国之后，如普鲁士在十九世纪初叶者是；俄国则直待至十九世纪，1861年才有解放农奴的命令，而且实际问题还并没解决。

我叙说这些干什么？我意在请大家注意认识几点：

（一）在中世西洋社会，是一阶级这样绝对地压制并剥削他阶级，自非惹起大反抗、大冲决而翻过来不可。

（二）社会中似这般绝对地压制与剥削，普遍地存在着，显出文化很低的征候。（无论从施者或从受者那面看。）

（三）似此野蛮低下的西洋社会，实距今不甚远的事——一二百年前的西洋人，其文明程度便是如此可怜。

请大家先记取这三点。我们将再检看中世纪西洋人的文明程度。于此，则就要看他们的宗教。这不但因为中世纪千余年间，是整个的宗教时代；更为宗教是那时文化中心之所寄，文明程度之最高点，我们先看宗教在当时的势力：①

---

① 何炳松编译：《中古欧洲史》，127 页。

教会为欧洲中古最重要之机关；中古史而无教会，则将空无一物矣。

中古教会与近世教会——无论新教或旧教——绝不相同。言其著者，可得四端：

第一，中古时代无论何人均属于教会，正如今日无论何人均属于国家同。所有西部欧洲无异一宗教上之大组织，无论何人，不得叛离，否则以大逆不道论。不忠于教会者，不信教义者，即叛上帝，可以死刑处之。

第二，中古教会与今日教会之端赖教徒自由输款以资维持者不同。中古教会于广拥领土及其他种种金钱外，并享有教税曰 Tithe 者。凡教徒均有纳税之义，正与吾人捐输国税同。

第三，中古教会不若今日教会之仅为宗教机关而已，教会虽维持教堂，执行职务，提倡宗教生活，然尤有进焉。盖教会实无异国家，既有法律又有法庭，并有监狱，有定人终身监禁之罪之权。

第四，中古教会不但执行国家之职务而且有国家之组织。当时教士及教堂与近世新教不同，无一不属于罗马教皇。为教皇者有立法及管理各国教士之权。西部欧洲教会以拉丁文为统一之文字，凡各地教会之文书往来，莫不以此为准。

教皇既统治西部欧洲一带之教会，政务殷繁，可以想见，则设官分职之事尚矣。凡教皇内阁阁员及其他官吏合而为"教皇之朝廷"（Curia）。

此外为主教者，并有管理主教教区中一切领土及财产之权。而且为主教者每有政治上之职务。如在德国，每为君主之重臣。最后，为主教者每同时并为封建之诸侯而负有封建之义务。彼可有附庸及再封之附庸，而同时又为君主或诸侯之附庸。吾人使读当日主教之公文书，几不辨主教之究为教士或为诸侯也。总之，当时主教义务之繁重，正与教会本身无异。

教会最低之区域为牧师。教会之面积虽大小不一，教徒之人数虽多寡不等，然皆有一定之界限。凡教徒之忏悔浸礼、婚礼等仪节，均由牧师执行之。牧师之礼拜堂，为村落生活之中心，而牧师则为村民之指导者。

这在中国人看来，未有不诧怪者，为什么宗教僧侣要称王作帝，负起政治上责任来？又为什么能取得这大势力？这就为他们对于他们以外的人——无论下层阶级或国王贵族——实为最智慧最有知识教育，为文化之所寄的缘故。希腊罗马的文化，经那北方过来的野蛮民族侵入破坏之后，秩序大乱，文物荡然；而先时由东方传过来的希伯来宗教教士则能为之保存一些。历史家说明当时的情形云：①

> 西罗马帝国政府虽为蛮族所倾覆，而蛮族卒为基督教会所征服。当罗马官吏逃亡之日，正基督教士折服蛮族之时。昔日之文明及秩序，全赖教士之维持。拉丁文之不绝，教会之力也；教育之不尽亡，亦教士之力也。

> 教会之代行政府职权，并非僭夺，因当时实无强有力之政府足以维持秩序，保护人民，则教会之得势，理有固然。凡民间契约、遗嘱及婚姻诸事，莫不受教会之节制；孤儿寡妇之保护，人民教育之维持，均唯教会之是赖。此教会势力之所以日增，而政治大权之所以入于教士之手也。

据说西罗马帝国瓦解以来六七百年间，教士而外，直无通学问者，所以在十三世纪时，凡罗马人欲自承为教士者，只需诵书一行以证明之。因为这样，所以"各国政府之公文布告，端赖教士之手笔；教士与修道士无异君主之秘书，每有列席政务会议俨同国务大臣者，事实上，行政之责任亦多由教士负之"。②

基督教士既然成了彼时社会最高明的先生，则我们只需看当时那基督教高明到如何程度，则中世西洋人的文明程度可知矣。但我们要叙说旧日基督教的迷信可笑、顽固可怜，和十六世纪教会的腐败罪恶，实不胜说，我们只需看为宗教起的惨杀恶战，绵亘与蔓延，无穷无已，便足令中国人咋舌！"宗教改革"运动起后：

> 英王 Henry 曾亲身审判信奉 Zwingli 主张之新教徒，并引据圣经以证明基督之血与肉，果然存在于仪节之中，乃定以死刑而用火焚杀之。1539 年国会又通过法案曰"六条"者，宣言基督之血与肉果然存在于行圣餐礼时所用之面包与酒中；凡胆敢公然怀疑者，则以火焚之。至于其他五条，则凡违背者，初次处以监禁及籍没财产之刑，第二次则缢杀之。

---

① 何炳松编译：《中古欧洲史》，22 页及 28 页。
② 何炳松编译：《中古欧洲史》，134 页。

女王 Mary 在位之最后四年，虐杀反对旧教者前后达二百七十七人，多用火焚烧而死。

Charles 第五曾下令严禁人民信奉路德等派之新教。据 1550 年所定法律，凡异端不悔过者则活焚之；悔改者亦复男子斩首，女子受火焚之刑。在 Netherlands 地方人之被杀者至 少当有五万人。

1545 年法国王下令杀死新教徒 Waldensian 派之农民三千人。

1572 年 8 月 23 日之晚，法王发令杀死巴黎之新教徒不下二千人。消息既传，四方响应，新教徒被杀者至少又达万人。①

我们更不必多举了，其发生之长期内乱与国际战争亦不必说他。为什么他们多用火焚活人呢？因为不愿令他流血，流血便不合教会法律了。这便是当时的宗教之程度！中国历史何尝没有惨杀的事，然而像这样愚谬凶顽的大规模举动则没有。中国社会何尝没有迷信，然而像这样浅稚的愚迷，容在社会之下层或妇女有之而已。一是代表一社会文明最高点的上层，一是社会里程度低陋的下层，二者固不得同论。

我们于此可以明白，像前面所叙那蛮不讲人理的农奴制度所以能行，正为那时人是这般愚蠢的缘故。我记起民国十七年夏间，有一日陪同卫西琴先生去访朱骝先先生。卫先生原是德国人，而朱先生则亦留德多年。因为谈乡村小学教育问题，卫先生极称中国乡下人之聪明可教，而极不主张官府去厉行所谓义务教育。他说德国国家厉行所谓的义务教育，于许多乡间全无好结果。朱先生赞同他的话，因而说出一件他亲自遇见的事。他说，他曾由德国某地移居某地（此地是一矿区），照例到警察那里去登记注册，适先有一二十余岁女子亦在办这手续，乃见那女子竟不能书写自己的姓名。他始而颇诧异，后才明白官办义务教育之无实，和德国乡下人生来的蠢笨。于是他们两位就齐声叹息。中国乡下人资质怎样胜过德人，因为中国乡下人是没曾受过一点伤；而德国乡下人则将从那酷虐的农奴制度下解放不过两代，千数百年的压制锢蔽，受害太深，脑筋不开化。当时听过他们的话后，使我益深深省识得所谓封建制度和中世纪西洋人的粗蠢愚昧。

历史家称欧洲中古之世为黑暗时代（Dark Age），盖有由然。

---

① 何炳松编译：《中古欧洲史》，277～281 页。

由中世到近世的转折关键何在

在今日说起来，似乎再没有文明过西洋人的了。即在仿佛百般看不起西洋人的我，亦不能不承认他在人类文化方方面面都有其空前伟大的贡献。二百年前尚那样野蛮，何以忽地二百年后一转而这样文明呢？前此似乎一无可取，现在何以忽地有这么多的成就出来呢？这个转折关键何在？这个转折关键，如我从来所认识，是在人生态度的改变。

我在《东西文化及其哲学》上，说明中国、西洋、印度三方文化之不同，是由于他们人生态度的各异。近世的西洋人，舍弃他中世纪禁欲清修求升天国的心理，而重新认取古希腊人于现世求满足的态度，向前要求去，于是就产出近世的西洋文化。此我十年前之所认识的，至今没变，而历久愈新，愈益深刻。这论调亦非独创自我，西洋历史家哲学家盖多言之，中国人亦有取而申言之者，我不过更加咬定，更体会得其神理其意义。读者最好取前书一为审看，今不暇多说，我们只能说两句。

我们先说欧洲中世的人生态度。欧洲中世的人生态度，是否定现世人生的，是禁欲主义，其所祈求乃在死后之天国。这是基督教教给他们的。基督教以为人生与罪恶俱来，而灵魂不灭当求赎于死后。历史家说：

> 古代希腊人与罗马人之观念，对于死后不甚注意，无非求今生之快乐；基督教则主灵魂不灭、死后赏罚之说，其主义乃与此绝异，特重人生之死后。因之当时人多舍此生之职业及快乐，专心于来生之预备。闭户自修之不足，并自饿自冻或自笞以冀入道，以为如此或可免此生或来世之责罚。中古时代之著作家类皆修道士中人，故当时以修道士之生活为最高尚。[1]

相传中世教会以现世之快乐为魔，故有教士旅行瑞士，以其山水之美不敢仰视，恐被诱惑者。在这态度下，当然那为人生而用的一切器物、制度、学术如何开得出来？一世文化之创新，不能不靠那一世聪明才智之士；聪明才智之士倾向在此，还有什么可说呢？同时我们亦可看出，那封建制度所得以维持存在，是靠多数人的愚蠢；多数人的愚蠢所得以维持存在那么久，是靠为一世文化所寄的出世宗教。

---

[1] 何炳松编译：《中古欧洲史》，26 页。

　　然而人心岂能终于这样抑郁闭塞呢？无论锢蔽得多久，总有冲决的一天。果不其然，当中世之末，近世之初，有"文艺复兴"、"宗教改革"两件大事；而西洋人的人生态度，就于此根本大变了，完全转过一个大相反的方向来。所谓"文艺复兴"便是当时的人因为借着讲究古希腊的文艺，引发了希腊的思想，使那种与东来宗教绝异的希腊式人生态度复兴起来。即我在前边揭出的"舍弃他中世纪禁欲清修求升天国的心理，而重新认取古希腊人于现世求满足的态度，向前要求去"是也。他把一副朝向着天的面孔，又回转到这地上人类世界来了。所谓"宗教改革"则我在《东西文化及其哲学》上，说的明白：

　　　　所谓"宗教改革"虽在当时去改革的人或想恢复初时宗教之旧，但其结果不能为希伯来思想助势，却为第一路向帮忙，与希腊潮流相表里。因为他是人们的觉醒：对于无理的教训，他要自己判断；对于腐败的威权，他要反抗不受。这实在是同于第一路向的。他不知不觉中，也把厌绝现世、倾向来世的格调改去了不少。譬如在以前布教的人不得婚娶，而现在改了可以婚娶。差不多后来的耶稣教性质，逐渐变化，简直全成了第一路向的好帮手，无复第三路向之意味。勉励鼓舞人们的生活，使他们将希腊文明的旧绪，往前开展创造起来，成功今日的样子。①

　　蒋百里先生在其《欧洲文艺复兴史导言》中，亦说的好：

　　　　要之，"文艺复兴"实为人类精神之春雷。一震之下，万卉齐开；佳谷生矣，莨莠亦随之以出。一方则感情理智极其崇高，一方则嗜欲机诈极其狞恶，此固不必为历史讳者也。惟综合其繁变纷纭之结果，则有二事可以扼其纲：一曰人之发现，一曰世界之发现。(The great achievement of the Renaissance were the discovery of world and the discovery of man.) 人之发现云者，即人类自觉之谓。中世教权时代，则人与世界之间，间之以神；而人与神之间，间之以教会；此即教皇所以藏身之固也。有文艺复兴而人与世界乃直接交涉，有宗教改革而人与神乃直接交涉。人也者，非神之罪人，尤非教会之奴隶；我有耳目不能绝聪明，我有头脑不能绝思想，我有良心不能绝判断！此当时复古派所以名为人文派 Human-

────────────
① 《东西文化及其哲学》，第三章"答案讲明的第三步"一节。

ism 也。

好了！炸弹爆发了！那北方森林中的野蛮民族，一副精强的体力，新鲜的血轮，将得出山来，就遇着闭智塞聪禁欲藏精的宗教，紧紧圈收锢蔽，一直郁蕴积蓄到千年之久，现在逆发作起来了！而文艺复兴便是他的导火线。这一发就不可收。什么"宗教改革"，"工业革命"，"民主革命"，非美亚澳四大洲的侵略，地球上有色人种的征服，世界大战，"社会革命"……所谓近世西洋文化的怪剧，就是这样以奔放式而演出来的。而同时亦就是因这要求现世人生幸福的态度之确立，一世之人心思才力都集于这方向而用去；于是一切为人生利用的学术器物制度，才日新而月异，月异而岁不同，令人目眩地开辟出来。[①] 你问他为什么忽地一转而为世界顶文明的民族？就是为此。你问他为什么忽地有这么多成就出来？就是为此。

我曾于《东西文化及其哲学》上，指说近世西洋人所为人类文化之空前伟大贡献，综其要有三：征服自然的物质文明，科学的学问，德谟克拉塞的精神是已。而审是三者无不成功于此新人生态度之上，因一一为之说明，读者可取来参看，此不多及。现在要请大家注意者，仍在此态度：

第一，要注意这态度为重新认取的，与无意中走上去的大不相同——他有意识取舍理智判断的活动。

第二，要注意这态度，盖从头起就先认识了"自己"，认识了"我"，而自为肯定，如从昏瞢模糊中开眼看看自己站身所在一般；所谓"人类的觉醒"，其根本就在这一点。（闻蒋百里先生译有《近世"我"之自觉史》一书正可资参考。）

第三，要注意这态度，就从"我"出发，为"我"而向前要求去，一切眼前面的人与物，都成了他要求、利用、敌对、征服之对象；人与自然之间，人与人之间，皆分隔对立起来；浑然的宇宙，打成两截。

---

① 蒋梦麟先生在《新教育》（第五号）有《改变人生的态度》一文，述丹麦哲学家霍夫丁氏之言，极论文艺复兴为人生态度之改变之意，以为人生态度不同，则用力方两只以异，而文化之有无开创成就系焉。其开首数语极扼要：我生在这世界，对于我的生活，必有一个态度；我的能力就从那方面用。人类有自觉心以后，就生这个态度；这个态度的变迁，人类用力的方向亦就变迁。

总括起来，又有可言者。一即这时的人，理智的活动太强太盛。这是他一切成功之母，科学由此而开出，社会的组织性机械性由此而进入；西洋文化所以有其特异的征服世界的威力全在此。一即个人主义太强太盛。这亦是他一切成功之母，德谟克拉塞的风气由此而开出；经济上的无政府状态、资本主义、帝国主义由此而进入；西洋文化所以有其特异的虎狼吞噬性盖在此。

中国人则怎样

中国人则怎样？中国人与西洋人是大不同的！而有些人则以为中国人只是不及西洋人，不认为是"不同"。却是谁不知道这"不及"呢？但我则以为是因其"不同"，而后"不及"的；如果让我更确切地说，则正因其"过"，而后"不及"的。

谁不知道这不及呢？以烛光和电灯比较，以骡车帆船和飞机火轮比较，一则未进，一则进步很远，还用说么？不独物质生活如此，社会方面，学术方面，精神方面，我早都比较过是不及的了。然而请不要这样简单罢！自世界有学问的人看去，中国之为不可解的谜也久矣！"亚洲的生产"、"东洋的社会"不是在马克思亦不得不以例外而看待么？马克思不是只可以亚洲的政治历史来证经济的停顿，而不能解明其经济所以停顿的原因么？[①] 中国社会到底是什么社会？封建制度还存在不存在？不是绞尽了中外大小"马学家"的脑汁，亦没有定论么？[②] 奥本海末尔（Oppenheimer）作《国家论》，将世界上历史上一切国家都估定而说明

---

① 顾孟余先生《社会阶级论中几个根本问题》文中有云："亚洲的政治历史实在是马克思一个难题。"他曾说："这种旧者死去新者复生的，然而在形式上永远不变的自足社会，这种简单的生产机体，是了解亚洲社会永久不变的神秘的钥匙。这个很特别的亚洲社会中，不断的表演国家的兴亡朝代的更易。至于这社会的经济要素的构造，是不受政治风潮影响的。"马克思的意思，是要用亚洲的政治历史，说明经济停顿，社会亦随着停顿，这个道理，由一方面讲，固然不错；但是我们于此自然而然要提出一问题，为什么亚洲社会的经济停顿？其原因究在哪里？

② 此问题已成国内论坛聚讼之点；多少论文和成本著作都出来了。始而是中国共产党领着国民党喊打倒封建制度的口号，而国民党有学问人如顾孟余先生便先来否认中国封建制度的存在，惹起多少辩论，乃至今则共产党如陈独秀派亦出而否认了！据说俄国干部派与反对派剧烈政争，曾以中国问题为争点，而所以争则原于对中国社会认识之不同。干部派认为中国是半封建的；杜罗斯基则认为封建早没，资产已立。《三民》半月刊（第4卷第67期）宇心君《俄国党争与中国革命》一文，可参看。

得，却不是独指中国国家的特别例外么？我是见闻极陋的人，而我偶然翻书所遇着这以中国历史中国社会为古怪神秘难解之谜的言论，在东西学者简直不可胜举；我亦没留心记数，更不须多数说以自壮。凡不肯粗心浮气以自蔽自昧的人，自己尽可留心去看好了。

我只指出两大古怪点，请你注意，不要昧心欺人，随便解释，或装作看不见：一是那历久不变的社会，停滞不进的文化；一是那几乎没有宗教的人生。这两大问题，如果你要加解释，请你莫忙开口，先多取前人议论来研究看！如你又要说话，我仍请你莫开口，再沉想沉想看！你真要说话了，我何敢拦，然而我希望宽待一时！这是于你有益的！

这中国社会的历久不变，文化的停滞不进，原为谈社会史者谈文化者所公认，更无须申言以明之，然仍不妨说两句。我们说中国不及西洋，然中国的开化固远在近世的西洋人以前。当近世的西洋人在森林中过其野蛮生活之时，中国已有高明的学术美盛的文化开出来千余年了。四千年前，中国已有文化；与其并时而开放过文化之花的民族，无不零落消亡；只有他一条老命生活到今日，文化未曾中断，民族未曾灭亡，他在这三四千年中，不但活着而已！中间且不断有文化的盛彩。历史上只见他一次再次同化了外族，而没有谁从文化上能征服他的事。我们随手摘取一本《世界社会史》上的话①：

> 中国的文明，好像一个平静的大湖，停滞不动。这样的文明，自然不难吸收同化那经由土耳其斯坦而间接输入的印度文化的精髓——佛教。

> 当古代西洋文明没落以后，于中世纪的黑暗时代，历史的本流处于干涸状态的期间，中国文明的大湖反而现出了最汪洋的全盛时代。

> 那在第四世纪北方侵入来的所谓五胡蛮族，不久也被这湖水所吞没而同化了。这些蛮族，在北方建立了十六个几乎完全与中国文明相融合的国家，在晋朝灭亡后，约有一世纪毕南北朝时代的战乱之间，与南方诸国相竞争相混合。到了第六世纪末叶，中国又渐渐统一于隋朝了。

> 其后三百余年间隋唐两朝的治世，使中国成为当时的世界中最安定的文明国，达到繁荣的绝顶。那破坏于秦而复兴于汉的儒学，

---

① 上田茂树著（施复亮译）：《世界社会史》，46、48 页。

在这期间大为发达，产出绚烂流丽的诗文；又发明木版印刷术，因之唐朝的宫廷有了藏着几万册典籍的图书馆。那佛教，也因为与印度直接交通，输入名僧经书，以致迅速地普及起来；各流各门的钟楼伽蓝，耸立于一切深山冷谷之内；幽雅庄严的佛书、佛像，把当时美术的显著的进步流传于今日。然而就社会全体来说，并没有产生什么本质的进步，和根本的变化。他们的经济生活，依旧一点没有脱离古代以来的旧套，在土壤肥沃的大平原里保守着那祖先传来的农业生产力所生的社会制度；中国人便安然的在这种静稳和幸福的范围内过活。商业与货币，虽然已经有了相当的发展，但绝没有像古代希腊那样在社会内获得重要的地位。市场上物物交换，还流行得很广。这里并没有农奴制度，连兵农的封建的阶级差别，也不甚明确。万物宽裕而且悠长的这个巨大的社会，却妨碍了那奔放不羁的冒险的活跃和独创的发展。

在唐朝末年，虽有了与阿拉伯的海上贸易者通商、与沙拉星文明接触，及基督教的输入等历史事件，也不能成为什么动因和刺激，连以前北方蛮族侵入在这沉滞的人类大湖里所掀起的那样表面的波纹也没有。

长期的安逸和倦怠，在支配者的宫廷里，产生了阴谋、紊乱和虐政。一般民众，只是糊里糊涂地期待天命的变革，"真命天子"的出世，即欢迎新的较善的支配者出来代替。但这只是改变支配地位和国号的政治上的大事件，决不是像上述那种生产力的发展阶段相异的社会集团间的阶级或民族战争一样，引起社会的本质的变革。

到了成吉斯汗的孙子忽必烈汗，遂夺取中国的南部，把宋朝灭亡，建设了连结欧、亚两洲的一大蒙古帝国。这诚然是流入东洋史上中国文明的大湖里的外来蛮族的最大的浊浪。然而就是这个浊浪，也仅仅浮动于这悠久的大湖的水面上，并没有像侵入罗马的日尔曼人那样掀起了根本倾覆湖床的怒涛；不过一百年光景，在十四世纪的中叶，又被中国的原住民族明朝所灭亡了。

中国民族在今日好比七十老翁，而西洋人只是十七八岁小伙。如果简单说，中国社会中国文化不及西洋进步，那就如说七十老翁身体心理的发育开展太慢，慢至不及十七八岁的孩子阶段！社会生命或不可以个体生命相拟，然而这一类"进步太慢，落后不及"的流俗浅见，则非纠正不可。

普通人总以为人类文化可以看做一条路线，西洋人进步的快，路走出去的远；而中国人迟钝不进化，比人家少走一大半路。所以说"产业落后"，"文化落后"，落后！落后！一切落后！然而我早说过了："……我可以断言，假使西洋文化不同我们接触，中国是完全闭关与外间不通风的；就是再走三百年、五百年、一千年亦断不会有这些轮船火车、飞行机、科学方法和德谟克拉西产生出来。"① 他将永此终古，岂止落后而已！质言之，他非是迟慢落后，他是停滞在某一状态而不能进。束缚经济进步的土地封建制度，像欧洲直存在到十七八世纪的，在中国则西历纪元前二百多年已见破坏了，而却是迄今两千多年亦不见中国产业发达起来。这明明是停滞在一特殊状态，万万不能说作进行迟慢。大概许多有眼光的学者都看出是停滞问题，而不是迟慢的问题。但一般人模糊无辨别力，多将停滞与迟慢混说不分。这于学术上，可以贻误很大。

现在我请求读者大家赐予十二分的注意！我们在前面指出西洋文化是以如飞的进步，于很短期间开发出来的；现在我们又知道中国文化是入于停滞状态既千余年，我们就应当怪问：他为什么飞？而他为什么停？这一飞、一停，岂是偶然的么？谁若没脑筋，谁可不发此问；如果不是没脑筋的，他就要大大怪问不解，非得到惬心贵当的解答不能放过！

其次，我将请大家看历史上中国文化，第二大古怪处——几乎没有宗教的人生。

今日国内论坛上，第一热闹事，即封建制度尚存在于中国社会否的聚讼；一面令我们觉得此讨论追究的不可少，一面又令我们觉得此讨论追究的好笑。中国社会到底是什么社会？这是非弄清楚不可的，在这工作中，从经济的社会史眼光以为观察研究必不可少，而且是基本的，些须先作。那封建制度尚存在否，便成了当前不可避的问题。为什么又好笑呢？当为此研究时，实先有中国社会之历史的发展和西洋走一条路线的一大假定；因现在这经济的社会史眼光是由西洋社会养成而锻炼的。然而这一大假定不免是好笑的笑谈！大约亦必须本此假定而研究下去，然后自见其好笑，乃能取消此假定。然在聪明点的人，知于大关目处注意，则亦何待如此；只消从大体上一看，便明白二者不可相拟。偏有人

---

① 《东西文化及其哲学》，第三章，"中国文化的略说"一节。

执著地说①：

> 只要是一个人体，他的发展无论红黄黑白大抵相同。由人所组织成的社会亦正是一样。中国人有一句口头禅，说是"我们的国情不同"。这种民族的偏见差不多各个民族都有。然而中国人不是神，不是猴子，中国人所组成的社会不应该有什么不同。

"中国人所组成的社会不应该有什么不同!"好了! 中国社会方在未进状态，不敢与西洋现代社会比，比中世吧。请你看中国像欧洲中世那样的宗教制度、教会组织在哪里? 欧洲那时可说是完全在宗教下组成的一社会。中国历史上曾有这样的社会吗? 欧洲那时几乎除了"教祸"、"宗教战争"就没有历史，然而像这样的记载似不容易在中国历史上找出一二页! 这类最容易引起人注意的大关目，都看不见，他尚何说。

然我欲大家注意者，尚不在组织制度之间。有眼光的人早应当诧讶: 中国人何竟不需要宗教? ——从历史上就不需要?! ——从其两千多年前历史上就不需要?! 中国社会之"几乎没有宗教的人生"，是比无论什么问题都值得诧怪疑问的。罗素论中国历史相传的文化，最重大之特殊点有三: 一是文字以符号构成，不用字母拼音; 二是以孔子之伦理为标准而无宗教; 三是治国者为由考试而起之士人，非世袭之贵族。实则其余二者远不如"无宗教"之可异。自西洋文化之东来，欲以西洋政治代替过中国政治，以西洋经济代替中国经济，以西洋文学代替中国文学，……种种运动都曾盛起而未有已，独少欲以西洋宗教代替过中国无宗教的盛大运动。此因中国有智慧的人无此兴味，且以在西洋亦已过时之故。然由此不发生比较讨论，而中国无宗教之可异，乃不为人所腾说，则是一件可惜的事。

人类生活难道定须宗教么? 宗教又是什么? 照我的解释，所谓宗教者都是从超绝人类知识处立他的根据，而以人类情志上之安慰勖勉为事者。② 人生极不易得安稳; 安之之道乃每于超绝知识处求得之; 为是作用者便是宗教。人类对他果需切至何程度，只能于其作用发生后见之。我们知道人类文化上之有宗教，是各洲土、各种族普遍存在的重大事实。文化每以宗教开端; 文化每依宗教为中心，非有较高文化，不能形成一大民族; 而其文化之统一，民族生命之久远，每都靠一个大宗教在

---

① 郭沫若著《〈中国古代社会研究〉自序》。
② 《东西文化及其哲学》第四章，"宗教问题之研究"一节。

维持。从过去历史上看是如此。这就尽足客观地取证其有自然的必要。我们又知道，宗教在人类文化上见衰势，乃由挽近人事有下列四点变动而来：一，富于理智批评的精神，于不合理性者难容认；二，科学发达，知识取玄想迷信而代之；三，人类征服自然的威力增进，意态转强；四，生活竞争激烈，疲于对外，一切混过。然而历史上的中国人固不具此条件。于是我们不能不问：两三千年前历史上的中国人果何以独异于他族而得逃于此"自然的必要"？果何所依恃而能使宗教不光顾到中国来？此讵非怪事？谁能说中国人没有迷信，然而中国人没有一大迷信——整个系统的宗教信仰。谁能说中国人没有宗教行为；然而中国人没有一大规模的宗教行为——国家制度团体组织的宗教活动。似此零星散见的迷信，无大活动力的宗教行为，实不足以当偌大民族统一文化中心之任。（亦显然地不在此，而别有在。）以若大民族，若大地域，各方风土人情之异，语音之多隔，交通之不便所以维持树立其文化的统一者，其必有为彼一民族社会所共信共喻共涵育生息之一精神中心在：唯以此中心，而后文化推广得出，民族生命扩延得久，异族迭入而先后同化不为碍。然此中心在那样古代社会，照例必然是一个大宗教无疑的。却不谓两千年前中国人之所为乃竟不然——他并没有这样一个大宗教，讵非怪事耶？

我们为什么不说"中国没有宗教"；而说中国"几乎没有宗教"？这是几层意思。"几乎怎样"，意即谓不是"干脆怎样"。中国如我所说，原是一种暧昧不明的文化，他就没有干脆的事。此其故，待后说明。一般人就因不明此理，总爱陷于无益的聚讼纷争；如争什么"中国是封建社会"，"中国不是封建社会"等类。其实从其"几乎是"言之，则几乎是；从其"几乎不是"以为言，则亦不是也。彼固隐然有其积极面目在；但你若不能发现其积极面目，则未有不徘徊疑惑者。或致不得已从其负面（消极方面）而强下断语，如说："只有在与'前资本主义的'同其意义而应用时，我们可以把中国社会的构造唤作封建制度。"[1] 照此例推之，则亦可说："从其前于科学发达而言，则中国可以说作有宗教。"岂非笑话！是否封建，有无宗教，本不干脆；倘更有意为之曲解，则更没办法矣。然你能从大端上发现其积极面目，固将知其不是也。

---

[1]　E. Yarga 著《中国革命的诸根本问题》一文中有此语，此语实不通。此岂非说，以其不白故谓之黑乎？

替代一个大宗教，而为中国社会文化中心的，是孔子之教化。有人即以孔子之教化为宗教，这就弄乱了宗教固有的范型。孔子的教化全然不从超绝知识处立足，因此没有独断（Dogma），迷信及出世倾向；何可判为宗教？不过孔子的教化，实与世界其他伟大宗教同样的对于人生具有等量的安慰劝勉作用；他又有类似宗教的仪式；这亦是我们只说中国几乎没有宗教，而不径直说没有宗教的一层意思。儒家之非宗教，虽有类似宗教的仪式亦非宗教，这在冯友兰先生《儒家对于婚丧祭礼之理论》一文中，说得很明。① 这篇文章从儒家固有理论，来指点儒家所有许多礼文仪式，只是诗是艺术而不是宗教。他们一面既妙能慰安情感，极其曲尽深到；一面复极见其所为开明通达不背理性。我们摘取他总括的几句话于此：

> 近人桑戴延纳（Santayana）主张宗教亦宜放弃其迷信与独断，而自比于诗。但依儒家对于其所拥护之丧礼与祭礼之解释与理论，则儒家早已将古时之宗教，修正为诗。古时所已有之丧祭礼，或为宗教的仪式，其中或包含不少之迷信与独断。但儒家以述为作，加以澄清，与之以新意义，使之由宗教而变为诗，斯乃儒家之大贡献也。

此下他就丧葬祭各礼，一样一样指点说明，皆饶有诗或艺术的趣味，持一种"诗"的态度。他并且指说，不但祭祀祖先如此，对任何祭祀亦持此态度。儒家固自说：

> 祭者，志意思慕之情也。忠信爱敬之至矣；礼节文貌之盛矣。苟非圣人，莫之能知也。圣人明知之，君子安行之，官人以为守，百姓以成俗；其在君子以为人道也；其在百姓以为鬼事也。
>
> 日月食而救之，天旱而雩，卜筮然后决大事，非以为求得也，以文之也。故君子以为文，而百姓以为神。

儒家所为种种的礼，皆在自尽其心，成其所以为人，没有什么要求的对象。像一般宗教所以宰制社会人心的，是靠着他的"罪"、"福"观念；——尤其是从超绝于知识的另外一世界而来的罪与福，存在于另外一世界之罪与福。而孔子对人之请祷，则曰："丘之祷也久矣！"对人之背奥媚灶，则曰："不然，获罪于天无所祷也！"又如说："非其鬼而祭

_____

① 冯君此文见燕京大学《燕京学报》第三期。

之，诎也"；"敬鬼神而远之"；"未知生，焉知死；未能事人，焉能事鬼"。其全不想借着人类对另外一世界的希望与恐怖，来支配宰制人心，是很明的。这样如何算得宗教？

现在我们可以说到本题了。中国没有一个大宗教，孔子不是宗教，都已分明；则历史上中国社会人生是靠什么维持的？这"几乎没有宗教的人生"，怎样度日过活来？这非求得一个答复不可。当那古代没有科学，知识未充富，理智未条达，征服自然的能力不大而自然的威力方凌于人类之上，谁个民族社会不靠宗教为多数人精神之所寄托而慰安，所由约束而维持？乃中国人有什么本领，能超居例外？宗教在古代是个"乘虚而入"的东西；何独于中国古代社会，宗教乃不能入？这些问题，谁若没脑筋谁可不想到；如果不是没脑筋的，他就要大大怪问不解，非得到惬心贵当的解答，不能放过！

解一解中国的谜

中国的谜（古怪可疑之点）本来随处可以发见；只怕不留心，留心多着哩！我今姑举上边两大疑问而止。凡欲了解中国人和中国文化的，从此入手去求了解，便可豁然。这好比那大门上的锁窍；得此窍即可开此锁而开门看见一切。我一面指出锁窍，请大家有心人各自试探研究；我一面将再贡献一把钥匙，备大家试探时的参考采用；同时我亦借此说明，我前所言中国之于西洋是因"不同"而后"不及"，因"过"而后"不及"的所以然。

我这把钥匙还是在《东西文化及其哲学》所提出的：

> 人类生活中，所遇到的问题有三不同；人类生活中，所秉持的态度（即所以应付问题者）有三不同；因而人类文化有三期次第不同。

> 第一问题是人对于"物"的问题，为当前之碍者即眼前面之自然界；——此其性质上为我所可得到满足者。

> 第二问题是人对于"人"的问题，为当前之碍者在所谓"他心"；此其性质上为得到满足与否不由我决定者。

> 第三问题是人对于"自己"的问题，为当前之碍者乃还在自己生命本身；此其性质上为绝对不能满足者。

> 第一态度是两眼常向前看，逼直向前要求去，从对方下手改造

客观境地以解决问题，而得满足于外者。

第二态度是两眼常转回来看自家这里，反求诸己，尽其在我，调和融洽我与对方之间，或超越彼此之对待，以变换主观自适于这种境地为问题之解决，而得满足于内者。

第三态度——此态度绝异于前二者；他是以取消问题为问题之解决，以根本不生要求为最上之满足。

问题及态度，各有浅深前后之序；又在什么问题之下，有其最适当的什么态度。虽人之感触问题，采取态度，初不必依其次第，亦不必适当；而依其次第适当以进者，实为合乎天然顺序，得其常理。人类当第一问题之下，持第一态度走去，即成就得其第一期文化；而自然引入第二问题，转到第二态度，成就其第二期文化；又自然引入第三问题，转到第三态度，成就其第三期文化。

此其所由树立，盖从人类过去历史文化反复参证而得。古希腊人之人生盖类属第一态度，其文化即发于此；古中国人之人生盖类属第二态度，其文化即发于此；古印度人之人生盖属第三态度，其文化即发于此。总之，所谓世界三大系文化者，盖皆有其三不同之人生态度为根本。然综观人类文化至于今日，实尚在第一问题之下；而古之人唯希腊态度适相当，又不久中断；中国印度则均失序不合，其所成就既别有在。近世之西洋人乃重新认取第一态度而固持之，遂开人类文化新纪元，大有成就；讫于最近未来，殆将完成所谓第一期文化。[①] 在最近未来第一期文化完成，第二个问题自然引入。人类必将重新认取第二态度，而完成所谓第二期文化。如是第三问题又自然引入；第三态度又将重新认取，而完成所谓第三期文化。此余前书大意，欲得其详，必审原书。

如果让我解一解中国的谜——顷才提出的两大古怪问题，则我仍将用我从来用以解开一切文化之谜的钥匙来解。

历史上的中国社会为什么不需要宗教？我的回答是：中国因为走入人生第二态度故不需要宗教了！既没有一个大宗教，则其一大社会之人生所由安慰而勖勉，所由维持而进行，又靠什么？我的回答是：他所靠的是代表人生第二态度所谓孔子一派的思想学问礼俗制度。

近两三百年来西洋人为什么飞？而近千余年来中国人为什么停？我

---

① 请参看《东西文化及其哲学》，第五章"因经济改正而致文化变迁"一节。

的回答是：从中古欧洲史看去，他既郁蕴有非冲决奔放不可之势，一旦得人生思想之新解放，恰不啻由代表第一态度之人生观使这冲决奔放得一根据，得一公认；而恰好在人生第一问题下正需切这第一态度，以开发其第一期文化，种种恰好凑合，集全力以奔注于一点，如鱼得水，如虎生翼，安得不飞跃起来！中国文化的所以停滞，因其不持第一态度，就根本地冷怠了在第一问题上之进展；而处于第一问题尚未解决之下，以基础条件之不备，环境之不合，其发于第二态度之文化亦只能达于可能的最高度而止，这样交相牵掣，就陷于绝境，苟外缘之不变，即永无新机杼之可开出；不停滞，又何待？其历久不变的社会，即此中重要现象之一，尽其社会构造之特殊，虽出于第二态度之人为调制，而究必以其在第一个问题上所得几许成就为下层基础，今在第一个问题上既无复进展，则社会其何由变？

关于答案的前提说明，既有前书，非此所及。所以我们就从解明答案说起。

宗教这样东西饥不可为食，渴不可为饮，而人类偏喜欢接受他，果何所谓呢？这就因为人们的生活多是靠着希望来维持，而他是能维持希望的。人常是有所希望要求，就借着希望的满足而慰安，对着前面希望的接近而鼓舞，因希望之不断而忍耐勉励。失望与绝望于他是太难堪。然而怎能没有失望与绝望呢？恐怕所希望要求者不得满足是常，得满足或是例外哩！这样一览而尽、狭小迫促的世界，谁能受得？于是人们自然就要超越知识界限，打破理性酷冷，辟出一超绝神秘的世界来，使他的希望要求范围更拓广，内容更丰富，意味更深长，尤其是结果更渺茫不定。一般之所谓宗教就从这里产生；一般宗教，莫不以其罪福观念，为宰制支配人心之具，而祈祷禳祓成了必不可少的宗教行为，亦就为此。① 如果我们这个解说不大错，则人们倘无所希冀要求于外，宗教即无从安立。这无所希冀要求于外的人生态度非他，即我所谓人生第二态度者是。历史上的中国人所以既不具晚近西洋致宗教于衰微的四条件（如前第五段所陈），而能独若无所需于宗教，而宗教亦于中国古代社会独若不能入者，只是因周孔的特别聪明教化，大大修正了或变化了当人类文化初期所不容少的有所希冀要求于外的态度，而走入人生第二态度

① 未能概括所有宗教，较高宗教或面目不改，而内容意义变异，更高宗教则或面目内容全变，然一般之宗教则固如此也。

的缘故。

说到中国的人生，俗常都以为孔子的教化实支配了两三千年的中国人，而西洋人对于中国之所知，更只于孔子的伦理而止；其实孔子的教化久已不得而见之，所贻留于后者不过是些孔子的语言道理，其影响到人生的势力是很勉强的，真正中国的人生之开辟一定前乎孔子，而周公当为其中最有力之成功者。周公并没有多少道理给人；他给人以整个的人生。他使你无所得而畅快，不是使你有所得而满足；他使你忘物忘我忘一切，不使你分别物我而逐求。怎样能有这大本领？这就在他的"礼乐"。自非礼乐，谁能以道理扭转得那古代社会的人生！自非礼乐，谁能以道理替换得那宗教！中国文化之精英，第一是愚公礼乐，其次乃是孔子道理。（孔子只是对于文武周公所创造伪中国文化，大有所悟的一个人。）礼乐之亡甚早甚早，即真正的中国人生湮失已久已久。周秦之际已是王道衰，霸道起，两相争持之候（孙中山先生尝以王道霸道分别中西文化颇洽）；汉代去古未远，收拾余烬，仅存糟粕，仍可支持，至魏晋而衰竭，不复能维持矣，印度文化之佛教由是以入；唐代佛教盛行，中国人生（内容兼面目）于此呈一变例。由此异化之刺激而使固有路子稍得寻回，则宋人是已；然内容虽见活气，外面缺憾实多；明代继有发明，而其味转漓；有清三百年虽有颜李不世英豪，惜与墨子同为缺乏中国人的聪明者，自不足以继往开来；而大体上中国的人生远从两千年（汉）近从八百年（宋）递演至此，外面已僵化成一硬壳（体合人情的理渐成不顾人情的礼教），内容腐坏酵发臭味（儒释道三合化为文昌帝君教，读书人咸奉之，贪禄希荣迷信鬼神）；自欧化东来予一新颖而剧烈之刺激；近数十年乃一面为硬壳之破裂崩坏，一面为腐臭之宣播扬达；苟非残生将次断命，便是换骨脱胎之候。盖不独于今日为西洋所丑化了的中国人不足以见所谓中国人生，即倒退六七十年欧化未入中国之时，固已陵夷衰败至最后一步，不成样子；几乎从无宗教复返于有宗教。乃不谓罗素于民九来中国住得一年，对中国人生犹复称美不置；他一而再，再而三地说：[1]

> 吾人文化之特长为科学方法；中国人之特长的人生究竟之正当概念（a just conception of the ends of tile）。

> 中国人所发明人生之道，实行之者数千年；苟为全世界所采

---

[1] 罗素著：《中国之问题》，中华书局译本，191、195、4、180 页。

纳，则全世界当较今日为乐。

吾人深信自己之文化与人生之道，远胜于他族；然苟遇一民族如中国者，以为吾人对彼最慈善之举莫若使彼尽效吾人之所为，此则大过矣。以予观之，平均之中国人虽甚贫穷，但较平均之英国人更快乐。

其在中国，人生之乐无往而不在，斯中国之文化为予所赞美之一大原因也。

好动之西洋人处如此之社会，几失其常度，而不知向日所为之目的何在。及夫为时渐久，乃知中国人生之美满可贵；故居中国最久之外人即为最爱中国之外人。

素称冷静客观的罗素亦许独于此有偏见而挖扬太过，然总不能毫无故实。这就为中国人虽丧失他祖先的俊伟精神，而数千年之濡染浸淫，无论如何总还有一点不同处。中国的人生无他，只是自得——从自己努力上自得——而已；此即其东别于印度，而西异于西洋者。此"自得"二字可以上贯周孔精神，而下逮数千年中国社会无知无识匹夫匹妇之态度，虽有真伪高下浅深久暂千百其层次而无所不可包；此实为一种"艺术的人生"，而我所谓人生第二态度，其所以几于措宗教于不用者，盖为此。

前引冯友兰先生论文，谓中国儒家将古代宗教修正为诗，盖正是以礼乐代宗教耳。在初时，非周公礼乐不能替换得宗教；然两三千年来为此一大民族社会文化中心之寄者，则孔子道理也。我们前说，"以偌大民族，偌大地域，各方风土人情之异，语言之多隔，交通之不便，所以维持树立其文化的统一者，其必有为彼一民族社会所共信共喻共涵育生息之一精神中心在；唯以此中心，而后文化推广得出，民族生命扩延得久，异族迭入而先后同化不为碍"，正谓"极高明而道中庸"的孔子之遗教。此中心在那样古代社会照例必然是一个大宗教——中国原来是需要宗教的，但为有了孔子就不需要他。这好比太阳底下不用灯；有灯亦不亮一样。孔子的教训总是指点人回头看自己，在自家本身上用力，唤起人的自省（理性）与自求（意志）。这与宗教之教人舍其自信而信他，弃其自力而靠他力，恰好相反；亦明明是人类心理发育开展上一高一下两个阶段。却是人们一经这样教训，要再返于那下阶段就难了。所以虽礼崩乐亡，而中国人总不翻回去请出一个宗教来，不再用灯，散碎的宗教迷信不绝于社会间而总起不来，灯总不亮。中国人自经孔子的教训，就在社会上蔚呈一大异彩,以道德易宗教;或更深切确凿地说,以是非观念易罪福观念。

罗素在他著的《中国之问题》中,曾深深叹异中国人没有"罪(sin)"的观念,又说:"在中国'宗教上的怀疑'并不引起其相当的'道德上之怀疑',有如欧洲所习见者。"① 中国人向来要凭良心讲理的,谚所谓"有理讲倒人","什么亦大不过理去",皆足以见。凡我们之有所不敢为者,自恶于不合理,知其"非"也,欧洲人则惧于触犯神和宗教教条,认为是一种"罪"。这个分别很大。一是诉诸自己理性而主张之,一是以宗教教条替代自己理性而茫无主张。在中国社会虽然道德上传统观念时或很有权威,足以压迫理性,然此唯后来硬壳已成时有之,非古人原初精神。孔孟原初精神,如所谓"是非之心,人皆有之","理义之悦我心,犹刍豢之悦我口";"君子不安故不为,汝安则为之",皆彻底以诉诸自己理性判断为最后准归。欧洲社会只是有宗教,以宗教为道德,中国社会才真有道德。这个关系很大,必须一为申论:

一是因诉诸自己理性,而抽象理解力大进,不复沾滞于具体的特殊名象仪式关系等。中国人最喜说"宗教虽多,道理则一"的话,诚然是模糊笼统的好笑。然亦正见其不注意表面名色仪式等,而注意各宗教背后抽象道理。这实是进了一阶段。

一是因反省而有自己抑制及对他人宽容的态度。欧洲人信一宗教为真,则以其余宗教为必假;由其宗教上之不宽容(religious intolerance)彼此仇视,致有遍欧洲千余年之教祸;中国人实无此偏见隘量与暴气。罗素云:"中国人之宽容,恐非未至中国之欧人所及料;吾人今自以为宽容,不过较之祖先更宽容耳。"又云:"道德上之品性为中国所特长……如此品性之中,予以'心平气和'(pacific temper)最为可贵,所谓'心平气和'者。以公理而非以武力解决是已。"② 这实比欧人进高一阶段。

一是因大家彼此都要讲理,而又有其一社会所共信共喻之理(孔子道理),又有平和从容以讲理的品性,故社会自然能有秩序,不假他力来维持。旧日中国社会之维持,第一不是靠教会的宗教,第二不是靠国家的法律;或者只可说是靠道德习惯。辜汤生先生尝讥西洋社会不是靠

① 罗素著:《中国之问题》,35、189 页。
② 罗素著:《中国之问题》,194、211 页。

僧侣拿上帝来威吓人，便是靠军警拿法律来拘管人①，而西洋人自己亦说："中国国家就靠着这千万的知足安乐的人民维持，而欧洲的国家没有不是靠武力来维持的。"② 好像宰制中国人的是公理，而宰制西洋人的是强权。我们很勿须客气地说，这实比欧人要高一阶段。

一是因讲理之风既开，人心之最高倾向乃唯在理。理是最能打动中国人心的东西。他实最有服善之勇气与雅量。虽然无论哪个民族哪个社会于其不相习的道理都不易接受，中国亦何能独外，然而恐怕没有再比中国人接受这样快、冲突扞格这样少的，因为他脑中的障蔽最少。科学与德谟克拉西，中国人皆以理之所在而倾向之。中国人之革命率以趋赴真理之态度出之；其革命势力之造成乃全在知识分子，对于一道理之迷信与热诚的鼓荡。他并没有经济上的必然性，却含有道德的意味，这个关系中国革命性质问题甚大，当别为文讨论之；此刻我们只指出请大家注意，中国近三十年一切改革或革命大抵出于所谓"先觉之士"主观上的要求，而很少是出于这社会里面事实上客观的要求。以前一切的贻误全由于此，但今后却仍无法舍此路面不由。

古时的中国人心思之开明远过于西洋，简直是不可同日而语，西洋人唯入近世乃趋于开明耳。然我欲请大家注意者尚不在此。孔子使人心开明，宗教不起，而代之以道德，是固然已；但人类是何等难对付的东西，岂是"人心开明，宗教不起"，就算行了么？人心开明，正可以嗜欲放纵；宗教不起，正可以肆无忌惮。文化毁灭，民族衰亡，并不难由此而致（希腊罗马之往事殆即如此）。开明不难，开明而能维持其开明实难。这似就是靠道德了！却是老生常谈的道德教训就能行了么？开明是孔子的长处之易见者，而其真正的长处乃在开明的背后更深的所在。苟不能于此有所识得，即不为识得孔子，亦不能识得中国人生和中国文化。

人类是何等难对付的东西！古代所谓"圣贤英雄"莫不以愚蔽他，为好对付的；孔子乃独去其障蔽，使他心思开明，而后对付他，这是何

---

① 辜鸿铭先生以英德文写著《春秋大义》一书以示西人，其中有云：西洋之教人为善，不畏之以上帝，则畏之以法律，离斯二者虽兄弟比邻不能安处也。逮夫僧侣日多，食之者众，民不堪其重负，遂因三十年之战倾覆僧侣之势力而以法律代上帝之权威。于是继僧侣而兴者则为军警焉。军警之坐食累民其害且过于僧侣，结果又以酿成今日之战。经此大战之后，欧人必谋所以弃此军警，亦如昔人之摒弃僧侣者然，顾摒弃军警之后其所赖以维持人间之平和秩序者将复迎前摒弃之僧侣乎？抑将更事他求乎？为欧人计惟有欢迎吾中国人之精神，惟有欢迎孔子之道。（原书未见，此就李守常先生《东西文明之根本异点》一文所引录者转录之。）

② 德国 F. Müller-Lyer 著：《社会进化史》，陶孟和译，第 62 页。

等的大胆！这其中又是何等手段！一般人之对付犹非难，聪明人之对付实难。聪明人都是好怪的，你不显出些神奇高妙新鲜稀罕的玩艺收罗不住他。孔子乃独以老生常谈、浅近平庸的东西摆在你眼前，说在你耳边，仿佛都是让人看了不起劲，听了要睡觉的，而他却不怕你不要。这是何等的大胆！这其中又是何等手段！大胆是空有的么？手段是随便就有的么？自非有极高的眼光极深的见解，将人类是怎样一个东西，人生是怎么一回事，完全洞彻了然于胸，其何能如此！呜呼，圣矣！这真可以俯视一切！（孔子不俯视一切，我替他俯视一切；孔子亦无大胆，无手段，抑本无对付人类之意，我替孔子作说明，不得不为是引人注意的说辞耳。）

生物进化到人类，实开一异境。一切生物，均限于"有对"之中，而人类则以"有对"超进于"无对"。他一面还是站脚在"有对"，而实又已超"有对"而入"无对"了。这就是说，一切生物，无法超离其"个体对外性"，或简云"对外性"，因有时或为个体之集团故。他总要一面有所利用凭借，一面有所对待反抗，这是他辗转逃不出之局；而人类则可以超乎此。人类唯以超有对，故能有超利害的是非心，故有道德。人类唯以超有对，故能有真的自得，故生活非定靠希望来维持，更不必靠宗教来维持希望。人类唯以超有对，故能洞开重门，融释物我，通乎宇宙万物为一体。我们今日乃深有味乎中国人之言："仁者人也"，"仁者与物无对"。除非中国人数千年白活了，于人类文化无所发明，无所贡献则已，如其有之，则我敢断言，便是他首先认识了人类之所以为人，认识了人的无对。有此认识者非唯孔子，然孔子实承前而启后，凡数千年中国人生中国文化所为与西洋大异其趣者，要唯以中国古人有此一点认识，前后相承，勉力趋赴，影响所被演成前所谓人生第二态度之所致耳。人生第二态度之于"无对"或即之，或违之，"虽不能至，心向往之"，百变不离其宗。然人生第一态度则正是人之"有对性"所表现发挥。中国人之精神与西洋人之精神，各有其在人性上之根据；然西洋人盖自人与一切生物所同具之点出发；中国人则自人性中所以异乎一切生物之点出发。此问题太大太大，他日当为《人心与人生》一书专论之。

孔子就因为把握得人类生命更深处作根据，而开出无穷无尽可发挥的前途，所以不必对付人，而人自对付了，人类自要归了他的辙。看似他收罗不住聪明人，而不知多少过量英豪钻进去就出不来。看似他了无深义，令人不起劲，而其实有无穷至味，足以使你"不知手之舞之，足之蹈之"。他是"极高明而道中庸",你不要以为他平平常常就完了;他比任何神奇者更神奇,他比任何新妙者更新妙。罗素在他书上说:"孔子之功何在,予实不知;读其书,大都注意于小端之礼节,教人以在各种之时会,处己之方法。"① 泰戈尔对我谈,他诧异像孔子这样全非宗教而只是一种人事教训,为什么亦能在社会上有根深蒂固伟大而长久的势力?② 他们只见其处处剀切人事的许多教训,而没发现他整个精神,一贯之道;外面的"中庸"看见了,内里的"高明"没看见。当然要对于他的价值和势力,生疑发闷而不解。其实假使孔子只中庸不高明,只有许多教训和礼制而没有整个精神,一贯之道,中国的事倒好办了;他不足以范围聪明人,聪明人很可以另开他路。中国人所为深入于人生第二态度,南北东西一道同风,数千年而不变,聪明才智之士悉向此途中之学问或事业用去(唯唐宋佛教禅宗收去聪明英豪不少),有如印度人之深入第二态度,聪明才智悉用于宗教者,以孔子大启其门,深示之路,后之人采之不尽,用之不竭,遂一入而不能出也。不然,则局于第二态度不可能,而人生第一态度或有可能已。唯人生第一态度隐昧开不出,就耽误了中国人!

你看科学为什么偏出于宗教障蔽最强的欧洲,而为什么中国人心思开明,无为之障蔽者,却竟尔数千年亦没有科学产生出来?这是什么缘故,你能回答么?这就为两眼向外看(第一态度)与两眼转回来看自己(第三态度)之不同而已。两眼向外看则所遇为静的物质,为空(其实化宇宙为物质,化宇宙为空间耳;曰遇物质遇空间,特顺俗言之),为理智分析区划所最恰便适用之地。回来看自己则所遇为动的生命,为时间,③ 为理智分析区划所最不便适用之地。西洋天才英伟之伦,心思聪明向外用去,自就产生了物质科学和科学方法,更以科学方法普遍适用于一切。中国天才英伟之伦,心思聪明反用诸其身,其何从而产生物质科学和纯乎理智把戏的科学方法邪?其所成就盖早与西洋殊途;然而没有科学,就耽误了中国人。(老庄思想及道教、佛教或属第二态度或属

---

① 罗素著:《中国之问题》,186 页。

② 泰戈尔来北京,徐志摩先生劝我与他为一度之谈话,我原意欲有请教于他者,不期乃专答了他之问。此段谈话将来须另为文叙述之。大致是因杨震文先生以儒家为宗教之一,泰戈尔则不承认儒家为宗教,引出他对孔子不解的凤疑,而我答之,当时多劳徐志摩先生为我翻译。

③ 为近三十年西洋哲学上之一新意义的"时间",非俗常所说者。俗常所说为分段的时间,盖以空间的法式移用而来。此为西洋哲学接近东方哲学之一大变迁,非此处所及说。

第三态度，亦以此同为耽误中国人者，顾究非中国人生之正宗主脉，关系影响不如是重大。）

孔子不单耽误了中国的科学，并且耽误了中国的德谟克拉西。礼乐亡失，中国人所受用者为孔子之遗教；然此可粗判为思想学问及礼俗制度之两大部。思想学问仅为少数人所得享；礼俗制度乃普及于全社会。礼俗制度之时代性地域性极重，本不同乎思想之有个人性；以礼俗制度属诸孔子非诬则妄。然中国之有"伦理"，孔子似极有力，此伦理又为数千年礼俗制度之中心骨干，无甚大之变化。于是孔子乃有其任何哲学家、教育家、政治家对于人群所不能有之伟大而长久的势力。（此种伟大而长久的势力唯大宗教有之，然孔子固非宗教，此泰戈尔所以疑也。）中国人如果像罗素所说那样安乐幸福，亦唯此伦理之赐；中国人如果像前两年的时髦话有所谓"吃人礼教"，近两年的时髦话有所谓"封建遗毒"，亦唯此伦理之赐。

伦理者，盖示人之人生必为关系的；个人生活为不完全之人生。男或女，孑然一身，只好算半个人；必两性关系成立，全整人生乃于是造端；继之以有父子，又继之以有兄弟——此即所谓家。家而外，又从社会关系而有君臣朋友；人生实存于此各种关系之上，而家乃天然基本关系。故所谓伦理者，要以家庭伦理——天伦——为根本所重；谓人必亲其所亲也。人互喜以所亲者之喜，其喜弥扬；人互人悲以所亲者之悲，悲而不伤。外则相和答，内则相体念，心理共鸣，神形相依以为慰，所谓亲也。人生之美满非他，即此各种关系之无缺憾。反之，人生之大不幸非他，亦即此各种关系之缺憾。鳏、寡、孤、独，人生之最苦，谓曰"无告"；疾苦穷难不得就所亲而诉之也。此其情盖与西洋风气不孤而孤之（亲子异居，有父母而如无父母），不独而独之（有子女而如无子女），不期于相守而期于相离，久乐为婚姻关系之不固定者，适异矣！家为中国人生活之源泉，又为其归宿地。人生极难安稳得住，有家维系之乃安。人生恒又不抵苦，有家其情斯畅乃乐。"家"之于中国人，慰安而勖勉之，其相当于宗教矣。[1] 故中国社会以家构成，而西洋人昔则

---

[1] 王鸿一先生尝有如何解决三世两性问题之说，据其所见，则中国人正是以家庭伦理代宗教。三世者，过去、现在、未来；两性者，男女两性。禽兽但有现在，人类则更有过去观念、未来观念。宗教为解决三世问题者，是即其天堂净土、地狱轮回之说也。中国人则以祖先、本身、儿孙，所谓一家之三世为三世；过去信仰寄于祖先父母，现在安慰寄于两性和合，未来希望寄于儿孙。较之宗教的解决为明通切实云云。

以每个人直接宗教，近则以每个人直接国家。我们或者可以戏称西洋人生为单式的，中国人生为复式的。（以经济上农业工业之殊，解释中西人之有家无家？仅为片面理由。）

现在我有请大家特别注意的，中国人不期于此引入我所谓人生第二问题是也。伦理复式的人生，使得中国人处处发生对人的问题，如何处夫妇，如何处父母子女，如何处兄弟乃至堂兄弟，如何处婆媳妯娌姑嫂，如何处祖孙伯叔侄子乃至族众，如何处母党妻党亲戚尊卑，如何处邻里乡党长幼，如何处君臣师弟东家伙伴一切朋友，……如是种种。总之，伦理关系罩住了中国人，大有无所逃于天地之间之概；故如何将此各种关系处得好乃为第一问题。于是当人类文化初期，本在人对物的问题之下，其人对人问题尚不迫切地到达人面前的，乃不期而到了中国人头上，迎面即是，无从闪躲。而此所谓人生第二问题者乃与第一问题绝异其性质的，如我前所开陈：

第一问题是人对于"物"的问题，为当前之碍者即眼前面之自然界，此其性质上为我所可得到满足者。

第二问题是人对于"人"的问题，为当前之碍者在所谓"他心"，此其性质上为得到满足与否不由我决定者。

宇宙本来在"我"——每一生命为一中心，环之宇宙皆其所得而宰制；但他人身体在内，他心不在内；以他心为别一生命，别一"我"也。我们对他人身体有绝对制服力（性质上如此），对于他心无绝对制服力（性质上如此）。所谓"性质上为我可得到满足者"，得到满足与否亦不决定，但性质上为我可得满足者；我不但有力于决定此问题，且其力为绝对的，以对方之"物"静故也。所谓"性质上为满足与否不由我决定者"，我固可有力于决定此问题，但其力只为相对的。如何结果尚待他来决定，而不由我，以对方之"心"动故也。由是而吾人对付问题之态度乃不得不异：对付人生第一问题，宜用人生第一态度，而对付人生第二问题，乃不能不用人生第二态度。一往直前的办法，强硬征服的办法，专于向外用力者于此皆用不上。我们此时实只有"反求诸己"、"尽其在我"而已。例如不得子父母者，只有两眼转回来看自家这里由何失爱，而在自己身上用力，结果如何不得期必，唯知尽其在我，此为最确实有效可得父母之爱的方法。其他一切关系均不出此例。盖关系虽种种不同，事实上所发生问题更复杂万状，然所求无非彼此感情之融和，他心与我心之相顺。此和与顺，强力求之，则势益乖；巧思取之，则情益离；凡一切心思力气向外用者皆非其道。于是事实上训练出来的结果，乃不得不以第二态度易第一态度矣。然继此更有可言者。

伦理关系之弄得好，本在双方各尽其道；然此各尽其道只许第三人言之，当事之双方则只许先问自己尽其道否，此先为永远无尽之先。故由此大家公认只许责己不许责人。伦理上之双方多有尊卑长幼主客轻重不同之势，虽曰各尽其道，而责重则在一方，亦人情所恒有。故孝弟之训多于慈友之勉。伦理关系期于合而不期于离；有时合之不能，离之不可，则相忍为国，以无办法为办法。事实上其真出于离，或真能行合之道者既不多，则归于两相忍隐耐受者其十之八九。故由此养成国民的妥协性与麻痹性。凡此或为道理之推论，或为事实之所演，皆第二态度之余义。试问以如此态度，在上之威权其何由推翻？谁都知道，"德莫克拉西"是由西洋人对于在上者之压迫起而抗争以得之者；所谓平等与自由，实出于各自争求个人本性权利而不肯放松，以成之均势及互为，不侵犯之承认。然而从数千年伦理生活所训练出的人生态度，所陶养的国民性，你怎能想象他亦会有这么一天开出这些玩艺来呢？

然而德谟克拉西之不得出现于中国，尚有更有力之原因在，即中国社会组织制度之特殊性是。中国制度之特殊不一而足，此处所指盖在其与西洋对照有全然相异之形势——西洋制度完全造成一种逼人对外求解决的形势，而中国则异是；中国制度完全开出你自己求前途的机会。欧洲中世的封建制度，我们已于本篇第三段《中世的西洋社会和他们的文明程度》叙说过了。西洋近世的资本制度的大概，则人都知道。他们这一古一今的两大制度，虽然外表上不同的很，然而骨子里有其一致的精神。在封建社会里，一个农奴生下来，他的命运前途就决定了，就要如前所叙的那样为奴。全部农奴的命运实在操握在封建领主手里；然而那封建领主方面的命运呢？其实亦握在全部农奴手里，农奴若造反起来，他们亦就身家覆亡。于是全社会造成一种形势：你的命握在我手，我的命握在你手；我非打倒你，不然没出路，你非制住我，不然没活命。总而言之，非向外冲去，别没有造自己命运，开自己前途的可能。在资本社会里，其形势亦复如此。一个人生在无产阶级家里，他的命运亦就规定下了，就是要作一辈子工。全部劳动阶级的命运都在资本家手里握住。然而资本家方面呢？如果劳动阶级起来推翻资本制度，夺取生产机关，他们亦就覆亡。劳动阶级非向前干，无法开拓自己的命运，资本家亦只有严阵以待，不敢放松一步。形势逼着人对外求解决，对外用力，这就是前后两大制度的一致精神。然而中国制度其所形成的趋势，恰好与此相反，他正是叫你向里用力。在中国社会中，一个人不拘生在士农工商什么人家里，其命运都无一定。虽然亦有有凭借与无凭借之等差不同，然而凭借是靠不住的。俗语说得好："全看本人要强不要强。"读书人可以"致身通显"，农工商业亦都可以"起家"，虽有身份不同，而升转流通并没有一定不可逾越的界别。从前人读书机会之容易，非处现在社会者所能想象，没有一点人为的或天然的限制，只要你有心要读，总可以读成。至于为农为工为商，亦一切由你，都无所不可。而从中国的考试制度，一读书人能否中秀才，中举人，中进士，点翰林，……就全看你能否寒灯苦读，再则看你自己资质如何。如果你资质聪明又苦读而还是不能"中"，那只有怨自己无福命，所谓"祖上无阴功"，"坟地无风水"，……种种都由此而来。总之，只有自责，或归之于不可知之数，不能怨人；就便怨人似亦没有起来推翻考试制度的必要。力气无可向外用之处。你只能循环于自立志，自努力，自鼓舞，自责怨，自得，自叹，……一切都是"自"之中。心思力气转回来，转回去，只能在你本身上用。尤其是读书人走不通时，要归于修德行，更是纯正的向里用力。还是所谓"反求诸己"，"尽其在我"，只有那条路。说到农业工业商业的人，白手起家不算新鲜之事。土地人人可买，生产要素非常简单，既鲜特权，又无专利。遗产平分，土地资财转瞬由聚而散。大家彼此都无可凭恃而赌命运于身手。大抵勤俭谨慎以得之，奢逸放纵以失之；信实稳重，积久而通；巧取豪夺，败不旋踵。得失成败皆有坦平大道，人人所共见，人人所共信，简直是天才的试验场，品性的甄别地。偶有数穷，归之渺冥，无可怨。大家都在这社会组织制度下各自努力前途去了，谁来推翻他？

尤可注意的是中国的皇帝，他是当真的"孤家寡人"，与欧洲封建社会大小领主共成一阶级，以与农民相对的形势大不同。除了极少数皇亲贵戚以外，没有与他共利害的人，而政权在官吏不在贵族，又失所以扶同拥护之具，官吏虽得有政权，是暂而非常，随时可以罢官归田，而他生长民间，所与往还因依之亲戚族众邻里乡党朋友一切之人，又皆在士农工商之四民，其心理观念实际利害，自与他们站在一边。于是皇帝乃一个人高高在上，以临于天下万众，这实在危险之极！所以他的命运亦要他自己兢兢业业好生维持。此时他不能与天下人为敌，只能与天下人为友，得人心则昌，失人心则亡。他亦与四民一样有其前途得失成败之大道，其道乃在更小心地勉励着向里用力，约束自己不要昏心暴气任意胡为。有所谓"讲官"者，常以经史上历代兴亡之鉴告诉他而警戒他，有所谓"谏官"者，常从眼前事实上提醒他而谏阻他，总都是帮助他如何向里用力，庶乎运祚其可久。于是举国上下每个人都自有其命运，须要你"好自为之"，而无障碍其前途的死对头，非拼不可（虽偶有例外，然大体如是，原则如是，谁亦不能否认）。这社会是何等巧妙的结构！真成了一个"自天子以至于庶人壹是皆以修身为本"之局！

照此制度所形成的形势，的确是使天子与庶人皆以修身为本，但天子与庶人能不能以修身为本，却仍是问题。换言之，照此制度的确使人有走人生第二态度之必要，但人能不能应于此必要而走去，固未易言。这里至少有两层问题。一层是人生落于第一态度则易易，进于第二态度则较难。人眼向前看，自是开初一步，及至转回来看自家，已是进了一层，人力向外用去，自是开初一步；及至转回向里用力，乃更大进了一层。反省，节制，自家策勉，所需于心理上之努力者实甚大，而不反省，不节制，不自策勉，乃极易易不成问题之事。一层是人生第二态度固于此时有必要，而第一态度于此时亦同有其必要。盖从人与人的关系以为言，此时固以第二态度为必要，而第一态度殆无所用之，此其异于西洋社会者，然从人与物的关系以为言，则此时固以第一态度为必要，而第二态度又殊不适用，此其不异于西洋社会者。两个必要交陈于前，两个态度乃迭为起伏交战于衷，数千年的中国人生所为时形其两相牵掣自为矛盾者此也。由上两层困难，第二态度虽为中国人所勉自振拔以赴之者而有时失坠，数千年的中国社会所为一治一乱交替而叠见者此也。

天子而能应于此制度形势上的必要，而尽其兢兢业业以自维持其运祚之道，四民亦各在其道上努力开拓他们各自的前途，本来谁亦不碍谁的事，哪里会有问题？于是制度见其妙用，关系良好，就成了"治世"。此治世有西洋中世社会或近世社会所不能比的宽舒自由安静幸福。天子而不能应此必要以兢兢业业，而流于懒散的第一态度（这差不多有其一定时机的，必不详说），或民间出了枭雄野心家大发展其雄阔的第一态度（这亦差不多有其一定时机，此不详说）。那便天子碍了庶人的事，庶人碍了天子的事，而问题发生，于是制度失其妙用，关系破裂，就成了"乱世"。此乱世迫害杂来，纷扰乱糟，不同于民主革命或社会革命有一定要求方向及阶级营垒。治乱问题就存于天子与庶人彼此向里用力，抑向外用力之间。由此数千年得一大教训就是消极为治。虽然孟子尝倡导行仁政，而经验的结果，大家都颇知道还是不必有政治的好，国家政府不必做事为好。有人说一句妙语："近代的英国人，以国家为'必要之恶'，中国人自数千年之古昔，已把国家当做'不必要之恶'了。"① 政治虽不必要，但教化则为必要；此所谓教化并不含有一个信仰，只是教人人向里用力。② 人人向里用力，各奔前程，则一切事他们都自谋了，正无烦政府代谋也。这正是最好的"中国政治"。如此天子及代表天子之官与庶民之间，乃疏远而成一种无交涉状态，免得相碍相冲突，而庶乎得较久之相安，真有所谓"无为而治"之概。（王荆公不明此理，所以为呆子。）

此万国所无之国家制度，已臻妙境，寻不出复有何人必要来推翻他，但有效用之继续，而无根本之变革；但循环于一治一乱而无革命。其不能有革命是铁的；其不能有德谟克拉西之产生是铁的。中国人虽自古有比任何国民更多之自由，③ 而直至于今，人权仍树不起保障，亦不能比于任何国民。这个古怪矛盾似乎不可解的现象，于此可得其解。其自由非自由也，人人以向外用力为戒而收回之，大家各得宽放舒散耳，人权保障必须有个不可犯之强力，即人人向外要求形成之气势，此则于中国历史上永不能望见其开启之机者也。

利害祸福本相倚伏，今若问创为此制以赐福于中国人者谁，或始作俑者谁，则孔子脱不了干系，——亦止于有干系。此巧妙之结构制度果从何产生，本不易言，大体上不能不认其人为调制者多，而物的方面影响者少。所谓人为调制似乎有三点可言者：

一为伦理复式人生之推演。伦理关系本始于家庭，乃更推广于社会生活国家生活。君与臣，官与民，比于父母儿女之关系，东家伙计，师傅徒弟，社会上一切朋友同侪，比于兄弟或父子之关系。伦理上任何一方皆有其应尽之义；伦理关系即表示一种义务关系。一个人似不为其自己而存在，乃仿佛互为他人而存在者。此固不能取人类所恒有之"自己本位主义"而代之，然两种心理一申一抑之间，其为变化固不少矣。由是一切从"自己本位主义"而来之压迫对方剥削对方的事实，虽仍不能免，而影响变化亦不少矣。迫害对方之西洋制度所为不见于中国，而中

---

① 长谷川如是闲作《现代国家与中国革命》有是语，见《东西学者之中国革命论》，152 页。

② 中国的法律政治都含有教化，而《圣谕广训》一类之物，更为其具体表现。

③ 孙中山先生尝说西洋人以前是没有自由，而中国人以前是自由太多。

国制度迫害性所为最少者其在此乎。此制度之伦理化固出于人为。

一为人生第二态度之应用。从中国制度看去，调和性非常之重；此似为第二态度应用之结果。第二态度之应用，本为屈己让人，故"让"字遂为中国人之一大精神，与西洋人由第一态度而来之"争"的精神，正相映对。而其结果见于事实者，一则为互让，一则为交争。遇有问题，即互相让步调和折中以为解决，殆成中国人之不二法门，世界所共知。① 又中国人自古有其一部"调和哲学"，为大智慧者与庸众所共熟审而习用。由此哲学之所指示，则"凡事不可太过"，而调和实为最妥当最能长久不败之道，所谓"亢龙有悔，盈不可久"，"人道恶盈而好谦"，"有余不敢尽"，……此类教训深入于人心，其影响于临事之措置者甚大。于制度之订定，更务为顾全各方，力求平稳妥帖，期望长久，乃果然这种制度就长久起来，一直两千多年犹不能见其寿命之边涯。而审此思想实唯好反省的中国人擅长之，一往直前的西洋人所无有，故亦为第二态度之应用。溯其注意调和之始，固又属人为。

一为讲理的精神之表现。从中国制度看去，国家有超乎社会中任何一方而立于第三者地位之公平性，此似为中国人讲理的精神之表现。奥本海末尔（Franz Oppenheimer）著《国家论》，谓一切国家皆成立于一阶级压迫并剥削其他一阶级之上，然其演进之趋势，则最后将脱却阶级性而成为"自由市民团体"。此"自由市民团体"所为异于前此之国家者，赖有一种官吏制度为"公共利益的公正无私的守护者"，而近代国家中之官吏制度则其萌芽也。官吏制度实为近代国家之一个崭新的要素；假使无此新要素之加入，近代国家将无以异于前此之旧型。盖近代国家虽仍为一阶级（资产阶级）压迫并剥削他一阶级（无产阶级），但间之以官僚政府，不同于封建国家以领主贵族直接行之，此由国家金库为给养之官僚制度——立宪国家之君主实亦在内的一个官吏——为两阶级间有第三者出现之渐，将来社会阶级不存在，将更进至无所偏党。他曾说中国国家为最近于自由市民团体者。其以中国官僚制度出现最早，且大体上无阶级剥削关系存在于社会之故么？② 中国是不是近于他所谓

---

① 罗素于中国人之喜欢互相让步曾再三言之。

② 顾孟余先生极戒人滥用"阶级"一词。他以为"阶级"的特征，在生产工具生产工作分属社会之两部分人，一部分人据有生产工具，而他部分人专任生产工作，造成剥削和被剥削的关系，如欧洲中世封建社会的阶级或其近世资本社会阶级者是。由此中国社会，在他看来大体是职业社会而不是阶级社会。见其在《前进》杂志所写各文之中。

自由市民团体不敢说，但比欧洲今昔国家均见公平意味讲理气息则似可相许。所谓"天子一位"，"世卿非礼"，皆其自古要讲理的口气，而社会间太不公平，说不过去的事，中国人实怯为之。假使非由此表现，而有人为之调制，则何能破世界历史上国家之常例，而奥本海末尔所为期之于世界未来者，独于中国先见其影？

好了！我们因为说明中国人如何没有宗教，而靠孔子遗下的思想学问礼俗制度而生活，不知不觉将中国之不能有科学，不能有德谟克拉西，乃至文化之停滞不进，社会之历久不变亦牵连说及，因为这都是受孔子之影响的。我们截止于此，总束两句。

吾人不知中国人其由人生第二态度引发而且形成其第二问题欤（指伦理及其他礼俗制度），抑从人生第二问题的形成而牖启其第二态度欤；其数千年的生活往复此二者之间，相牵相引，辗转益深，不可复出，以致耽误人类第一期文化则事实也。吾人每语及东方文化——无论中国或印度——必举其古者以为言；盖东方的文化和哲学诚有一成不变，历久如一之观，所有几千年后的东西还是几千年前那一套，一切今人所有都是古人之遗，一切后人所作都是古人之余。此与西洋文化和学术，花样逐日翻新，一切都是后来居上者，适异其道，虽戏称之曰"演绎式的文化"亦无所不可。是何为其然？是盖自中国文化上之特别的无宗教与印度之只有宗教为文化上畸形发达者既显示其非循夫自然之常矣。又何为而有此"非常"？吾不欲举斯宾格勒（Oswald Spengler）人生创造历史都是突然而来之说；今亦不暇述我的"一切皆缘而无因"之说，更不暇批评冒充科学的唯物史观。[①] 这样向上追问去，便入于玄学范围（自由论或机械论），须待专论也。我只请大家留意此"非常"，认识此"非常"，而知历史如中国者，正未可以西洋历史进行之一路线概之。西洋历史进行之一路线，盖以"向外用力"的第一态度，于人生"对物"的第一问题下演出者也。他这样最能解决第一问题，其一切社会进步，均随其第一问题之逐步解决而进步，照第一问题之形式而解决。明白言之，其社会上层建筑之政治法律风俗道德为被推进的，以机械规律而进

---

① 斯宾格勒（Spengler），德国近年一奇伟之思想家，从其特殊文化史眼光，著《欧洲之沉沦》一书，震聋全欧。他反对一切机械的历史观，而谓人生创造历史皆突然而来，非肤浅的因果观念所能解释。我的《一切皆缘而无因》之说，《东西文化及其哲学》曾一略见，将来于《人心与人生》一书中详之。唯物史观喜从客观立言，其精神略近科学。若能谨严自守，就事论事，未尝不有几分科学价值；若跑进玄学里面硬有所主张，不问诚伪，皆属玄学，不得再自号科学。

步，以物理形式而解决，殆亦有如唯物史观家所说者。本来人类文化之初，莫不在第一问题压迫之下，第一态度即以自然必要而无问何洲土何种族而皆然；其文化演进之序，自有类似从同之点，而一与其对物问题之进展相应。此实为使唯物史观家相信他们的所见可以普遍适用之故。然不虞中国历史上之伦理及一切相缘而来之礼俗制度，是从人生第二态度照着第二问题来解决，来建造的。明白言之，此虽亦不能不有其一定经济条件，然非被经济进步所推动者，实出于人为调制，意识地照顾于事先。于是竟倒转过来而从社会上层牵制了他的下层之进步发展，自陷于绝境！

　　关于西洋文化中国文化在近世一飞一停，西洋社会中国社会一变一不变的问题，自以产业革命（industrial revolution）之或见或不见为其最重要关目。虽西洋人飞，中国之停，皆有其存乎产业革命之前者，然其产业革命或见或不见，则其社会文化或大变化或不变化之所以分也。产业革命与工业资本主义殆相连之一事，故其问题亦即中国何为而不进于工业资本主义？论者于此辄比照西洋往事而为解释。或以为中国不是海上国家如英国，从其自然地理上不能有殖民地之扩大；[①] 或以为西洋于经济上不能自足，而中国能自足，无向前发展之必要；[②] 或以为中国无大量资本之聚积与自由出卖劳动力之多数劳动者；[③] 或以为中国封建制度虽已破坏，而犹有所谓封建思想封建势力，桎梏着资本主义不能作进一步的发展。[④] 诸如此类，大抵都归于无此需要，或某条件之未备，

---

　　① 中国手工业何以不能往前发展到近代工业？绝不由于中国没有强力的政权与自然科学，而主要的是因为中国商业资本太狭，及中国不能有殖民地的扩大。（拉狄克：《中国革命运动史》，克仁泽本，28页）而中国所以没有扩大殖民地是由自然地理条件，详言之，中国不是海上国家如英国。（见《新生命》3卷5号《托洛斯基派之中国社会论》，第6页。）

　　② 何以欧洲人要找寻东方贸易有这样的热烈？这显然可以看出他们经济力之不足。（中略）中国历史上每一期扩大的经济区域都可以使那时这种社会满足，于是代替封建社会的商业农业结合而成的小资产阶级社会遂这样长久地存在下来。这只可供环境主义的解释。（梁园东著：《中国问题之回顾与展望》，196页。）

　　③ 见朱新繁著：《中国革命与中国社会各阶级》，56页。

　　④ 顾孟余先生分析中国社会而为之结语云：这个构造可以叫做一个"为封建思想所支配的初期资本主义"；思想是封建的，保存这个思想的有圣经贤传；经济与社会倒是初期资本主义的。陶希圣先生则更诘以圣经贤传是什么势力保存着的，而为之说云：士大夫阶级的势力表现于政治则为官僚政治，对战斗团体的依赖性及对生产庶民的抑制性是官僚政治的特征；表现于社会上人与人的关系则为隶属关系；表现于思想则为等级思想。这种社会实具有封建社会的重要象征。工商业资本主义在这种势力桎梏下没有发展的可能。这种势力只有叫做"封建势力"。

或某障碍为之抑阻。这是何等浅薄没力气的话！人类只有主观方面的不贪，绝没有客观的满足不需要之事。以十六七世纪欧洲人向外发展的渴热强烈寻求，回证他们经济的不能自足；以中国安于其农业上的生产方法和商业的贸迁流通，回证他们的可以自足，何其无意味！全不理会那时欧洲人冒险进取精神和他的贪欲——这是从他人生态度和郁蕴的力气而来；全不理会中国人精神又另从一途发挥去，和他的淡泊寡求。从自然地理上解说西洋中国产业革命之见不见，工业资本之成不成，如果中国在自然地理上的差异居然会到这程度，则论者原初想将产业革命工业资本说成人类文化上普遍一定的阶段，却恐说成是局于欧洲一隅所特有的现象了。说封建制度虽已破坏，犹有封建势力抑阻着经济进步，不知是制度破坏者抑阻力强大，还是制度存在者抑阻力强大？有制度在抑阻不了西洋人，而制度破坏却抑阻了中国人，这是什么道理？假定其犹有所谓封建思想势力，亦只有主观的无力，容他残存，不好说作客观的有力、阻我进步。客观的阻碍可以说没有的。你只看见他所为生产主于自给自足，大体上只是地域经济未进于国民经济耳。你只看见他商业资本早见于数千年之前，而自然经济犹滞于数千年之后，为大可异耳。你绝寻不见客观上有什么闭锁障阻他往前进的大形势存在着。欧洲中世封建下的土地支配制度，手工业的基尔特组织，所为经济上之闭锁抑阻，中国初未有之，而中国却总是不前进，是其故必有在矣。我非能断言诸此推论——绝无影响关系，然举轻末不足数者，大言之以为原因在是殊无聊，而一般人之耳目或不免为所蔽，不可以无辨。

我们首先要一眼看明，这是陷入顿滞一处盘旋不进的绝境，而后"进行迟慢"与"客观阻碍"等说乃一切刊落不必更提；其次很容易看出，其往昔成就大有过人之处，其全体表现自有积极精神，则知其既向别途以进；产业革命之不见，工业资本之不成，固有由矣。更次乃见其所遗之一途固为所遗而不进，其向别途以进者亦卒有所限而止于其可能之度，而同时又还以此所牵，不能复回向于彼一途。彼此交相牵掣，是即绝境所由陷，而后产业革命之不见，工业资本之不成，乃决定矣。倘更能参伍错综比较寻绎，以发现世界各系文化之所以异趣，与人类文化转变之前途，则知中国文化者盖人类文化之早熟，如我往常所说者。①

---

① 参看《东西文化及其哲学》，第五章，"世界文化三期重现说"一节及"我们现在应持的态度"一节。

好比一个人的心理发育本当与其身体发育相应，或即谓心理当随身体的发育而发育亦无不可。而中国则仿佛一个聪明的孩子，身体发育未全，而智慧早开了；即由其智慧之早开，转而抑阻其身体的发育，复由其身体发育之不健全，而智慧遂亦不得发育圆满良好。质言之，中国不是幼稚而是成熟；虽云成熟，而形态间又时显露幼稚，即我前说的"非循夫自然之常"是已。

循夫自然之常理者，必先完成人类第一期文化，乃开始第二期文化。所谓人类第一期文化之完成，以人对物的问题得解决为度，恩格斯有几句话将这界划说得很清楚：

> 社会掌握生产手段的时候，商品生产已取消，同时生产物对于生产者的支配亦已取消。在社会的生产内部，以计划的意识的组织而代浑沌的无政府状态。个人的生存竞争亦随着停止。接着，人类在某种意义上决定地与动物的王国分离，由动物的生存条件进至真正人类的生存条件。围绕着人类，而在今日已是支配着人类的外界，于此时乃服从于人类的支配与统制，而人类对自然乃开始为意识的真实的主人。[①]

人类必自此以后，乃逼近于人生第二问题（人对人的问题），而引生第二态度，入于第二期文化。[②] 顾不料数千年前之中国，当农业略有进步商业资本初见之时，去此界度尚远，而已迈进于第二态度第二问题之途，向内而不向外，勤于作人而淡于逐物，人对物的问题进展之机于是以歇。此其中重要可指之点，殆在商业资本虽有，而始终不成其为商业资本主义以演动于社会，产业革命乃无由促成。产业革命工业资本之不成，社会组织结构自无由变。虽数千年中国人之所为，忽于物理，明于人事，而人事之变卒所不能尽；而由物理之忽，科学及科学方法不能产生，学术发达上乃大有缺憾与局限；所谓向别途以进者亦止于其可能之度，即谓此。此时亦更不能返于向外逐物之第一态度，以牵于既进之精神而不许也。进退两所不能，是其所以盘旋一处，永不见新机杼之开出的由来。大抵一切不能前进之事，莫不有此一种交相牵掣的形势在内，只有此交相牵掣其为力乃最大也。中国文化之所以停滞不进，社会

① 参看千香译：《社会进化的铁则》，74 页。
② 参看《东西文化及其哲学》，第五章有关段落（见本全集第一卷，493～524 页——编者）。

之所以历久不变，前就礼俗制度本身言之，特言其一义，语其真因乃在此。

我们重说几句结束这一段。中国数千年文化，与其说为迟慢落后，不如说误入歧途。凡以中国为未进于科学者，昧矣！谬矣！中国已不能进于科学。凡以中国为未进于德谟克拉西者，昧矣！谬矣！中国已不能进于德谟克拉西。同样之理，其以中国为未进于资本主义者，昧矣，谬矣！中国已不能进于资本主义。不能理会及此，辄以为前乎资本主义社会，而称之以封建云云者，此犹以前乎科学而判中国为宗教，实大不通之论，极可笑之谈，为学术上所不许。中国之于西洋，有所不及则诚然矣；然是因其不同而不及；或更确切言之，正唯其过而后不及。时至今日吾侪盖已察之熟而辨之审矣。

我们一向的错误

我以 1893 年生，其时中国人不幸的命运，早已到来好几十年，而一天紧似一天了。其次年，便是中日甲午之战，中国人的大倒霉，更由此开始。而我们许多先知先觉，所领导的中国民族自救运动，亦于此加紧的、猛烈的进行了（康梁一派变法维新运动，孙先生的革命运动，均自此猛进）。我真是应著民族不幸的命运而出的一个人啊！出世到今天（1930）已是三十七年，所谓命运的不幸，已非止门庭衰败，而到了家人奄奄待毙的地步。民族自救运动就我亲眼见的，前后亦换了不知多少方式，卖了不知多少力气，牺牲不知多少性命，而屡试无效，愈弄愈糟，看看方法已穷，大家都焦闷不知所出。究竟我们怎么会到得这步田地？事到今日，不能不回头发一深问。

这自然是我们数千年文化所演的结果。我既曾说过：

> 譬如西洋人那样，他可以沿着第一条路走去，自然就转入第二路，再走去，转入第三路，即无中国文明或印度文明的输入，他自也能将他们开辟出来。若中国则绝不能，因为他态度殆无由生变动，别样文化即无由发生也。从此简直就没有办法，不痛不痒真是一个无可指名的大病。及至变局骤至，就大受其苦，剧痛起来。他处在第一问题之下的世界，而于第一路没有走得几步，凡所应成就者都没有成就出来；一旦世界交通，和旁人接触，哪得不相形见绌？而况碰到的西洋人偏是专走第一路大有成就的，自然更禁不起

他的威凌，只有节节失败，忍辱茹痛，听其蹂躏，仅得不死。国际上受这种种欺凌已经痛苦不堪，而尤其危险的，西洋人从这条路上大获成功的是物质的财，他就挟着他大资本和其经济的手段，从经济上永远制服了中国人，为他服役，不能翻身，都不一定。至于自己眼前身受的国内军阀之蹂躏，生命财产无半点保障，遑论什么自由？生计更穷得要死，试去一看下层社会简直地狱不如，而水旱频仍，天灾一来，全没对付，甘受其虐。这是顶惨切的三端，其余种种太多，不须细数。然试就所有这些病痛而推其缘故，何莫非的明明自己文化所贻害；只缘一步走错，弄到这般天地！还有一般无识的人硬要抵赖不认，说不是自己文化不好，只被后人弄糟了，而叹惜致恨于古圣人的道理未得畅行其道。其实一民族之有今日结果的情景，全由他自己以往文化使然；西洋人之有今日全由于他的文化，印度人之有今日全由于他的文化，中国人之有今日全由我们自己文化而莫从抵赖；也正为古圣人的道理行得几分，所以才致这样，倒不必恨惜。　（此几分是天然限定的，即前云"有所限"是也。）①

中国的失败自然是文化的失败，西洋的胜利自然亦是他文化的胜利。我们前曾说过西洋便是一种强力，② 现在要补说一句，中国文化的特征正是弱而无力。

文化随人产生，人随文化陶养。岂唯中国文化非失败不可，中国人亦是天然要受欺侮的。罗素在他所著《中国之问题》上说："欧洲的人生是以竞争（strife）、侵略（exploitation）、变更不已（restless change）、不知足（discontent）与破坏（destruction）为要道；而中国人则反是。"又说："中国人之性质，一言以蔽之，曰与尼采（Nietzsche）之道相反而已；不幸此性质不利于战争，然实为无上之美德。"又说："世有'不屑战争'（too proud to fight）之国家乎？中国是已。中国人之天然态度，宽容友爱，以礼待人，亦望人以礼答之。"③ 大概一种特异处，单看不易见，两相对照，便易看得出；自家看不出人家却

① 《东西文化及其哲学》，第五章，"我们现在应持的态度"一节。
② 本文第二节之末引日本人金子马治论西洋为帕玩（power）之文明，又本文第四节之末尾指出西洋文化有其特异征服世界的威力在人心向外，科学发达，而社会以进于组织性机械性。反之，中国文化所以弱在人心向内科学杜闭而社会特别散温。
③ 罗素著：《中国之问题》，中译本，11、74、192页。

易见。东西人诸如此类的说法，实不胜征举；要皆所见略同，而都不明其所以然。试寻绎我前边的话，便自明晓。近世的西洋人是新兴民族而又曾被宗教关闭过，绝似小孩子关在书房，一旦放学，准他任情玩耍，自尔欢奔乱跳、淘气冒险打架破坏（先时颇可喜爱，久而闹的太凶，就不免讨厌，而且损伤亦太多）。而中国民族则正好像年纪大，更事多，态度自宽和，举动自稳重了。理会得此层，更须加意理会：

> 一则是从人类与一切生物所同的"有对性"出发的人生第一态度；
>
> 一则是向往人类所以异乎一切生物的"无对性"的人生第二态度。

西洋人自近世以来，大发挥其人类的"有对"精神，真是淋漓尽致！（此句话无贬无褒，即褒即贬）。这在今日风气将变之会，回看当年是尤其清楚的。今日无论在经济上、法律上、政治上，一切学术思想，都从个人本位主义翻转到社会本位思想，更易感觉那近世来个人主义之强盛，而弥漫一切。本来一部近世史，就是一部个人主义活动史，就是人的自我觉醒开其端。从认识了我，肯定了自己，而向前要求现世幸福，本性权利；后来更得着"以'开明的利己心'为出发"的哲学论据，"以'自由竞争'为法则"的社会公认，于是大演其个体对外竞争的活剧；所有征服自然的物质文明，打倒特权阶级的民治制度，一切有形无形，好的坏的东西，便都是由此开发出来。大概好一面，便是打倒排除许多自然障碍、人为障碍；不好一面，便是不免有己无人，恃强残弱——例如资本主义，帝国主义，此为两眼向前看、力气往外用必有的结果，原不足怪。然在我们正为太不具备他这种精神了，正为与他恰相反了，所以一旦相遇，当然对付不了他。自鸦片之役以来，所有我们近八十多年间的事，就是为这种强力（西洋文化）强人（西洋人）所欺凌、侵略、颠倒、迷扰的痛苦史。我常说，现在眼前的种种，身受的种种，实不必气恼着急，叹息发闷，更不用呼冤喊痛；你若看清中国这一套老古董是怎样，再明白西洋那一套新玩艺是什么，试想他们相遇以后该当如何，则今日的事正一点一毫都有其来历，无足异者。从来中国民族在文化上的自大，很快地为西洋之实际的优胜打击无存，顿尔一变为虚怯之极。方当受欺吃苦，民族命运危殆之时，我民族志士仁人，先知先觉，未有不急起以图自救者；而内审外观，事事见绌，不能不震惊歆羡于他，所以自救之道，自无外学他。始而所学在其具，继所趋求在其道，自曾文正李文忠以讫共产党，虽再转再变，不可同语，而抛开自家根本固有精神，向外以逐求自家前途，则实为一向的大错误，无能外之者。所谓"屡试无效，愈弄愈糟"者，其病正坐此。由是他加于我之欺凌侵略，犹属可计，漆树芬先生一部《经济侵略下之中国》计之甚悉，推阐甚明——而我颠倒迷扰以自贻伊戚者，乃真不可胜计！吾人今日所食之果，与其说为欧洲人日本人所加于我者，宁曰吾人所自造。此由今以溯观近四十年间事，不难见也。

近四十年间民族自救运动，总算起来，可大别为一个前期，一个后期。此前期后期者，非果我所自成分段则然，特以西洋近事有此转变，思想有此迁易，其所以为我刺激者，前后分殊，于是我亦被动的截然有二期。所谓欧洲之变易者何也？其始也制造帝国主义，其继也则打倒帝国主义，以是成其近世潮流，与最近代潮流焉。感受着欧洲近世潮流——其最有力之刺激则近在眼前之东邻日本——而讲富强，办新政，以至于革命共和，虽其间尽多不同，而总之结晶在一"近代国家"的目标。此即所谓前期运动。感受着欧洲最近潮流——其最显著时期，即在欧战一停之后，其最有力之刺激则西邻之俄国——而谈思想主义，采取直接行动（五四，六三以来各运动），以至于国民党改组容共，十五年北伐，纵其间不尽一致，而总之背后有一反资本主义，反帝国主义的空气。此即所谓后期运动。于前期种一有力之因，则练新军是也；辛亥革命由之以成功。然十余年军阀互哄之局，非食其赐乎？于后期种一有力之因，则培养共产党是也；十五年北伐赖以成功。然两湖粤赣其他各省焚杀之惨，不知多少有才能有志好青年为之葬送，非食其赐乎？又有贯乎前期后期而种一深且远之因，则全不对题的教育制度是也。今日社会现象种种皆成问题，非食其赐乎？任举一事，何莫非自己铸错？

又试观二十年间，凡今之所谓祸国殃民亟要铲除打倒者，皆昨之沐受西洋教育或得西洋风气最先，为民族自救的维新运动革命运动而兴起之新兴势力首领人物，初非传统势力老旧人物。已往之研究系北洋派固皆此例，而眼前之南京政府不尤其显著乎！近二三十年间事正为维新革命先进后进自己捣乱自己否认之一部滑稽史。其关乎私人恩怨，喜怒为用者此不说，且言其一时所谓公是公非者。始则相尚以讲求富强，乃不期一转而唱打倒资本主义帝国主义矣！始则艳称人家的商战以为美事，今则一转而咒骂经济侵略以为恶德。模仿日本之后，菲薄日本；依傍苏俄之后，怨诟苏俄；昨日之所是，今日之所非；今日寇仇，昨日恩亲。

所谓"不惜以今日之我与昨日之我挑战者",自己之颠倒迷扰,曾无定识,固自白之矣;改过虽勇,宁抵得贻误之己大。自救运动正是祸国运动。时至今日吾愿有真;心肝的好汉子一齐放声大哭,干脆自承;即不自承,而事实不已证明之乎!

何为而颠倒迷扰如此?则震撼于外力,诱慕于外物,一切落于被动而失其自觉与自主故也。是又何为其然?则以有清一代实中国文明外面光华内里空虚之候。吾前既言之矣:"中国的人生远从两千年近从八百年递演至此,外面已僵化成一硬壳,内容腐坏酵发臭味,……盖不独于今日为西洋所丑化了中国人不足以见所谓中国人生,即倒退六七十年欧化未入中国之时,固已陵夷至最后一步,不成样子。"民族精神浸浸消涸,自不胜外来新颖剧烈的刺激。虚骄自大之气,瞬即打破,对西洋国家乃不胜其景慕。我们一向民族自救运动之最大错误,就在想要中国亦成功一个"近代国家",很像样的站立在现今的世界上。这不但数十年前,一般人的讲富强是如此,便试问,今日大家的心理,果真明断不存此想,又有几人呢?原只有十三年后容共期间的空气,稍为不然,然而现在又随着反共潮流,而消散了那股盛气,模糊了那刚刚萌露的方针;"近代国家",仍是多数人理想的梦!曾不知近代国家是怎样一个东西。他的政治背后有他的经济;他的政治与经济出于他的人生态度,百余年间、气呵成。我国数千年赓续活命之根本精神,固与之大异其趣,而高出其上,其何能舍故步以相袭?至于数千年既演成的事实社会,条件不合,又不待论。乃一切不顾,唯亟于慕取追踪,于是:

> 乍见其强在武力,则摹取之;乍见其强在学校,则摹取之;乍见其强在政治制度,则摹取之。乃其余事,凡见为欧人之以致富强者,罔不摹取之。举资本主义的经济组织之产物,悉以置办于此村落社会而欲范之为近代国家。近代国家未之能似,而村落社会之毁其几矣![1]

追所求既不得达,正在穷极思异,而欧洲潮流丕变,俄国布尔什维克之成功尤耸动一世;于是我们亦掉转头来又唱打倒资本主义帝国主义。最近五年间,表面上为国民党领导着,精神上为共产党领导着的革命高潮,遂应运以实现。所谓共产党其物者,从其所以解决政治问题社

---

[1] 引自《河南村治学院旨趣书》,(见本全集第四卷——编者)。

会问题的方向来看，则诚然一变于欧洲之故，而从其所由出发的人生态度来看，则正是从来西洋人根本精神最彻底地发挥。沿着"功利主义"、"自由竞争"的理想，而出现的资本主义社会，演到大家都受不了的时候，自然要从个人本位主义翻转到社会本位思想；然当社会本位的经济将现未现之时，则正是经济抬到最高位，人们视线所集中，摆开阵营大事决斗之际。以"唯利是视"解释人类行为，以经济一事说明社会一切现象的"唯物史观"，就成了人们的指针。人类"有对性"的发挥，固非此不算到家，而西洋人所耍的把戏，这亦就为其极轨。乃不谓素讲理义是非，最耻言利，素爱礼让和平，最恶相争的中国民族，亦抛丧他祖宗高尚伟大精神，跟着人家跑，而不复知耻。盖自光绪年间讲富强，已开其渐，今亦不过更达于赤裸裸耳。无论前期后期运动，一言以蔽之，总皆一反吾民族王道仁义之风，而趋于西洋霸道功利之途（孙中山先生在日本讲演，对中西文化作此分判）。然讲功利，则利未见，而固有之农业反以毁，民生日以蹙，讲强硬，尚武力，则武力之施，强硬之果，不中于人而中于己。凡今日之"穷且乱"，正由三十余年间唯尚"利与力"而来；一言可以尽之矣。

嗚呼！数十年间，颠倒迷扰的可怜，亦可怜极矣！时至今日，其可以知返矣！一民族真生命之所寄上，寄于其根本精神，抛开了自家根本精神，便断送了自家前途。自家前途，自家新生命，全在循固有精神而求进，而向上，不能离开向外以求，不能退坠降格以求。只有发挥自己特长，站在自家原来立脚地上以奋斗，离开不得这里一步。譬如一个忠厚老实者，一个精明强干的漂亮人物，你受欺负是一定的，相形之下，觉着人家种种可羨是一定的，然而你索性老实到家，发挥你忠厚的精神，不要学乖弄巧。你要学，学不来，并失忠厚。所谓邯郸学步，并失故步，匍匐而归，真为善譬。今之救国不得其方者，还要出洋考查，真是可笑已极！古人说的好："归而求之有余师"，如再不赶紧回头，认取自家精神，寻取自家的路走，则真不知颠倒扰乱到何时为止矣！

然而，错自是一向都错了，但天然不能不有此错。譬如他以拳来，我自然要以足挡；他乎中握着利刃，我自然亦要急觅个家伙。以御他为自救之道，以学他为御他之道，此盖必有之反应，未假思索者。仿佛机械的反射运动一样，未有自觉的意识。在今日不可不悟昨非，而却不容责当日之错——当日无论是谁，亦要错的了。即因错误而生出的灾祸痛苦，似亦并不冤枉。好比流行传染病，要不传染已是不行的，倒不如小染其病，而得一个免疫性，到今日可算是种种的病都传染到了。如果不是体不胜病，则今后吾民族其必有回苏之望乎！

（以下"我们今后的新趋向"一节，略去了。——编者）

（录自《村治》月刊，1 卷 2、3、4 期，
1930 年 6、7 月。）

中国之地方自治问题[*]
（1932）

中国现在有许多人很注意提倡推行地方自治，但有许多困难问题。这可以从过去的事实看出来。"地方自治"这件事，在中国倡议实行始于前清光绪三十四年，已经有二十多年的历史，日子不算很短了；可是直到现在仍然看不见一点踪影，还在倡议之中，全国任何地方，都无其可行之端倪。这就可以证明此事推行之困难。光绪三十四年，满清预备立宪，筹备地方自治，颁布一个城镇乡自治章程，每县之中县城划为城区，较大的市镇划为镇区，多数乡村划为乡区。宣统二年山东开始着手进行，许多县设立地方自治讲习所，训练自治人才。筹备下级——城镇乡为下级，省县为上级——地方自治。至宣统三年训练人才后，即实行划分城镇乡，山东有好多县都如此办理。宣统三年就是辛亥年，革命成功后，仍然继续进行，城镇乡设立议事会，县有县议会，省有咨议局；在清末民初，省县议会在全国各省差不多都成立了。可是现在反倒找不到，转回头来重新提倡进行设立，其实现在要进行设立的议会，二十几年前都已实现成立过。到了民国三年，袁世凯政府时代，一半因有许多困难推行不动，一半因袁氏认为地方自治虽好，但须作预备工夫，不能

＊ 地方自治一事，清末即曾筹办过。国民党又搞"训政"数十年，如今又有"村官"民选办法之规定，等等。但至今仍难言其实现。怎么办？20世纪30年代，著者即就此一大问题，对其探讨结果写成此文。文中指出，地方自治即一个村（或社区），自己组成个团体，自己管理自己的生活。可中国人一向过的是家庭、家族生活，全无团体生活的习惯，不会组织团体。而团体生活正是民主政治的生活。大家养成了这种习惯，地方自治的基层即成为国家实行民主宪政所必不可少的坚实根基。文中所探讨的内容甚多，在此不能一一介绍。

又，当年笔录者李澂所写之此文"弁言"中说："《中国之地方自治问题》一稿，乃先生于廿一年十二月出席第二次内政会议前所讲于乡村建设研究院者，当时澂为笔记，曾呈先生阅过，而未及改订。"

即行办理，主张从缓进行，所以让袁氏取消了，城镇乡自治章程不算了，地方自治讲习所也不办了。后来到了民国八年，北京政府的内务部，旧事重提，另行制定自治章程，命令各省筹备实行；但因政局屡次变更，南北分裂，扰攘不宁，又于无形中搁浅了。这时联省自治的声浪甚盛，是以一省为一自治团体，二十几省自治团体，连合起来组织一个中央政府。当时倡此议最力者为广东陈炯明，湖南赵恒惕；广东曾实行县长民选——广东实行县长民选更闹许多笑话，——湖南实行省长民选，赵恒惕氏即为民选省长。在这联省自治声浪甚高之时，湘、粤、赣、浙四省，都定有地方自治法规——我都看见过——但因军阀互相打仗，赵恒惕被唐生智撵跑，陈炯明被孙中山赶去，大局变化，联省自治的呼声也就随着消灭了。接着就是中国国民党十三年的改组，十五年的北伐，十七年的全国统一；从十七年起，地方自治运动又起。有好些省设立自治筹备处。湖南就是这样，曾设立自治人员训练所，大规模的训练人才，举曾任湖南省长的曾继梧先生为自治筹备处长，从十七年至十八九年约数年之久。又江苏江宁县亦进行地方自治，设立村治育才馆；浙江则设立地方自治专修学校；凡此皆是从民国十七年开办，不过有的从省来作，有的从县来作。从县作的除江宁县外，还有孙中山先生的家乡——中山县亦办地方自治，定为全国模范县，有大批的款项，派好多党国伟人筹备办理，到了今日，无论从县作的，从省作的，所有地方自治统统失败，所有地方自治机关统统取消了！只听见取消，没听见有人反对取消；取消之后亦无人可惜。如湖南花费二百余万款项，经历数年之久的工夫；毫无成绩，只有取消完事。假若办理地方自治真有好处则必有人拥护，取消必有人出头反对。现在虽然尚有存在的，如浙江的地方自治专修学校，还有中山模范县不好意思取消，不过都是没有办法，人民很感痛苦。我在《敢告今之言地方自治者》（见本卷——编者）一文中曾详细说到中山县的情形，大家可以参看。现在统起来说，在过去经验上告诉我们，地方自治经多次提倡统统失败！他所办的事情，只不过筹经费，定章程，立机关，派人员，人员虚掷经费即完了！而现在中央又提倡乡长民选，区长民选，县长民选，省长民选，但困难多端，与昔日并无分别。这次南京开内政会议，大概就是讨论"地方自治在中国为什么不能成功"的问题。我下月将出席该会的专家会议，现在先将我对此问题的意见，向大家讲讲。——

先讲一个最根本的意思，就是我们说到地方自治，必须注意而不可忘记的是："地方自治"为一个"团体组织"，要过"团体生活"；实行地方自治，就是实行组织团体来过团体生活。地方自治是一不完全的名词，应是地方团体自治；普通我们说话把团体二字省去了。等到地方自治组织成功，应称为地方自治团体。现在大家不单在字面让忽略"团体"二字，即在事实上进行地方自治时，亦常常忽略了团体本身，而太着意于另一方面，——就是上级官府所委托的事。照例说，地方自治亦应奉行上面的政令，兼办官府的委托；不过大家太着意于此，太着意于国家行政，而忽略了地方自己本身是一团体。如大家一提到地方自治，便想起中国古代的所谓乡，党，州，里……；其实这许多都是自上而下的"编制"，而不是有他自己的"团体组织"。所谓地方自治，必须地方本身是一个团体组织。如一个村庄是一个自然形成的团体，而且是有他"自己"的团体组织；若自上面划分范围，名为乡，党……那是编制而非组织。组织是"主动"的，有"自己"的；编制是"被动"的，"属于人"的。地方自治就国家往下说，是一个编制；而就其本身说，则为一团体组织，实是具有两面的性质。现在要注意的是当我们办地方自治时，当然着重在地方团体的自治组织，而其对上之义不居重要地位；即重在团体本身之组织而不重从上而下之编制。组织是有其"自己"的，可以有自己的主义，而且是有生命的，有历史的，有事可进行的，有开展发达可言的；编制却恰好相反。现在大家偏重于其编制一面而忽略其组织本身，则地方自治之失败，乃必然矣。

地方自治之不易推行于中国，其困难即在组织能力，团体生活、为中国社会素所未有。中国民族数千年的生活是"非团体的生活"，其习惯亦是"反团体的习惯"，故无组织能力；地方自治即是团体组织，而组织能力恰为中国所无，这是唯一的困难。地方自治之"自"，非指个人而言，实指地方民众；如地方民众不能自成一体，则此"自"乃空洞无物，"自"既没有，则治亦无从治起。必须有"自"，始可言"自治"；必须有地方团体，始可言地方自治。吾人今日唯一所苦，即在吾社会没有"自"——团体，亦就无法自治了。

什么是组织？什么是团体？是我们现在要回答的问题。按理说，许多人合在一起，有一共同目标，有秩序的去进行，以求达其目标，就是团体组织了。如果我们去分析的话，则共同目标，大家合起，有秩序，去进行，是必要的四个条件。现在我们于此须加以解释。有两句话是顶重要的：第一句话就是在团体里有秩序的去进行其目标时，必是机关分职；团体中各管各的事，你管这个，他管那个，大家合起来去进行其共同的目标，机关虽分仍为一体，大家分开作事，而所作之事仍为一个，这就是所谓组织了。第二句话就是团体构成分子，个个必须有其自己的位置。大家要注意团体不是一块东西，一言团体，就显然是多数分子合在一起的；但如多数分子合在一起之后，而即失掉原来每个分子的存在性，那就不成其为团体了。所以团体一面是有共同的结合，一面是在结合里还有构成分子的位置。如共同结合后，止看见团体而看不见分子，就不是团体。这团体的机关分职，与团体结合中不失构成分子的位置，是组织团体顶重要的两个意义。现在举例以明：如同学大家在此组织一个饭团，大家都意在吃饭，就是共同目标；大家合在一起吃饭，就是团结；大家吃饭不起纷扰，就是有秩序；大家吃饭本身，就是进行；大家选举人员管理炊事，就是机关分职；饭质之好坏，饭费之多少，凡吃饭的同学都可发表其自己的意思，就是不失团体构成分子的位置。这一个饭团的组织，就是一种理想的团体标准最进步的团体形式。团体生活，就是团体构成分子的共同生活，他是"活"的、有进行的。在进行中，个个构成分子都可参加意见，所以是活的；如由少数人作主，而多数人不能发表意见，那就失掉了团体的意义。这种团体有活动有进行，分子有位置能说话，就是理想的团体组织。可是事实上并不如此。人类社会已经有很长的历史，而这种理想的团体，至今不但在中国没有实现过，即在文化很高的西洋社会亦没有实现过；只可说是人类此时的团体生活正在往理想进步的组织里进行而已。刚才所说最进步的团体形式，如同学饭团的组织，所以能够成功的原因，是因为题目简单，人数较少，又有教育程度，种种条件合在一起，所以就容易成功；反之如题目复杂，人数众多，程度很低，则此理想的最进步的团体形式就不易组成了。我们知道人类生活，最重大最紧要的团体就是国家，而国家的构成就完全不是按照这种形式；人类历史虽很久，文化虽很高，而国家团体生活，还未作到如是境地。从人类有史以来，所有的国家，都不是由构成分子个个同意而组成的。这句话包含两个意思：（一）即国家的构成，是由强迫来的——不是大家同意的；（二）即国家的构成，是无意识的——不自知的。世界所有的国家都是如此组织成功，并没有实现过理想的最进步的方式；不过最进步的方式，虽未实现过，而人类团体生活，的确是往最进步里走。比如西洋近代历史就发生一很显著的走向进步的变化，就是对于国家的组织发生一个崭新的要求，由无意识而变为意识的，由强迫而变为同意的；这就是十八世纪法国卢骚的《民约论》所引起的变化了。《民约论》在西洋国家的变化上，发生很大的影响；西洋国家由封建专制，变到民主共和，其转纽全在此思想之鼓励。《民约论》中说，"人类原有天赋权利，各有自由，不得干涉；但人类不好单独生活，须组织团体，愿意把自己的自由让出，成立国家以管理大家。国家就是这样由民约同意组织成功的"。这个思想虽不合历史事实，却是一个很对的理想；让国家由强迫不自知的形式，而进于意识的同意的组织，确是由不进步往进步里走，不过现在仍然没有走到最进步的境地罢了！于此我们应当注意的是国家越变成了民治的，则其国家就越成了出于大家同意的有意识的最进步的团体组织。地方亦然，地方越变成了自治的，则此地方越是一个进步的团体组织。团体生活亦是很进步的生活。我们现在可以说到本题了："地方自治"就是让地方自成一团体，而往前共同生活；像刚才所说有意识的团体生活就是自治，有了团体组织才有自治。现在我们所苦的是没有团体组织，没有自治的"自"，虽有"治"亦属无用；所以大家要注意"自"字，不必注意"治"字；有了"自"字，自然可以"自治"了。

现在我们可恍然明白地方自治止作"编制"工夫是不行的！因为编制只是让某一地方有所属，乡属于区，区属于县……有所属是使一地方没有"自己"而属于"他"！所以编制不能有"自"，而只有"他"，必有组织才能发生"自己"，才能"自治"。现在政府提倡自治，单作编制工夫是不会有结果的！政府应作促进组织的工夫，站在旁边帮助地方，使自治组织由无而有就对了。我们已经知道，政府提倡自治，单注重编制的不对；我们尤应知道想要地方自治在中国实现是有顶大的困难，因为地方自治，须要团体组织，而团体生活组织能力，恰为中国一向所无，今欲使其实现，真不是一件容易的事。中国提倡地方自治差不多有三十年的历史，而总不成功，为大家所深怪不解；其实应当怪异的，是当初大家把这件事情，看得太容易了！如当初大家认清其困难，而慎重从事，则地方自治，必不能失败到如今日的一无结果也。

现在从事实上来说明中国社会的没有组织能力，和缺乏团体生活。所谓"团体"，我们须从两面去观察：一面自团体内部而言必须合而亲切；一面自团体对外而言，必须分有界限。对外不分，对内不合，不能名为团体；具备内合外分的两面，才算一个团体。可是中国人恰缺乏此两面的精神——一面缺乏内部的公共观念，一面缺乏对外的分别界限。

例如在人类团体生活中，最容易有分界的，莫如国界，而中国人向来对于国界，就根本模糊不认真。中国从古就是世界主义者，讲天下太平，不与人分家，单单自己国家好了不算完事，世界大同是他的理想，中国几千年来都是这样子。"爱国"二字，在中国系一新的名词，圣人的教训旧日的书籍，完全找不到。从前虽有所谓"忠君爱国"之说，然所谓国者乃是专指君主而言，并非指国家团体；所以中国人最缺乏国家意识，像西洋人（如法德）国家意识之强，在中国可说完全没有。为什么中国人对于国家意识这样薄弱，对外不分，对内不亲呢？第一个重要原因是因为中国国家太大，像中国这样大的土地，若在西洋，可有二十余国之多。在欧洲是许多小国林立，此疆彼界，历史上彼此常常交战，成为世仇；这样就逼着他们对外不得不分，对内不得不合，遂演成了严密坚强的国家组织。所以欧洲的国家才是真正的国家。比如德法二国，世有仇怨，时相戒备，设计国防，预备战争，其中一国如防备稍疏，他国即乘机侵扰，人民即不得安宁；所以他们人民的生活与国家发生密切关系，国家生活在他们人民的生活上占很重要的位置。如把国家观念从法国人或德国人的头脑中抽掉，他们几乎就不能生活的；这是因为他们自己生活完全要靠国家来保护的缘故。中国自秦汉以来，差不多都是大一统，国家非常之大，虽有时发生敌国外患，但因地域辽阔，一部分人民纵受摧残，而全体民众，却受不到多大影响；如晋之东迁，宋之南渡，在历史上是不常有的变动，几乎成了例外的样子，所以人民的生活与国家疏远不相关联，国家团体存在的必要，人民简直感觉不到。加之人民程度太差，知识低劣，仅能有具体事物观念，缺乏抽象的理解力，国家既是一抽象观念，普通理解力低的人，实不易具有；国境既大，人数又多，国家意识之形成，实为至困难之事。还有一个重要原因，就是中国古代文化甚高，环伺中国的邻国文化都低于中国，没有与中国平等的文化，不易发生敌对竞争的心理；他对于南蛮北狄、东戎西夷，一向即抱鄙视的态度，包含怀柔，不屑与对，对抗的局面不成，国家的界限自不易有。以上是从中国民族对外关系上说明其国家界限不易发生之由来。

现在再从中国内部以观其国家与人民之关系为如何。从中国过去情形说，人民之于国家实在无多大关系。人民自己过日子找不出那一点必须与国家发生关系，顶多不过是被动的交纳钱粮、消极的打打官司而已；此外再找不出什么积极的关系来。这种情形的所以演成是从两面来的：（一）是中国国家向少与外国对抗之势；如上所说欧洲小国林立，互相敌对，互相防备，政府为对外计，对于人民当然持干涉态度，政府之于人民，差不多如军队中总司令之于兵士一样，当国家与国家互相敌对之际，政府对人民不仅持干涉态度，且含有帮助人民的意思，所以国家与人民之间关系甚为亲切。中国国家既是大一统时候居多，差不多没有什么对外的问题，国家之于人民，既不干涉，亦不帮助，完全放任，听其自生自灭，以消极不扰端拱无为为治，这样人民对于国家当然不会有亲切观念，所以彼此便成功一种疏散不相关连的局面。（二）是中国社会内部没有阶级；中国人不但对外没有国家观念，对内亦无阶级意识。"意识"二字，亦可诠为"自觉"；自己觉着这是自己的国家，自己觉着这是自己的阶级，此疆彼界的情形，如欧洲国家意识之强明，阶级对立之严重，在中国完全没有。中国国家的统治力操诸个人的掌握，而不在阶级手里；中国只有统治者，而无统治阶级，这是一向中国政府对于人民不得不采取放任消极之最大原因。假如是阶级统治，则共利害者多，统治力量强，政府对于人民虽强施压迫，人民亦无如之何。中国恰是一人在上，万人在下，只有统治者而无统治阶级，统治力单弱，不敢压迫人；如其倒行逆施，妄用权力，则叛乱必生，皇帝个人的命运立有发生危险之虞。所以他为自己前途计，一面消极无为，不扰人民；一面开放政权，与天下士人共之。中国过去的考试制度，给读书人开出向上的机会，人人都可赴考作官；同时在经济制度上土地可以自由买卖，工商业因无大机械的发明，生产简单亦甚自由。人人都可自谋出路，单看自己能力如何，因为这种种关系，中国人在社会上的成败升降，是顶容易的，成了一种个人自由竞争的局面。这样就把中国社会给散了，让中国人只有身家观念，读书中状元，经营工商业，辛勤种庄稼，都不过为身家打算，光辉门庭而已！中国从古圣人虽反对私利，而社会组织制度使中国人除了身家观念外，再不能找出什么公共团体连带关系来。或者乡里宗族，多少有连带关系，但亦无若何具体组织以对外；所有人们的活动都属个人，而无共同活动。团体活动在中国从前社会，简直发现不出。所谓"士农工商"四民之中，士农最为散漫；团体连合，在工商业里还可找到，士农简直没有。可是士农为构成中国社会的主要分子，因为士人虽然人数很少，但为社会中的优秀分子，是社会的头脑，而中国人口百分之八十几是农人，人数占最多，所以士农，是中国社会的主要分子。中国从前的士人读四书五经，甚为简单，实不需要团体进行；农民种地，顶多一家子去种，或者雇几个人帮忙就行了，更不需要结合大的团体。在中国从前社会实在找不到团体的必要，不但小团体不必要，即大的国家团体亦不必要；不像西洋人没有国家，即不能再往前生活。如法德二国不具有强大的国家力量，则他国即要侵略烧杀，人民当然无法往前生活——所以国家生活在他们成为一个必要。在中国，国家种族、阶级……种种界限都没有；对外不分彼此，不相敌抗；同时内部相互的关系亦不亲切。中国实是一个不分不合的散漫社会，所谓"一盘散沙"正是这种情形绝好的形容语句。他不单是没有组织——自动的团体组织，且连自上而下的编制亦疏忽。很显明的证据，就是国家不丈量土地，不调查人口，对于自己的土地、人口，完全没有精确的统计；中国数千年来都是这样子，清代更是如此。

中国社会散漫的情形，若从其政治生活，经济生活、社会风尚三面加以考察，更易明白。中国国家对于人民；放任消极，既无组织，又无编制，国家与人民很少发生积极的关系，这是在政治生活上让中国社会不能不散漫的原故。中国以往的经济是自给自足的，人民日常生活用钱向外购买物品的需要很少，点灯的油自己可以榨，穿衣的布自己可以织，吃饭的谷自己可以种，人与人在生活上不发生连带关系，很可以关门过日子，几与老子所说老死不相往来的神气相仿佛。这与西洋社会比照着看，更为显明：西洋社会经济生活连带关系是很密切的，在一千几百万人的大社会中，大家饮用一个自来水公司的水，点灯用一个电灯公司的电，一旦自来水源发生障碍，磨电机械有了损坏，水电断绝供给，社会立刻发生问题。中国社会，与此恰好相反，人人可以闭门生活，没有密切的连带关系；这是在经济生活上让中国社会不能不散漫的原故；现在再从中国社会风尚说明中国社会散漫的原故；个人可以有特殊嗜好，有他最爱讲究的事情；同样社会亦有其风尚，亦有最爱讲究的事情。支配中国数千年人心风俗的无形势力，莫过于儒释道三流派。而儒家在中国社会占最主要的位置，所以中国大多数人爱讲究个人道德，伦理，孝弟，贞节，忠义……凡此皆是个人与个人关系的讲究，如子对父孝，弟对兄悌，妇对夫贞，友对友义……而不是团体生活中分子对整个团体关系的讲究。中国人既好讲究个人伦理道德，便不能不漠然于整个社会团体的关系。况且中国数千年来，表面上固是儒家的教训占最大的势力；可是社会风尚的骨子里，"黄老无为"的气习，实大过于儒家。黄老派在西汉时就很盛行，到了晋魏之间的清谈派，"无为"的风气就更厉害了；大家既然清谈无为，那里还会有什么团体活动共同生活呢！

我们现在再看佛家：儒家重伦理，道家尚无为，佛家更进一层，捷直厌弃红尘，否认人生，要出家当和尚，这么一来，就更无团体活动之可言了！所以团体生活，在中国从前简直是不会有人讲到的。大家的好尚，都是反团体的；则社会安得不散漫呢！这是在社会风尚上让中国社会不能不散漫的原故。

中国过去的政治生活是端拱无为放任消极的，经济生活是自给自足不相关联的，社会风尚是背反团体共同活动的，种种条件凑合成了中国社会的散漫性。近百年来，这个庞大散漫的国家，遇到了与其恰好相反的，特别以团体组织力见长的近代西洋国家，其失败乃是历史之必然！近百年来，西洋文化的战胜，胜于其组织能力；中国民族的失败，败于其散漫无力。中国国家虽地大人多，以其散漫，遂等于无力；散漫无力，实为中国近百年来所以失败的唯一原因！中国旧有的文化（一切文物制度礼俗习惯）亦随着实际上的失败打击，根本动摇破坏，不复能用；时至今日，已不容我们敷衍生活，非根本改弦更张不可了。我曾经说过："中国在历史上从来没有研读外国书籍，讲究外国道理，有如今日者！"今日中国的情形；为历史上的中国从所未有；对历史上的中国言，实为一根本的变革。历史上的中国，在武力上虽曾经数度失败，而在文化上总占胜利，从未失败；到得今天，我们的文化，遭遇到从所未有的难关，真真是失败了！事实上逼迫着中国人非转变不可，这时代真是中国文化的大转变期。"地方自治"这件事；如果能够成功，正是中国文化大转变期中的一事；因为"地方自治"与从前中国社会的散漫生活根本相异，完全为一新的方向。文化的大转变何时成功，地方自治的新方向，何时才能踏得上去。文化大转变的何时成功，实是很难说定的事情；政府下命令要地方自治克期成功，真是谈何容易！中国社会的散漫生活，已经有几千年时历史，素无组织团体的训练习惯；旧有的风习制度虽于二十余年短期中间破坏殆尽，新方向的转变形成岂能于二十余年的短期中间望其实现！"地方自治"我们如看成是一"大的文化转变事业"才算是懂得他的意义；如认为是容易的平常的行政事务，可算是没有懂得今日中国的地方自治问题了。我们上边曾经说过，大家不应怪异地方自治的难于成功，因为假如你认识清楚地方自治是中国文化大转变的一个新方向，那么，你对他的难于成功，就毫不觉其可怪了。

地方自治的难于成功，其原因究竟何在？现在再从中国人的心理习惯及物质经济加以分析说明。从中国人的心理习惯去观察，有两个大缺乏点：第一缺乏"纪律习惯"。我们知道纪律在组织与编制二者之中都很重要，组织与编制都是关乎多数人的事情，而多数人有秩序的向一个目标进行，必赖纪律之维持；如无纪律维持，则秩序必乱，事情亦无法进行。所以团体生活，纪律是最重要的条件。中国人最爱随便，缺乏纪律习惯，在社会公众问题上尤其显著；梁任公尝说中国人私德不错，公德不行的意思，即是指没有纪律说的。西洋社会与我们恰好相反，他们的公共生活很有纪律；比如在欧洲的电影院或大戏院，并无警察管理，观众均须按先后次序购票进场，很自然的遵守纪律，不能为自己便利，越次而行。中国人如遇此种场合，那就非争先恐后，一塌糊涂不可了。还有常常听他们留洋学生说，从西洋回国到上海海岸下船，看见乱七八糟的情况，心里必发生一种奇异的感想，假如外国人初次来中国看见此种情形，必要以为发生了什么特别的事故。中国人之于纪律真是最欠讲究；开会很少秩序，戏园中观众彼此谈话，声音嘈杂，所以戏子就非大声唱不可。团体生活如无纪律，则必发生困难，事情无法进行，这个习惯恰为中国人所无。（我在《我们政治上第二个不通的路》一文中，曾谈及此，大家可以参看）。第二缺乏"组织能力"。组织能力，就是多数人在一块商量进行事情的能力。一人作主，不是组织；听人支配，亦非组织；大家商量进行，才算组织。这个能力，亦为中国人所最缺乏。中国近几十年来，渐有团体生活，几十年前，社会上所没有的党派会社，近年成立甚多。但我们如留心去看，所有团体统统组织不好，大家都犯一个毛病，就是团体分子热心者太热心，冷淡者太冷淡。即在一人，当热心时，总愿意把团体的事情，归他一人支配管理才痛快；如发生问题，心情冷淡，他对于团体事情便不加过问，好歹不管。分子对于团体，应当是参加进去，尽其分子的力量；对于团体事情不能不管，可也不能归一人管。要归一人管，那就是把持，非起纠纷争闹不可了。分子是团体的分子，尽其分子应尽的力量就对了。而中国人不能如此：个人在团体中，热心时，便要把持，心冷时，拂袖而去矣！这完全是因为中国人一向没有团体生活训练习惯的缘故。还有中国人在团体开会时，自己的主张如通不过，旁人主张，亦不赞成，不服从；团体事情之进行与否，他都可不去理会，甚或故意阻碍团体事务之进行。这都是因为中国人可以离开团体而私自过日子，所以他于团体生活的进行就可以不去积极的注意。若社会上人人非团体事情有进行，则自己不能生活时，就不能如是随便；自己主张虽通不过，亦必服从他人意思去进行团体的事情，进行总较好于不进行。西洋社会恰是如此。中国社会，一向无团体生活，故服从多数的习惯，组织团体的能力，均极缺乏。中国人在历史上都是关门过日子，很少发生关联公共的事情，就是有了公共的事情，亦全由皇帝宰相出主意解决，老百姓不过被动的听话服从，当顺民而已。中国社会对于"公事"原来即如此，主脑领袖作主命令，多数人民被动顺从；直到现在的乡村仍是这样。乡间的公共事情，如由乡间领袖，或地方官吏拿主意，农民都可听话，事情自易解决。如领袖或长官召集大家开会商议，则大家各具意见，议论纷纷，事情反倒无法施行；此时领袖长官即出主意，亦商量不拢来。这就是因为大家没有组织能力的缘故。组织能力，就是会做团体中分子的能力；中国人不是好自己一人作主，即作顺民听话，所以不会作团体的分子。他一向都是关门生活惯了，现在来过团体生活，多数人在一块商量作事，不能随自己意思爱如何便如何，必须彼此互相照顾，他实没有如此耐烦的能力。如何去作一个团体分子的能力——组织能力，纪律习惯，是中国人素所缺乏的；我们现在要想实现地方自治，国家民治，就必须注意养成新的心理习惯才行。一人新习惯的养成，尚非一朝一夕所能济；现在要让四万万人的大社会，在心理上发生一根本的转变，由被动变为自动，由散漫进于组织，由消极趋于积极，要他克期成功，真是作梦！以上是就人的习惯能力方面说明要想让中国地方自治成功非作心理培养启发的工夫不可。现在再说物质经济方面：地方自治，不能单靠人心习惯的转变，物质经济的转变亦甚重要；如果经济事实不逼着使人转变，则新纪律习惯新组织能力，亦很难养成。经济是眼前脚下最实在的事实，事实不变，无实际的鞭策逼迫，一切均不易变。中国以前的经济是自给自足的，大家闭门过日子，彼此在生活上，无连带不可解的关系，所以不能产生连带意识。如在实际上礼会发生连带关系，人民不能各自去谋生活时，社会连带意识，自然就会产生（如家庭在经济上有连带关系，故有连带意识）。固然事实上在社会里可以发生连带关系的，不止限于经济一端；而经济确是使社会发生连带关系的重要条件。西洋社会即因生产技术与生产组织的进步，把人联合在一起了；日用寻常的生活需要（如自来水，电灯，电车……），都有一个总的预备，大家生活互相连带，关系密切，团体自治的需要乃自然发生。中国社会，事实上不需要团体共同活动，虽去强迫组织，必无成功之理。现在办理地方自治，划乡划区，该乡该区的人本无连带关系，你从上头强行加以区划，认此小范围为一自治团体，那是毫无用处的；必在事实发生具体变化，人与人互相关连需要，团体生活自然形成，地方自治自然可讲了。所以经济的连带关系是很要紧的。现在提倡地方自治，完全忽略此点；不在经济事实上促进大家的连带关系，而只从编制上忙碌区划，这是地方自治失败的一大原因。假若社会上经济进步，关系密切，则此刻地方自治所要进行的公众卫生、交通、教育、皆易办理，而团体生活习惯，亦自易养成。新习惯新能力的养成，实须靠物质环境的进步；必须事实逼迫我，非具有此新习惯与新能力，生活就要发生困难，而后新习惯新能力才可养成。现在之地方自治，是被动的，从上面强施，划乡划区，乡民自己不知道是什么意义，没有积极的目标，没有活动进行，更不会发生连带关系；顶大的结果，不过是行政上或者较为便利而已。

从上面的分析研究，我们知道中国人在心理方面缺乏组织能力与纪律习惯；在物质方面，缺乏经济上的连带关系；无怪地方自治之困难多端，不易成功！但是我们因为他困难，就不进行了吗？当然是不能这样的！如何促成地方自治，如何使中国人会过团体生活的办法，我们已有研究，此时无暇去讲；现在要讲的是如想促成地方自治，有四点必须注意：

第一新习惯新能力（纪律习惯、组织能力）的养成，必须合乎中国固有的精神。如不合乎中国固有的精神，必不易养成。此中含义甚多，姑举例以明：中国的旧精神是崇尚情义的，社会的组织构造是伦理本位的；西洋人是讲究权利的，其社会组织构造是个人本位的。团体生活之于中国如有可能，则必从其固有情义之精神以推演，而不能如西洋权利之奔趋以成功。西洋从权利观念出发，故其社会须赖法律以维持；中国从情谊义务出发，故其社会唯赖礼俗以生活。过去数千年的中国恒循由此道以生活，今后我们的社会岂能根本异其途辙？唯有团体生活与团体生活的习惯，组织团体的能力，在中国是新的方向，为前此所无；然而这些无非是人与人之间的关系问题（人当然无法单独生活，必须加入社会共同生活，则人与人自然发生关系），吾中国人素重伦理，义以待人，卑以处己，则此问题，苟得其道，解决何难？现在唯一的问题，就在今后我们要过团体生活，人与人间的关系往还更加密切，事业进行的交涉接洽更加频繁，所谓行之必有其道，我们究应走那条道路而已！以我们的推断，我们确认中国今后之团体生活，仍须接续中国过去情义礼俗之精神。如不此之图，而欲移植西洋权利法律之治具于此邦，则中国社会人与人间之关系问题，团体组织新习惯之养成问题，必永无解决之希望！今之言地方自治者，乃至中央政府之自治法令，相率抄袭西洋之余唾从权利出发使社会上人与人间均成为法律之关系；比之乡间，乡长之于乡众，或乡众之于乡长，均成为法律之关系。大家一谈地方自治，必云训练民众行使四权（选举，罢免，创制，复决）；其实大家若稍澄清头脑，加以研究，则必发现自己蹈犯重大显明之错误。权与义恰好相反：权是"我能怎么样，你不能把我怎样，我有自由权，你不能干涉我，……"，而义是由情而有；情是对人关切爱惜之意，父之慈爱其子，子之孝养其父，兄之爱护其弟，弟之敬重其兄，朋友之过失相规，乡里之患难相助，……均由彼此相与之情，而有其各自的义务——我对你应如何；不应如何如何，衷心蕴藏深厚热烈之情感。由情而有义，隐然以对方为重；父以子为重，子以父为重，……彼此交相爱重，交相感应，趋于合而不趋于离。西洋社会一切从个人出发，以权利为重，人与人间彼此成一对待争持之局面，其情味与此土迥不相同矣。如今日之地方自治法令，乡长与乡民之权各有规定：乡民如不服从乡议会之议决，乡公所之命令，或触犯刑法，乡长即可检举，甚至逮捕送官；乡长如有渎职情事，亦可由乡监察委员会，乡民大会，检举罢免之。凡此皆是抵制对抗的安排，彼此对待手段粗而且硬，并非领导乡民彼此爱惜团结，而是领导乡民打架捣乱。乡监察委员会，如实行检举乡长，则委员与乡长成一对敌之势，乡间公共事务必无法进行。又中国人自爱之情甚重，如全县乡民开会罢免乡长，则此乡长之感情，必受莫大之损伤；将不能一刻居矣。乡长犯法，乡民不加以忠告；乡民有罪，乡长不加以劝戒，遂行法律解决。此以检举之法飨彼，彼以罢免之方回敬，互相伤损，毫无情义，此种法令，全从无情义处着眼想办法，使彼此制裁抵抗，而无爱惜尊重之意；乡村社会将沦于纷扰捣乱之局，而永无宁日。所以"四权"实是使人民捣乱打架的工具；西洋行之甚便，中国仿之，只受其毒害而已！这完全因为中西历史不同，社会组织不同，所以合于彼者未必能适于此也。西洋国家恒有敌国外患相煎迫，故其社会内部，团结力重。大而国家，小而社团，因其团结力强大之故，恒易用团体之力压迫分子，轻忽分子过甚。个人受制于团体者重，屈抑太甚，实不甘心，又加社会事实之变化推演，为抵制团体伸展个性计，所谓"个人自由权"之要求，于是乎生，此其一也；西洋国家为阶级统治，阶级统治之权力，必强且大，同时被压迫阶级之屈抑不得伸亦必更烈，亦缘社会事实之变迁进步，被压迫阶级群起谋有以抵制反抗压迫阶级、统治阶级，于是所谓"个人自由权"之要求，乃更炽，此其二也；西洋社会上面统治力强；团结力重，实为下面人民发生"个人权利"要求之因。大家试留心去看西洋政治制度，其国家组织法或根本法，防备牵掣的意思，大于向前作事的意思。这全由于当初政府压迫人民太甚，人民被迫不得不抵抗政府；政府为大势所迫，亦不得不发生变化；这样争持的结果才产生了这种彼此牵掣平衡（政府有政府的权，人民有人民的权），政治得以推动，社会赖以维持的现代政治制度。于此大家更应注意西洋社会，一面因为他有敌国外患，一面又因为他有团结习惯；故虽上下彼此牵掣抵制，而仍可巩固团结，不致分裂离散。中国社会则不然，中国社会原来就很散漫，所谓中国人无五分钟的热度，无三个人的团体，这话亦许过甚其词；但中国人难于团结合作，乃为人所共知无可讳言之事，而我们今日之唯一所苦，亦就在此。现在推行地方自治，仿用西洋办法实是故使之分！在原来散漫消极向无团结习惯的中国社会而安排西洋制度，使其社会彼此牵掣抵制，本不易合而乃故使之分，非打架捣乱，即成呆定不动之死局矣！此乃势所必然，有非人意所可左右者！西洋制度其尚可行于吾社会乎！故吾人之意，欲使中国社会有团结组织，欲使中国人民过团体生活，必须发挥中国固有之情义精神，用礼俗维持推动，往前合作。礼有"谦"义"敬"义，人在团体生活中，"谦"以处己，"敬"以待人，互相感召，情义弥笃，则团结合作之路，在中国社会其尚有一线可通可行之曙光乎！如大家仍不觉悟，袭西人机械之法而不知矫正，使吾社会陷溺于"彼此对敌"，"彼此抵制"、"无谦无敬"之粗野境域，为日愈久，受害愈深，那就只有"地方自乱"，非所谓"地方自治"了！吾人旷眼四观现社会受西洋之毒甚深甚深，人贻之乎，自取之乎？今之言地方自治者实不可不一审之也！大家尤应注意者，今后中国社会如不恢复崇尚礼俗之固有精神；处人处己，如不出之以谦敬爱惜之情，而仍出之以抵制牵掣之法律态度，取法而遗情，重律而忽礼，则中国问题永无解决之日，中国社会仍无匡复之期矣！何则？法律乃机械的、呆板的、无生机的，呆板机械的办法，行之于中国社会，固无可通之理也。诚然西洋制度有许多长处，吾人必须学以用之；四权原义亦未始不好；但吾人只可如其分际的师取其意思，而不能毫无斟酌的迳行其办法。如于彼我情势不加审察，昧昧焉生强以为之，则组织团结之新习惯，必无法养成，地方自治之失败也，正为应得之果。故欲地方自治成功，新习惯必合于旧精神，此应注意之点一也。

第二我们欲促成地方自治应注意政治与经济天然（注意"天然"二字）要合一。我们上边已经说过，要想地方自治成功，须赖经济进步。经济进步则人无法闭门生活，在经济上必发生连带关系，由连带关系而有连带意识；连带意识发生，地方自治之基础即树立矣。西洋地方自治，是经济进步所促成的，但西洋经济与政治不合一，在经济上走个人本位之路，（财产是个人的，虽父子夫妇，亦分而不合）人人在经济上自由竞争，不知不觉的，由于生产技术与生产组织的进步，使个个散开的人发生连带关系，地方自治，因以促成。西洋社会组织团体，共营合作，并非由于先见的有意的安排，而是基于生产技术（如大机械的发明）的进步，生产组织（如大公司，大工厂的创设）的进步，于不知不觉中，使人在生活事实（如坐电车，喝自来水，点电灯……）上，发生了连带关系，即在消费享用一面连到一块，而生产制造一面，则属于个人私有（即资本家）。此时所谓地方自治是某一意义团体的生活，可是在经济上是个人管个人的，穷富甜苦至不均一；这种个人本位自由竞争的经济，他们说是"经济上的无政府状态"。所以我说他们经济与政治不合一，在经济组织之外，又有政治的组织。西洋地方自治组织，即是属于政治的组织，中国地方自治如果成功，大概政治与经济天然要行合一。中国地方自治不单为一政治组织，同时犹为一经济组织。本来孙中山先生在地方自治实行法上，即有地方自治，政治与经济合一的话；此次南京内政会议邀我出席，他们邮来几个问题，让先研究，其第一问题，即是"如何实现总理遗教中地方自治政治与经济合一的主张"。我们应当知道：地方自治成功与否，政治经济的合一与否，并不是什么主张或理想的问题，须看自然形势以为定；如不看社会自然形势，而只是在主观上理想什么，或主张什么，则此理想与主张就能够成功吗？天下好的理想，妙的主张，多着哩！所以从理想与主张出发，单止想圆满某人的理想，或实现某人的主张，是错误的。"地方自治"，实是天下大事，岂能靠一人之主张，一人之理想，所能成功？必须要注意"天然"形势，其庶几乎！西洋近代经济，是由个人本位自由竞争，因生产技术的进步，不知不觉的，不期然而然的，让社会发生一种生活上的连带关系、连带意识，地方自治很自然的就形成了。可是在经济上他们是走个人本位，自由竞争的路，个人只为他自己营谋，不但彼此不相照顾，而且此人之失败反有利于彼人之成功，彼人之成功正有资于此人之失败，形成一种剧烈竞争的局面。再则因为经济是以个人为本位的，大家只为自己打算，盲目的奔求个人的利益，整个社会的利益，无总的安排，无总的计划。国家政治，除消极的维持秩序外，在经济上是任人竞争，谁成谁败，谁生谁死，政府一概不管。因此西洋近代经济便发生一种矛盾现象：一方面生产过剩，价值过低，不便出售，常有销毁之事（美国烧麦之事，报纸常有记载），一方面生活无法维持，呼求救济者犹盈千盈万，这就是他们所谓经济上无政府状态了。但是一社会中，如在经济上有一总的计划，总的安排，按照此社会中的人口土地，农业工业能够生产什么，大家需要什么，给他一个总的打算，总的解决，有一个总的脑筋；这样就是有政府的经济，亦就是社会主义了。我们为什么说中国政治经济天然要合一呢？这是因为中国社会，有一自然的形势，使中国的政治经济不得不归于合一（自然形势，是最有力的，我们必须看清楚他；即有理想与主张，亦必须合乎自然形势，不然就是空想）。中国社会，自其旧的组织构造崩溃，政体变更，皇帝推倒之后，使原来即患散漫的社会，更加散漫，更无何物足以维系于其间；中国今日最急切的问题，当无逾于新组织构造如何创造开辟的问题。而新组织构造，天然须由乡村从新起手，创造开辟，天然是"乡村自救"。一人一乡村一地方……无法自救，必须散漫之社会，作一广大之团结联合，而后乡村乃可言自救，而团结合作必须从乡村萌芽。乡村无论进行何事；必须有赖于"合作"，在经济上更是如此。中国如走西洋个人本位自由竞争的路，则中国经济必不能进步，故欲中国经济进步，必"合作"乃可。我们即撇开中国特殊情形而单就普通经济原理立论，欲发达农业，必不能走个人本位自由竞争之路，任何社会皆是如此也。西洋近代经济，由工业而进步，所以能够走个人本位自由竞争之路（即资本主义）；当初西洋经济，若从农业起手，必不能循此路以进步。所谓经济进步，无非是生产技术，与经营组织的进步，此种进步，均从小规模进于大规模，从零碎生产进于大批生产（当然不能说是无限制的大，但大体上总是往大里走；如不是由小而大，经济即不能进步）。这种情形，都是竞争的结果。当竞争时，胜利者吞并失败者的一切，资本由小而大，劳力由散而集，由小规模经营而到大规模，由零碎生产而到大批，都是经过如此的历程而来的。农业进步亦需要大规模的经营，与工业同；但是如走竞争路子，则演成相持之局，无法遂行吞并。个人要进行大规模的农业经营，除非在新开垦新拓殖的地方，有其可能；中国立国已久，人口土地分配，无特别悬殊偏畸之病，实无其可能也。农业既不能走竞争吞并的路，其经营复须相当的大规模，则舍农民同意的自觉的"合作"，殆无他途。这就是因为在农业上走个人本位路，得不到由自由竞争而胜利吞并的结果，有如工业者然；故只好让大家自己自动的、有意的去"合作"了。这不单在中国应当如此，农业原理天然要如此的。比如工业国家救济农民除在经济上采取"合作"办法之外，再无其他方法可用；在以农立国的国家如丹麦，更是这样；再如共产主义的俄国，欲在农民社会实现其主义，亦是除领着农民走合作路外，再找不出其他办法（最终目的虽是共产，而起首不得不走"合作"的路）。总之，要想救济农民，或农民自救，凡关于农业上的问题，非"合作"莫办。合作是大家彼此帮忙，彼此依靠之义；"合作"可以产生一个社会的脑筋，对于经济可以有一总的计划，总的安排，总的解决。由小范围的合作组织，连合成功一个大范围的合作连合，可让社会对于经济有一总计划，按照消费而生产，不含营利的目的；这正是由合作路走到经济上的有政府状态。经济与政治合一，是天然要如此的；因为政府对外代表全国人民，对内统治全国人民，政府是国家的脑筋，现在经济一面如有总计划、有政府、有脑筋，则二者的合一乃是必然的。其所以然，大家亦许不好想象，现再就我对于此事的观测多说几句：大家首先要知道政治与经济的合一，并非骤然可以作到；就是"合作"亦非骤然可以成功——由小范围的合作，逗拢为大范围的总连合，乃至合作程度之由浅而深，均非骤然可以作到。不过我们望见中国经济的方向，是往合作里走；合作渐渐由小而大，由浅而深，往进步里走，乃是理势之所必然。我们前边讲过的"团体生活"，"连带意识"，……在眼前的中国亦很难成功；事实上非有困难问题紧逼着大家，使大家自觉的连合起来自救，同心协力，解决大家本身的问题，连合团结，锻炼出组织能力，纪律习惯，则散漫的中国社会，实无法进于组织，所谓"合作""团体生活""地方自治"，均无法使之成功实现。现在中国社会有两个最真切最实在紧逼着中国人非团结不可的问题，就是治安问题，与生计问题。如乡间有土匪扰乱，大家即练红枪会，这就是大家连合起来；解决自己治安问题的团结，这是由于治安发生问题，逼迫着大家非团结自卫自救不可。但武装自卫的团结，并不是培养中国人组织能力的顶合适的路，这样的团体，不容易成功一个顶好的组织，不容易启发中国的民治精神，不容易养成中国人的组织能力。我们前边已经说过，所谓组织能力，就是会作团体分子的能力；

关于团体公共的事情，天然由分子参加公开商量进行，这就是民治。国家越是民治的，地方越是自治的，则其团体组织越是进步的合适的。反过来说，如国家或地方，越远于民治，则越不是一个合适的团体，或竟不像是一个团体。武装自卫团体既是一种军事的组织，对外有事，天然要求应付敏捷，不容商量，领袖易于独断；对内维持，天然须要纪律严明，不容松散，兵士须要绝对服从；如果不是这样，军事运用必不能灵活，必不能有效。所以在此种武装自卫的团体里，天然容易产生豪强的领袖，不易培养民治的精神，合作组织的能力，团体生活的习惯。只有生计问题，能逼迫着中国人合作，是养成中国人团体生活习惯、合作组织能力的最合适的道路；第一生计问题最切实的，不容淡漠视之；第二生计问题不像军事组织的过于含有"对外性""临时性"，——武装自卫团体含此性质甚浓，逼人服从领袖，容易产生豪强。生计问题可以很切实的引人过团体生活，会作一个合作社的社员，就会作团体的分子，会作团体分子，就有组织能力。从解决中国经济问题而引导中国人"合作"，训练中国人使作最好的合作社员（顶关切顶尽心于他的社务，而不独自作主；就是最好的合作社员），是训练中国人会作团体分子的最合适的办法。恐怕要让中国地方自治成功，形成地方自治团体，除"合作"外再无旁路。他恰好一面可以改变中国人的心理习惯，训练培养新的能力；一面因他进步，亦即经济进步，自然的使大家生活问题各方面发生连带关系，在事实上欲分而不得，地方自治，自然随合作的成功而亦成功了！这真是再恰好合适没有了！如与西洋比较，则西洋社会，由散而合，是缘于经济进步，——生产技术进步，经营组织进步，虽在经济上是个人本位自由竞争各不相谋的，但于不知不觉中，使西洋社会形成联带关系。中国经济问题的解决，是自觉的，有意的走"合作"路，社会连带关系从事实上自然促进的时候，就是经济进步的时候。西洋的团结，是不自知的，中国的"合作"将必是自觉的。中国社会将因解决生计问题而走"合作"路，社会连带关系日趋密切，越往前走，关系越要密切，散漫之病自可随之解决；组织能力在事实上即可受到训练，团体生活不求而得。这样就由经济问题的解决引入政治问题的解决，由经济上的农民合作引入政治上的地方自治，政治与经济自然的合一，地方自治组织，同时亦就是经济组织。所以在我们看来，这不是什么主张与理想的问题，而是事实所趋，形势所归，不得不尔。还有应注意的，就是这种事实确非骤然可以作到，不过我们望见终有这样的一日就是了。

现在热心提倡地方自治诸公及政府当局，实应该转换眼光，改变用力方向！政府欲促进地方自治，在地方自治本身实无功夫可作，作亦白费力气，倒不如着眼注意农民合作，用力促进农民合作，反可间接收促成地方自治之效。"合作"应当如何促进？实是很重大的待研究问题。现在政府对于地方自治欲收急效，要克期完成，而完全忽略经济一面，实在是不对的作法。我们可以说，经济不进步，地方自治必无成功之望。必使为公就是为私，为私就是为公，急公好义与为私图利合为一事，则地方自治始可谈也。西洋社会，从其国家生活与阶级利害上，经历长久之训练，个人私事与团体公事，发生密切之关系，拥护公权即所以保障私利，故国民与国家，分子与团体，休戚相关，其势不可一刻分。中国社会，今后果进于团体组织，亦必须公私合一，始可成功。而公私合一最有效最妥当的当然是经济上走"合作"路，由经济问题引入政治问题，政治与经济合一，则地方自治当然可以完成矣。

第三中国将来无论地方或国家政教天然要合一。中国的政治如脱离了"教"，则必不会有办法的。我们前边所说的新习惯新能力的养成须合于旧精神，政治经济合一，与现在所说的政教合一，三者都与西洋恰好相反，恰好是两条不同的路。中国目前要想地方自治成功，必须经济合作；但无论是经济合作，或地方自治，都必须经过教育的工夫才会有办法。中国人缺乏组织能力、纪律习惯、科学知识，我们须作启发训练培养的工夫，这些工夫就是教育。如不经过教育功夫，则政治与经济均无办法。人类文化，本来是会不知不觉的往前进步，但中国此时实须要有意的自觉的去改善、补充，促进我们自己的文化，这就是一种教育工夫，亦可名之为社会教育，他是要有意的有方向的培养多数人的能力，促成大社会的进步。乡村建设运动，所以与民众教育相似者就因为他是一种领导农民进步的运动。至于我们中国政教何故天然要合一呢？一切事情，何故均须装在教育里去作呢？这个意思如果要研究明白确定须要许多话来讲明。我在"中国问题之解决"一文中，会列举现在国内各党派，对于中国问题之解释；比较研究之后，指明他们对于中国问题都没有认识清楚，解决中国问题的动力何在，亦来认识确定。同时说明中国问题很特别，与其他社会全不相同，其他国家的问题皆是社会内部问题，革命即内部问题的爆发，且其问题亦很简单，或要求政治上权利平等的民主革命，或要求经济上平等的社会革命，或受外族统治要求民族平等的民族革命，进行题目都很简单。而中国问题则殊为复杂，且非发自内部，而是由外面引发的。中国革命实非社会内部问题暴发，而且问题很复杂，政治、经济、社会……种种问题，实难指明确定问题性质之所在，只好叫做"文化问题"了。我常用八字说明中国革命问题，即"文化改造，民族自救"。本来问题总不外乎二者，一是社会内部的问题，一是受外族统治的对外问题，（如印度朝鲜之于英国日本）非此即彼，总不外乎二者。我说中国问题是"文化改造，民族自救"，表明他既非社会内部问题（阶级斗争），亦非对外问题（民族斗争）。因为我们并未干脆的被外族统治如印度、朝鲜者然，如我们落到印鲜的地位，除了与英日拼命斗争外再无其他办法。但我们的问题尚未到此地步，我们受其经济侵略者重，在政治上没有直接受其统治。再者我们此刻的问题非打倒外国人即能解决，中国现在不是急于和外国人拼命而是急于使自己社会进步的问题。所以"民族自救"非对外的民族斗争，非内部的阶级斗争，而是文化改造社会进步的意义。中国问题必如此才可解决。

中国民族几千年来有他自己很特别的文化，且很高深。不过他的文化有一缺点，就是"散漫消极和平无力"，所以虽很高深，而不能与人争强斗胜。创造此文化、代表此文化的汉族，在战争时常常失败，屡次被外族武力征服，但是汉族虽常放外力征服，而征服他的外族在结果上却每每被汉族同化。外族武力征服我们是一时的，我们文化同化他们却是永久的，最后胜利总归我们。这是一种文化的胜利。这种高深而和平无力的文化，传递绵延数千年而颠扑不破；其他民族文化皆可毁灭，而我们的文化则独否。可是到了近百年来，世界交通，东西相遇，我们所遇见的外国人亦有很高的文化，与往昔中国人所遇到的外族，如蒙古，满洲，突厥等完全不能相比，他们的文化都低于中国，而此次所遇到的外族，——西洋人，其文化与中国比较，究竟谁高谁低，实不敢说；但可说此二个文化是很不相同的，而不能说人家的文化低于我们。当这两个很不相同的文化相遇，中国文化的弱点（和平无力散漫消极）完全显露出来，社会的一切无不根本动摇；不单打仗失败，外交软弱，而且文化自信力亦根本失掉，自己不敢信任自己。从前中国被满洲人武力征服，但在文化上依旧自信，而不把满人看在眼里。这次与西洋人会面，文化根本动摇，完全不同往昔。往昔只有外国人跟中国走，念中国书，讲中国道理；而此次中国却跟外国人走，念外国书，讲外国道理；这就是表明中国文化的根本动摇，旧社会组织、构造、风俗习惯，乃至一切文物制度，均被破坏而崩溃了。所以此刻的中国问题，只是新文化的建造开辟问题，或者是旧文化的补充改造问题；既非对外敌对，亦非内部冲突，而只是我们社会自己生长进步的文化问题。我们既然认识清楚中国问题的性质，那么我们现在应当有意的认准方向，赶紧去作推进社会的工夫；此功夫亦即教育功夫。中国此时一切应兴应革的事业，均须放在教育里去作。此所谓教育非以个人为对象，而是以社会为对象，所以是社会教育。我们在前面曾说地方自治与经济合作均须养成新习惯新能力，而新习惯新能力的养成显然就是教育工夫；这就是说政治、经济、教育三者合一，则中国问题才可解决。但此义尚浅，我们还须有进一层的阐明。我们刚才所说"教"的意思，较为宽泛，识文字、学技艺、求知识都算教育。而真正严格去说，则政教合一之"教"范围甚狭，他是特别指"关乎人生思想行为之指点教训"而言；再明白点说，政教合一之"教"，差不多就是道德问题。在其他过去历史上的民族，"道德"一事常归宗教包办，故我们政教合一之"教"与宗教有关，可包宗教。但在中国从来"教"与宗教没有关系（宗教与"教"在中国本即无甚关系）。此政教合一之"教"乃道德问题，名之为教育或宗教两不合适，"教化"二字庶几近之；故所谓政教合一，即政治教化合一也。

我们上边曾说中国地方自治有四个应注意之点，而此四点与西洋恰好相反，非出诸故意，乃天然如此。中国政教，天然要合一。而西洋政治与教化分，法律与道德分，其所以然是因西洋当团体生活进步时，团体须尊重个人——团体构成分子；换言之，就是个人不承认团体过分的干涉他的自由，所谓过分的干涉，是指超过了大家公事的范围而干涉到个人的私事而言。在西洋公与私的疆界划的很清楚，团体大家的"公事"大家商量作主办理；与团体或他人无关系的"私事"就由个人自己作主，国家与任何人皆不得干涉（此即所谓"个人自由权"）。西洋近代法律不是中国古人眼中的有规矩管束之义的法律，而是保障个人的自由，不让别人或国家来侵犯的。西洋所谓犯法是妨碍大家及国家团体的秩序，如此国家就得干涉，此时警察与检察官代表国家为原告，犯法的人为被告，逮捕后由法官来审判治罪。这是刑事，国家不许人妨碍团体秩序，所以才这样作。如系关乎个人的交涉、债务的事情，则为民事诉讼；人民彼此互相争讼，由国家来审判，保障个人私权。但事情于团体或别人毫无妨碍，单是个人自己的事，无论怎样不道德，国家团体或他人均不能管，因为是个人的自由，别人不得干涉。这是西洋近代的法律思想。法律与道德是完全分开的。在清末时，因受西洋法律思想的影响，政府要修订法律，发生一新旧争论。比方寡婶与侄和奸；按中国旧法律判断，要凌迟处死；而按西洋法律判断，则未犯罪，——因他二人愿意，未妨碍团体或别人，所以就不得干涉治罪（但叔如生存而有此事，则应治罪，因侵及夫权也）。可是在中国旧日法律与道德不分，对于这种事情，当然感到不合适，目为逆伦，不能承认。二者意思不同，出发着眼点不同，结果差别很大。大概西洋国家在近代因讲究不干涉个人，故法律与道德分，政治与宗教分。个人信教自由，思想行为，无碍于人，则人不得干涉。国家尊重人民，团体尊重分子，为西洋近代的民主精神，很有道理，我们不全反对。不过他的出发着眼点不同；法律与道德分开，若用之于中国，老实不客气地说，是完全不行的。这里边有很大的原故，大家必须注意。就是从人类有历史直到现在，国家都是在不知不觉中，无意识的组成，目标并不甚清楚。但当它正在进行组织成功的时候，隐然有他奔求趋赴的目标存在；我们从旁观察自可看出。我们现在可以说西洋人是为满足欲望而组织国家。西洋人对于人生的观念与我们不同，他看人生是欲望的人生；人生天然有许多欲望，满足这许多欲望，人生之义就算尽了。所谓尊重个人自由就是尊重个人欲望。国家一面消极的保护个人的欲望，不妨碍个人的欲望，一面还积极的为大家谋福利，帮助个人满足欲望。故西洋政治可谓"欲望政治"。组织国家是为满足欲望的。我们知道所有的国家，都是不知不觉演成的，而中国今后却要有意的组织团体，自动的合作，自觉的团结生活。但组织团体必须有一明白切实的目标，而后团体始有进行，组织始可成功。我们现在讲地方自治，就是让中国人自动的组织团体。但组织团体要干甚么？自动的组织团体要从那里动起？如果单单拿一个谋生存满欲望的意思来作组织团体的目标，而欲从此处让中国人自动的如何如何，实在打不动中国人的真心，拔不出中国人的真劲！因为历史上的中国人，——中国古人，已经提出一个更高更深更强的要求，此要求比谋生存满欲望的要求更高更深更强，此要求即所谓"义理"之要求是也。中国人所读的四书，完全讲究此理。他把穿衣吃饭生活放在第二层：如"食无求饱，居无求安"，不求安饱而求安饱以上的；如"就有道而正焉"，作人作事正诸有道以求其"对"；如"德之不修学之不讲是吾忧也"，所忧不在他而在"此"。此要求比图生存谋福利的要求更高更深，在人心深处有其根据。当人类尚未觉悟及此，从浅处引动或可有效。但他既已觉悟深处高处，今从浅处动之，实动不了，即动亦发不出真力量，无真力而动，恐亦只成一如北平俗语所为"糊笼局"而已。所以如不从人生向上之义来打动中国人的真心，引发中国人的真劲，则中国地方自治，必不能成功，组织国家亦无希望。这全因真心不动，真力不出，则无论进行任何事业必不会有丝毫结果。反之如要使中国人组织团体，只有靠引发中国人的真精神以担当之；而真精神之引发，又非单从图生存、满欲望所能济。故在中国如公私分清，则团体组织不成，政治与道德分开，则国家组织亦不能成功。而且组织国家非先提出标明道德与法律合一不可。如此的团体生活不单是图生存过日子而且还有领导大家向上学好之意。孙中山先生说"政治是众人之事"，那只是西洋政治的"的解"；中国未来的团体生活将不但管众人之事，而且寓有人生向上互相勉励之义——就是政教合一（把众人生存的要求，与向上的要求合而为一）。再具体明白的说，如中国宋代蓝田吕氏乡约，就是从此意出发。他的乡约组织，是一个很好的团体生活，大家连合起来，在方方面面如经济治安……种种事情均行合作；但大家相勉向上则居第一义。他的乡约共有四条：（一）德业相劝，（二）过失相规，（三）礼俗相交，（四）患难相恤。这是一种乡村组织，中国地方自治大概是要这样的。可是现在我们要问如此的组织是在干什么呢？他标的很明白，是要干德业相劝，过失相规的；这个团体很特别，在西洋是找不到的。西洋恐怕只有宗教政治经济的团体，而没有这样的组织。乡约是大家自动的相勉于人生向上之途（这在西洋是很新鲜的），在此相勉向上之时即含有互相照顾之义。为我们生活的方便计，种种合作，如防卫匪患、组织仓库……有其必要时即进行合作。自卫就是政治组织，仓库就是经济组织，无论政治或经济均行放在乡约的组织里，此组织只好叫他为"教学的组织"。政治，经济，教化，三者合一炉而共治之。而教化实居首位。此政治经济教化三者合一之组织，乍听之仿佛是一很高的理想，其实不然，在此刻谁要想到乡村去使乡村进步，他非让乡民连合共同努力不可；而让乡民连合努力，如政治经济教化三者不合一则事情必作不通。现在乡间最急切的事情，是整顿人心，与革除陋风弊俗。乡间的不良分子如在根本上无办法则乡村事业实无法进行。可是对乡村不良分子必须按照中国办法，以情义相感，方可感化；如靠法律制裁，则必归无效。在中国自治团体组织里，从爱惜关切之情，对乡村不良分子，加以劝导管教，则他慢慢可以学好；可是这与西洋尊重个人自由的道理就完全不合了。如禁止缠足，按西洋法律道理讲，则人尽可自由缠足，他人不得干涉，国家不得过问。所以革除弊风陋俗，必须由教学组织从情义出发，勉其向上才行。若以法律干涉，则不合法律的道理。再则弊风恶俗问题即靠法律亦解决不了；如鸦片、海洛因、金丹、吗啡，……等毒品，靠法律或警察来查禁，在都市或可发生些许影响，可是在乡村就无许多警察去查，禁止更不可能。这必须用"教"的办法，从爱惜的意思出发，使大家自动的禁绝，则此问题算有解决的可能。此教的工夫必须由团体去作，而此团体又必是教化政治经济三者合一的团体。这并不是什么高的理想，事实形势所趋必然这样。

大家已经知道我们现在所讲的与西洋恰好相反，但我们果真与西洋毫无相同之点？我们经过长久深刻的研究观察，才发现我们所讲的正合乎西洋最新的趋势，最新的道理，真是巧妙之至！如西洋近代政治、经济分开，可是现在正有要求合一的倾向；西洋近代政治不主张干涉个人自由，可是如缠足吸毒品……自己残毁自己，自己不爱惜自己的事情，在西洋新法学道理亦主张干涉。西洋近代法律思想是个人本位、权利观念的，最新的法学思想是社会本位，义务观念的。此种思想上的变动，关系很大；以前讲个人应有什么权利，现在讲个人应有什么义务。社会本位以社会为重，个人本位以个人为重。现在的新法学虽亦讲尊重个人自由，但讲的意思与前不同。国家所以尊重个人自由，是要让个人充分发展自己的才性与可能；如果个人不爱惜自己残毁自己时，国家就要加以干涉。因为如仍让你自由，与尊重个人让你自己充分发展自己的愿意，就不相符合了。从这一点上可以见出我们政教合一的主张，与西洋新法学思想是很相合的。本来西洋近代政治上，有两大精神：一是尊重个人自由，一是服从多数，二者均为中国所无。中国一切事在过去历史上均是由皇帝或皇帝代表者作主，人民大家常居被动地位。西洋关于多数人的事情，大家共同作主，一切均靠"多数表决"，无论选举或其他事，均服从多数，所以西洋近代政治，又叫"多数政治"。刚才说过如尊重个人自由，公私界限划清，则政教不得合一。现在我们还可以说若服从多数，政教亦不能合一。为什么呢？因为政治是众人之事，而众人之中糊涂人常居多数，贤智者寥寥无几，现在政治上的服从多数，无异是让"贤智者跟着糊涂人走"；而从"教"来说则应让"多数人跟着贤智者走"，二者恰相刺谬。所以说服从多数，则政教是不能合一的。不过在事实上我们政教合一的要求——服从多数、尊重贤智二者合一的要求，与西洋最新的政治学说，很有符合相似之处。西洋最近流行一种新的政治制度，叫做"专家政治"。政治问题的解决，尊重专家或学者的意见，不必服从多数。西洋科学发达，所以尊重智者（学者专门家）。中国人看重德行，所以尊重贤者。尊重贤智与服从多数，在西洋政治上将要融会变化，慢慢合一，而在中国政治上一向即富于尊重贤智之精神，今后社会团体生活发达，则政教二者天然趋于合一。

我在前边已经对大家讲过，人类历史到现在所有的国家团体都是强迫构成的，都是于无意识中不知不觉的组织成功。中国未来的团体生活恰好是要有意的自觉的出乎自然要求，而不是强迫的，中国将来如能组织国家则将非强迫所可成功，而是自觉的意识的自然的渐渐演成，开一历史之新例。因为是出乎自然的要求，非可强迫的，所以他缺乏强制力，须多靠精神力——精神感召力。如多靠强制力，那还是法律统制的局面；而社会等到不靠法律的强制力来统制的时候，那就非靠"礼俗"来维持不可了。礼俗是自然慢慢演成的，法律是强制造成的。西洋近代社会，完全靠法律统制，一刻都离不开。历史上的中国人，本靠礼俗生活，而离法律远甚。今后中国仍然要走礼俗的路，他天然不会变到法律的路。所以此刻的中国问题唯在新礼俗的如何创造开辟，而绝不是由礼俗维持再变到法律维持的问题。如果变到法律的路，则政教就分了。如仍走礼俗的路，则政教仍是合的。比如乡约就无一点法律意味，完全是礼的结合。将来中国地方自治，如果成功，必要建筑于礼俗之上，而法律无能为力。但现在大家所提倡的，乃至中央所推行的，完全是法律的事。所以只有失败，没有成功。今后大家如不彻底觉悟，改变方向，而仍靠法律来推行地方自治，结果仍然是要失败的。所以我敢断言：中国地方自治；要想成功，必须从礼俗出发，进行组织。而礼俗的地方自治组织，亦就是情谊的、伦理的，与教学的地方自治组织——政治与经济，统属于教学的组织之中，而教学居于首位。这就是政治经济与教化三者合一之地方自治组织。

第四中国地方自治，不是普通的地方自治，而是特别的地方自救。原来"地方自治"一句话，是对国家的行政而言，——地方二字，是对中央说，在民正政治的国家里，国家尊重地方的意思（仿佛尊重个人自由似的），让出一部分权归诸地方，使地方有"权"去作他自己的事情；不必由中央政府来直接行政，管理地方的事情。国家让出权来使地方按照地方自己的情形与可能，商量作主进行自己的事情要比国家来直接处理或者更为便利，更为良好。所以地方自治是这样由国权演下来的，是先有国家最高权，而后分出地方自治的"权"。中国现在，完全不是这样的情形。中国的地方自治，不但不是由国家演出，而倒要先从小范围开手来建设国家。普通是先有国家，后有地方自治。中国恰好是要倒转过来，先从小范围组织慢慢联合扩大，最后成功一个国家组织。认真说来，中国现在，很不像一个真正的国家，因为国家的基本责任在维持秩序，保障人民生命财产的安全。国家须一面防御外侮（侵略土地，杀人放火）一面镇压内部变乱，必须外人不来侵略，内部一切事情均有轨道，均按法律礼俗来解决进行，才算是有秩序的国家，或真正的国家。如果不是这样，国家一切事情均靠武力解决，而不循轨道，成功一种群雄割据的局面，那就不是国家了。所以武力军权，必须统一，只许国家操有，甚至维持地方治安的警察权，亦须统属于国家之手，不许微有分割，而后国家秩序始可维持。如武力不统一，那就只有扰乱了。我曾对大家说"现在中国破坏乡村最大的是政治的力量"。而政治力所以破坏乡村，是由于政权多的缘故。政权多的背后是武力多，武力多则凡操有武力者彼此戒备防范，招兵，买枪，筹饷，无不需要大批钱财。这大批钱财只有从乡民身上剥削压榨。这是军阀平时对乡村所施的破坏。一旦操有武力者彼此决裂冲突，实行开战，对于乡村的破坏更大（如此时的四川）。武力多，政权多，对于乡村的破坏是必然的，不容逃避的。所以此时乡村无法再靠政权，只有乡村自救了。现在湖北江西等处政府提倡人民自办保卫团，人民自己可以有武力，这等于政府宣布"政府不能维持人民生命财产的安全，人民自己保卫自己罢！"政府对于最低限度的维持治安责任都放弃了，还能为人民谋福利么？所以中国的地方自治不是地方自治，而是地方自救。——"地方"二字非对待中央，乃小范围之意；"自治"二字，实是自救之义。这个事实的真确非诬，从各地方自己可以有武力一点就完全证明了。

这个世界万国所无的地方自治，实非政府所能力，天然是一社会文化运动。中国此刻最高唯一的国家权力尚未树立起来，所以地方自治无法由上推演（上指政府），而须从下往上生长，由小往大开展，慢慢建设新的国家。我们的乡村建设运动，就是想从乡村自救运动、社会文化运动，慢慢来建设一个新的国家。贤明的政府当局假若从旁帮助我们的社会文化运动，那就是尽了他促成地方自治的最好责任。要知道政府如不帮助乡村自救，如不促进乡村建设，那就只有破坏乡村、摧残乡村了。天下事固每每如此，非建设即破坏，非建设方向即相反的破坏方向，故政府实应觉悟及此也。

现在我们应当结束了。中国文化运动由乡村起手，慢慢由小往大开展，从下往上生长，经过长久的培养演进，文化运动必可成功。那时的中国，名之为国家可也，不名之为国家亦可也。人类历史在今日以前，国家与社会分而为二；在今日以后，国家与社会将合而为一。好像社会生长发育，国家自然没有了；名为社会尚属合适，名为国家不甚相符。一切国家均将如此，而中国独先成功。这是人类历史演进自然的变化，将来事实归趋必是如此，而在目前却是一个最新的理想。

（录自《山东民众教育月刊》，4 卷 9 期，
1933 年 11 月 25 日。
《乡村建设论文集》，第一集，155～196 页，
山东乡村建设研究院，1934 年 11 月出版。）

中国社会构造问题[*]
（1936）

现在我想要给大家讲的是社会构造问题。要紧的意思可分两点：

一、先使大家明白社会构造的重要；

二、更进一层使大家认识中国旧社会构造的特殊。

总之，是让大家知道此刻中国最大的问题，为旧社会构造的崩溃与新社会构造的如何建立。

我可以从考察日本说起：我在日本参观共三个礼拜，参观的地方也不多，可是他那经济上、政治上最重要的地方，大略也都看过了。看过之后的感想是什么呢？在我心里只有叹息的话："日本是进步啊！日本真是进步啊！"随时随地都可以有这种叹息。

日本自明治维新以来，五六十年来，顺着资本主义工商业的路而发展，到现在是真进步了。在这进步的过程中，先由产业的开发，经济的进步，而连带着其他种种的事情也都随着进步了。——因为一切事情都是容易随着经济的进步而进步的；经济进步，则政治、教育、文化等也都跟着进步。五六十年来，日本的进步，是真快，真令人赞叹不置。

最令我们赞叹的就是他经济的进步：例如我们看到日本乡村的富力，比我们中国乡村的富力要大几倍或十几倍。在日本一个四五户人家的乡村，其合作社的存款，能到四十多万。有的乡村小学的建筑费，要花到十几万（我们山东乡村建设研究院的建筑还没有用到这些钱哩）；

---

[*] 关于中国"社会构造"的性质问题，著者所持的思想观点，可以说与中国共产党的观点有明显的分歧，或说是完全对立的。因此，著者这一独特的思想观点，值得读者去了解，去探讨。

又，这是1936年夏在山东省立十二校师范女生乡村服务训练处的讲话，由侯子温据部分同学的笔记整理而成。整理者特加按语说明："未经梁先生寓目"，"如有遗误，概由编录者负责"。

而这么大的一项款，又都是乡村自己负担。由此便可见出日本的乡村是如何的富足了。再如日本一个较好的县份（如福冈县），在其行政系统的等级上，相当于我国的省，而论其地面和人口，也不过等于我们山东的五六县；可是他每年的支出预算竟到二千八百万，比我们山东全省的岁预算还要多。诸如此类的事情，说之不尽。

我们再来看看他的教育：在日本，义务教育的期限是六年，他们的国民至少都受到六年的教育，所以不识字的人数很少。现在他们又要把受教育的期限提高，而有所谓青年教育；青年教育就是比六年义务教育又高一级的一种教育，受了六年义务教育之后，再来受这种青年教育。他这种青年教育，虽然不是强迫每一个青年都要入学，但在大的都市里面，十分之八的青年都曾受过这种教育了（其中女性较少，男性占大多数）。换句话说，他这种高于义务教育的青年教育，也快要普及了。因此平均每一个日本人的知识能力，实在是比中国人高得多，他的教育，实在是比中国进步。

以上说了许多话，无非是说日本的进步，令人赞叹！那么，赞叹之余，跟着使我们想起来的就是中国的不进步，种种的不行！种种的可怜！再跟着想起来的：日本为什么进步？中国为什么不进步？这是什么原因呢？这里面含着一个什么问题呢？

关于这个问题有的人回答说："中国所以如此糟糕，是因为受了帝国主义的侵略的原故。"这话是错误的，因为我们要知道日本与中国在从前同样的是受西洋列强压迫的，从前我们与日本同样是东方的各自关门过日子的国家，后来同样的被西洋人撞开了门，同样的受西洋影响，又同样的去学西洋。换句话说，我们与日本同样的是因为受了新环境（东西交通后日本与中国都为新环境所包围）的刺激，而又同样的各有变法维新革命等运动，同样的去学西洋以求应付西洋，而结果日本学成功，走上西洋人的路，国家一天天的进步了；中国却老不能进步，这到底是什么原故呢？若单归咎于外面的力量，恐怕是不对吧?! 不正确吧!? 中国不进步的原因，若单说是外力的侵略，恐怕是不够吧?!

还有的人说："中国最大的问题为贫、愚、弱、私"；岂不知"贫""愚""弱""私"乃不进步的结果，不进步的现象，并非不进步的原因。这种说法，更回答不了问题。

那么，日本进步、中国不进步的原因到底是什么呢？照我的解释，这完全是一个社会构造问题，完全是因为日本社会构造与中国社会构造不同的原故。

所谓社会构造，即指一个社会里面，这个人与那个人的关系，这部分人与那部分人的关系，这方面与那方面的关系，方方面面种种的关系而言。或者说一个社会里面政治的、经济的、教育的各种制度，即叫社会构造。再换句话说，社会构造就是一个社会的秩序（一个社会里面的人过生活，都要有他的秩序，都要有条有理，社会生活才能进行顺利。譬如我们这个训练处，大家也要有一个生活秩序）、一个社会的机构。所谓"社会构造"，"社会制度"，"社会秩序"，"社会机构"等等，名词虽不同，实在是一回事。

那么，我们中国的社会构造与日本的社会构造有什么不同呢？其不同就是：日本自明治维新以后，他的社会构造虽有变化，但是没有根本改变。他一面维新，一面又尊王复古，所以让他的社会构造得到一个转变改良，而没有中断。社会构造没有中断，社会能有秩序，这是让他所以能进步的根本原因。我们中国呢？中国虽然也有维新革命等运动，可是我们的维新革命运动，不但没有让我们的社会构造得到一个转变改良，反让它日渐崩溃破坏了。社会构造破坏，社会没有秩序，整个大社会日渐向下沉沦，那里还能有进步呢？！在中国，我们看见的只有农工商业的渐趋衰落，让中国的富力一天天的降低下来。尤其是最近几年来，经济破坏的情形更加严重。照我看来，这都是因为社会构造崩溃，社会没有秩序的原故。

我们要知道经济的发展进步，原来是很自然的现象。因为每一个人都是活的，都要吃饭、穿衣、住房子的；并且一切生活都希望能更安适些，更舒服些。那么，因为希望生活的安适舒服，就得努力向前去干；在努力向前干的时候，就得用心思，由此用心思、向前干、就进步了。（这个用心思、向前干、向前求进步，是不用人勉强的，是很自然的事情。）但是我们中国为什么不进步呢？莫非中国人都睡着了？都不动了吗？不是的。我们中国人也都是要动的，要求进步的。例如我国的工商业者，也都是想着发达。但是结果不但不能发达，反都赔本倒闭了，这是为什么原故呢？这就是因为社会没有秩序。我们要知道，每一个人的生活，是离不开社会的，大家是互相不能离开的。但是大家生活在社会中，必须社会有秩序、有条理，大家的生活才能进行顺利；如果没有秩序，没有条理，社会秩序乱了，则大家互相冲突，互相妨碍，谁也不能求进步，大社会也就不能有进步了。

社会构造好像一架大的机器，一架大机器的各个机件如果配合好了，向前转动起来才能进行顺利；如果配合不得当，则马上转动不得。硬要转动它，会把全盘机器弄坏的。简单的机器还好办，越是复杂巧妙的机器越难办，其中有一个小螺旋钉配合不好，全盘大机器便不能动。大家明白了这个比喻，也就可以明白社会构造的重要了。现在我们中国社会，就好像一架没有配合好的机器。中国的每一个人虽然都是活的，都是要动的，都是要求进步的，但这只是许多好的零件，没有配合好，成一盘大的机器，所以谁也动转不得。虽然每一个人都想动，都想好，都想进步；但被社会牵掣着。大家互相牵掣，互相妨碍，社会日渐向下沉沦，那里还会有进步呢?!

大概中国最大的问题，就是内战内乱；因为内战内乱，社会上一切事业都停止了，商人不能安生做买卖，工厂都已关了门，农民也不能好好的种地。而政府里还要加捐派税、拉夫抓车。再加军队的搔扰、炮火的轰炸，让大家受了无数的损失与祸害。——这还都是些直接的祸害，更因社会没有秩序，一切正常事业不能继续进行，而有的人作冒险的事，也就是作不正当的非法的事，反倒可以发财。因此让许多人不安于本分，社会秩序更加紊乱。这虽不是内战直接的祸害，而亦是间接的受内战影响而有的。（内战直接间接为害的例子很多，一时说之不尽，大家可参看《漱溟卅前文录》中《吾曹不出如苍生何》一文。）总之，因为社会没有秩序，一切事情都不能进行，这是让中国近几十年来经济上所以失败的最有力的原因。

因为内战所以让社会没有秩序，而所以有内战，也可以说正是由于社会没有秩序而来的——内战是社会没有秩序的因，也是社会没有秩序的果。社会没有秩序，没有条理，大家没有轨辙可循，结果必要自乱。可是因为连年内战，社会没有秩序，社会就不能进步了。试看人家日本，近几十年来，政局是安定的，社会是有秩序的，好像一架好的机器，各个齿轮都按步就班的各自循序前进，一天天的在那里转动，转动了五六十年，那能会没有成绩呢？当然是要进步的。而我们中国因为社会没有秩序，大家互相牵掣，都动转不得；强要动转，便是彼此冲突，互相毁伤。如历次的南北战争、现在的剿共战争等，死了多少人?! 化了多少钱?! 这不都是中国人自己互相毁伤吗?! 如果把那些人和钱，都用在社会的改良进步上，将要有如何的成绩?! 可惜中国不但不能如此，反把那些人力和财力都用到自己互相毁伤上了！——的确，中国近几十年来，不但不能进步，反倒是自己毁坏自己，完全是在那里自毁。

以上是说因为内战内乱影响到社会构造的崩溃，是让社会没有秩序的原因；而从内战内乱，也正可以看出社会的没有秩序，正能够看出社会内部的矛盾冲突。——其实，中国社会内部的矛盾冲突，就是没有内战内乱，也可以看得出来。例如中国家庭制度的破坏，家庭里面人与人的关系，现在都渐渐的被破坏了（现在家庭里面父母子女如何相处都无准辙可循）。本来破坏并不要紧，最怕的是旧的被破坏了，而新的又未能建立；旧制度被废弃了，而新办法又不合适；在此新旧交替，青黄不接的过渡时期，社会就乱了（社会制度崩溃，社会没有秩序，社会必乱。因为在这个时候，人人都感觉着手足无措，无一定的准辙可循，彼此最容易起冲突；彼此冲突，社会就乱了）。中国近几十年来，所以扰攘不宁，大家的生活不得安定，就完全是因为这个原故。那么社会制度崩溃，社会没有秩序，大家的生活都不得顺利进行，社会那里还会有进步呢?!

以下我们再来分析社会构造或旧社会秩序靠什么力量来维持？照我们的分析，维持社会秩序的力量大概有两种：

一、强硬性的力量——就是武力的强制。而代表武力的是国家。从来的国家，其维持秩序的办法，都是用武力强制，因为武力强制最有效。不过社会进步，文化程度高的国家，其武力多半是隐藏在背后，不大十分显明。

二、软性的力量——就是观念的心理的维系力（如果我们叫那一面为强硬性的力量，这一面便可以叫做软性的力量）。所谓观念的心理的维系力，就是说：大家在互相了解之下，共同信仰之下，来信从一个秩序。如由于教育、宗教或礼俗，都能够使大家信从一个秩序。其中最有力量的，要算是宗教。尤其是在初民社会的时代，人民的知识浅薄，瞽不畏死，虽用武力，他也不怕，强硬性的力量，便无大效用，在那个时候，必须利用宗教的迷信心。才可以让他信从一个秩序，才可以让他就范。所以在那个时代，社会秩序的维持，多半是靠宗教的力量。——就是西洋近二三百年的进步，也很多是靠着宗教的力量。再说日本的进步，靠宗教力量的帮助也很大。我这次到日本参观，发见了宗教对日本社会的关系很大，日本人的宗教气味很重，宗教信仰很深。在他们所最信仰崇拜的就是开天辟地的那个大神，而他们认为他们的天皇就是那个大神的后裔、大神的化身。他们的天皇，一半是人，一半是神，所以他们都极信仰崇拜他们的天皇。而天皇是万世一系，代代相传，所以每一代的天皇，都成了他们崇拜的对象。——此外他们还信仰佛教，佛教在日本的势力也很大，并且曾被尊为国教；不过不如神教的势力大。我们在日本参观，到处都看见有神社或神庙，修盖得都非常好，来往行人，过此者都要行礼致敬。在公共机关里，如村役场（等于我国的村公所——述者注），乡村小学中，也都设有神龛，供有神系，每逢开会，都要向他行礼。再如一个开汽车的车夫，他的坐位对面，也挂着一个神牌位。由此种种，我们便可见出日本人信仰宗教的气味是如何重，信仰宗教的精神是如何大了。那么，这个样子信仰宗教有什么好处呢？大家要知道，这个关系很大，因为日本人信仰宗教的精神与力量，对于他们社会的好处很大。他们所信仰的神只有一个，在同一的信仰之下，大家的思想统一，按着一个方向去努力，社会便可以有了秩序，便可以安定；社会安定有秩序，每一个人的生活才得安定；人人安心生活，安心从事他各人的工作，努力向前求进步，因而大社会也就随着进步了。所以我们说日本社会秩序之能够维持，社会能够进步，与他们国民的信仰宗教有很大的关系。反观我们中国，中国人的头脑比较复杂些，聪明些，理性比较开通些，已不受宗教迷信的束缚，可是，因此社会也就不易有秩序了。——不能有一个由宗教迷信来维持的社会秩序了。

维持社会秩序的软性的力量，除了宗教以外，其他如教育、礼俗等，也都是很要紧的东西。不过这里不能多说了。

照我们的分析，维持社会秩序的力量，就是上述两种：——一、强硬性的力量，二、软性的力量。那么，现在我们再来比较比较这两种力量，那个的效力大？那个要紧呢？本来这话很难说，不过如果我们比较来说的时候，还是第二种力量的效力大（观念的、心理的维系力大）。虽然有许多事情用武力强制，可以有直接影响、效验，可以马上生效；但我们要知道，人类到底是用头脑的动物，用智慧的动物，换句话说，人类究竟是用心眼的，你如果能操纵控制了人心，则不用武力也可以，不能操纵控制人心，单用武力也没有用。我们也可以这样说，人类到底是要靠文化过生活的，而人创造了文化，又都要陶铸在文化中（这里所用文化二字含义很宽，社会上一切文物制度法制礼俗等，都包括在内）。文物制度、法制礼俗，是人想出来的（其中就要靠观念作用），而人又都要遵从它。所以这种文物制度、法制礼俗（亦即社会秩序）的维持，要以观念的心理的维系力为大，为对的。

如果我们明白了社会秩序的维持，是以第二种力量的效力为大——观念的心理的维系力为大，那么，我们也就可以知道中国社会构造的崩溃，社会秩序的紊乱，也多半是由于观念心理的不统一而来的。现在我们就讲一讲中国社会构造崩溃，社会秩序紊乱的原因。这可分两点来说：

一、武力的分裂——中国因为武力分裂，政局常常变动不安，武力横行，法律无效，结果便让社会秩序紊乱了（因内战使社会秩序更加紊乱之意前边已说过）。

二、观念心理的不统一——此刻中国人的思想、信仰太纷歧，社会上的风俗、习惯、道德、观念太不一致，头绪太多了。因此非让社会紊乱不可。

中国社会构造的崩溃，社会秩序的紊乱，多半是从第二种力量的失效来的，多半是从观念心理的不统一，态度行为的不一致而来。更明白一点说，自从西洋文化过来后，遂引起我们对固有文化的怀疑批评，这便是固有文化动摇的开始，也就是社会构造崩溃的开头。中国文化为什么受了西洋文化的影响，便开始动摇破坏了呢？这又是因为中西文化不同的原故。

中国文化与西洋文化有什么不同？其不同处很多：先说西洋近代的个人主义，与中国的伦理道德是冲突的。若单是这两面冲突，还不大要紧，还好办，而现在更困难的是：不但这两面冲突，最近又进来了第三个——西洋现代的社会主义（也就是反个人主义的团体主义），这样一来，头绪就更乱了，冲突的地方就更多了。以下我们试将个人主义、社会主义说其大概：

个人主义——大家如果读过西洋史，就可以知道，在西洋历史上有所谓中世纪与近代之分。所谓中世纪，就是指着他那封建社会，宗教势力最盛的时代说。在那个时期，团体干涉个人太厉害，团体干涉个人的力量太大、太强，所以到了近代，便对那种团体过强的干涉起了一个反动，反对封建，反对宗教，反对团体过强的干涉，而要求团体尊重个人，结果就抬高了个人，所谓个人主义，就是从这里来的。个人主义的内容、意义，就是说，现在西洋人已经改变了从前想升天堂的念头，而要在现世求幸福；改变了从前的偏蔽思想，而要求思想解放；改变了从前宗教上盲目的信仰，而要有一种批评的精神；改变了从前团体对个人的过强干涉，而要求团体尊重个人自由；改变了从前少数人作主，多数人作奴隶的制度，而要求多数人可以作主。……这许多的改变，都是个人主义要有的意义。我们要知道，一部西洋近代史，就是一部个人主义的发达史。所谓资本主义，也就是从这里来的。何谓资本主义？资本主义就是指经济上的个人主义说，在经济上个人可以自由竞争，形成资本集中，成功资本家，这便叫做个人资本主义。所谓近代国家，也是从这里来的。何谓近代国家？近代国家就是指政治上的民主制度说；而民主政治与个人主义是不相离的。再说资本主义的近代国家与向外侵略也是不相离的。尤其是经济上的侵略，是由资本主义而来，走资本主义工商业的路，为求得原料与市场，非向外侵略不可，所以我们可以说经济侵略是工商业发达后必然的结果，一定的道理。——关于个人主义的意义及其影响，就是如此，不再多说了。

社会主义——因为个人主义走到极端，发生了流弊；个人主义发达的结果，妨碍了社会，所以大家都感觉不合适，都认为不满意，因此便又发生了一个反动，产生社会主义。社会主义的重要意义就是反对个人本位，反对自由竞争的。在社会内不许个人自由竞争，主张绝对统制，一个社会里面，大家必须合作，由整个的社会有计划的来谋大家生活的幸福。在这里，最有力量的一派，要算是共产主义，共产主义是在个人主义以后而起来的一个最有力量的潮流。这个潮流，在欧战以前，尚隐藏着没有显露，待欧战将终，便从俄国爆发出来，直到现在，已盛行全世界了。——与共产主义同时产生的，还有法西斯主义。普通说共产主义为左倾，法西斯主义为右倾，本来是不同的。可是，我们要知道，他也有相同之点，就是：他们同是主张团体要大过个人，抬高团体，抑压个人。他们都是主张绝对干涉统制，反对自由放任。所以在反对个人主义这一点上，他们是相同的。换句话说，他们同是个人主义的一个反动。共产主义与法西斯主义，也都很有他们的道理；可是这个道理与以前的个人主义恰好是相反的，恰好是一反一正，前后是冲突矛盾的。

现在再来看看我们中国这一面呢？他既不是个人主义，也不是社会主义，他所有的就是伦理。在以伦理为重的中国社会中，与个人主义或社会主义的西洋社会最不同的一点，就是缺乏团体。（社会主义固然是看重团体、抬高团体，是有团体的；即个人主义也是有团体的。所谓个人主义是团体里面的个人主义，并非绝对的个人独立，并非离开团体的个人；所以个人主义仍然是有团体，只有中国才真的是缺乏团体）。既没有团体，也就反映不出个人。（因为个人与团体是互相反映的，好比左与右，没有左即不能有右，有左才能有右，两面是互相对映的。）那么，中国既没有团体，又没有个人，所有的是什么呢？仅有的就是家庭。中国人既没有团体观念，也没有个人观念，最重的就是家庭观念。——本来说到家庭，就是指男女两性的结合，指父母兄弟夫妇子女的关系而言，这是西洋人与中国人相同的，似乎不应单提出来说中国人有家庭；不过中国因为缺乏团体与个人，家庭便特别显露出来，而西洋是两极显露（团体特别显露与个人特别显露），家庭便隐盖着，所以说到家庭，便几乎成了中国人所独有的了。换句话说，我们说西洋有团体与个人而无家庭，说中国有家庭而无团体与个人，这并非绝对的话，只是比较言之而已，若认真的说，是不能那样说法的。认真的说，西洋是因为团体与个人太发达了，家庭便被隐盖着；而中国因为团体与个人不发达，家庭便显露出来。其比较若以图示之则如下：

此图示西洋人团体力强大，反映出个人而淹没家庭关系；中国人缺乏团体，亦不见出个人，唯家庭关系显得特重。

中国缺乏团体的原因，多半是因为没有宗教。中国是世界上最有名的没有宗教的国家。宗教在中国最不占地位，无论那一种宗教在中国总不能占一个地位；而西洋的团体多半是由于宗教来的，中国没有宗教，所以也就不容易有团体了。中国所以缺乏团体，除了没有宗教的原因外，恐怕与农业生活也很有关系。因为农业生活是不宜于为集团的，而中国是个农业社会，所以就不能有集团生活了。——本来人类初期的社会生活，多半是集团的，而中国因为农业开发的特别早，很早就过着农业生活，所以很早就让中国不易有团体了。中国没有集团生活，所有的是家庭生活；而家庭制度对于农业的经营是最合适的。所以这一点，也就促成了中国的家庭制度。

家庭生活与集团生活最不同的是：在集团生活里面是重秩序的。因为有秩序，有纪律，大家的生活才能进行顺利。那么，为维持秩序，就得用法律，不能讲人情。而在家庭生活里面是重感情的，是好讲人情的（家庭生活比较可以随便些，用不着所谓纪律，所以也比较容易讲人情）。在集团生活里面就不行了，集团生活人数多，范围大，要想维持秩序，就不能讲人情，不能让人随便，不得不对个人加以干涉，加以制裁。尤其是在初民社会的时代，对个人要加以严厉的干涉。可是因此就又发生中国人与西洋人对自由要求的不同。西洋因为团体干涉个人太厉害，团体干涉个人的力量太强，所以等到社会进步，人民的知识程度增高以后，对于团体过强的干涉，便容易起反抗，对于那无道理的拘束、压迫，便不愿意再接受了。西洋到了近代就有所谓个人主义，拒绝团体过强的干涉，要求团体尊重个人自由。他这种个人自由的要求，完全是由对团体过强干涉的反动而来的（此意前边已说过）。而我们中国则根本缺乏团体，个人并没有受过团体的过强干涉，所以他对于个人自由也就不感觉需要，对于自由的要求十分冷淡，他听了"个人自由"这句话，实在有点不大懂，并且表示惊讶！他仿佛在说："人人都要自由，那还了得吗?! 社会不要乱了吗?!"对于自由，中国人与西洋人所以有此不同，这完全是因为中国与西洋一般情形不同的原故：西洋因为有团体过强的干涉，所以反逼出个人自由的要求；中国则根本没有团体，更无所谓团体过强的干涉，所以也就没有个人自由的要求了。

中国既没有团体，也反映不出个人，所有的就是家庭；而从家庭生活在社会上位置的重要，便产生中国的伦理。什么叫伦理？伦理的意思就是说：人生下来便与人发生了关系（至少有父母，再许有兄弟姐妹），一辈子都有他相关系的人，一辈子都在与人相关系中生活。在相关系中便发生了情，由情便有了义，有情有义，便是伦理。伦理的意思就是指一个情谊义务的关系，就是要彼此互相尊重，互相照顾，互相负有义务。极而言之，伦理的意思，是要牺牲自己去为对方。例如：什么是最好的父母呢？能牺牲自己，尽心尽力的去为子女着想的，便是最好的父母。什么是最好的子女呢？能牺牲自己，尽心尽力的去孝顺父母的，便是最好的子女。推而言之，最好的兄弟，最好的姊妹，乃至夫妇、朋友、社会上一切相关系的人，彼此都要有牺牲自己，为对方着想的精神，都要互以对方为重。——中国人就是处处以对方为重；西洋人则是处处以个人为本，以自己为中心。这种不同，大家如果留心去体验，随处都可见到。例如请客，在中国是让客人上坐，主人旁坐相陪；而在西洋则是以主人为中心，客人反倒要坐在主人的两旁。这种例子很多，这里不必多举，大家可以留心去体验。

在尊重对方，以对方为重的里面，含着一种"让"的精神；而西洋的个人本位，以自己为中心，则是一种"争"的精神。"让"与"争"，也是中国与西洋的一个大不同。中国人尚让，西洋人尚争，这也是自然演成的。因为在中国要紧的是家庭生活，而家庭是由天伦骨肉关系来的，在家庭骨肉之间特别重情感，而人在感情盛的时候，常常是只看见对方而忘了自己，所以他能尊重对方，以对方为重，处处是一种让的精神。西洋人的生活，要紧的靠团体，而团体是由欲望来的（团体就是为的要满足大家的欲望），欲望生活对外是要讲争的。例如团体间的斗争，就是为了要满足大家的大欲望。欲望生活的结果，对外必要竞争。西洋人近二三百年来，所过的就是欲望生活，所以养成他尚竞争，好侵略的精神；中国人几千年来所过的都是伦理生活，所以养成他讲礼让，尚和平的精神。

在中国，从家庭生活的重要而产生了伦理，伦理本来是指家庭骨肉关系说的；可是中国的伦理关系，则不单限于家庭，他是把社会上一切关系都伦理化，把骨肉之情，推而及于社会上一切有关系的人。例如称县长为父母官，称民为子民，称老师为师父，称学生为徒弟……乃至朋友的关系，东伙的关系，一切关系都把它伦理化。这就是想把与自己有关系的人，都拉得更近一些，这就是重情义，讲亲爱的意思。换句话说，中国是想化社会为家庭，化国家为家庭，把各方面的关系都家庭化，这便是中国的风气。这样各方面的关系都家庭化，用伦理的关系联锁了众人，那么，彼此就更不能不讲伦理，不能不以对方为重，不能不照顾对方了。所以伦理的关系，就是从情谊的关系，而更发生了义务的关系。我既对你有情谊，便应对你负义务；你既对我有情谊，亦应对我负义务；互相有情谊，互相负义务，这便是伦理。因此每一个中国人，对于凡与他有关系的任何一个人都要负有义务，仿佛四面八方的责任都放在他身上。他对四面八方负义务，同时四面八方对他也负义务。大家都在这种情谊的义务的相互负责的关系之下联锁起来，这样一来，每一个中国人的生活，便都有了保障，便不容易饿死了。这与西洋社会的情形，又恰好相反。西洋人是个人本位、自由竞争的路，彼此之间，不讲情谊，不讲义务，在财产上是父子异财，夫妇异财，各人是各人的一份，谁也不得分享。换句话说，在西洋财产是个人的，而中国的财产，则是家庭的，一家的财产，并不是单属于某一个人，所有全家的人都能享用。并且他那个家的范围，讲得又非常宽，凡与他有伦理关系的人，都可以算是他家里的人。亲戚朋友、乡党邻里对于他的财产，仿佛都隐然也有一份。虽然是他的财产，而凡与他有伦理关系的人，都可以去享用。在中国的风气就是如此，认为这是应当的。如其不然，我有力量了，而对于各方面不去照顾，不负责任，那是要受人指责的，是不成的。中国有句俗话："富的有三家穷亲戚便不富，穷的有三家富亲戚便不穷。"由此便可见出中国人在经济生活上，是有很大的连锁性。在中国财产共有，经济生活互相保障，这有好处，也有不好处；有优点，也有弊病。其最大的弊病，就是容易养成人的依赖性。而其优点是：人与人之间的竞争可以免除，人类的惨剧可以减少，资本主义的祸害可以不发生于中国。在中国，因为财产共有，经济生活的互相保障，便是不能产生资本主义的最重要的原因。我们说过，资本主义就是经济上的个人主义，从个人本位，自由竞争，才能成功资本主义。而中国既然是经济生活互相保障，财产为大家所共有，那么，财产不易集中；财产不能集中，怎会成功资本主义呢？中国既不是资本主义，也不是共产主义。不过，很带有共产的意思而已。

现在我们把以上所讲的话作个结束：以上我们是为说明中国社会构造崩溃，社会秩序紊乱的原因，而说到中国社会秩序所以紊乱的原因有二：一、是因为武力的分裂，武力上的头绪太多太乱；二、是因为观念的心理的不统一，思想上的头绪太多太乱。而思想上的头绪所以太多太乱，是因为受了西洋文化的影响，是因为中西文化的不同。关于中西文化的不同，以上已经说过了；那么，现在我们就来看看这种与我们不同的西洋文化，给我们什么影响？又怎样让我国的思想就分歧紊乱了呢？

所谓思想纷歧，思想上的头绪太多太乱，意思就是说，近几十年来，自从西洋的近代个人主义传进来以后，在中国也就有了自由、平等、民主等等的要求；可是这与中国固有的伦理道理是不合的（这里我只说它不合，并不批评谁对谁不对），彼此是冲突的。后来这种风气好像是渐渐的盛行了，但终未能把旧风气压倒，终没见出最后的胜利。虽然自辛亥革命以后，表面上我们已经是个民主共和国了，而实际上并未能真正作到。那么，在这个西洋近代风气在中国还没有成功的时候，接着又进来了一个最近代的或曰现代的西洋风气，——反个人主义的社会主义。个人主义的思潮还没有成功，又进来了一个社会主义的思潮。所以在思想上头绪就太多了，太乱了，以致让中国人的思想老不得归一，老不能形成一个有力的思潮。而因此便让中国没有了办法，社会秩序便没有法子维持了。

个人主义与社会主义，都于我们中国不合适。因为西洋的近代个人主义与现代社会主义的产生，都各有他的历史背景，都是从他的社会历史演出来的。而中国的社会历史，根本与西洋不同，所以强要去摹仿他，便多矛盾冲突，便于中国不合了。不但与中国的伦理道理不合，尤其是不合我们现在的要求。试申言之：

一、个人主义于中国不合——前边我们说过，西洋近代的个人主义是从反抗团体的过强干涉而来的。在西洋过去团体干涉个人太厉害了，所以到了近代，便起了一个反动，拒绝团体过强的干涉，要求个人自由，因而就产生了个人主义。可知个人主义是有它的历史背景，是有它的来由的。换句话说，在西洋过去团体干涉个人太强，是走极端了，于是就有一个个人主义来救正，以求团体与个人的平衡。那么，我们看中国历史上过去的情形是什么样子呢？中国过去的情形是与西洋不同的，既没有团体的过强干涉，所以也就用不着个人主义来救正。"中国社会太散漫"，这是人人都知道的，既然是病在散漫，就应当救之以合，若再仿行个人主义，走分争对立的路，岂不是让他更散，更不能有秩序了吗?! 个人主义在西洋是有他的需要，而在中国则不但无此需要，并且与我们现在的要求相反，所以我们说它于中国不合。

二、社会主义于中国不合——西洋现代的社会主义，也自有它的历史背景，有它的来由。在西洋近二三百年来，个人主义发达的太过了，以致妨碍了社会；个人主义走到极端，发生了流弊；所以就又有社会主义来救正，用社会主义对以往的偏弊作个调剂，仍然求着团体与个人的平衡。可是，我们中国大多数人原来都居于被动的地位，现在我们应当想法子使他由被动转为主动，若反仿行社会主义，抬高团体，抑压个人，岂不是让他更落于被动?! 更增加了他的被动性吗?! 这那能与我们的要求相合呢？所以不但近代的个人主义于我们不合，即此现代的社会主义，亦于我们不合，无论是共产党，或者是法西斯，都于我们不合适。

总之，个人主义或社会主义，都不适合于中国的需要，现在我们讲求团体组织，其组织之道，必须于二者之外，另外去求，寻求第三条路来走。

讲到这里，我们拿西洋与中国对照一下，即可见出：西洋彻头彻尾是集团生活；而中国因为缺乏宗教，又因为农业开发的早，便让中国社会落于散漫，不能有团体，不能有组织了。不能有团体组织，所有的是什么呢？所有的只是家庭，只看重家族亲戚的观念，看重乡党邻里的关系，而无国家观念，团体观念。至此大家也就可以认识中国社会构造的特殊了。——开头我们是提出两点意思：一、社会构造的重要，二、中国旧有社会构造的特殊。讲到这里，大家就可以认识中国旧社会构造的特殊了。

总之，中国因为缺乏宗教，农业开发的早，家庭观念重……种种原因，就减煞了团体性，像是在西洋那种最有力的三个团体性，中国都不能有。在西洋最有力的三个团体性，都是什么呢？

一、宗教的团体性——西洋的宗教很有团体性，因为有宗教，对于他的影响很大，对于他结合团体有很大的帮助（由宗教便养成了他的团体生活）。又他们各个宗教团体之间，彼此分别的很清楚，对抗很厉害，因此更让他的团体坚固。而中国根本缺宗教，所以也就没有这种宗教的团体了。

二、阶级的团体性——在西洋，阶级间的分化对抗也很厉害，例如封建时代贵族与农奴之争，现在劳工与资本家之争，彼此对垒很严。因为阶级间的对立抗争，让他一个阶级以内的团结更要严密，更要成一个团体。所以说西洋的阶级也很有团体性。而中国社会，又根本分不出阶级（只有家族观念，而无阶级观念），所以也就没有由阶级而来的团体了。

三、国家的团体性——西洋的国家，更是有团体性的一个大团体。在国家里面，虽然有各个势力的分立（如阶级的分立，政党的分立，不同宗教，不同种族的分立等等），不能完全一致，可是在对外的时候，是能一致的。因为国家观念重，便减煞了他政治上的纷歧，能让不同的力量合成一个，成功一个大的团体（国家）。而中国人只看重家庭，没有国家观念，因而也就不能成功一个真正有团体性的国家。

中国因为缺乏上述三种团体性，我们可以说是中国成功与失败的最有关系的一点原因——中国的失败是因为这一点，中国的成功也是因为这一点。这话怎么讲呢？我们先讲失败的一面。

人类在竞争的时候，有团体的才可以胜利，没有团体的则必定失败，这是很明显的道理。而我们中国没有团体，所以就失败了。团体与竞争，又是互为因果的；因为有团体，则容易有竞争；而因为竞争，则更让他要有团体。团体与竞争，辗转循环，互为因果。这个道理也很明显，大家可以去体验。试想：集团的心理是不易平定的，是最易冲动的；因为易于冲动，对外便易于冲突斗争；因为斗争，更感到团结〔体〕的必要。例如西洋近一二百年来的历史，就是因为有团体而有斗争，因为斗争而更有团体。中国则正与他相反，中国三四千年来的历史，都是过的散漫生活，而因为散漫，故讲和平；因为和平，则更散漫。——在散漫的生活中，一个人的心理容易平静；在平静的时候，容易自思其错；自思其错，则对外无争；无争，也就不需要团结而更散漫了。那么，以这样一个和平散漫的国家，处在今日竞争剧烈的世界，你想那能不失败呢？西洋学斗争学习了一二千年，中国却讲和平讲了三四千年，这两种国家相遇之后，我们失败是当然的，是无足为奇的。

现在再讲"中国的成功，也是因为没有团体"那一面的道理：所谓中国的成功，是指什么说呢？就是指中国历史的长久、国土的广大说。我们要知道，一个民族以他自己独创的文化，来维持他民族的生命，能像中国这样长久的，世界上还没有第二个国家。像印度、犹太的文化历史，虽然也很久，可是现在他们都已不能算是一个独立国家了。只有中国能以自己独创的文化，维持民族生命到三四千年之久，现在虽然被称为半殖民地，可是仍得算是一个独立国家。中国历史所以能这样长久，国土这样广大，这也不是偶然的事情，这就是因为没有团体，文化程度高，而才有大的成功。中国从来不以武力胜人，不以武力欺凌弱小，他所以能居于一个老大哥地位，并不是靠武力；国土的广大，并不是靠武力得来。那么，中国既不是靠武力，他的广大的国土是怎样开拓的呢？本来按普通的例子说，是最有武力的国家，才能开拓疆土；不过我们要知道，只靠武力征服人，常常是不行的，例如亚力山大、拿破仑、成吉思汗等英雄，用武力征服了那么些的领土，而终久是保不住，终久是要失败，这是什么原故呢？就是因为"人"这种东西，到底不是单用武力就可以让他屈服的。武力固然可以开拓疆土，暂时让那一个地方的人屈服了；但是，那只是表面上的屈服，日后仍然是要翻身的。所以要想让人真正心服，则非靠文化的力量不可，靠自己高程度的文化去同化他族。——如果你自己文化程度高了，则文化程度低的民族自然跟着你

走。中国的国土大，人口多，就是靠文化而有的成功。中国虽然没有武
力，可是他的文化统一的力量很大，能让别的民族不知不觉的就跟着他
走，就化而为一了。中国向来是抱着世界大同主义，不是狭隘的爱国主
义，所以对于四邻小国，并不去欺凌他，并且要常常的扶助他，——中
国向来就是自己站在一个老大哥的地位，把四邻小国都当做弟弟，当做
小孩来看待，与他不分彼此，常常去扶助他。中国以这样宽厚博大的态
度对待邻国，所以他们（四邻小国）并不感觉妨碍，都肯按时朝贡，不
起什么反抗，都愿意跟着中国走（这才是真正的心服）。

再说到中国民族寿命，文化历史的长久，也是靠文化而有成功。论
起来，中国这个国家，武力不强，是不能够维持民族生命文化历史到这
样长久的，而竟然能够这样，也完全是靠文化的力量。中国也曾经两度
被外族征服，但赖文化的力量，历史终未中断。例如满洲人虽用武力征
服了中国，可是他仍得用中国的文化来治中国，因此便让中国的文化，
仍得延续下去。不但如此，并且末了连征服者他自己也就变成中国人
了，慢慢的让他自己也认不出自己是曾经用武力征服人的，自己也慢慢
的同化于中国了。换句话说，外族虽然用武力征服了我们，可是，我们
却用文化征服了他们，同化了他们，让他们与我们合而为一。所以中国
文化能够延续不断，能够维持得这样长久，这完全是因为中国文化高的
关系。——因为文化高，让用武力征服我们的外族没有办法，非用我们
的文化不可，非同化于我们不可。

那么，所谓中国文化高，怎么讲呢？中国文化为什么能这样优越有
效用呢？这有两点原因：

一、中国文化是非宗教的——中国文化是非宗教的，它是以儒家的
道理为根本精神。宗教是强人信他（信教条），而儒家的道理则是让人
自信，让人各自信你自己心里的道理，如所谓"是非之心，人皆有之"，
他认为道理就在各人身上，无假外求，所以他只要启发你本来有的理
性，尊重你自己就够了。那么，这样我们虽说是信从儒家，跟儒家走，
也就等于信从自己，跟着自己走了。——不过儒家虽不强人信从，可是
他正能让人信从，他越不强求着统一大家，而越能让大家归到一块来。
这是因为儒家所讲的道理，所指示给人的道理，是最合乎理性，最合乎
人类心理要求的。所以人人都愿意信从他。而以这样的儒家道理为根本
精神的中国文化，所以也最合乎理性，最合乎人类心理的要求。所以它
能延续得久，传播得广，无论那一个民族，遇见了这种文化，都安之若

素，都感觉着非常合适。——这是中国文化所以能同化外族，所以优越有效的最要紧的一点原因。

二、中国文化是非团体的——前边我们已经说过，中国是缺乏团体的，中国向来是不划小范围的，不和西洋一样，团体与团体之间此疆彼界，分割的很清楚。中国人向来是视天下为一家，与人不分彼此，没有狭隘的爱国主义，没有排外性，所以他容易与人合一（西洋因为有团体排外性，对外抗争性，便不易与人合一）；而因此就让中国的疆土日渐扩大，人口日渐加多，民族生命文化历史延续不断了。

本来在今日竞争剧烈的世界上，是须要有团体的，而人类社会最初的团体，都是由宗教来的（宗教与团体，二者很相连，其意前边已说过），西洋则有宗教而亦有了团体，中国则二者皆无，所以相遇之后，就非吃亏不可，非失败不可。不过，现在中国固然是失败了，可是不要忘了从前也曾有过很大的成功，并且要知道，今日的失败，正是从过去的成功来的。俗话说："飞得高，跌得重"，现在中国的情形，正是如此。现在中国所以跌得重，就是由于过去飞得高而来的。但是普通一般人见识短，只看见中国现在的失败，为之着急，而不知道这个失败，正是由过去的成功而来。尤其要知道的是：中国文化的优点：和平、宽厚、对人存好意、不狭小、不排外、没有成见……等等，这都是合乎理性，合乎人类心理要求的。这是我们固有文化的长处，也正是西洋人与日本人的缺短，将来他们是要来学我们的。

我们要知道，今日世界上演出了许多大的惨剧，都是由缺乏理性，缺乏中国文化的长处而来。例如今日充满世界的两大斗争：一、民族斗争，二、阶级斗争，彼此利用科学，利用飞机、大炮、毒瓦斯来惨杀人类。这样的结果，将要完全的毁灭了人类，毁灭了文化，毁灭了大世界。那么，人类如何才能得救呢？如果要想得救，那只有发挥理性，发挥中国文化的长处。发挥中国文化的长处，才可以免除今日世界上的惨剧。所以人类历史再往前进，是要采取中国文化的长处，是要归到中国这条路上来的。假使我们不单在眼前来看，能向后看得清楚一点，则我们相信中国现在虽然失败了，而最后的胜利，是属于我们的。我们不要灰心，不要丧气，人类的得救，正要靠我们，靠我们发挥中国固有文化的长处，发挥人类的理性，以拯救人类。

我常常感觉我自己在中国人里面是最不悲观的，照中国现在的情形来看，虽然一时令人悲痛，但不必悲观，我认清楚了将来的人类，是不能不采取中国人的长处，不能不采取中国人的精神，人类最后的胜利，是要归于理性，是要归于我们的。

最后我希望大家要放大眼光来看，要往远处去看，不必悲观，不必叹气！

（录自《乡村建设》半月刊，6 卷 3 期，
1936 年 9 月 16 日。
《梁漱溟先生讲演录》，
1936 年 9 月印。）

中国民主政团同盟对时局主张纲领
（1941）

一、贯彻抗日主张，恢复领土主权之完整，反对中途妥协。

二、实践民主精神，结束党治，在宪政实施以前，设置各党派国事协议机关。

三、加强国内团结，所有党派间最近不协调之点，亟应根本调整，使进于正常关系。

四、督促并协助中国国民党切实执行抗战建国纲领。

五、确立国权统一，反对地方分裂，但中央与地方权限，须为适当之划分。

六、军队属于国家，军人忠于国家，反对军队中之党团组织，并反对以武力从事党争。

七、厉行法治，保障人民生命财产及身体之自由，反对一切非法之特殊处置。

八、尊重思想学术之自由，保护合法之言论出版集会结社。

九、在党治结束下，应注意下列各点：（一）严行避免任何党派利用政权在学校中及其他文化机关推行党务。（二）政府一切机关，实行选贤与能之原则，严行避免为一党垄断及利用政权吸收党员。（三）不得以国家收入或地方收入，支付党费。（四）取销县参议会及乡镇代表考试条例。

十、在当前政务上亟应注意下列各项：（一）厉行后方节约运动，切实改善前方待遇。（二）纠正各种行政上妨碍生产之措施，以苏民困，并力谋民生之改善。（三）健全监察机关，切实为各种行政上弊端之澄清。

（录自《光明报》（香港），
1941 年 10 月 10 日。）

中国民主政团同盟成立宣言[*]
（1941）

中国民主政团同盟，即后来人所习知之民主同盟。先是二十八年（1939 年）十月，余自华北华东游击区域返至大后方，鉴于国共不协，隐忧实大。因随诸同人之后，发起"统一建国同志会"，结合国共以外之各党派暨在野人物，进以求全国之团结抗敌，退亦将抑止内战。顾局促内地，深受执政党之箝束，不容有所表见。二十九年（1940 年）十二月二十四日余与黄炎培、左舜生二先生同聚于张君劢先生家，乃决议重新组织民主政团同盟，于海外建立言论机关，以号召国人。明年余被命赴香港进行其事，先创办《光明报》，嗣即揭出此《成立宣言》及《十大纲领》。《纲领》固所早有，余又润饰之，《宣言》则全出余手。二者均送经内地同人核定，一字未改，唯《纲领》第四条，余原文为"拥护中国国民党执政为抗战建国纲领之切实执行"。其后发表者，则为在港同人之所修改。今友人搜集余近年政论付印，特以此弁首。盖近年余对国事主张，固于此最足以见之也。

三十八年（1949 年）二月漱溟记。

中国民主政团同盟今次成立，为国内在政治上一向抱民主思想各党

---

* 此"民盟成立宣言"和"民盟对时局主张纲领"，是有关民盟建立的两大重要历史文件，且均出于著者之手。它们自然是全盟的共识，同时其中也包含着著者个人"对国事的主张"，如为求得国家的统一，必须实现"军队国家化"、"政治民主化"等要求。欲了解、探讨著者的政治思想主张，它们都是不可或缺的材料。附带说明：这两个文件是同日发表的，而实际上"纲领"写成在前（在重庆），且甚早；而"宣言"写成居后（在临发表前一日，于香港）。

此"宣言"及"十大纲领"于 1941 年 10 月 10 日在香港《光明报》公开发表时，为避新闻检扣，以广告形式刊出。题为《中国民主政团同盟启事》，题后写有"本同盟业在重庆成立，兹将成立宣言及对时局主张纲领登报广告，敬希中外人士惠予指导为幸"等语。又，文前著者按语为收入 1949 年出版之《梁漱溟先生近年言论集》时所加。

派一初步结合，同人等愿将此次结合动机及今后旨趣，作简要之叙说如次：

同人等从国人之后，奔走国事盖有多年，从来所见国事好转无逾今日者。第一，中国受外患侵凌数十百年，浸贫浸弱，几绝翻身之望。而今则对抗强敌既越四年，举世刮目相看，信为不可征服，民族自信心亦以永固。以此基础，值兹国际反侵略声势日盛之会，解脱枷锁，要不难期。此从来之所未有者一也。第二，国内苦于不统一久矣，自民国初建以迄抗战之前，扰攘几无宁岁，悉力之所用，不以对外而日以对内，不以求进步而日以事破坏，我民族生命其不毁灭于此者几希。而今则以同仇敌忾之故，地方对于中央，各党派对于执政党，无不竭诚拥护，上下内外居然统一气象。此从来之所未有者二也。凡此二者，固皆国人之所共见，是以人心曾不以失地过半而有所动摇。

虽然，国事好转诚在最近之四五年，而其间前后又有不同。大抵国际情势后胜于前，而国内情势则入后转不如初。此其事亦皆在人耳目，无烦缕指。要而言之，国际阵线方明朗有利，外援渐增，而在我则反不得协力制敌，甚而至于内力相销。本末相衡，可忧实大。时机坐失，宁可复期？

同人于此，曾本严正之态度，为宛转之尽力，而卒未有补。瞻望徘徊，深惧国不亡于暴敌，功不败于寡助，而顾由吾人自丧其前途，是真民族之不肖子孙，上无以对先民，下无以对后世。同人因是不敢以无补时局，自息仔肩。爰自为结合，以作团结全国之始；将以奉勉国人者，先互勉于彼此之间。以言结合动机，端要如是。

同人对于时局之主张，汇为纲领十则，敬布于世，将准此以致其力。十者无烦一一剖释，而有扼要一言必愿以陈于国人之前：中国之兴必兴于统一；中国之亡必亡于不统一，尽人可晓。而统一之道果何在，亦盍取三十年间事而深长思之乎？民国以来统一之可数者，元年革命成功，一度也；五年恢复共和，一度也；十七年北伐完成，一度也。每一度各有人心所同趋者，其统一实为国人意志之统一。武力于此为统一之具，而非统一之本。最后统一，莫著于抗战，而其为意志集中之结果，尤彰彰矣；则并此统一之具，亦未尝用也。凡此事实，宁不足以资人深省！更转看此四五年间，统一气象后不如初者，其几之动，毋亦各恃其力，而有忽于人心之向背耶！不求于心而求于力；人心抑闭，武力充塞，浸假而至于今日，弥漫周匝，唯是强霸之力也。以此为国，真可痛哭！

回忆抗战之初，政府延致党外人士，始为国防参议会，继为国民参政会，凡所以团结各方集中意志者，其意岂不甚盛？而卒有今日，盖亦相激相宕，不期而然。今后领导国人，挽回大局，仍不能不以望于执政之国民党。古人有言："唯不嗜杀人者能一之。"今人顾信不及此耳。苟其信之，请以武力属之国家，而勿分操于党；彼此互以理性相见，而视大众趋向为依归。国家统一，夫岂难定！申言之，即必须军队国家化、政治民主化是已。此其事本相关而不可离，其言有二，其义则一。唯此乃永奠统一，必兴民族。苟不此之图，则相杀至于何时为止，不敢知矣！年来国民党以抗战建国领导国人，同人既从国人之后，相与勉于此一大事，而深维抗战建国之本，有在于是者。今后所为献其心力，将奉是为鹄的，以诤于国人之前，国人其谅许之乎？揭此衷曲，唯国人其惠教之！

（录自《光明报》（香港），
1941 年 10 月 10 日。）

中国政治问题研究[*]
（1948）

　　我四十年来皆为中国政治问题所苦恼，亦不断用心。有些见解自认已经成熟。今用平实的话说出来，给与大家参考，好了望出一条出路。

　　中国政治问题有二：一、统一问题，二、民主问题。所谓中国政治问题乃指现代中国政治问题而言。比如统一问题原是老问题，即历史上曾有不统一之问题。目前我们所研究的却不是那个老问题，乃是指中西交通，大变革之后的统一问题。此变革乃不可避免的。今天所讲的就是指出如何在变中去求统一的问题，亦可以说是由于第二问题——民主问题所引起者。自晚清辛亥革命以来，中国即陷于不统一。此种不统一即是由于民主问题所引起。今天的不统一，乃是其势不能仍在古老的统一去统一，而是必需民主的统一。因此就加重了统一的困难。我们有时感慨地说：只要统一就好了，不管它民主不民主。但有时又说：这种统一我们不要，我们要的乃是民主的统一。于此可见这显然是两种不同的要求。

　　有没有第三种要求呢？没有。比如工业化是新中国的要求，但不是政治问题。政治问题只有统一与民主两个问题。除此以外，再没有新鲜的、独立的问题。为什么呢？因为政治不外乎权——权利、权力的问

　　* 著者曾写道："我生而为中国人，恰逢到近数十年中国问题极端严重之秋，其为中国问题所困恼自是当然。"而家庭环境与社会环境，使他"从小时便知注意这问题"，"对大局时事之留心，若出自天性"。于是，为中国问题而思考而奔走，前后数十年，终于认识到，近几十年来政治上"总不上轨道"，乃是中国问题苦闷之焦点；那么，中国政治问题的出路何在？这正是此一讲话所试作回答的内容。

　　著者曾表示"我将写《现代中国政治问题研究》一书"（见《中国文化要义》自序）可惜迄未实现；现仅存有 1948 年 1 月于重庆北碚以此为题的讲话记录一份。记录者为曹慕樊。记录曾经作者过目，并略有涂改。文中小标题为编者所加。

题。统一是代表权的一方向；民主则是代表权的另一方向；再没有第三个方向。

统一与民主那一个问题更要紧呢？此一问显然是不必要的。有时我们强烈的要求统一，有时我们又强烈的要求民主。此是从主观上说。事实上我们不能判定说谁要紧谁不要紧。大约主观上强烈的要求，亦即客观上最急切的需要。不过，民主只能在统一中求得，统一可能离开民主，民主却离不开统一。四分五裂，谈不上民主。从这点说，统一高过民主。即是统一第一，民主第二。但这话并不是说要先作到了统一，再去作民主。我们说那两句话的意思正是表明民主与统一之不可分；而不是说这两者可以分为两个步骤去完成。我们研究时把统一与民主分作两回事，但后来可能只是一个问题。

中国近代之统一问题

首先来看一看统一问题。自从辛亥年推翻了传统政治以后，中国几乎可以说就没有统一过。我们说统一，原是把尺度放得很宽的。比如蒙藏问题就没有算在内。我们称民国元年为统一，就是把蒙藏除外的。又，只要一种割据分裂不表面化，我们也算作它作统一。民国元年的统一，实际就是这种形式的统一。民国二年李烈钧等揭起了所谓二次革命，反对袁世凯，破坏了形式的统一。民国三年到四年，有暂时的统一，即袁世凯的武力统一。在三十六年中，论统一时间之长，统一的内容之实在，当以这一段统一为最。说长，其实亦不过二三年。民国四年十二月，云南起义，统一又不成。民国五年黎元洪组织南北统一政府，这次统一仍然只是形式。从五年下年到六年春间，只经过几个月即又告分裂。北洋军阀与西南势力斗争，国内又大乱。兼之又有张勋的复辟，更增加了政治上的混乱。从此时期直到十七年，主要是南北之争。十七年，国民革命军北伐到了北平，张学良易帜，此时又出现了一个全国性的形式统一。十七年下半年刚统一，国民党内部分裂，南京国民党中央对桂系——两湖两广李宗仁又打起战来。十九年南京政府又对冯阎作战。二十年由于张学良入关，结束了对冯阎的战争。北方算统一了。然而江西的共产党已经开始了分裂。二十年大"剿共"，二十二年又有福建事变（闽变）。二十三年"闽变"虽平，"剿共"之役仍未结束。二十四年，共军走延安，好了一点。但绥察又有半独立的姿态出现。二十五年有两广事变（两广对中央），西安事变。（这许多年中间滇、蜀、晋等省常有半独立形式，均未计入。）二十六年对日抗战开始，又有一度全国统一。这次统一，全国的向心力特强，统一精神达于最高度。此次，共产党放弃了苏维埃制度，军队编为八路军及新四军，故此次统一最值得重视。从二十七年起，共军区域开始发展，军队亦日益扩大，直到三十四年日本投降，国内遂分明有两大力量，统一实际已不存在；乃有求统一的政协出现。从三十五年起，又正式大打，直到今天。总算起来，前后只有五度统一（民元、三、五、十七、二十六）。把统一时间总加起来，亦不过只有三年多而已。除民三到民四有约近两年的统一外，民国二十六年算它一年，其余的统一只有几个月。如果我们加重"稳定"的意义在"统一"一词上，简直就可以说，三十六年来我们的国家从未统一过。这问题多厉害！多严重！

以下，我们谈一谈由于不统一带来的灾害，以帮助我们认识这问题。我们只消把日本来与中国一相比较就可以看出不统一的灾祸之重了。中国与日本原为东方的农业国家。近百年来同感西洋的威胁与侵略，又同样需要变革。但日本走上了一条路，它完成了一个变，完成了它政治上的变。它比较老的日本前进了一步，同时也完成了它的统一（明治维新之前的日本是诸侯分立）。我们要从后果上看，才知道统一与否的天地悬殊。在此次大战前，日本是世界第一等强国；而我们则是"次殖民地"。以言海军，日本居世界第三位；我们则是一个不折不扣的零。再说工业化程度，丢开资源问题不谈，日本也比之世界上第一等国家而无愧色。以言学术科学研究等，日本也有文明先进国的程度。谈到教育，日本除了一般国民教育以外，多数还受了公民和职业教育（青年教育）。即他们几乎百分之百受过六年义务教育，其中百分之六十且可受到八年教育。反观我国，就在大都市中不识字的人也不在少数。我曾到日本看过一次，日本乡村小学的礼堂，恐怕中国的大学也不会有。乡村中的妇女儿童穿着都很整齐，中国社会也没有法赶得上。以上说明了日本与我国的五六十年间的政治的后果。中国没有国防，没有工业，没有学术，没有教育……。而日本则如彼突飞猛进。但是有这种差异的存在，却为时甚短。退回去五六十年，日本原是远不如中国的。这短短五六十年间，日本竟如彼蒸蒸日上，而中国则如此之落后。而从日本公布宪法、召开国会时间起（1890）到现在不过五十八年；因为这五六十年间的政治，两国不同，遂各趋一端。一则极强，一则极弱。可以说这强弱问题，只是一个统一不统一的问题。统一则形成了一个力量，一面对外可以应付列强，在国际间转被动为主动；一面对内可以维持安定的秩序，以谋建设。然而几十年来，中国社会经济却在国际间完全落于被支配、被摧残的地位，同时，内战也摧残中国的经济。这一种被摧残，简单说起来，即是由于不统一。统一乃有一种总的脑筋，可以照顾全局。没有这种总的脑筋，便无主动的力量，而只是被动地受支配受摧残。一定要统一了，才能由被动复为主动的对外谋应付、对内谋建设。统一，不平等条约可以修改废除。不统一，不平等条约就日益加多，这是一面。另一面不断的战争变动，使一切的生产，一切建设、进步、研究，无从谈起。进步不需要提倡，而只要排去了妨害进步的战乱，人们自然要去求进步，去作工商业种种建设的。总之决定中日两国的近五六十年的命运的是政治问题。简单的说：只是统一问题而已。

中国民族的生死问题

统一问题是中国民族的生死问题。统一才是生机，不统一便是死路。生死二字是两个动词。生是逐渐的生，死亦是逐渐的死。有人说，中国的大病在贫、愚、弱、私。说这话的人，他没有认识中国的病。何以呢？贫不是问题，一天天贫下去，越来越贫才是问题。世上原没有天生的富人，富是人创造的。为什么中国越来越贫呢？因为中国在中西大交通以后，在列强的经济侵略、经济竞争之下，中国经济就急遽的崩溃。这可分三点说明：一、中西交通后，中国经济要往西洋的工商业上走；然而不能走上去，一则被阻于不平等条约，再被阻于内战。二、中国老的手工业、家庭工业已被破坏。三、农业亦被破坏。初时因为西洋各国在中国争购农业原料，农业还暂时繁荣，但从民国十九年到二十四年，农业也遭受到严重的破坏，原因是除了工业品大量入口以外，还有大量的农产品入口和不能出口。因而农业就遭到极大的打击，于是表现出来的是出口和入口都急剧的降低。出口降低表示生产力不振；入口降低表示购买力的贫乏，因此，一切问题都无从谈起。从都市到农村都喊不得了。这就是说中国一天天在向毁灭之路走，在逐渐的死。这赶紧要堵住才行。如何去堵呢？只有统一。由此可以看出贫、愚等是病象，不是病根。不能把现象作为问题，问题在根上。问题在我们自己身上。在内不在外，问题在不统一。不统一，一切谈不到。总而言之，问题在政治，政治有办法，一切有办法。而政治的第一问题则在统一。

为什么统一不了呢？最容易有的解答是复辟派的解答。他们说：因为取消了几千年传统的统一之道，所以就不能统一了。这话并不完全错。民主运动乃是统一不可能的由来。民主运动乃是一种变革。在变革中，统一遂不可能。革命派与复辟派相反，他们咀咒旧势力，认为他们是统一的梗阻。民十三以后，看法又变，认为直接破坏统一的是军阀；而间接破坏统一，援助军阀的乃是帝国主义。到了今天又入一个新的阶段。谁破坏统一呢？国民党指为共产党，共产党指为国民党；而美、苏又被两派交换着咀咒。以上三种说法，都是眼光短浅、太直接的看法。他们都不能说明其所以然，都不妥当。

为进行研究，试将我们的内战及分裂（包含革命），与统一稳定这两项事和不同空间与不同时间的类似事情加以比较，可能发现一点道理。我们先就第一类的事情去比较。比如一百多年前的美国的独立战争和其更近的美国南北战争不也是内战吗？又如爱尔兰的闹独立不又是一种内战吗？他如法国革命、俄国革命也都是一种内战，而后来都仍恢复了统一。把他们与我们的内战对照起来，便发现外国的革命或内战乃是其内部的社会与社会间的冲突和对抗。而中国的分裂，特别是倒袁以后直至十七年这一段与外国显然不同。它不是社会与社会的分裂，互相排斥；而只是浮在上面的政府与政府的冲突。即是说他们没有根。比如说爱尔兰的闹独立，乃因其宗教、种族、政治等等都与英国不同，即他们的社会根本不同，所以爱尔兰的闹独立是有根的。中国就不同，比如山东东部的刘珍年与济南的韩复榘作战，而山东东部与济南人没有仇恨，不但没有仇恨而且还分不开。又比如四川西部的刘文辉与川东的刘湘作战，而川东社会与川西社会本非对立，本无仇恨。南北政府尽管在大打内战，一面各省教育会的联合会仍然可以召开。不单全国教育会议可以开，司法会议也可以开。这真是怪事。可以看出这些内战之无根。又如民国十八年南京政府对武汉政府李宗仁的战争，很难讲是东南各省与华中各省有任何冲突。十九年对冯阎之战也是如此。这是比较显然的。但也有不甚显然的：如今天的国共的战争好像是有社会根源的，即是说好像是有阶级背景似的。辛亥革命似乎也有一种根源，即是似乎有满汉种族背景。而其实是都没有深刻背景的。没有！辛亥革命如果真是阶级间、种族间的对抗，那有如彼其容易解决的呢？各省纷纷独立的是清廷原来的封疆大吏，不过由巡抚一变而为都督罢了。除了巡抚以外，还有新军的协统、标统（如蔡锷为云南新军协统，阎锡山为山西新军标统之类），否则便是咨议局议长（如汤寿潜为浙江咨议局议长、蒲殿俊为四川咨议局议长之类）。巡抚与新军首领本都应当是满清的爪牙，咨议局议长也都是科甲出身，咨议局是合法的组织。他们都把革命看得很轻松，友敌的观念也不很明白，所以辛亥革命并非两大壁垒之斗争。今天的国共战争亦复如此。把他们看作阶级的对立，都是过火的看法，亦或可以说是制造出来。如其有隔阂，则存在于客观上者不如其存在于主观上者之多。在中国东西南北的地域没有隔阂。社会阶层隔阂也许有一点，但也是极少。因为在中国阶层间的流通性极大（即是我常说的伦理本位、职业分途），因为中国社会缺乏西洋社会中阶级间明显的沟界，故中国社会很通。复次，中国社会也十分散，因为没有壁垒之故。我说过外国的国家是统一的；但其社会却有许多分野，此疆彼界俨然敌国。此种分别乃由宗教、地域、阶级、职业、种族等来；所以他们的冲突，是避免不开的，以此各有立场。这是生在散漫和平的中国的我们所不能懂得的。中国人谁跟谁都不是仇敌，谁跟谁也不是一家，彼此没有躲不开的冲突，也没有利害一致的紧密的联系。不能十分分开，也不能十分团结，这便是中国社会。惟其散漫，所以大。大而且散，散而且大，这就是中国社会。

外国例子最明显的莫过于印度的印回之争。甘地为呼吁印回团结，前后曾绝食三次。最近的一次绝食（也是他生平十五次绝食的最后一次），印回的领袖们同意并宣布妥协和平了；但印回人民不愿和，结果引起与甘地同教的印度教内急进份子将甘地刺死。这就是说印度与巴基斯坦的两个社会在根本上是壁垒森严的。中国就不同：中国是两个或多个政府在打战，人民在一旁叫苦。比如民国十三年江浙齐、卢之战，两省人民曾哀求不要打。这与印度的情形完全相反。

中国是政府不统一，外国是社会不统一。假如把政府除开来说，中国未尝不统一。可惜说到国家时是不许把政府除开罢了。把中国的不统一与外国的不统一比较着看，究竟谁深刻呢？自然是外国深刻。如果要求统一，以一个未尝不统一的中国来说，应当是容易的，但今天为什么中国反不易统一呢？中国在民国六年到十七年之间，显然是缺乏社会基础的军阀之战，十九年亦然。今日的国共战争，乍看好像是有基础的，如共方说他们是代表无产阶级，国民党是代表资产阶级或东南金融资本家。如果这话正确，则今天的不统一应是无法避免的。但究竟对不对呢？我们当研究一下像辛亥革命，目前的国共之争这一类的不统一是不是与外国的不统一性质相同。

像外国社会分裂，中国不是绝对没有。很显然的西藏、新疆、蒙古与我们内地是有沟界，有分别，有仇恨的，我们不可否认。但试问，中国政治问题在此吗？但事实答复：不。三十年来国内不统一，与他们无关。

我们回溯上去看中国历史上革命或内战，再倒回来看今日的革命。四十年前梁任公作中国历史上革命之研究。梁先生举出七个特点说明中国革命与外国革命不同。一、中国有私人革命，无团体革命。二、中国有野心革命而无自卫革命。三、中国有上等社会革命、下等社会革命，独无中等社会革命。四、中国革命多是纷纷四起所谓多头革命。五、外国革命旧政权一倒，革命即完。中国不然，新政府还要把自己阵营中的群雄剪灭完了才算完事。六、中国革命家或革命军相互间是不一致的，他们彼此竞争，互相并吞，直到最后只留一个。七、中国革命时，旧政府有引外族力量来镇压革命者的，革命者亦有引外力来攻打政府的。外国就不同；如法国革命时，外国联军要加干涉，法国革命者反能联合起来抵抗。

把以上七点合起来看，可知中国的革命本来就不是革命，绝不是被统治阶级向统治阶级的斗争。虽如明太祖的起来对元朝革命，形式上亦有点像外国。但明太祖的推翻元朝统治，还是在他消灭陈友谅、张士诚之后。同种族、同阶级中反而闹得凶。这就证明它革命的界线不清。换句话说，还是群雄逐鹿之局。

总起来说，中国之缺乏革命，原因是在中国社会散漫，缺乏沟界壁垒，不能产生阶级斗争。所以中国政治问题，不是用阶级斗争的方法可以得到解决的。照一般情形讲，革命群众是一个新的阶级，由这个新的阶级的起来，长大，于是爆发革命。革命势力上台，社会遂完全变质。外国的革命大多是如此。外国的革命是阶级革命，是阶级斗争，是阶级的新陈代谢。可是中国的革命就不如此。中国只有改朝换代。这种改朝换代，正如俗语所谓"换汤不换药"，并不是阶级的推陈出新，而只是某人某姓的新陈代谢。推陈出新是向前走的，而中国是循环的。所以我说，中国历史只有一治一乱的循环，而无推陈出新的革命。中国只有个人，没有阶级，没有集团。就是太平天国也不能比作欧洲的农民革命。陶希圣等说它是农民革命，而又叹息它后来背叛革命。这话是不对的。

中国本来就没有革命。

我们研究中国近三十年的不统一，发现问题在散漫；研究过去的历史，问题还是在散漫。这都足证明中国社会沟界不分明，壁垒不严，矛盾不深刻。因此之故，中国社会是常可转变的。这散漫的中国社会彼此很相通。造成此种散而相通，则由于我所谓："伦理本位，职业分途。"因为重伦理，便无形将人联锁在一起，因为"职业分途"，便开出每个人走的道路不相碍。每个人都可自创前途，都可开出自己的命运，故曰：不相碍。故亦没有任何维护或争取利益之组织。此中国之所以无阶级，亦其所以散而大之故也。在全欧洲的略等于中国面积之上，分成了好几十个国家，它们有等于中国一省的，有等于中国一县的。英伦三岛就不大，爱尔兰还要向它分家，而很小的爱尔兰内部还有南北之争。欧洲壁垒多，不得不分。他们不能散，也不能通。中国社会虽散却很通，没有隔阂（蒙、藏、回除外）。中国人不喜欢分彼此，真有天下一家的气派。此从伦理得来，亦为大之原因。外国喜欢分彼此，由于其多沟界壁垒。这是它们不能大之由来。

上面是拿中外不统一的事情来比较。下面再拿统一稳定事情来比较。

历史上中国的统一实在不是欧洲现代国家的统一，而是与欧洲中世纪基督教天下在性质上是相等的。欧洲中古没有今日这许多国家（英、法立国较早，犹不及二百年，法国、意大利尚不及百年）。中古时，欧洲（特别是西欧）是一片广大的基督教社会。那时人民的国家观念不清楚，而有世界观念、天下观念。国界若有若无。所以，欧洲近二百年的民族国家，于其自身说是由分而合；对于那个基督教大社会说，则正是由合而分。此其转变的关键在宗教革命，它将宗教的天下捣碎，才生出民族国家来。宗教有完整权威时，欧洲人精神上是统一的。等到宗教起了革命，统一瓦解。同时一个新人生态度出现，不求未来天国而求现世幸福。一追求现世幸福，重视现世一切东西，遂抬高了民族观念。各国的土语方言及其文字代替了以前形式统一的拉丁文。民族国家于是基于民族感情而成立。

中国始终保持着精神统一的天下，没有走到民族国家的一步。中国大社会与欧洲中古西欧社会相同，为一大文化区。不过中国的文化不是宗教文化，故也无宗教革命。孔子的一套文化不似外国宗教的硬性统治。所以分裂无可分，倒塌无可倒，始终维持着此大社会的统一。

统一有两种：一、上面的统一或政治的统一，二、下面的统一或社会的统一。西洋近代的民族国家是政治的统一。中古的基督教天下是精神统一而属于社会统一之内的。社会统一包含精神统一、文化统一而言。这三种统一从上到下，一个大于一个。对于政治统一说则同站在一面的。如下图：

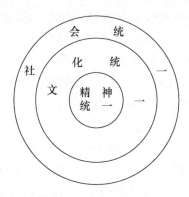

精神统一者宗教信仰观念（指是非取舍）、礼法上的意见（价值判断）一致之谓。文化统一则于精神外加上语言文字、生活方式等的齐一。社会统一于文化之外再加上婚姻、血统、友谊的沟通结合等，经济生活亦算在内。社会的统一，又可叫作文化单位。国家对之则可以叫作政治单位。中古西欧以基督教为中心，似形成了一个精神的统一，却都不十分够。当时他们虽在上层通用拉丁文，但土言土语极多，风俗习惯亦异，说不上文化的统一、社会的统一。所以后来的基督教的天下就分裂、转变失坠了。然后才出现了近代的民族国家——政治单位。反观中国两千年来，精神统一没有分裂、转变失坠。为什么有如是的差异呢？因为统一西欧的基督教，其中有许多迷信固执的成分，容易发生歧见冲突，或日久人的知识进步，其信仰即失坠不能维持。而孔（子）所垂教（例如《论语》等书），则开明通达，切合人情，虽历久而常新。此其一。基督教本主出世生活，在人生态度上至近代一发生转变，它当然受到影响，不免动摇。而孔子自来注重现世人生，就一直没有变化发生。此其二。基督教有组织、有形式、有拘束，既倾向出世，偏又多涉人事，羼入政治。于是教派分裂，教权争夺，都影响到信仰心理。而孔子之徒则无格外的组织、形式拘束，分无可分，裂无可裂。为基督教中心之罗马教廷及教会僧侣腐败堕落，发生纠纷笑话，亦不能维持精神统一之一因。孔子儒家亦无此问题。此其三。再则中国文字偏重形体符号，故不受方音的变化，偌大地面偌多人口，文字统一而无异。且以现在的中国人读两千多年前的《论语》无大困难。比之今日之英、法人之于拉丁文简直不能通者是何等不同。所以不独在广大空间上统一，而且是有长久历史背景之统一。这自然有很大力量以铸成之——中国社会之统一。西欧于封建之后，分裂而出现了民族国家。中国东周末于封建制崩溃之后却出现了大一统天下，在所谓"车同轨，书同文，行同伦"之下，文化上反有越发深入统一之势。二千多年中国已将国家消融于社会，政治纳入于伦理。视君如父，视吏如长。恒藉社会文化的统一，以维持其政治的统一。

今日中国的不统一，乃是指中国政治的不统一。社会和文化的统一在前，政治的统一好像是加于其上的。社会的统一靠文化，政治的统一靠武力。所谓"加于其上"者即指武力而言。换言之，即指武力的统治。社会单位与政治单位有时一致，有时不一致。如甲民族征服乙民族而变为统治者时，就是不一致。两单位相符合时自是最稳妥。社会统一是平面的，政治统一则有两面。一面是统治者，一面是被统治者。所以政治统一是立体的。

武力统治必为阶级统治。而只有较强的成形的势力（阶级）才能作武力的主体而施其统治于全国。武力不掌握于个人，亦不属于全国。而对外时，武力好像属于国家的，在对内时就显然是一方压服一方的了。武力属于国家常不过一句门面话（此指外国）而已。一国内必有阶级，而阶级与阶级间则一面互相依存，一面又矛盾冲突。武力是工具，大的工具必为较强的势力（阶级）所掌有。中国的精神中心——伦理、理性消除了一切沟界壁垒。融合消除的结果就是散。以中国人口之众，地域之大，却并非"联邦"，只是一个大单位。他有无数的个人与无数的家族。分不开成一较强的阶级来统治，而其余的被统治。所以中国只有帝王，即所谓"一人在上，万人在下"。只有让一姓一家来作统治的象征，要让这一个人来掌握全国的武力，实在是不可能。只有在两军作站各自都需要拥戴一个领袖时，他似乎临时地可掌握这个大武力，及到敌对的一方已经被消灭了，即天下已定之后，便惶惶不安其位。这便是说个人不能掌握大的武力，只有"偃武修文"了。"马上得天下，不能以马上治之"，亦即此意。这时只好把武力隐藏到文化里面去，把国家隐藏到社会里面去。皇帝只是统治的象征。古代帝王与民间只是消极相安，不能作积极统治。可以说老中国只是一个社会，不能算一个国家。但又不能不有一点强制力。因为一面对内须维持治安，一面对外须抵御外患。虽以此两种原故而不得不有武力，但只有这么小一点。结果便成了中国政治史上向来的无为而治。总之，中国统一主要靠消极相安，其次才靠武力。武力维持是一面，另一面则又靠被统治的方面的同意（即一、积极的统一，二、消极的默认）。武力的统治必须多少能替大家作一点事，即合于大众的要求，然后才能有效。西欧国家统一之道：一、在于武力；二、民意的申达。中国除少用武力外，则靠考试制度及言官等。考试制度是人的流通，人的流通是意思流通之本，而言官只是消极性的谏阻封驳。这种形势在近百年世界大交通之后，便不可能再有了。消极相安既被破坏，不统一便出现了。我们以前所讲的主要在讨论武力的主体的问题。民国三十多年皆因缺乏武力的主体而陷于纷乱。如果找着主体了，中国就统一了。以下所讲仍不外证实此点，而指出其前途出路。问题之苦闷虽在近三四十年，问题之来则在近百年。近百年的中国历史实在是一大变局。此一大变局生于中国历史与世界历史之合流。我们要考察这大变局，以谋解决此大变局之道。看大变局从两方面着手：一、从新问题（新形势）看，二、从问题之反应来看。从第一点我们得着不统一之故，从第二点我们得着新统一之道。

从新形势看：第一，看出了西洋的富强，中国的贫弱。于是刺激中国人图谋富强。这种积极求富强便是破坏老中国的统一之故。因为从只求消极相安的政治，一变而为积极的求富强，则武力出头，就完全违背了旧的统一之道。第二，从不同的社会人生启发了中国人许多新的人生观念、社会理想，于是对老中国的文化不满足。要实现此许多理想，必须革命。有革命即有压制革命的，双方都要靠武力。总而言之，从上面两点形势看，都必引发武力的主体问题，不容其隐含。

在二千多年中国历史上，对此问题都是含混躲闪过去的。它一面是偃武修文，把武力收起来不用，以消极相安代替积极统治；一面是借着迷信和礼教（真命天子，君臣大义等），承认一个人作皇帝，承认"家天下"。今天既不能把武力收起来不用，同时又不承认一个人作主。武力交给个人，大家不服；而除了个人又无处交代。此问题便不能含糊，而陷于极端苦闷。旧著于此有些话可供参考：

武力是一工具，待人来用。人是散的，武力何能不分？人是乱的，武力何能不为祸？

"往日一切迷信和礼教已经破除净尽，新兴的'革命'与'打倒'正好拿来借词。实在任何一个人，亦维持不了这局面。……清廷一倒，武力即无所属。我尝见大批军队走过，我就纳闷：这是谁的武力呢？这是中华民国的吗？逻辑上当然可以这样讲。但民国又在哪里呢？实在太空泛，不亲切；等于一句空话。他们（冯玉祥军）名为西北军，那么算是西北地方所有吗？按之事实，亦不是。究竟谁要养这武力？养来干什么用？真成疑问。冯玉祥亦不过是一时指挥者，一个带兵官，似不能算一主体而据有之。那么，这竟成了天地间无主之物！你说玄不玄？无主之物当然随便被人利用。二三十年来忽分忽合，忽彼忽此，无目的，无主宰，完全失去其工具性。割据地盘，为存在而存在，国家和人民皆供其牺牲。而不晓事的人，还在作武力统一之梦。其实'武力统一'不难，倒难在谁来'统一武力'呢！"

十三年改组后的国民党和共产党确乎想走一条新路，即以党（以党建军）作为武力的主体。这亦则是没有现成阶级可为主体，便制造一个革命阶级来作主体，作为武力的主体。路确是一条路。罗素在《工业文明之将来》一书内说：苏联"党治"是为寡头政治开一特例。他们——布尔雪维克——既不是世袭贵族，又不是教皇巫师，又不是富豪财阀；他们只是一般"同志"，真为前所未有。并且罗素说：这对于解决东方政治问题，是很大一贡献。中国人似乎也看到这一点。于是国民党想掌握武力；共产党也想掌握武力。于是中国除了个人与个人（军阀）之武力斗争而外，乃又有党与党之武力斗争。以上是就新形势或新问题来讲，以下再就对问题之反应讲。

所谓对问题反应者，即图强的运动，和对新人生理想运动也。总起来说，可名曰民族自救运动。国民党及共产党的运动都在其内，都是对问题的反应。种种运动都是中国历史上前所未有的新因素。民国以来的不统一，除军阀混战多半师出无名而外，如辛亥革命，如北伐，甚至如今日之两党战争，不能不承认其中有新因素。

中国统一之道

以上，说了中国的不统一之故，下面要慢慢说明统一之道了。答案是在问题中的。思想潮流之为物，力量大过武力。三十年来它们常为中国的主宰。清廷那样强大的武力，给思潮推翻了；袁世凯那样大的武力，给"共和"思潮推翻了。十五年北伐国民革命军以三万多武装军队扫荡了长江上下游和直奉等军阀。这便是因为国民党有主义，代表一种运动。其次，抗战亦是一种潮流，一种大众的要求。靠了它，中国又统一了。抗战的统一是民国有史以来统一的最高峰。思想潮流配合上武力，无敌于天下。它能破坏一个统一，也能够实现一个统一。它可以主宰中国的命运。即使它不能实现统一，它也能够长期的保持一种力量，如今日之国民党、共产党。有时，也好像无所成就，如二次革命，中山护法、福建的人民政府等。其所以然者，就是它不能适应时机，不能够代表全国大众的要求，便不能形成一个大力量。

现在要问，思潮的力量既如是其大，为什么只能统一于一时而不能久呢？其次，如国民党、共产党者，确保持了一种力量，其时亦颇久，但为什么能久而不能统一呢？

我们先答第一个问题。三十多年来，一切的成功，我们看，都是靠各方合作。而凡是失败，都由于内溃。又可以说，凡是成功，都是合于全国所同的要求的。而此事便大不易。因为，往往所同者在于消极的一面，而不同者，往往在于积极的一面（即取消什么——例如反清、反袁——这一要求是全国一致的。取消了之后要求个什么却是不一致的）。因为没有大家一致的要求来长期维持大家合作，所以统一往往难久。

至于可以久而不能统一的问题，则在其能以一潮流为中心而成一个组织，故能久。然其不能大者，则以其不能收纳各方面。此二面实相联系。必须要能发现全国一致的正面要求，然后才能有收纳各方面的组织。但吾人可以问，是否可以有一合于全国各方一致的要求，和可以收纳各方面在内的党呢？在西洋实无此种党。因为 party 一字，其意义即为部分，即已是一偏，实无代表各方一致要求的必要。以下吾人拟以西洋政党为参考，以研究中国两大政党。尝试要指出：一、他们都没有社会根基，都是弄假成真的，即今天的国内战争并非必要。二、要找出一个解决国是的具体方案来。

国、共都自称是革命党。所以也要以之与外国的革命党相比。但为了说明革命党的性质，就有与普通政党相比较的必要。"革命党恒否认现秩序，为推翻现秩序建设新秩序而活动"。例如清末的中国革命同盟会、苏联的共产党，而我们现在的国民党、共产党亦原属这一种。普通政党恒承认现秩序。即在现秩序下为实现它的主张而活动。如民国初年的国民党、进步党，英国的保守党、自由党，美国的共和党、民主党等皆是。

先讲一般的政党的发生。政党当然是在国家制度上给国民以参政机会的时候遇到问题，显示出意见相反的两边，或不同之几方面，从而分别组织起来的。同一国之人，原有许多不同。例如阶级不同，种族不同，宗教不同，职业不同，地域不同，以至其他种种不同。这些不同，自然会反映在他们对国事的主张上。而为着拥护自己主张，争取其实现，就各自结党以便活动。这就是一国之内党派分立，以及每个党派恒有阶级或其它社会分野作背景之由。但有时在一大笼统问题之下，则这些不同亦能反映出来。这就是一国内往往只大略分急进、缓进、左倾、右倾的两大党，或加上中间派总不过三四派之由。然而一般说来，直接表现社会背景的党派，在各国还是很多。

革命党的发生，一定要在有革命的必要之时。革命我们知道有三种。一种为推翻异族的统治而革命，意在求得民族的解放自主，称曰民族革命。一种是推翻特权阶级的统治而革命，意在实现政治上的民主主义，称曰民主革命。一种是为推翻资产阶级的统治而革命，意在实现经济上的社会主义，称曰社会革命。此三者有时亦可能相兼，如民族革命兼民主革命，民主革命兼社会革命之类。任何一种革命都是要完成社会秩序的一种改造。初不止消极地有所排除，而要积极地有所建设。初不止是政治上的事，而更且是社会的事。在这里，有革命的必要或没有革命的必要，它将具一种意义，或兼具两三种意义，皆不由主观自愿，而是为其民族历史和世界大势之所决定的。果真有一种革命的必要于此，就自然有担负这一革命运动的革命党发生。这不关某一个人（列宁、孙中山）创造的奇迹，而恰不过有某个人践行了他们民族历史的任务。

因此，我们可以说，革命党是代表一种革命运动的，它就为完成其历史任务而存在。普通政党是代表一国内某部分人的。这部分人存在，它大概就存在（其主张要求却可因时而变异）。前者我们可以称它是时间上的党，因其重心在某一运动。而任何运动是有其时间性的。后者我们可以称它是空间上的党，因其重心在某部分人，而某部分人则占有一空间。

这些都是从比较上见出其各有所偏，特为之强调的。其实他们同是为着政治斗争而有的一种结党，其中自有许多相通之处，并非截然的两件事。革命党亦有时转变为普通政党，例如中国革命同盟会改为民国元年的国民党之类。普通政党亦有时恰为革命党的初步，类如波尔西维克当在帝俄时代原参加过议会活动，以普通政党姿态出现的。说到历史任务的话，亦不独革命党有之，普通政党一样有的。例如英国自由党在过去一百多年的英国宪政上，具有开辟建造之功，直是无比的重要。但在今天，它的位置却已失去而过渡给工党了。这就是因为自由主义运动的时代已经过去，它已经完成它的任务之故。说到代表一部分人的话，普通政党有然，革命党亦何尝不然。一个革命党照例有它的阶级基础，否则，便是代表某民族，从事于民族革命的。更有如印度的国民大会党。我们竟难于判断它属于革命党呢？抑或属于普通政党。它无疑地是不推翻英帝国的统治不会甘休，而且无疑地将要为印度建设一新社会秩序，才完成它的任务。这样，它就是一民族革命党。然而为了今天它所遭遇的机会和内外形势之特殊，它却终于落在一普通政党的地位，当作一普通政党而出现。革命党和普通政党之相通，由此益可见。① 但是就大体上说，革命党是代表时间的党，普通政党是代表空间的党。

"中国前后的许多党派，无非是感受中国问题的刺激而从中国社会里发出的一些运动组织。一党派就是为了他一种运动而有的组织。因此我们应当把握两要点：

第一、中国问题是什么问题？——看它是什么问题，便引起什么反应运动。

第二、中国社会是什么社会？——看它是什么社会，便发出什么反应运动。

党派存在于运动，而运动则为此两端（社会与问题）所规定。若能把握此两端，即能把握其所应有之运动；能把握中国应有之运动，则负担此运动任务者应为何种样的组织，便不难解决了。"② 简单的说：需要什么党，看"问题"（需要）。可以组织什么党，看"社会"（可能）。如图：

$$
\begin{array}{c}
运 \\
社 \rightarrow 问 \\
会 \leftarrow 题 \\
动
\end{array}
$$

现在让我们先来看看中国问题是一个怎样的问题。我常说两句老

---

① 参看《中国党派问题的前途》一文（见本卷）。
② 引自《我努力的是什么》一文（见本卷）。

话：一，中国问题是自外引发的，中国革命不在普通范畴内。为何这样说呢？根本上因为中国历史只见一治一乱之循环，而没有革命。它可能这样继续下去，设非世界大交通，近代文化闯进来。这自是文化上一奇迹。它的特征，在以道德代宗教，以礼俗代法律。卒之，就是以社会代国家。数千年中国历史的发展是作为一世界（所谓天下）而发展着，不是作为一个国家。虽然它有时亦被迫作为一国家。这主要是由于社会内部形势散漫流动，未曾形成阶级统治——形成阶级统治便成了国家。一切国家都是阶级统治。中国两千年来，原只是散漫的消极相安之局，而非阶级积极地统治之局。其间即有不能相安之时而到了"天下大乱"地步，亦并不引起社会本质的变革，如我们所谓"革命"者。礼会秩序只见其崩溃与规复，一断与一续，而没有翻新改造。从生产技术以至意识形态，千年之后，曾无异乎千年之前。流俗浅见说它"进步太慢"，那完全错了！它实在已陷于盘旋不进状态。有如一平静的大湖，虽见其波纹汪洋，却不同于逝水东流。一生在研究中国的斯密斯（Arther Smith）博士说："中国如无外界力量而欲进行改革，正如欲在大海中造船。"信乎不差。五十年来的中国革命运动（从孙中山到共产党）并非社会内部自发的，实由外力所引发。所谓外力引发，具有三义：

一、感受外国的侵略压迫，激起来自己整顿内部家务的要求。

二、领会了外洋的新理想，发动其对固有文化革命的要求。

三、外国势力及外洋文化实际地改变了中国社会，将其卷入外面世界漩涡，强迫地构生一全新中国问题。

所谓外力不是别的，就是指近代的西洋而言。近一二百年整个世界局面的改变都是导源于此（西洋），人所共知。中国革命领袖（孙先生）所以必须是生长于澳门、香港（这是西洋人最早取得的地方）而培成于欧美。中国革命策源地所以必须在广东。革命势力所以侧重在南方沿江沿海一带地方。而反之，愈深入内地便愈无人革命（中国革命同盟会发起时独无甘肃人）。中国革命所以被称为留学生的革命，……这一切正基于此。

对于从来不变的中国社会，这次当真的引起了社会本质的变革，而且是根本大变。我们无疑地该称之曰革命。但它却不属于革命的任何一种：第一，它不是民族革命，因为中国还保持着半独立，不同于印度或朝鲜为英或日所统治那样。它对帝国主义者尽可修改条约乃至废约。废约不成，可以开战。开战时是国际战争，不能说是革命。第二，它亦不是民主革命，因为它并未从自己历史里面孕育出一新兴阶级，酿成社会矛盾的爆发，以争取自由，建立民主。相反的，它却以民族对外问题为主。革命党所号召者乃是救国（从兴中会到同盟会到国民党充分表现如此）。民主制度只当作救国方案而被输入。这安得谓之民主革命。1911年的革命只表面上看似民主革命而已。本质上大谬不然。第三，它更不是社会革命，盖从其社会内部关系说，远没有达到社会主义革命要爆发的地步。国民党所谓民生主义原从避免社会革命的远见而来，至今革命经历五十年，似依然适用。共产党在中国发生亦二十年以上，至今还在争取民主而视社会主义为后图。凡此皆其证明。

虽任何一种革命都不是，但它又涵有这三种革命在内。它对外负着求得民族解放独立的任务，便含有民族革命在内。它对内，必须实现政治上的民主主义和经济上的社会主义，以造成平等无阶级的社会，便涵有民主革命和社会革命在内。前一项任务，固然为它外面的遭际使然。实则后二项又何尝不为它所遭际的世界大势之所决定。若非近百年世界大交通，中国还是中国，则数千年彼此消极相安的政治和小农小工小商各自为谋的经济，在它自己原没有什么行不通处或行不通之时。其所以再不能沿袭下去者，全为整个世界史发展到了这一步。一面造成极大威胁，使它非改变即不能图存。一面作了绝大启发，使它倾心新理想而抛弃旧生活。像这样不从自家历史发生的革命，实不属普通革命范畴。我说它几乎是另外一回事，正谓此。①

中国问题既是自外引发，故不在打倒别人而在自救。自救之道如何？则在改造文化。中国民主政治问题，并不像外国一样，乃是一般新兴的工商阶级起来向封建阶级要求民主。中国乃是从自强上、从理念上要求民主。换言之，乃不过是一种文化改造问题。中国的革命意识乃自外启发的，而不是内部事实的反映，中国要实行民主主义乃至共产主义等，那是在文化改造之下提出来的，在不能自外于世界趋势人类前途的意义之下去实行的。所以我常说中国革命运动乃是文化改造与民族自救八个字。

以上讲了运动。运动是在问题与社会之间的。问题是囫囵整个的，而感受的人的立场却是散漫微差的。问题若果是一种内部矛盾，是阶级问题，此种切身逼近的问题，对感受者必定非常亲切。他不但心头清楚

---

① 见《中国党派问题的前途》一文（本卷）。

此问题，而且前路也看得分外明白。中国的问题惟其不亲切，所以一面需要眼光，一面需要热心。所以中国革命需要先知先觉，仁人志士。外国的革命人物大都是劳动大众，即被剥削的群众，中国的革命人物反可能是剥削阶级的。所以在中国谁是劳动阶级出身谁便革命，谁是剥削阶级出身便不会革命，便靠不住。如大多数的农民无知识，离外边很远，他们不是革命的动力，倒是对象。即是说：中国文化改造，要对农民大众作功夫。因为农民大众不能动，若动便会反动（如拥护皇帝之类），要他动而不反，只有向他作功夫。以上是说中国的革命，主要是知识分子作动力。中国革命的动力难以从阶级去分判它。其革命动机亦宁在民族立场，而非从阶级立场。它大抵限于环境、气质、年龄、地域、性格等。

现在要谈中国的革命党派了。我们可以指出，中国的党派很难分别，而且屡次合作。如清末的革命派（孙、黄）与立宪派（康、梁）在庚子（光绪二十六年 1900）前后，孙梁往来甚密，谋两党合作。庚子年唐才常领导的汉口暴动，就是两党合作的。又如杨度是属于立宪派的人物，而黄兴之加入同盟会却是他介绍的。可见他们彼此间差得很小（虽差得很少，却可以发展成仇敌），辛亥革命也是两党合作成功的。

立宪、革命两党之合作如果能长久，则于民初的宪政或有稳定的作用。看到这一点的，在国民党中只有一个人，就是宋教仁。他主张两党谅解合作，很得到立宪派的欢迎。宋氏既被袁项城刺死，两党合作遂不可能。袁得了梁任公的帮助，遂解散国会，排斥国民党，他就独霸天下。袁既称帝，两党又合作倒袁，又得到成功。云南、广西（陆荣廷）、南京（冯国璋）均接受梁任公的意旨倒袁。民国六年，制宪期中两党又分国民党主张地方分权，立宪派反对。卒因对德参战问题，闹到国会分裂。张勋看到两党分携，乘机复辟。消灭复辟，又靠段（祺瑞）梁合作。段、梁合作制造一个新国会（即所谓安福国会）。孙中山在南方宣言拥护旧国会（即所谓"护法之役"），于是南北分裂，大大的帮助了北洋军阀。这都是两党不能合作的结果。

我把民国十二年以前作为中国民族自救运动的前期运动，民国十三年一月（孙先生改组国民党）以后，作为中国民族自救运动后期运动。前期运动是由贿选的曹锟的国会，公布了一纸宪法而告终。后期运动则另是一回事。后期运动乃是中国革命党人看见苏联的革命成功，要模仿他们，乃于十三年一月改组国民党，统一广东，宣布联俄容共，出师北伐。十三年以后，又是国民党、共产党分合的局面。十三年到十六年春初是合作底，从十六年夏到二十六年，两党有十年的血斗。双十二以后，两党又重新合作。抗战的胜利，不能不说是靠两党的合作得来。胜利以后，政治协商会议，乃以谋两党进一步的合作而有。假如成功，局面当不致坏到今天这样。总而言之，党派的合作总是有成就。这是历史所昭示的。又从他们的常常合作，可以看出他们实有共同的任务。

以上说了许多话，无非想证明国共之相仇是没有根的。其仇视也，完全是误于以外国的方法用于中国。中国社会是没有阶级的，而共产党则完全以阶级理论来看中国社会，以阶级斗争的方法用于解决中国问题。十七年以后的国民党，实有助长中国社会阶级分化的趋势。而共产党则似有意制造相仇。总而言之，今天两党的相仇，即使有一点因，也是自己制造出来的。他们有不同的社会基础吗？实在难说。即使说社会基础不同，就至于绝不相容吗？两党的主张要求实在说不出有什么大不同。政协五大问题之一的建国纲领的草定（实即施政纲领）亦可以证明没有不可以合作的地方。今天两党之相砍相杀，实不能积极有所代表。国民党只代表了怕共产党的人；共产党只代表了恨国民党的人。彼此都替对方制造党员与势力。一般的说，是形势造成意识，而中国呢反是意识造成形势。一般的说，是集团产生领袖，而中国呢则似是有领袖而后有集团。总之，中国今天的混乱分裂是"弄假成真"，"无中生有"。

以前说过，国、共两党都尝试要走以党建国（党治）的路，但却失败了。而彼此失败各有不同。国民党的失败首在于他的阶级基础并未明白确定。当北伐时，陈公博提出了党的阶级基础问题，当时党内有种种意见，如一、全民革命论（吴稚晖）；二、超阶级的革命论（胡汉民）；三、各阶级觉悟分子革命论（汪精卫）。这三种意见都说明了国民党没有一定的阶级基础。（国民党这种不合外国理论的地方，倒有一点合于中国的事实。国民党之所以能一度统一者亦在此。）但党必须有阶级基础才不会是灵空的。再说，国民党的主义亦太笼统。三民主义只是三句好话。这种党，党性不强。因此，只见个人不见党。所以它的军队不能不落在个人手里，而不能掌握于党。后来又成了新军阀，是不足怪的。共产党在这一点上算是成功了，党掌握了武力，但自划范围太隘，又绝对不能统一中国。

解决问题的方案

现在要讲解决问题的方案了。有一个原则须告诉大家：问题带来了答案，历史暗示了前途。譬如我们说过，主宰中国三十多年的是思想潮流。这思想潮流便是问题带来的答案。我们说过靠党与党间的合作，成就许多负面的成就（排除许多障碍）。然而正面的文章始终没有交卷，历史的任务始终没有完成（历史的任务在改造旧文化，建造新中国）。但今天世界形势，足以使我们了望得更清楚。我们要抓住世界潮流，启发人心，以掀起广大的建国运动。这广大而散漫的社会可以藉此组织、统一。社会统一了，武力就有了主体，国家自然统一。旧著于此，有些话可供参考：

中国之分，分于上（政府），外国之分，分于下（社会）。分于下者就是下面尽管有相抗衡相竞争的诸不同势力，而无碍于上面政权之统一。所谓分于上者，就是下面社会尽管没有彼此沟界壁垒，而上面政权却不免分裂。不留心底人必以为外国国内没有什么分裂问题，只有中国才四分五裂。其实颠倒了。中国之分只在浅表，那有外国内部矛盾之尖锐，冲突之严重。不留心底人必以为中国社会既然没有此疆彼界，国家还不应当统一吗？其实颠倒了。正唯其没有此疆彼界，涣散而浑融，浑融而涣散，所以没有成片段成形体之一大势力，可以为全国之中心支柱，可以越居统治一面（作武力之主体）。

这边走不通就走那边。将外国统一的法则，倒转过来，就是中国统一的法则。那就是先不求统一于上，而先求统一于下。——求统一于社会。在外国是上面统一掩盖其下面之不统一。那条道，中国既不能走，那末，就把下面统一起来，以统摄其上面之不统一。

须知外国社会里一方面的势力，即不外一方面的要求。一强越的势力，即一强越的要求。其国家之统一，实在就统一于此强越要求之上。全国一致的要求，偶然可以有，不常有。散而且乱的今天中国社会就苦于寻不出一强越有力的要求来，掩盖其他而得统一。同时又说不上全国一致，而只见其散漫迷糊，离奇复杂；于是国家就统一不了。今日唯一要紧的事，就在从社会方面调理出一大方向、大要求来，易散漫为集中，变迷糊为明朗。则无主之武力此时便隐然有了主，国家统一夫岂可逃。（此见《乡村建设理论》。其时尚未抗战；及抗战起来，全国意志藉之而明朗集中，政治上遂有高度统一。）

当此大社会有其明著而统一，统一而明著之立场时，国家于是统一。中国国家的统一，要当于其社会的统一求之，此必须深识不忘者。

如何从痛痒亲切处条达出来多数人内心的要求而贯串统一之，是中国今天的生死问题。得着这个法，便起死回生；得不着这个法，便只有等死。

国共两党都是学外国。学外国亦可以，但要善师其意，知道变通。他们都学得太呆板。共产党要在缺乏阶级的中国制造阶级以行阶级斗争。国民党也不能外此。"革命民权"的意义就等于自认为统治阶级。此其所以为不善学。他们都是于无阶级中造阶级，于无壁垒中划分壁垒。恰恰错了，中国今天所需要的是沟通一切隔阂，调整一切矛盾，使散乱麻痹之社会，得以苏醒而有条理，而和合统一。

建立全国党派综合体

我的方案是建立全国党派综合体。各种党派都不是无故产生的，都有其对问题的态度与所代表的要求。中国的社会向来缺乏组织，中国人的立场总是散漫微差的。此中国有多种党派之根。而此种多党是好，不多是不好。我们要给他多。复次，世界当转变时，理想必多。中国今天自然是多理想的时候，此又中国有多种党之根。我们要把散漫微差的中国人联系或组织起来，造成一个统一的立场。一面把各种思想逗拢起来，造成举国一致奔赴的路向。

现在要略说必要有各别党派的理由。"广大散漫的中国社会，痛痒要求万有不齐。我们不能强不齐以为齐。譬如说，农民可以有农民的党派，工人可以有工人的党派，回族可以有回族的党派，苗族可以有苗族的党派，总之政党原为大众申达其痛痒要求。痛痒要求既有不同，则分别组织乃得其真。这是第一点。还有一点也很重要，即吾人不但有痛痒利害，更有理想信念，各人有各人的理想，各人有各人的信念，不可强同。这是使社会文化前进的要素，人类至可宝贵的精神，必须各存其真，就必须有各别组织。例如相信共产主义的就给他去组织共产党。其他类此。根据上面两点来说：广大散漫万有不齐的中国社会若能归拢到二三十个党派，分别代表他们的要求，实不算多。反之，若混同为一，恐就不免抹杀一切，根本上失去政党的意义。"①

建立党派综合体之前要确定国是国策，即确定建设新中国的目标与达到此目标的步骤、方案。但各方一致承认的国是国策能不能产生呢？是可能产生的。"我们承认要这个人与那个人的思想一致（理想信念一致）是不可能的。但抛开抽象的理想、基本的主义不谈，只对着事实问题来寻求其如何解决，彼此却不是不能接受同一办法的。我们承认要求这个人与那个人的利害一致（痛痒要求一致）是不可能的。但彼此将眼前的利害、一时争点搁开，而向着远大处确定一共同趋赴的目标，仍旧是可能的。所以我主张要各党派开诚交换意见，确定国是国策。国是即我们的目标，国策即解决一层一层问题而求达于目标的办法。国是国策一经确定下来，则各党之上合一组织便可建立了。"② 此种联合起来的党是一种二重组织。此种党虽在外国无先例，却是一种革命党的性质。他是要来完成革命后半段的任务的（建设）。任务决定了它的组织。

然革命党亦并不一定就行一党制。苏联式的革命行一党制，法国式革命则没有。"这个不同，在何处？这就在有的革命当旧秩序推翻后，新秩序便豁然呈露，或自然步步开展，初不必费一番功夫去建造它。有的革命则必待费一番建造功夫，乃有新秩序出现。后者非行一党制不为功，前者却无必要。通常的民主革命就有前一种情形。因为通常是以个人在旧集团生活中，得到解放自由为民主的。其新秩序之所以新，偏乎消极地有所解除，所以不须费事，而后一种情形，则大约为社会革命之所恒有。因为社会主义就是以社会本位代替个人本位，实现一种新集团生活。其新秩序之所以新，要在积极地更有组织，所以不免费事。这原是历史上次第不同的两种革命，亦是人间先后出现的两种新秩序。一党制所以不见于法国革命、美国革命而崭然见于俄国革命者，其故在此。为得更明白这两种革命的不同，兹引录列宁、斯大林的话，作为我们的参考。

> 资产阶级革命与社会主义革命间的基本区别之一，就是对于封建制度中生长起来的资产阶级革命，还在旧制度内部就已有新经济组织逐渐形成起来。而这些经济组织就逐渐改变着封建社会所有各

---

①② 见《我努力的是什么》一文（本卷）。

方面。在资产阶级革命面前只有一个任务——扫除、屏除、破坏旧社会所有一切羁绊。任何资产阶级革命，只要一完成这个任务，它就已完成它所应当做的一切。它加强着资本主义发展过程，社会主义革命却处在完全另外一种情况中。由于历史进程转折而不得不开始社会主义革命的那个国家越落后（指俄国说），则它由旧时资本主义关系过渡到社会主义关系亦就越困难。这里除破坏任务而外，更加上一种空前困难的新任务，即组织建设任务。（见《列宁全集》第22集第305页。）

资产阶级革命通常是在资本主义制度那些比较比现成形式已经存在时开始发生的。这种形式还在公开革命发生以前，就已在封建社会内部生长并成熟了。而无产阶级革命却是在社会主义制度现成形式尚不存在或几乎尚不存在时开始发生的。

资产阶级革命的基本任务就是夺取政权，并使这政权适合于现有的资产阶级的经济。而无产阶级的基本任务却是在夺取政权以后来建设新的社会主义经济。

资产阶级革命通常是以夺取政权来完成的。而对于无产阶级革命，夺取政权却只是它的开始。而政权则被利用为改造旧经济并组织新经济的杠杆。（见斯大林著《列宁主义问题》，第128页。）

这只是从通常来讲，大约如此。仍视一民族历史背景和其所遭际世界大势，而可能有变化的。"[1] 例如英国将来它实现社会主义亦竟许并不费事，即不须行一党制。反观中国，我以为即使是民主革命也须行一党制。因为中国革命是自外引发的。是先从革命意识推翻了旧秩序，等到旧秩序推翻了，要建立之新秩序在中国社会事实内却没有根。本来社会秩序（一切法制礼俗）都是随着社会的事实（经济及其它）产生，而使这些社会事实走得通的一个法子，所以二者通常总相符合的。人们的意识要求，通常又总符合于斯二者。因为社会秩序就是一个是非标准，含有价值判断在内。人们的意识早受其陶铸。同时，一种要求亦不会远于现前事实的。总之，这三者相协调是常例。不过，有时事实进步了或变动了，而秩序未改，便成问题。此时意识就会出来调整一下，使秩序复与事实相符顺。所以，意识居间，使秩序随着事实而有所改进，亦是常例。但有时事实已不大同于前，而秩序尚顽然如旧，秩序不复是让事实

---

[1] 见《中国党派问题的前途》一文（本卷）。

走得通的法子，转而成了一种强硬的桎梏，则必爆发革命。革命之发作，多半因为人们的意识要求分成两面。一面顽强地拥护老秩序，而遏阻另一面的新要求，却不晓得这另一面正是和那新事实俱来的新力量，其势不可遏制。结果便只有起来推翻老秩序，而从头建造新秩序了。此时即是各有阶级意识而无整个社会意识，对于秩序与事实之不协合，故不能作调整功夫；然不久，新秩序又为全社会所接受，则三者复归于一致。似此革命仍为世所恒有，不妨亦算是常例。总起来说，常例有三种，独中国情形乃出这三种常例之外。

中国革命虽有五十年历史，老秩序早被推翻，但新秩序却建造不成。现在情形落于一种"秩序饥荒"时代，至今所以还要谈建国，正谓此。何以如此艰难？这就是上面说过的，中国革命实由外力引发，而非社会内部自发的。为它所遭际的世界大势之所决定，却不从自家历史演下来。五十年前的中国，论到社会事实，还不是千年旧物？而意识则感受世界潮流的启发，不肯墨守旧章。素鲜改变的老秩序，一旦不见容于新意识而被推翻了。而那以外国为背景的新秩序，尽你怎样倾慕要求，其如自家历史未曾准备下它所需的事实条件，又怎能改得成。自然就陷于青黄不接状态。寻其问题所在，正为秩序、事实、意识三者之不侔。如此不侔，是出乎常例之外的。

不但此，更奇特的是"历史上次第不同的两种革命，亦是人间先后出现的两种新秩序。"在近百年中次第先后影响到东方而启发了我们。先一种资产阶级革命，方以意识要求与社会事实之不侔，未得完成。后一种无产阶级革命跟着又来，此时在我们意识要求中者，不是单纯一种，而是在西洋社会上曾经两不相侔的两种。于是所谓不侔，竟成了多方面的不侔。我们将何以处此？我们固不可能一步登天而完成两种革命，却更不能建造一番后，推翻它，再作一番建造。我们必须使多方面的不侔，先在意识上有一番疏通整理。凡外来文化和自家历史不相衔接之处，先后两种新秩序不免扞格之处，都必求得其逢合沟通之道，而后乃能高瞻远瞩以从事这最巨大又最精细的建国工程。

说巨大，是指我们要建造新秩序，必须补作一段历史功夫，先培养得新事实才行。那就是先从生产入手，从经济入手，求得社会真实进步，文化普遍增高，以为其基础条件。世界大势越是从先一种革命进到后一种革命，我们的工程越巨大。现代文化一切发明越多，进步越速，我们越瞠乎其后，则这工程越巨大。说精细，是指我们要于方针路线为正确之抉择，从入手时便要照顾到未来结果。勿以毫厘之差驯致千里之谬。又指建设计划须使其间方方面面互相关顾，彼此配合，丝丝入扣，周密无遗。此种有方针有计划的建国，原为早前所无。所谓"近代国家"者，都非这样建立起来的。然而看世界大势，建国的后起者将不得不如此。特别是社会主义国家，必须如此。今天我们着手建国，又在苏联之后，无论从那一点上说，都必得如此无疑。

以上论断假如不错的话，那末就得承认要有一个中国革命党，实行一党制，一力贯彻到底，来完成它的使命；而必不能行多党制，彼此竞争，时上时下，政策主张，忽兴忽废，左右波荡无定，如欧美那样。

辛亥革命时，孙中山先生是有意实行一党制的。这看他所谓革命方略分"军法"之治，"约法"之治，"宪法"之治（后来改称军政、训政、宪政三期），可以知道。却没有等到党外人反对，党内同志便首先反对了，竟致无法提出（见国民党史稿）。这固然为当时人没有远见，亦恰证明在中国社会内一党制势无可能。因为当时革命势力之制胜满清，并非从一个中心向四外扩大发展的。而是由四面八方纷纷响应以成功。这就不能尽自家一党作主。其实武昌发难就有日知会、共进社、群治学社、文学会、振武社，几多团体，非同盟会一手之功。乃至同盟会本身亦是兴中会、光复会、华兴会大联合而建立。一言不合，可以分家；合起来很难，分起来却甚易。孙先生虽有一党制的远见，惜乎中国社会却无一党制的可能。于是同盟会当时只有改组国民党，从一革命党地位变为普通政党之一。此事孙先生虽殊为不愿意，卒亦不得不予以同意。

其后，十三年国民党改组、十五年北伐，十七年北伐完成以来，一党制似是出现了。但此一党制是否成功，仍多疑问。第一，容许共产党并存，则一党制的话不正确。第二，清党后虽不许共产党存在，究竟它还存在着。第三，党内分裂和战争，从北伐中到北伐后，以至抗战前没有一年的间歇。以此为常态，则失败宁复待言。……寻其一党制之所以出现者，盖全得之于外力。第一，孙总理在十三年改组大会上，明言"把党放在国上"，"先由党造出一个国来再去爱护"。又特辨明"以党建国"，"以党治国"之不同。而说"今天要像英美以党治国，还是太早"。这非徒为他的革命方略之重述，而实从波尔西维克在苏联建国得到印证，认识更清楚，自信更坚强的说话。不独他自信，而党内党外的人亦相信他了。因为二十世纪三十年代一党制的潮流已到来，不同民国元年蔽于西欧自由主义,当它是怪物了。同时,为十多年在约法宪政题目下所演纷争变乱,国人亦太苦恼了,急思掉换一条路走。一党制就基于此极强之主观要求而出现。第二,不止从外面加强其要求,且从外面供给了实行一党制的许多理论、方法、技术。于是如何建党,如何以党建军,都有办法而不仅空想。第三,更且从外面得到人力物力的许多帮助,其中自以俄国顾问的作用为最大。于是北伐中原,统一全国,一党制在全国亦不得不接受。再试寻其所以出现一时而终归失败者,则可能条件不具备故耳。要知此时一切取法苏联,而波尔西维克最要紧的基本条件便是阶级营垒此分彼合的斗争形势。要因其形势,善用策略,夺取政权,实行阶级专政,而寓一党制于其中。偏偏中国社会缺乏阶级,革命性质特殊,国民党的阶级基础因之不明,实为其致命伤。民四十九年,我曾从"阶级基础难","革命对象难","理论统一难"各点,指出其情势不合,兹不再论(见全集卷五《我们政治上的第二个不通的路》一文)。总之,尽你模仿,势无可能,徒增笑柄。[1]

总结以上的话,是指出就中国的问题说,需要一党制。就中国的社会说,不能成功一党制。而现在的再放弃一党制,重新想学英美的多党制仍然是走不通。(1930 年曾出现学英、美的想法。)

我的"党派综合体"既非多党制,亦非一党制,而是一多相融。一中有多,多上有一。这种方式既非有分无合,亦非合而不分,乃是合中有分,分而后分。为了切合中国社会形势,适应中国问题需要,非此不可。[2]

记得民国二十七年我访问延安时,曾对毛泽东先生谈过此一问题。谈话内容如下:

> 我问他,以我看中国问题有两面:一面对外要求得民族解放,一面对内要完成社会改造(即建设新中国)。你看对不对呢?他答:完全同意。我又问:此两问题应分开谈,抑不应分开?他表示:不应分开;但在进行上不能无先后宾主。眼前应一切服从于抗战。我说:这在我亦没有疑问,不过我却要求在今日民族对外之时,就决定我们本身社会改造之事。我认为此一决定正为对外抗战所必要。有两个理由在这里:

---

① 见《中国党派问题的前途》一文(本卷)。
② 见《我努力的是什么》一文(本卷)。

一则必团结而后能抗战。团结不力则抗战不力。但如今日团结明明植基甚浅，几乎是一时手段，甚感不够。完成社会改造为吾民族自身基本问题。必在此问题上彻底打通，彼此一致，团结才是真的。否则，隐略不谈，必生后患。

二则抗战必求与国，而我们的友邦一面有资本主义的英美，一面有共产主义的苏联，若我们自己国策未定，恐难交得上朋友。中国要决定自己要走的路，并坦然以示友邦，不招猜忌，不启觊觎。若胸中无主，外交无成。我们必须认定自己的前途，而把握自己前途去走，才能打开在国际环境中的局面。

他对于我的话亦认为很对。

我于是提出要确定国是国策的话，毛君亦甚赞同。他并且说：此时（二十七年一月）他们正请得国民党同意，两党起草共同纲领。在武汉有八个人（国民党为陈立夫、康泽等四人，共产党为陈绍禹、周恩来等四人），正在蒋先生指导下起草共同纲领，和你所说的国是国策亦甚相近。假若由两党的扩而为全国的，由侧重眼前抗战的进而包括建设新中国便是了。你何不赶回武汉，去推动推动呢！

毛君屡次对我说，中国现在已是团结，但仍须求得进一步的团结。我便说："你想进一步的团结，除了我这办法还有什么办法呢？"我又问他，并问张闻天，"假如国是国策定下来，则党派问题即得一根本转变。是不是？"他们都答复："是的。那样全国将可能成为一个联合的大党。"①

在党派综合体出现之后，定要把政权、治权划开。各党派代表国民行使政权，政府则代表国家行使治权。譬如上面所说订定国是国策等都是政党的事，不是政府的事。政党的事就只是这些了，不要插手于行政。政府必须不著党派颜色，而应为一无色透明体。凡政党中人而服务于政府者都要声明脱离其原来党派关系。军队和警察都是国家所有而为政府行使治权的工具，与党派无关——这是最必要的一点。

假若没有政权、治权划分开这一件事，则各党必竞争其在政府中之地位，而不能尽心监督政府忠实执行国策。同时，政府中人背后各有其

---

① 见《全集》卷六之《中国党派问题的前途》一文。

党，将不免以党策羼入国策而大生纠纷。为政府自身之安定与一致，必须一心于国策之执行，不问党派之事。在党派一面又必不涉权利竞争而共同监督政府，乃得巩固其联合。所以这一划分，实国家统一之所攸赖，亦为国策推行尽力之所攸赖。①

国是国策对各党派说，即是共同纲领。问题规定了运动，纲领则是运动的指针。共同纲领既定，竞争、排斥均不复合用，于是有党派综合体出现。假定有二十个党，共同议定了国是国策，产生全国代表大会，名额应照各党人数多少而派定之。其上有中央执行委员会。由中执委会产生常务委员会。再由常务委员会产生主席团。主席团至多不得超过七人。

假设其系统及人数如下图：

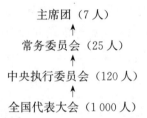

主席团（7 人）
↑
常务委员会（25 人）
↑
中央执行委员会（120 人）
↑
全国代表大会（1 000 人）

其所以不称为联合体而称为综合体者，因并不以各小单位为主，而是以综合的大单位为主的意味也。"综合体之任务，第一，在不断交换意见，赓续订定国策。国策是国人意志统一的具体表见。——表见在当前大问题如何应付的决定上。然而问题无穷尽，需为不断之应付，亦需不断之意志统一。党内上重组织之中枢，要负此责任。他即是不断地来统一国人意志之一机构。

其第二工作，便是为推行国策而致力于社会运动或民众运动。这又是党内下重组织之多数党员要负的责任了。在推行国策中不得自为主张，有所出入。而个人经验观察所得，无妨本其理想要求透过其自党组织，以贡献意见于上重中枢。常常于国策推行中，得到启发，还而自为修正，实是必要的。所以不但外面时常会有新问题发生，而且自己亦要能发见新问题才好。如果以为国是国策一次颁定便了，那是大错。"②

国是国策之关于大原则者，由全国代表大会决定。其具体方案涉及技术问题者，由中央执行委员会决定。其有临时性、秘密性者则由常务

---

① 参看《全集》卷六之《我努力的是什么》一文。
② 见《我努力的是什么》一文。

委员会解决。常委会不能解决者，由主席团解决之。

在建国运动中，党派应当是具有理想之社会运动的领导者。今后的党派中坚分子仍是知识分子。他们一面奔赴自己的理想，一面服务于社会。服务的任务则在教育民众、组织民众。换言之，即是伟大的教育运动。号召民众从事建设，从而领导之，扶助之，便是教育，亦便是建国运动。这就是知识分子的事。如此乃可谓之文化改造。乡村运动应当放在国是国策中，而且占一顶要紧的地位。纳社会运动于教育之中，全国在一教育体系中。详见我的《社会本位教育系统草案》。在此草案中，基层工作者便是各党派的党员。学校有国学、省（市）学、县学、乡学、坊学（市内基层教育）等，把全国老幼都纳入教育制度中。各党党员应都是开荒者。他们应深入民众中以推行国是国策，才能探到问题，才能知道政策的反应。他们把这些反应由党的基层送入党派的综合体的上层（主席团）。主席团内各党派即根据此而时时重行商订其政策。

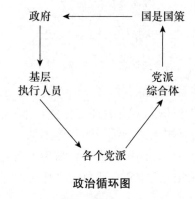

政治循环图

党派出席于全国代表大会之名额，一方面取决于其党员之多少，一方面取决于民众对各党之意见。须于一定时间（例如二、三年）由民众投票表示他们对于各党派的取舍意见。

地方公职由党派提出候选人，而不用候选人自己出头竞选的方式。

党派综合体之精神在向上层层缩小集中，以便超出各自狭隘的利害、偏执之情的威胁，以求一"一"。此"一"必须由此综合而来，然后可以合理而稳定。议会制度因其取决于大会场中，每每飘忽不定，综合体便能前后秉持一贯，无此毛病。

外国社会中，政治舞台上的人并不会脱离了他的社会基础，因为他们的社会沟界分明之故。中国人一上政治舞台即和社会脱离关系。此因中国社会散漫无壁垒之故。我即本此意，为了维持社会统一计，让党派综合体永久在野，永久监督政府，但亦可以说它是一个太上政府。散漫的社会被统一于党派综合体了，武力就有了主体，国家的统一自无问题。

以上三个步骤（即订定国是国策、组织党派综合体、政权治权划分）都是千必要万必要的，都是千真万确的，都是非如此不可的。不走这条路必定走不通。

关于民主问题

以上算是讲了统一问题。现在要略提一下民主问题。此一问题，中国与西洋又不同。西洋处处本有团体。惟其中古之世团体势力太强，故近世西洋以抬高个人在团体中的地位为民主。所以走的是离心的方向。中国社会缺乏集团，本就散漫，所以中国的民主乃在由散漫而入组织，须是向心的方向。政治基层工作者主要任务即在组织民众。且须由经济生活的社会化引入政治上地方的组织体，以至国家。"盖中国政治得进于民主化，将有赖其经济生活之社会化。此与西洋政治之民主化得力于个人主义者适异。经济上之社会化，有助于政治上之民主化。政治上之民主化复有助于经济上之社会化。如是辗转循环，向前推进，自微之著，自下而上。经济上之社会主义与政治上之民主主义同时建设成功。"[①] 经济上须由各自为谋导入集体的生产和消费。非如此则地方自治必无根。乡村建设即是把乡村自治放在经济上。由小范围的自治放大了，即是全国的民主。不如此，单凭一纸许愿式的宪法，就要想改变人民的政治习惯，那是万万不行的。

（录自《梁漱溟全集》，卷六，737～794 页。山东人民出版社，1993 年 1 月出版。）

---

① 见《全集》卷六《我努力的是什么》一文。

东西人的教育之不同 *
（1922）

　　十年岁杪，藉年假之暇，赴山西讲演之约，新年一月四日，在省垣阳曲小学为各小学校教职员诸君谈话如此。《教育杂志》主者李石岑先生来征文，仓卒无以应；姑即以此录奉。稿为陈仲瑜君笔记。

　　记得辜鸿铭先生在他所作批评东西文化的一本书所谓《春秋大义》里边说到两方人教育的不同。他说：西洋人入学读书所学的一则曰知识，再则曰知识，三则曰知识；中国人入学读书所学的是君子之道。这话说得很有趣，并且多少有些对处。虽然我们从前那种教人作八股文章算得教人以君子之道否，还是问题。然而那些材料——《论语》《孟子》《大学》《中庸》——则是讲的君子之道；无论如何，中国人的教育，总可以说是偏乎这么一种意向的。而西洋人所以教人的，除近来教育上的见解不计外，以前的办法尽是教给人许多知识：什么天上几多星，地球怎样转，……现在我们办学校是仿自西洋，所有讲的许多功课都是几十年前中国所没有，全不以此教人的；而中国书上的那些道理也仿佛为西洋教育所不提及。此两方教育各有其偏重之点是很明的。大约可以说中国人的教育偏着在情志的一边，例如孝弟……之教；西洋人的教育偏着知的一边，例如诸自然科学……之教。这种教育的不同，盖由于两方文

---

　　* 著者在此文中指出："盖西方教育着意生活工具（知识技能等——编者），中国教育着意生本身，各有所得，各有所失也。"这一根本思想见解，后来衍续于其教育活动之中。
　　又，此为著者1922年初在晋讲演之一，由陈政记录。1922年初刊于《教育杂志》，曾收入《漱冥卅前文录》。后收入《梁漱溟全集》第四卷。现据《全集》文本收入本卷，并据《漱冥卅前文录》校正个别错误。

化的路径根本异趋；他只是两方整个文化不同所表现出之一端。此要看我的《东西文化及其哲学》便知。昨天到督署即谈到此，有人很排斥偏知的教育，有人主张二者不应偏废。这不可偏废自然是完全的、合理的教育所必要。

我们人一生下来就要往前生活。生活中第一需要的便是知识。即如摆在眼前的这许多东西，哪个是可吃，哪个是不可吃，哪是滋养，哪是有毒，……都须要知道。否则，你将怎样去吃或不吃呢？若都能知道，即为具有这一方面的知识，然后这一小方面的生活才对付的下去。吾人生活各方面都要各有其知识或学术才行。学问即知识精细确实贯串成套者。知识或学问，也可出于自家的创造——由个人经验推理而得，也可以从旁人指教而来——前人所创造的教给后人。但知识或学问，除一部分纯理科学如数理论理而外，大多是必假经验才得成就的；如果不走承受前人所经验而创造的一条路，而单走个人自家的创造一路，那一个人不过几十年，其经验能有几何？待有经验一个人已要老死了，再来一个人又要从头去经验，这样安得有许多学问产生出来？安得有人类文明的进步？所谓学问，所谓人类文明的进步实在是由前人的创造教给后人，如是继续开拓深入才得有的。无论是不假经验的学问，或必假经验的学问都是如此；而必假经验的学问则尤其必要。并且一样一样都要亲自去尝试阅历而后知道如何对付，也未免太苦，太不经济，绝无如是办法。譬如小孩生下来，当然不要他自己去尝试哪个可吃，哪个不可吃，而由大人指教给他。所以无论教育的意义如何，知识的授受总不能不居教育上最重要之一端。西洋人照他那文化的路径，知识方面成就的最大，并且容易看得人的生活应当受知识的指导；从梭格拉底一直到杜威的人生思想都是如此。其结果也真能作到各方面的生活都各有其知识而生活莫不取决于知识，受知识的指导——对自然界的问题就有诸自然科学为指导，对社会人事的问题就有社会科学为指导。这虽然也应当留心他的错误，然自其对的一面去说，则这种办法确乎是对的。中国人则不然。从他的脾气，在无论哪一项生活都不喜欢准据于知识；而且照他那文化的路径，于知识方面成就的最鲜，也无可为准据者。其结果几千年到现在，遇着问题——不论大小难易——总是以个人经验、意见、心思、手腕为对付。即如医学，算是有其专门学问了，而其实在这上边尤其见出他们只靠着个人的经验、意见、心思、手腕去应付一切。中国医生没有他准据的药物学，他只靠着他用药开单的经验所得；也没有他准据的病理学、内科学，他只靠着他临床的阅历所得。由上种种情形互相因果，中国的教育很少是授人以知识，西洋人的教育则多是授人以知识。但人类的生活应当受知识的指导，也没有法子不受知识的指导；没有真正的知识，所用的就只是些不精细不确实未得成熟贯串的东西。所以就这一端而论，不能说不是我们中国人生活之缺点。若问两方教育的得失，则西洋于此为得，中国于此为失。以后我们自然应当鉴于前此之失，而于智慧的启牖，知识的授给加意。好在自从西洋派教育输入，已经往这一边去做了。

情志一面之教育根本与知的一边之教育不同。即如我们上面所说知的教育之所以必要，在情志一面则乌有。故其办法亦即不同。知的教育固不仅为知识的授给，而尤且着意智慧的启牖。然实则无论如何，知识的授给终为知的教育最重要之一端；此则与情志的教育截然不同之所在也。智慧的启牖，其办法与情志教育或不相违；至若知识的授给，其办法与情志教育乃全不相应。盖情志是本能，所谓不学而能，不虑而知的，为一个人生来所具有无缺欠者，不同乎知识为生来所不具有；为后天所不能加进去者，不同乎知识悉从后天得来（不论出于自家的创造，或承受前人均为从外面得来的，后加进去的）。既然这样，似乎情志既不待教育，亦非可教育者。此殊不然。生活的本身全在情志方面，而知的一边——包括固有的智慧与后天的知识——只是生活之工具。工具弄不好，固然生活弄不好，生活本身（即情志方面）如果没有弄得妥帖恰好，则工具虽利将无所用之，或转自贻戚；所以情志教育更是根本的。这就是说怎样要生活本身弄得恰好是第一个问题；生活工具的讲求固是必要，无论如何，不能不居于第二个问题。所谓教育不但在智慧的启牖和知识的创造授受，尤在调顺本能使生活本身得其恰好。本能虽不待教给，非可教给者，但仍旧可以教育的，并且很需要教育。因为本能极容易搅乱失宜，即生活很难妥帖恰好，所以要调理他得以发育活动到好处，这便是情志的教育所要用的功夫——其功夫与智慧的启牖或近，与知识的教给便大不同。从来中国人的教育很着意于要人得有合理的生活，而极顾虑情志的失宜。从这一点论，自然要算中国的教育为得，而西洋人忽视此点为失。盖西洋教育着意生活的工具，中国教育着意生活本身，各有所得，各有所失也。然中国教育虽以常能着意生活本身故谓为得，却是其方法未尽得宜。盖未能审察情的教育与知的教育之根本不同，常常把教给知识的方法用于情志教育。譬如大家总好以干燥无味的办法，给人以孝弟忠信等教训，如同教给他知识一般。其实这不是知识，不能当做知识去授给他；应当从怎样使他那为这孝弟忠信所从来之根本（本能）得以发育活动，则他自然会孝弟忠信。这种干燥的教训只注入知的一面，而无甚影响于其根本的情志，则生活行事仍旧不能改善合理。人的生活行动在以前大家都以为出于知的方面，纯受知识的支配，所以梭格拉底说知识即道德；谓人只要明白，他作事就对。这种思想，直到如今才由心理学的进步给他一个翻案。原来人的行动不能听命于知识的。孝弟忠信的教训，差不多即把道德看成知识的事。我们对于本能只能从旁去调理他、顺导他、培养他，不要妨害他、搅乱他，如是而已；譬如孝亲一事，不必告诉他长篇大套的话，只须顺着小孩子爱亲的情趣，使他自由发挥出来便好。爱亲是他自己固有的本能，完全没有听过孝亲的教训的人即能由此本能而知孝悌；听过许多教训的人，也许因其本能受妨碍而不孝亲。在孔子便不是以干燥之教训给人的。他根本导人以一种生活，而借礼乐去调理情志。但是到后来，孔子的教育不复存在，只剩下这种干燥教训的教育法了。这也是我们以后教育应当知所鉴戒而改正的。还有教育上常喜欢借赏罚为手段，去改善人的生活行为，这是极不对的。赏罚是利用人计较算帐的心理而支配他的动作，便使情志不得活动，妨害本能的发挥；强知的方面去做主，根本扰乱了生活之顺序。所以这不但是情志的教育所不宜，而且有很坏的影响。因为赏罚而去为善或不作恶的小孩，我以为根本不可教的；能够反抗赏罚的，是其本能力量很强，不受外面的扰乱，倒是很有希望的。

（录自《梁漱溟全集》，卷四，655～659 页，

山东人民出版社，1991 年 2 月出版。）

办学意见述略
（1924）

　　我和我的朋友，今以曹州中学（山东省立第六中学）之约，为其办理高级中学部。因极愿得社会上之了解与帮助，用以所怀办学意见、经过事实、现在情形据实直叙如次，唯高明教之！

十三年六月八日梁漱溟

第一　曲阜大学之提议及其筹计进行

　　我们办学意思之发动，原始于民国十年有"曲阜大学"之提议，而且我们此刻在曹办学意向所归仍在将来的曲阜大学，所以不妨先从曲阜大学一事述起。

　　关于曲阜大学一切提议筹计进行的情形，说起来话长；今只就下列各点略叙一二。

　　一、办曲阜大学的旨趣是想取东方的——尤其是中国的学术暨文化之各方面作一番研讨昭宣的工夫，使他与现代的学术思想能接头，发生一些应有的影响和关系。

　　二、我们一则没有宗教臭味，二则也不是存古学堂，而且并不愿悬空的谈什么中国哲学、印度哲学。所以将来办大学想最先成立生物学系和数理学系，为是要对于现代学术作澈底研究，再及其他。

　　三、我们因为把大学看得十分不容易办，所以并不想现在开首就办大学，而期诸三五年后。先在这三五年内成立一个学会——此意我曾于十一年上海《中华新报》暨极东通讯社日本人的杂志上宣布过。我们现在就曹州办学仍不外想要试行此意，请看下文便知。

四、关于实际筹备之进行，则民国十年由夏溥斋先生在山东盐务上筹得五六万元，民国十一年鲁案善后交涉中，特于经营日本交还矿山之鲁大公司，规定以红利百分之二十拨归曲阜大学。此外有个人认输之款未曾缴来者暂不叙列。校址则于十二年秋间经同人到曲阜踏勘，择定于曲阜县城东南二里许之一地点。北地干燥，向少水田，唯此处有泉水涌出，竟多种稻，今所择地址即在稻田之北，将来建筑可引泉水入校也。划定之地计为一百九十余亩，闻其每亩甚大，几与北京三亩相埒。地价由孔府与曲阜县知事邀同地主磋商需银二万余元，闻已拨付。

五、曹州高中与曲阜大学的关系，就办学人一面说，则现在办曹校的同人即将来办曲大的同志；就学生一面说，则现在曹州高中有似曲大的预科也。

第二　我们办学之真动机

我们办学的真动机，不是什么想研究东方文化——这是我们将来办大学的旨趣。我们的真动机是在自己求友，又与青年为友。兹先说明与青年为友之一义。盖从我们对于教育的观念而言，所谓办教育就应当是与青年为友之意。所谓与青年为友一句话含有两层意思：一，是帮助他走路；二，此所云走路不单是指知识技能往前走，而实指一个人的全生活。然现在学校的教育则于此两层俱说不到。现在的学校只是讲习一点知识技能而已，并没照顾到一个人的全生活，即在知识技能一面也说不到帮着走路。单说在知识技能一面帮着走路，就当是对每个学生有一种真了解——了解他的资质和其在这一项学问上之长短——而随其所需加以指点帮助；像现在这样只是照钟点讲功课，如何能说到此。而且教育只着眼知的一面，而遗却其他生理心理各面恐怕是根本不对的，何况要讲求知识技能，也非照顾到生理心理各面不行。我的意思，教育应当是着眼一个人的全生活而领着他去走人生大路，于身体的活泼，心理的活泼两点，实为根本重要；至于知识的讲习，原自重要，然固后于此。现在的学校虽也说什么训育，讲什么体育，但实在全不中用。因为要在全生活上帮着走路，尤非对每个学生有一种真了解——了解他的体质、资禀、性格、脾气、以前的习惯、家庭的环境，乃至他心中此刻的问题思想——而随其所需，随时随地加以指点帮助才行。若现在办学的人，对于他的学生生理上、心理上发生什么病态，很可以全然不晓得，乃至学生中有自杀的大事变，他不过事后吃一惊，还说什么教育，还说什么训育体育？一句话，就是，他们始终不肯与青年为友，所以说不到帮着他走路，所以说不到教育。要办教育，便需与学生成为极亲近的朋友而后始能对他有一种了解，始能对他有一些指导。我们办学的真动机，就是因为太没有人给青年帮忙，听着他无路走，而空讲些干燥知识以为教育，看着这种情形心理实在太痛苦，所以自己出来试做。再具体的申说两句，就是我们看青年学生中大概似不外两种人：一种是堕落不要强的，在学校就鬼混，毕业就谋差赚钱挥霍；一种是自知要强的而常不免因人生问题社会环境而有许多感触，陷于烦闷痛苦。像这两种人，你只望到他们讲功课，实在不中用——现在的学校就是这样不中用的教育。现在青年在这种教育下，自己走投无路，实在可怜，我们想与他为友，堕落的怎样能引导他不堕落而奋勉，烦闷的怎样能指点他而得安慰有兴致，总而言之，都要他们各自开出一条路子来走，其如何求知识学问，练习作事，不待言而自然都可以行了。论到从堕落引转而不堕落，从烦闷引转而不烦闷，这段起死回生的神功，谁敢轻容易说这句话，核实来我们并未必能帮忙得几何。不过鉴于别人全不管，我们极想从此点尽力则是真的。这便是我们办学的真动机所在。

次当说我们自己求友之一义。我们办学一面固是想与青年为友，一面也是自己求友：一面固是帮青年走路，一面还想得些有心肝的好汉子大家彼此帮忙走路。学生社会固常不出堕落、烦闷两边，便是我们个人何尝能免于此？即不堕落不烦闷了（殆难有此），难道知识学问其他能力亦已完足？人生始终是有所未尽而要往前走的，即始终是有赖师友指点帮助的。照我的意思，一学校的校长和教职员原应当是一班同气类的，彼此互相取益的私交近友，而不应当只是一种官样职务的关系，凑在一起。所谓办教育就是把我们这一朋友团去扩大他的范围——进来一个学生即是这一朋友团内又添得一个朋友。我们自己走路，同时又引着新进的朋友走路；一学校即是一伙人彼此扶持走路的团体。故尔，我们办学实是感于亲师取友的必要，而想聚拢一班朋友同处共学，不独造就学生，还要自己造就自己。

第三　现在办曹州高中所致力之两点

我们基于以上办学的动机，原计划为曲阜大学办一高级中学部，但现在则改在曹州，为曹州中学办高级中学部。曹州的中学在全国中学校中很可有注意之价值，此时不及叙；而我们之到曹州则以朋友的关系。我们在两三年来即有一些同处共学的朋友，也可成一小朋友团，其中一部分是曹州人原由曹州中学出身，今又回到曹州中学做事的。他们学校得省政府的许可于本年暑后添办高级中学，因我们有办学的意思，所以来邀我们到那边去办。于是我们决定同到曹州大家通力合作。不过我们朋友人不多，而他们学校似颇大——现在学生六百余人，再添高中便要七百有零；要去实行我们之所谓教育——对每个学生有一种真了解而随处指点帮他走路——力量万来不及。便是勉强来得及，恐亦太没有余力容自己向上求学，殊非我们一面要自己造就自己的教育之本意。因此我们只肯担承高级中学一部的事，只招两班学生计八十人内外，以便试行我们的理想。

于是我们来说我们去办曹州高中想着力作到的两点。其实这两点仍就是前叙办学动机中说到的意思：一面自己走路，一面引着新进朋友走路。不过照我们的教育观，固已含有办学人自己向上深造之一义，而现在则更想格外着力于此。这与前第一段所叙三五年内不办大学先立学会亦为相联之一事。大学所以不能办，财力不裕固系事实，根本上亦是因为没有人才。我当初为曲阜大学筹想，必先要有办大学的人才始能说办大学，若凑合些个东西留学回国的先生便算数，殊嫌无聊，而现成的人才一则没有几个，二则实难网罗，只有从养成人才上着想才行。因为现成人才自是难得，而尚未成才确乎可以成才，只待去成就他出来的，当不乏其人，第散在各处不为人知耳。其中因机缘不顺，不定牵就耽误了多少人才，此时最要社会上能供给他一个好机会，容他得以自己造就一番。于是我想成立一学会，收罗这种人，各人就其已有之基础认定一项学问作一种窄而深的研究，而我们替他解决他的生计问题，供给他研究学术一切所需（如是则大学图书馆及实验设备即可以积渐成立），而且大家同处共学，虽所究科目不同，正不妨有许多启牖相资之点，其师友之益尤为一种好机缘。如是三五年后再来办大学，庶乎才有点基础。此计决之已久，徒以无钱未能举办。今在曹州，虽谈不到此，更仍拟略存此意。极想多延致有志向上之士一面任课一面自修，故教员任课钟点力求轻减，俾有宽余精力从容深造自得。且有全不担任钟点或其他职务而延致前来，冀收共学相资之效者。并已另筹一款——每年三千元——专备同人购其所需图书之用。至于朋友讲论之益，尤所致力以求，其具体办法，此姑不述。

其他欲致力之一点，即如何破除形式得与学生亲洽密迩，而后才有随时指点帮他走路之实。关于此点，我们必要自起居游息以迄工作读书，常常都是大家同在一起的。

第四　入学须知

我们的入学试验分两次。第一试试验国文，外国文暨常识（分两日举行）；第二试则就第一次取录者一个人一个人接谈，藉此可以知道他的体格、资质、性情、脾气、习惯、态度，等等作最后之取舍。大约第一试不妨从宽多取些人，而第二试则须细为甄别，不拘定取多少名额。我们的意思实特别着重在第二试验上。

报名手续如缴验中学毕业证书，本身像片，报名费一元等事俱照通常办理，此不多叙。

报名的本限定要中学毕业才行，不过中学三四年级生亦可斟酌通融。报名地点在山东则有两处：一为曹州本校，二为济宁甲种工业学校；在北京则为汉花园东口外南华学舍。在山东方面则六月三十日试验，在北京方面则七月二十日试验。北京试验地点尚未定妥，后当宣布。

我们今以左列三事告来学者和他的家长：

一件是学生既到我们这里来，则他的生活之种种方面——自饮食起居以迄思想情志，自体魄以迄精神——我们都要照顾到，不使他有什么痛苦——至少也不使他有什么说不出的痛苦。或者更可以对家长们说一句：绝不致学生们有什么生理上的病态或心理上的病态而我们不知道。

一件是我们觉得社会上一部分人比其余一般人享受过于优厚是不对的事；所以我们的衣食住和其他消费生活都要简单朴质。尤其是校役用的少，一切零碎事都要学生自己做。如果是富厚人家的子弟到我们这里来，须要改他的习惯，学着勤劳一点，俭朴一点。

一件是因我们觉得法律整齐划一的办法不如人情斟酌损益的办法自然合理，所以我们不规定学生入学应缴学费膳宿等费的一定额数，听学生家长自己量力乐输。大概照现在的情势看去，简直贫者不能求学，即中产以下的人家子弟也都有难得求学之势；这实在太不对，无论如何要设法改革变通才行。从前我们读的书很简单，投师和买书都容易办得，富者贫者在求学的机会上实没有什么大悬殊。现在所要学的先就复杂，不单是在书本上，即书亦不单是中国书，师傅也不止一个，……诸如此类，非有钱的人备办不了。而近十几年来，民生日窘，吃饭尚是问题，安有余力使子弟这般求学？普通教育已无福享受，高等教育更谈不到——现在的高等教育简直成了特殊又特殊一阶级的事！根本上经济改正的要求我们自然很承认，但以为应先从发达社会上公共事业，开放得容一般人在消费享受方面多有同等机会为入手一着；而这些事业中，尤以教育应当最先着手提倡。所以我们想打破从来学校一例征收同等金额之学费膳宿费的成例，而改为或纳费或不纳费，纳费或多或少，一视学生家境如何而自己乐输。二则也因为我们不愿采用权利义务的方式，买卖交易的方式，而想一以人情行之。这也就是不愿靠法律对待人而澈底的信任天下人！不过在预算上我们也有个标准总数，在不足数时则向各家长征补之。这是为要预算凭确起见不得不如此。却要声明一句：虽然学生纳费多寡不等，而我们待遇上则没有分别，都是一律的。

这样办去，究竟办好办不好不敢知，不过我们决意要试着作，想从这里替教育界打出一条路来。

凡北京录取各生可随漱溟一同到曹，由京到曹不过两日程。第一日早九时由京乘津浦通车起程，于当日夜间抵兖州，随转车到济宁。第二日由济宁到曹则有汽车通行，计半日可达。曹属向年极为不靖，现在完全平安无事，可以放心。

（录自《北京大学日刊》，第 1498 号，
1924 年 6 月 18 日。
《漱溟卅后文录》，71～86 页，
商务印书馆，1930 年 7 月出版。）

重华书院简章
（1924）

一、名称　本院院址在山东菏泽县，即旧曹州府城；曹州旧有重华书院，今因以为名。

二、旨趣　本院旨趣在集合同志，各自认定较为专门之一项学问，或一现实问题，分途研究，冀于固有文化有所发挥，立国前途有所规划；同时并指导学生研究，期以造就专门人才。

三、研究项目　本院所欲进行研究者，暂区为左列三门：

甲、哲学门（心理论理附此）；

乙、文学艺术门；

丙、社会科学门。

右列三门各应有子目分属，不烦排叙。大要哲学门之研究，偏着中国哲学暨印度哲学方面；文学艺术门偏于中国文学及音乐书画雕刻等项。然并不限定，学者得自由选认哲学上或文学艺术上一家派或一问题以为研究。凡所提出之研究题，经本院认可者，即为一子目；故子目增减无定。社会科学门包有政治法律经济社会问题教育历史地理等项；而偏著在中国现实问题之研究，如中国政治制度问题教育制度问题等是。其问题巨细繁简各有方便，故子目亦无定。

四、征求同志　同人愿宏力薄，志大学疏，唯在海内英贤惠加裁教，庶其可以集事！倘得同处共学，勉兹远业，则愿披肝胆，长期交亲；待遇一层，称情而施，理无拘定。

五、招收学生　本院除征求同志外，并招收左列两种学生。

甲、资格有定　凡入学学生欲取得一项资格者，其入学亦必具一定资格；即大学专门高等师范毕业或修业满一年以上或高级中学毕业。此项学生在本院修业三年以上，满一定单位者，得给予本院毕业证书。（课程单位另有规定）

乙、资格无定　凡入学学生非欲取得一项资格者，其入学亦不必具一定资格；此项学生无论其随同前项学生修习一定课程单位与否，俱无毕业证书。

以上两种学生俱须经过本院入学试验乃得入学。甲种学生之入学试验于每学年开始期行之（每年八月三十日）；乙种学生之入学试验得因入学者之请求，随时行之。

六、学则　学生学力天资各有不齐（无论资格有定或资格无定），故修业不划定年限。然短不得不及三年，长不得逾五年。大要前半期应致力于其必要之基本学问之修习（其科目课程由本院因其研究题而斟酌指定之），俟修习满一定单位后，乃入于特定题之研究。研究程序由其自定，而本院审订之，并按其程序配定单位；又修满此项单位时，即为修业已竟，其甲种学生得按前条规定给予毕业证书。学生为学，务主自求；有疑则质之师友，当为指点剖析。总之，不取讲授办法。然日夕游息之间，随兴所之，自亦不少讲论；又以左列二种讲论为定课。

甲、全院会讲　于星期日举行之，意取兴发振导，或学科不同者得互有资益而已，不为专门深入之言。

乙、各组会讲　由修习同一学科者，或研究同一问题者（或问题相接近者），各为小组自课之。大要为报告读书所得，与讨论分合之二项。其性质为少数人之商谈，与前项大会形式不同。各组有其导师一人（或一人以上）为主席，会期疏密各组自订之。社会科学门对于现实问题之研究，其会讲与会人范围从宽；凡欲参加其问题之讨论者经其主席认可，皆得入组与会。

七、出版　本院同人研究所得，经本院出版委员会之审定者得出专书。其社会科学门对于现实问题之讨论并得出某问题讨论集。其不易销售之刊物，得由本院为筹出版费。

八、经费　本院经费由院董负筹措之责，大抵以下列三项充之：

甲、地方补助款；

乙、私人捐助款；

丙、征入学生学费。

附则：本院院内组织及办事章程另定之。

（录自《北京大学日刊》，第1515号，
1924年8月16日。
《漱溟卅后文录》，87～91页，
商务印书馆，1930年7月出版。）

今后一中改造之方向*
（1928）

　　自从 11 月 6 日和大家谈话之后，今天又是 12 月 24 了；不知不觉的过了五十多天。在这样长久的时间当中，我对于学校的事物，既不曾积极的进行，也不曾交还给教育厅另委人接办；却完全在一个等待之中，毫无一点办法。耽误诸君很多的时光，我觉得很对不住！不过我并非愿意如此，也不是没有注意到这一点，实在是因为事实上有不能在一时就能决定一个办法的困难，这是要请同事和同学们原谅的！

　　在上次的谈话里，曾经讲过要待李主席回来之后，才能解决究竟是我继续来办一中，或者我要到北方去，请教育厅另委人来办的这个问题。到现在，才决定还是由我来负责办一中的办法了。大概从此刻到明年的年底，除非是有特别的原因和情形——如政府要另委他人来办的话，在我本人，一定能负这一年的责任。虽说在这个期间以内，也许要到北方去一次；但是现在还不去，并且也不打算去得很久。所以在我这方面，是决定至少可以做到明年年底为止的。

　　在我决定担任一中的事务以后，就去求教育、财政两厅的同意来帮助我们作。在教育厅方面，我请求容许我们有作新试验的自由，即许我们拿与其他学校不同的办法来改造一中。这已经得了教育厅同意，并且还希望我们这个新试验成功，使其他的学校将来好效法。至于财政厅方面，就是请求发给暑假里所呈请的各项临时费，并且从一月份起，照十七年度的新预算发每月的经费。这也得了财政厅的允许了。照这样看，我们做事的机会和方便，可以算是都已齐全；此后就只靠我们自己的努

---

　　* 当年的省立一中是个贵族学校，学生养尊处优，四体不勤，五谷不分，必须作根本的改造。改造的办法即是向南京晓庄师范学习。著者 1928 年在广州省立第一中学的讲演，开始了这次改造活动。

力去改造，以求不辜负这种好的机会了。

在上次的谈话里，说过两件事：第一，是对于现在自己的办法，觉得不满意，以致心里不安；第二，是对于别人的完善办法，很觉得羡慕，而愿意来效法。所以，我不留在一中则已，留此即要谋一中的改造，这是一定不易的。我想在这两三天内，搬到学校里来住，把我想要怎样改造一中的意见，来和大家商量，并且征求大家的意见，共同商量去做。

我们要改造我们的学校，是已经决定了。不过要学南京晓庄学校的方法，则亦不能；并且也有些不能去学的地方。像学生每天要到田里去做农这件事，在我们就不能做，因为他们是乡村教育，而我们的就不是；又如他们有所谓中心小学、中心幼稚园等等，他们的师范学生就由这中心小学、中心幼稚园去求学问，这在我们也难于做到，因为他们完全是师范教育。我们虽说有一师范班，但就全体而言，究竟不是师范学校。跟这一类相关的事，还有很多，大概都是我们难于做到的。再有一层，他们的学校不大，师范学生只有七八十人，指导员也不过十几个人，而我们的学校，就要大得多了，学生也要多七八倍，当然有很多的办法，在他们是合宜，而我们却不能适用。不过他们的用意和我们的很相近，我们可以采取他们的意思；至于办法，就要由我们自己出了。

现在我想提出自己的根本主张，希望大家能够了解。我的根本的主张，是要学生拿出他们的心思、耳、目、手、足的力量，来实做他们自己的生活。不一定是他们个人的，就是团体的，也要由他们自己去管理，去亲身经历。总要用他们自己的心思才力，去求他们所需要的知识学问。我们很不满意于现代手足不勤心思不用的教育。差不多现在学校里一切的事情，都是要学生不要操心，而由别人替他们预备好——吃的饭菜，有厨子替他预备；日常的杂务，有听差替他预备；一切的校务，都有职员替他照料；所有的功课，都由教员预备好了来讲给他听；校内的秩序，也都由学校管理人来维持。总而言之，现在的学生，只站在一个被动和受用的地位；好像把学生时代，看做是人生一个短期的预备时代，是专门读书的时代，不是做任何事情的时代。以为像这样有别人替他把什么事都预备妥帖，他就可以专心读书；但是所得的结果却完全不然，不仅是他的书不能读好，学问不能求得，并且还把他变成一个不能做事的废物。教育的本意，是要把人们养成有本领有能力；如果要使一个人有本领有能力，就非发展他的耳、目、心思、手、足不可。要能够这样来做事，才算得是有能力有本领；要是一个人始终不用他的耳、目、心思、手、足，他就始终不能够有能力有本领。反之，如果他能够常常用他的耳、目、心思、手、足，一旦遇到一个问题，他就立刻可以解决，不致茫然，也不致慌张，总能够寻出一个应付的法子；对于无论什么事情，他自己才能够做得来。现在我所想要改革的几点，大都是由这个根本主张来的。今晚我就把这几点，讲给大家听听；不过这只是我个人的意见，还不是已经确定的办法。

第一，要废除或者竭力减少校内的杂役。对于这件事，最好是能够完全废除；如果在事实上或者不能做到——比如一定要个号房来传达和不能不用两个送信的工人的例，我们就要力求减少。我们的目的，并不是在消极方面要废除或减少杂役，却是要在积极方面使学生来做他们自己的事情，这就是刚才所讲手足要勤的意思。当然不仅是要学生做自己的零碎事；就是在我们教职员，也要自己做自己的事，来做学生的领导。听说现在宿舍及教室里的杂差，并没有好多的事做；那末，在废除之后，对于我们的同学，或者不至于有什么不方便的地方。但是，我们都希望学生对于照料自己一切的事情，以及整理宿舍和教室，总要生出一种兴趣来才好，因此或者还能够得到一个比用杂役做的时候要清洁、要良好的结果。大凡我们不拘对什么东西，能够生出趣味，而愿意动手去加以整理，这实在是个最要紧的问题，有极大的教育意义。还有一层，在废除或者减少杂役之后，先生和学生都是自己做事；上次所说的我们自视要比听差高一级的那种阶级观念，也可以因之除掉——这是第一点。

第二，要废除或者减少校内的职员，而把许多公共的事情，交给学生去照料。如庶务方面教务方面以及其他的公共事情，我以为在相当范围之内，都可由学生去做。在第一点所说的，是手足的劳动；在第二点，就要用心思，仿佛是要高点要细致点的事情。

第三，废除现在吃零饭和包饭的厨房制度，并且要改良这种厨房办法。我的意思，是想把厨房加多，应该每一班有一班的厨房，而把伙食这个问题，让各班学生自己去解决。或者是他们自己来做饭，或者他们雇人来做，都随他们自己的意思。这种办法，或者可以做到经济点，至少总要比现在干净点，也一定要合自己的口味点。我很喜欢自己做饭做菜，我总觉得自己做的饭，比别人做的要香些，自己烧的菜，也要比别人烧的好吃些，我不晓得诸位有没有这种意思和经验。

第四，废除现在的贸易部、西餐部以及洗衣部。这些事，我也想要学生自己来经营。或者组织一个消费协社，来代替贸易部。取消洗衣部之后，衣服就由各人来洗；如果还是要给别人洗的话，无论如何，我们总要由自己去监督和管理。我想照这样办，不但能够得合自己的意思点，并且同时还能够练习做事，要得许多的经验呢。

第五，废除现在把学生看做被治者而教职员是治者的办法，总要想法使学生不只是站在被人管理的地位，而改善这个分为治者与被治者两种阶级的教育。一个学校，应该和一个国家不同。在国家里大家一律平等于法律之下；而在学校里面，师长则应负有领导学生的责任。所以，先生管学生本有相当理由，如晓庄师生共同立法共同守法未必全对。但学生纯处于被治者地位实在妨碍学生很大，不合教育道理；必须先生领导之义、学生自治之义兼有。所以，我希望在先生的领导中使学生自己能够造成一种秩序，并且能够维持他们自己所造成的这种秩序。比如图书馆里看书的规则：不要污坏书籍、不应高声谈笑而妨碍别人的读书，尽可以由同学自己来商量，定一个规约，经过先生的同意，就可以宣布实行。如果有哪个破坏这个公立的规约，就由大家来劝诫或者惩罚；这可以说是受群众的制裁，社会的制裁，而不是受上面一个人或者少数人的制裁了。在道德论上说起来，就仿佛是自律的意思，而不是他律。这不过是举一个例；其他全校种种方面，都可以照这样由大家同立规约，共同来守这个规约。就是对于学业的勉励，用功的督促，都能适用，可以效法晓庄学校，每周定个公共生活秩序表，各人自己再订个每日工作表；也可以由教职员和学生组织一个考核股，每天来考察，看各人是不是按着自己所订的当日工作表去做事。这个办法，我以为极好；我们学校里可以照样实行。

第六，废除或减少——至少也要改良——现在讲授课本的教授法。现在功课的科目分得很多，上课的钟点也多——一时上堂，一时下堂；一时又上堂，一时又下堂。而每堂总是一面讲一面听，我觉得教师和同学，都会感觉得太苦。尤其是对于学生方面，太使他们居于被动的地位了。我们应该想个方法，使上堂的钟点减少，而把自修的工夫加多加重。我以为有好多的功课，若是由学生自己去看书，一定要比上堂由先生讲课本，比较要方便，也要多得些益处。尤其是高中的功课，大都只要在教师指导之下，由学生自己去找参考书，比较要好些。就是英文和数学大家认为要难点的课程，我记得从前读书的时候，我和几个同学自己做的，常常要比先生在教室里讲的快很多。像英文还只讲到五十页，而我们自己就已经读到八十页了；又像代数，先生还不曾讲到二次方程式，而我们自己的算草，就已经演到二次方程式了。在英文和数学，都可以是这样自己来做，至于其他功课，自然更要容易做了。像高中的社会问题、世界进化史等等，如果自己肯用心读书，就不上课，都能够自己了解；不然，你就天天上课，所晓得的，只有先生在讲堂上所讲的，并且不能亲切自得。在学校方面，对于聘请教员，当然也要特别注意；关于那几种相联的课程，至少也请一个学识很丰富的导师。像教育学、心理学和教育心理等等，在课程里，是分做几项的，但是研究起来，都是互相关联，所以学校里一定要聘个对于那几项有关系的课程方面有很丰富的学识的教员，来指导学生自己做研究的工夫。学校里宁肯多出点薪金，如果限于经费，就不妨少请几个。

以上六点意见，只可以说是对于现在的办法加以改革；从第七点以下，才表示积极方面的意向。

第七，想以一班做个小范围，由各小范围做他们自己的事。刚才讲过一班要有一个厨房，由那一班的学生自己去解决他们的伙食问题。至于其他的教务、庶务以及卫生方面的事，都可以由各小范围自己商量去做。像这样分开小范围，就使许多的事情，在相当程度之下，都要容易做点；若不然，合全校的庶务、教务在一处统理，事情太多，要学生来做，一则时间来不及，二则恐怕也难于胜任吧。这仿佛和政治上的联邦制一样——各自成个小范围，做他们自己的事；中央只站在监督的地位，做些统筹及照料的事情。像这样注重小范围，使学生过惯了团体生活，将来到社会里做事，就要减少很多的困难。

第八，注重班主任制。我想把许多的事，都托付给班主任。在每一个小范围里面的秩序，以及庶务、教务、清洁各方面的事，都由学生自己去做；但是要班主任去领导他们才行。所以，我想以后不要班主任担任教课，然后才可以专心去领导学生做生活上的事情。

第九，注重写日记。每个学生每天都要写日记，这日记就交给班主任；如此，班主任就可以知道学生日常所做的一切。并且从日记里，还可以晓得学生学业上的程度。再有学生对于各种功课，有疑难的地方，也就可以去问他们的班主任；除非那个班主任对于某种功课不晓得，就没有办法去帮助他们。

第十，注重保护自己的身体。我觉得生理卫生，是极重要；我们应该明白身体的构造，也应该晓得照顾我们的饮食清洁和运动的方法。所以我想请我们的校医住在学校里，并且担任生理卫生功课，来教给我们关于卫生上的知识。

我所想到要改造一中的办法，大概是有上面的十点。但是还有一件，也不可不注意到的，有很多的学生，功课好，操行好，但是家境贫寒，没有缴纳学费的能力，我觉得我们应该想个办法来救济这个缺憾。我想分做两方面来讲：第一，如果那个学生的成绩，到了某种优良程度，而他不能缴费时，学校应该免除他的缴纳；不过要先由学校方面，定个章程，要合于我们所规定的学生，才能享受这种权利。第二，有些学生虽说很用功，却因为天资不高，能力有限，或者因疾病，缺课太多，使他的成绩不能到我们所定的程度，而的确他是个好学生，如果他不能缴费，我们就要大家帮他的忙，替他代缴学费。这个意见，是改革的十点以外的一点。

总括起来说一句，我们的根本主张，是要使学生用他们自己的心思、耳、目、手、足，来做他们自己生活上的事情。以上的十点，几乎都是根据这个主张而来。不过适才所讲的一些办法，不见得都能够实行，也不见得就算完善，所以我希望大家都来研究这个问题，商量个妥善的具体办法。但是，总要不离开我们所定的方向才行。

现在想分做两步来进行这个改造：第一步，从明日起到寒假止，算是预备期。在这个时期内，我们只做预备的工夫。等我们有了充分的预备，到下学期开始，我们就要做第二步的实行工夫。在第一个时期内，我们只研究或讨论要怎样来改造；关于这一点，很希望得到我们同人和同学的意见。因为无论对于哪一桩事，总要集思，才能广益，不过要请大家莫离开了我们的方向去研究。同学们有什么意见，就请交给班主任，由班主任汇齐之后交给我；再由我们负责的人来讨论，如果可以行得，我们无不采纳。从现在到放假，还有一个多月，大约在放假前，总能够决定我们要改造一中的各项办法；决定之后，就宣布出来，到明年开学就依照实行。如果同学中有不以我们这种办法为然的，那就只好请他自己明年转学，我们决不能以多数迁就少数。这点要请同学们注意。

至于目前的办法，是预备成立一个教务委员会，做一个对现状负责整顿及对将来改造负责研究的机关，而把现在的教务处和总务处，同时废除；从前属于这两处的职员，以后都放在委员会之下。在不曾改造以前，就是眼前的一个多月，关于现在一切教务的整顿，和将来要如何改造的预备，都由这委员会来负责任。委员会的人数，暂时设想四个：除了我自己以外，还要请三位同人来帮我忙。我想请徐名鸿、张俶知和黄艮庸三位先生担任；以后无论对于哪一方面的事情，都由这三位委员共同负相等的责任。如果各位有什么事询问或者要商量，也就可以找三位里面的无论哪一位。并且把办公处搬到二门两边从前卫中先生住过的房屋，诸位有事接洽，也要方便点。我自己也想要搬到学校里来住，以便能够多和大家见面。今天所讲的话，大致就是如此。但是我极希望对于改造我们学校的问题，大家注意点、热心点，常把这件事放在脑子里盘旋，并且多用点心思，去想要如何的改造。大家多谈论这件事，使改造的空气，充满于我们学校里；那末，将来的结果，或者比较要圆满些咧。

（录自《漱溟卅后文录》，171~188 页。

商务印书馆，1930 年 7 月出版。

《梁漱溟教育论文集》，106~116 页，

开明书店，1945 年 6 月出版。）

请办乡治讲习所建议书*
（1928）

  乡治为适应潮流切合需要之时代产物，举凡伦常重心之民族问题，教养精神之政治问题，均平原则之民生问题，均非建设乡治皆无从得其完满之解决。现除直隶翟城村之自治，山西省之村治，皆开村本政治之先声，他如江苏之村制（治）育才馆，湖南村制（治）训练所，广东之乡治讲习所，河南之农村训练班，河北之村政研究委员会，以及其他各省村治之计划或实施，均已次第表现。将来村治一项必可通行全国无疑。唯此项根本事业，非仅制度之建设，实有赖于学术的训练。梁君请开乡治讲习所意见书，于民性国情、社会心理、政治习惯，均有详密之考察。梁君现为广东建设委员会主席，欲以讲学从政合而为一者。兹录其原书全文如下。

  总理有言：欲造新国家，必以政权交之人民之手（节录《民权主义》第六讲大义）。又云："地方自治在以地方之人自治地方之事，全国一千六百余县，皆能自治，即中华民国自然成立；全国人民不能自治而

---

  * 这一建议书提出开设讲习所，培养开展乡治工作的人员。所谓乡治，即乡村地方自治。实行此种自治，必须以教育方法引导人们逐步习惯团体生活，也就是养成过民主政治的生活习惯，这将为今后实行宪政，将政权交于人民之手，奠定坚实的根基。这是一项社会改造工程，也是一项长期的教育工作。

  "人类不能不生活，有生活就不能不有社会，有社会就不能不有教育。""教育即教人会作社会生活。"著者谈教育时说的这些话，我们如将它与这建议书联系起来，对建议书的意义就更加理会了。

  这一提交中央政治会议广州分会的建议书，作于1928年4月。政治会议是北伐时期国民党所设临时议政机构，于中央政治会议（南京）之外，下设开封、太原、武汉、广州四个分会。建议书前的按语为《国闻周报》所加。

赖官治则中华民国永无成立之望"（节录国民要以人格救国讲演大意）。今北伐完成，宪法可期而待，允宜将地方之事交之地方之人。然训政要端一未实行，何足以进宪政之阶。四权之使用一未练习，何足以问全国之政。是今日极宜遵照建国大纲以县为自治单位（《建国大纲》第十八款），由政府协助人民筹备自治（《建国大纲》第八款），以行训政之实，而立宪政之基。两粤为革命策源地，尤当切实厉行，以为全国首倡。

然欲谋县自治，必先自乡村市镇之自治始。广东往于民国十年，曾制定县自治暂行条例，及县长选举、县议会议员选举各条例，实行县长民选，而卒无良效不能不归废置者，盖不先谋乡之自治，而递躐等以求县自治之过也。

钧会李委员文范提出县自治筹备方案，经奉发交审查，并令起草乡区自治法在案。仰见亦主张以乡区自治为县自治之始基。总理尝云：地方自治之范围，当以一县为充分之区域，如不得一县时，则联合数村而附有纵横二三十里之田野者亦可为一试办区域（地方自治开始实行法）。所谓不得云者，谓人民之知识、能力、习惯及其他关系条件，尚不能就一县施行时，即先从小范围以入手也。其范围适相当于所谓乡或区者，现在应即遵照遗训，先谋乡区之自治。

然欲谋乡区自治，非徒草订颁布乡区自治法令，付之县长吏役督饬办理，遂可期以实行有效也。自近三十年盛谈变法、维新以来，皆以为法一变则有新局面新事实之产生。其实社会所真正循由者，系习惯而非法令，有其习惯而无其法令，于其事实之产生无所不足；无其习惯而徒有其法令，辄望有其事实产生，固断断不可得也。故英国不必有成文之宪法，而宪政之美，一世称盛。吾国先后有约法宪法以及湖南浙江各省宪之颁行，顾皆如云烟过眼，曾无一毫事实，是岂不可见耶！试就大而组织国家小而成立乡区自治所必不可少之选举制度言之，中国数千年来之习惯，各人皆过其闭门生活，鲜问公益。上焉所谓乡党自好之士，则不屑于炫才求售奔走竞争；一般所谓安分良民，则消极怕事不敢出头，其放弃选举权者，殆居大多数，绝无公民问政之实可以断言。而同时地方诸事，又每为武断乡曲，假藉公益以自肥之土豪劣绅所把持。设若为地方自治而行选举，适为彼辈造机会，以取得法律上地位而已。大抵社会上一事之产生，其构成之因子多至不可计，而固有之风气习惯为力最大。方事之未生，此风气习惯及其他既存诸因子，固已先构成有一形势在，迨后其事产生，要必依此形势，不可抗也。新法令之发布施行，不过加于旧社会之一刺激而已，不过新投入之一因子而已，虽不能不有一事实发生以回应此刺激，而究为如何之事实，则在我可谓毫无把握，求如所期望以实现，固十不得八九也。反面观之，新制度之运用实有资于新习惯，彰彰明甚。此新习惯之养成，大有待于训练，实非一朝可办。总理建国大纲，不于革命军事终了，即宣布实行宪政，而必先之以训政者，谓宪政实施，非经过由政府指导人民、训练人民之一段工夫不可也。建国大纲第八条云：在训政时期，政府当派曾经训练考试合格人员到县，协助人民筹备自治。是自治法令之颁行尚在其次，而协助人民筹备自治之人员之如何训练储备，乃为先务。依据此意，合行建议钧会，先行开办乡治讲习所，以为前项人员储才机关。关于乡治讲习所之办法，除拟具第一期试办计划大纲呈请钧核外，谨将应行说明各点分陈如下。

（一）乡治命名之由来。

乡治一名词，实沿用古语。在中国古代，有此一种制度，实充分涵有今日所谓地方自治之意义在内。今欲提倡建设一种中国化的地方自治，故特标定此名。孔子尝云，吾观于乡而知王道之易易也，即谓从乡治而晓然于王道之无难。管子权修篇曰：朝不合众乡分治也；又立政篇云：分国以为五乡，乡为之师；分乡以为五州，州为之长；分州以为十里，里为之尉。于周礼地官，则分比、闾、族、党、州、乡各级，而有比长、闾胥、族师、党正、州长、乡大夫等公职。其所谓乡老、乡师、乡饮酒、乡射、乡三物、乡八刑等，并属乡治上之立制与规划。又墨子尚同篇有里长、里之仁人、乡长、乡之仁人等语。且云乡长唯能一同乡之义，是以乡治也！是其为古之言治理者所最注意，各家殆莫不然，其彼此间之参差，或为各处设制不同，如周有周制、齐有齐制之类（其果为周制或齐制否自尚不敢说），而大体立意略同。又同着眼于乡而称之为乡治。虽其所谓乡者未必果为同物，区域大小，或且相悬，而名号恰好相同，适足以资吾人之袭取，则亦不复深较也。

又地方自治一词，一切县市乡村之自治皆在内。如以地方自治讲习所为名，则一切应在讲习研究之列。窃以为县自治与乡村自治，同中有异，殆不可以同语。且非乡村自治寻出路径，立有基础以后，亦断谈不到。故认县自治问题尚不在此研究之列；命名乡治讲习所，即以示此界别。又以为市自治与乡村自治，因都市与乡村情形不同，工商业与农业性质殊异之故，二者尤不可以同语。命曰乡治，又以示市自治非此所及也。盖今日中国之问题，看似在都市，而实在农村，即谓不然，都市农村各有问题，而所以解决之道，亦唯在求之农村乡治云云。窃将以是解决农村问题者。

（二）乡治所称之乡其区域大小问题。

袭用乡治之名，而于乡之区划如何不深较者，盖不独古制未必能适用于今日，即于古原亦各家殊制，异地不相袭也。又乡之一字，宽用狭用本甚活，便视村圩省县有其一定范围者不同。例如同乡或乡音、乡俗、乡评、乡望等词，均无定指确限。周礼以万二千五百家为乡；清季所订自治制度，则以人口不满五万之市镇、村庄、屯集等皆为乡；民国八年内务部所颁各自治法，其乡自治制谓乡以固有之区域为其区域，其人口自不满五千以至万数千人（原文未有规定，但谓选举名额，自人口不满五千以上六名，每增一千人加一名，至十名为止）。江西省议会某年亦曾制定县市乡自治条例，其所谓乡，系谓人口满二百以上迄于三千人者，三千以上为市。湖南十四年修正公布之省宪，则以人口不及五千者为乡，五千以上悉为市。窃以为乡之大小如何为宜，尚待一番实地调查与研究，暂且不必确定，大体因其自然，而最不宜过大。盖在无此种过问公众事业习惯之社会中，欲领导养成此种新习惯，非自小区域训练之不为功。一则范围小，则利害切近，所有问题皆眼前所易见，易于引其注意与过问。二则范围小，则方其有所过问有所主张活动，易于见影响生效力。必其注意力之所及，活动力之所及，始能有继续过问参预之兴趣，不致一试而罢。三则范围小，则人事熟悉，情谊得通，易于合作也。

（三）乡治之行非有合于乡间固有之习惯心理必难成功。

今之言地方自治者，视其事若无难，而不知随举三点言之，皆足以见其必难成功。其一点，即前所陈自治法令颁行之后，适为乡间不良分子造机会，而自治难得其人之问题。盖以中国人一向过其闭门生活，不愿与闻外事之故。乡间事遂每为少数人所垄断把持，藉公益之名，营私自肥，即所谓土豪劣绅者是。又遇有新题目，则喜出头之少年，亦间或在地方上活动，故自治人员选举之结果，必为此两种人所得，乡间人对于历来所行新政久失信仰，而对于此两种人尤鄙视嫌厌之。今自治事复归其主持，将必存一种厌恶心理，相率引退，不愿参预其间。夫所谓自治者，本谓地方人士出而自理其地方之事也。若多数人不愿预闻，则尚何有自治可言。欲救此弊，诚如前所陈，非养成新习惯，无以运行新法制。然新习惯之养成，非有合于其固有之习惯心理，必难为功。在中国乡间，向有尚德尚齿之美俗，大抵公正老成之人，必为乡里所推重信服。遇有问题，每得其一言而决；遇事每推其主持。虽在近若干年来，以别种势力之压抑隐蔽，此类情形已不多见，而其在中国人心理上，实有至深且厚之根据。得此则得人心，失此则失人心。欲一易乡间人对自治之消极嫌厌态度，而积极乐意从事，非由此处善为诱导不可。故在乡治讲习所之学生，应先养成其尊师敬长之风，将来返回乡间，尤须特别认识此点，自知其少年后进，在乡信望未孚，务当从众人心理，别推有齿有德者主领乡事，而自居于二三等地位为之辅佐，一面以其热心毅力感召众人，团结合作，一面以其谦谨知礼，不为父老所嫌弃。庶几大家积极过问公众事业之新习惯，得以启迪，培养成功，万不可违反乡人心理，以少年燥进邀功，使新习惯一点将萌之机复归消阻，如此第一点问题对望解决。然此外尚有两难点。

（四）乡治之行非从解决农村经济问题入手必难为功。

一般所谓地方自治者，其所办事项，大抵非向来生活粗简低陋如中国乡村者所能语及，加以近数十年来，社会经济之变迁及不断之兵乱匪祸，种种苛征暴敛，农业之衰残，乡村之凋落，有非都会中人所能想象者。救死犹恐不赡，其何暇谈自治哉。例如自治中教育文化一类事项，欲举办乡村小学及半日学校，似非过高之谈，而在乡间人已有力莫能举之叹。又如交通一类之修桥开路、公共卫生之清洁运动，以至慈善公益一类之事，在乡间人视之皆属不急之务（公共娱乐，更不待言），与其眼前急待解决之问题毫不相干。他如户口之编查登记、土地之登记清丈，或其他统计注册事项，以及地方官府委令执行之各种事项，在乡间人或则怀疑，或则烦厌，又且不止视为不急而已。而同时一事之办，莫不需财，是必于国税、省税、县市附捐杂课、土匪勒收以外，又有一种抽剥，其为乡间人之所嫌厌怨苦，又当何如。故地方自治之难期成功，第一点为对人之嫌厌，第二点为对事之嫌厌，第三点为对敛财之嫌厌，三者有一于此，即是为养成新习惯之大阻，使自治之新局不得如其实以实现，而况三者殆必具备。所谓自治终且为一二不肖造借题营私之机会，而使乡人厌绝其事，无复得有新习惯萌芽之机会而后已，是所可断言者也。要知自治之能否成功，实即中国民族能否辟创其从来未走之政治新途径之问题。其事非小，胡容易视。一般谈地方自治者视若无难，诚为不思之甚。此三难点必须以全副注意，至极谨慎之态度谋补救其或庶几。关于第一点者既陈如上，其余二点之救济，要在以解决农村经济问题为自治之入手。今日农民之困苦，乡村之凋落，如前已说，苟不能针对其本身最急切之问题以入手，则无论何种谋划，何种作为，均不相干，枉费工夫，难期有成。矧在自治必赖其自谋自动者乎。恰在欧洲日本各处，自工商大兴都市趋盛之后，农村经济之凋蔽枯窘亦有同情，而其一般之救济法久著明效者，如消费合作、贩卖合作、信用合作以及丹麦所行之土地合并经营等法，类皆与吾民族精神为近，亦适为乡村自治事业之所宜。乡治之行，首当着手于此，不独论事无迂远不切之嫌，而以财投诸有用之地，或有生发之途，亦人人所乐。一面可以引人于协力合作之途，培养其参预公众事业之习惯能力；一面可以稍苏乡间之困，得渐有力从事教育交通卫生乃至一切事业。后二难点，如此似可解决。唯此类方法之仿行，极非容易。物质条件，人情习惯，各地均不相同，非就乡间实施研究，不能得一确实可行之道。而事属开创，非有精心果力，亦断不能蹈出一条路径，供后人走也。

（录自《国闻周报》，第 5 卷第 35 期，
1928 年 9 月 9 日。）

河南村治学院旨趣书[*]
（1929）

中国社会一村落社会也。求所谓中国者，不于是三十万村落其焉求之。或曰欧洲国家独不有村落乎？曰其古之有村落也，则中世封建社会组织之基层。其今之有村落也，则近代资本社会组织中之点线。是社会有村落，而非即村落以为社会，固不得谓为村落社会也。若中国则第于亚洲东大陆见有散布于此一片土上之二三十万村落而已。村落即社会，而非社会有村落。以视欧洲，无论其中世社会之组织，或其近世社会之组织，均极缺乏。于经济上则极形散漫，大都主于自给自足；于政治上则极见自由，殆邻于无政府。其为国家也，比之封建国家则不伦，比之近代国家弥以远；谓曰国家殊不类，不谓曰国家又不能。试更退五十年，凡今之染受摹取于欧人者皆未曾有之时求之，岂不信乎。

夫唯如是，中国文化故为极端和平的文化。于内不知有阶级，于外不知有国家，——阶级意识，国家意识，皆极其缺乏。和平之气周流充布于其散漫自由的社会中。抑不唯其意则然，更实无不和平之力。力在组织，无组织则无力也。欧洲反是。斗争于内，侵略于外，皆其历史的必然。帝国主义原于其资本主义的经济组织，资本主义的经济原于其向前争求的人生。不惟其意则然，抑更具有是力。自谥曰强霸（power），盖信然矣。其东侵以及于我，而我莫之能御，盖早决于历史矣！决于文化矣！数十年间夷我于次殖民地之地位，国人亟谋所以自救而不得，数

---

　　* 著者 1928 年提出"乡治"主张，1929 年又名之为"村治"（系河南村治学院几位创办人早所确定者）；1931 年在山东邹平办乡村建设研究院，与几位筹办者易名为"乡村建设"。这说的都是一回事：从基层地方自治入手，使人民在经济上和政治上都组成团体，以求得国家经济问题和政治问题的解决。这即是中国民族自救之道。
　　在即将投入农村，迈出从事乡村工作的第一步之前，著者写出了阐释乡村工作的见地与主张的一篇文字，即此"旨趣书"。

十年来亦常数变其方；然其致审于斯义而察见乎彼我之所以异势者盖鲜。

自来所误，但以为彼强我弱而已。曾不知固其质异也。又不知其强未必良，其弱未必恶，而务为强国之道以自救。呜乎！斯则今日大乱之所由致也。乍见其强在武力，则摹取之；乍见其强在学校，则摹取之；乍见其强在政治制度，则摹取之。乃其余事，凡见为欧人之以致富强者罔不摹取之。举资本主义的经济组织之产物悉以置办于此村落社会而欲范之为近代国家。近代国家未之能似而村落社会之毁其几矣！凡今日军阀官僚政客一切寄生掠夺之众百倍于曩昔，苛征暴取千百其途，而彼此相争杀，更番为聚散，以肆残虐创夷于村落有何莫非三四十年来练新军，办学校，变法改制之所滋生所酿造乎？盖不探其本，务得其末；得之不难，消化运用之难；消化运用之不能，未有不反受其殃者。

使自来谋国者果其审于知彼也，则求为近代国家不可不于其经济求之。必产业开发，而且取径于资本主义以开发之，使社会蔚成一资本主义的经济组织之社会，则欧美式之学校教育自为社会之所需而不为病；欧美式之政治制度自然形成，乃不为沙上起楼台。近代国家之大本于是既立，国家武力不期自有，乃不致无所附丽，如利刃莫能操而自伤身手若今日也。使自来谋国者果其审于自知也，则不求为近代国家。我之于近代国家不必求，不可求，不能求。所谓不必求者，吾民族自救之道非必在是也。所谓不可求者，是非吾民族精神之所许也。夫我之弱则诚然也，然弱何必恶？是有吾民族精神寓存焉。弱在物质的贫乏，是可补也；是宜亟补之者也。弱者社会缺欠组织，是可补也；是宜亟补之者也。弱在农业社会的文化，是则不可遽矫矣。弱在民族之固有精神，是则宜世宝之，且将以易天下焉。不此之务，而慕为欧人之强霸，是诚所谓下乔木而入幽谷者，非吾民族精神之所许已。所谓不能求者，吾人今欲取径于资本主义以发达产业既不能也。资本主义唯宜于工业，而大不便于农。吾今欲发达产业，其从工业以入手欤？是固可取径资本主义矣。然不平等条约之束缚既扼吭窒息不得动，一也；苦不得资本以为凭借，二也；环我者皆为工业国，各席其数世或数十年之余荫，更无余地以容我发展，三也；而吾固农国，取径于大不便于农之资本主义，是自绝生路，四也。是故我之不能从工业入手而从农业，有必然矣。从农业则不能取径资本主义；不取径资本主义，固不可得而为近代国家也。

然则吾民族自救之道将何如？天下事顾未之思耳，思则得之。夫我不为一散漫的村落社会乎？一言以蔽之曰求其进于组织的社会而已。组织有二：一曰经济的组织；一曰政治的组织。欲使社会于其经济方面益进于组织的，是在其生产及分配的社会化。生产的社会化，欧人资本社会既行之矣。其分配问题犹未能焉。分配问题不解决，因缺欠组织之大者。共产革命殆为不可免也。然是在我则或不为难。吾民族精神向来之所诏示于此至为符顺，一也。生产曾未发达则两面的社会化问题同时并进其势至使且易，二也。吾为农国，农业根本不适于资本主义而适于社会主义，三也。使旧日主于自给自足的经济而进为社会化，则散漫的村落将化为一整组织的大社会；是曰社会主义的经济组织之社会。其美善岂不度越于欧人乎！欲使社会于其政治方面益进于组织的，是在其政治的民治化。政治的民治化愈彻底，则社会于其政治方面益进于组织的。所谓政治的民治化者，含有个人自由权的尊重，公民权的普遍之二义。欧人于此实为先河。然此需于社会个个分子知识能力之增益充裕者极大，而其经济上地位的均齐自亦为关系所在。欧人以产业发达文化提高，于前一点似得其大概；而以资本主义的经济之故，于后一点则形成不齐之阶级。故其政治的民治化遗憾正多。如顷所言，我于生产分配的社会化不难并得，则真正民治主义的政治组织之社会可以实现。其美善岂不度越于欧人乎！

吾民族之所当务尽于是欤？曰尽于是矣！凡子所求，靡不可得；子所不欲，莫或致焉。欧人所长，组织一义尽之矣。欧化之弊，畸形的发达一言尽之矣。换言之，即其组织之犹有欠焉。由其经济上组织之缺欠，而富力集中于都市，集中于少数人以形成一殊强阶级，而社会乃病。由其政治上组织之缺欠。而权力集中于国家政府，以从事野心的武力与外交，而世界乃病。总之，凡集中过剩之力靡不有所伤害；经济上过剩之力政治上过剩之力隐显为一，相缘愈强，其为祸又以益烈；是则今日欧人所自苦莫能挽止者也。中国社会所患在散漫无力，而凤鲜集中过剩之弊，则其幸也。是其所当务，在求进于组织甚明。乃吾往者所为，不于组织是求，而唯其富强是求。富力的集中过剩以搁于不平等条约卒莫能行。权力的集中，武力的过剩，则以有千年不进步的政治旧习为因缘，乃一发而莫收，突飞如不系。以颇具组织之欧人犹且感其难于制御者，此散漫无组织的村落社会更谁从而制之，有不任其伤害以至毁灭者乎？盖唯社会益进于组织的，而后富与权二者乃直接综操于社会，间接的分操于社会个个分子，斯可免除一切伤害，求得一切福利。顷所云所求靡不得，所不欲莫或致者，意谓此也。

斯言信美矣！顾其道何由？曰是在村治。欲求进于组织，夫必有其着手处；则由村落以着手，自为其天然所不易。于组织将何先？曰是必藉经济引入政治。善哉！吾党孙先生之言，"地方自治体不止为一政治组织，且并为一经济组织"；是其诏示于吾人者不既剀切明白矣乎！使吾今所为第如地方自治之在欧人也，即地方自治且莫冀成功，遑言解决吾民族整个问题。在往者之民族自救运动中，亦未尝不有知求组织者，如历来之求为政治的民治化是已。然毕竟为错误的。以其着手在国家，而又唯于政治一面求之，则固未为知求组织也。政治之进于组织所以必要，以经济之进于组织的也。苟经济之不进，则社会本为散漫的，可不生若何关系。政治之进于组织所以可能，以经济之进于组织的也。苟经济之不进，则社会个个分子知识能力必稚陋不足以问政。乃于此先决问题既忽而置之，又不务自下以筑上；由小而扩大，遽求组织国家焉；盖几于造空中楼阁矣！是故必依建国大纲训政宪政之顺序，而以乡村县省地方组织之完成先于国家组织，又必如孙先生之教，不徒为一政治组织，抑并为一经济组织；夫然后于求组织之道乃庶几耳。

由上所言，则经济的组织之促进实为根本；是其道又何由？曰是不可不知农业工业之异及中国今日所处之地位。方欧洲资本主义之兴也，农业为之骤衰乡村为之大敝者数十年，以迄于今犹为不振；以资本劳力并流于工业都市故也。是为资本主义下工业抑压农业之现象。又在昔马克思之所测，农业之倾向大规模经营与工业同，而卒征其不必然，以农业上之比较竞争远不若工业上之烈故也。是为农业上资本不易集中，产业不易社会化之现象。故欲促成农业之社会化，在资本主义之国家有不能不待资本主义之推翻者；以非此无以解工业抑压之厄，俾归于社会自然合理的措置也。而审之农业社会化得见成功者如丹麦，方在进求者如苏俄，莫不取径于农民合作，以土地资本劳力之合并经营为期。盖由竞争而兼并，工业趋于社会化之路也；农业于此路既不行，则唯由协作以合并而已。明乎此，则吾今之由农业入手以求进于组织，其势顺而事易乃为其他国家所莫能比者。吾以在欧人经济侵略下，受不平等条约之束缚，故海通以来既八十年而企业卒莫兴，几于致我死命，然资本主义之潮流亦幸以此障蔽而获免焉。工业资本之畸形既未成，则无事推翻改造之烦，是不为大便宜乎！及今环境压迫，工业图兴之机犹绝不可见；而农业以其竞争比较之不易见也，则较为能逃于此压迫；而吾图兴农业，求免于工业抑压之厄；乃正资其掩护以进行焉。夫我固无资本可言，其犹有些许资金则唯在军阀官僚商人买办之手，是皆敲剥于农村而屯之都市租界银行者；其借交易买卖由利以孳利者多有之，至若投资于生产事业，农业工业盖两无所可。此时大计，唯在因势导之以回返流入农村，集于新式农业之开发一途。窃尝计之，使吾能一面萃力于农业改良试验，以新式农业介绍于农民，一面训练人才提倡合作，一面设为农民银行，吸收都市资金而转输于农村。则三者连环为用：新式农业非合作而贷款莫举；合作非新式农业之明效与银行贷款之利莫由促进；而银行之出贷也，非有新式农业之介绍莫能必其用于生产之途，非有合作组织莫能必其信用保证。苟所介绍于农民者其效不虚，则新式农业必由是促进，合作组织必由是而促进，银行之吸收而转输必畅遂成功；一转移之间，全局皆活，而农业社会化于焉可望。然要在无与分其势者。不然，则农业必夺于工业；而资本主义兴，由合作以达于社会主义之途难就。劳力问题诚无虞工业为分夺，而实有过剩之患；然非消纳于农村必无由解决；即此亦可见农业之为先务也。迨农业兴，工业必伴之而起；或由合作社以经营之，或由地方自治体以经营之，乃不虞其走入资本主义。而斯时求资本求市场等问题，视今日当大为容易，国际工业竞争之压迫或亦可以少纾矣。由农业而及工业，由乡村而及都市，相因为平均之发达，是自然之顺序，中国人最近未来所从出之途也。其视欧人过去所历之途，偏颇而颠倒者，盖适得其反焉。

农村产业合作组织既立，自治组织乃缘之以立，是则我所谓村治也。盖政治意识之养成，及其习惯能力之训练，必有假于此；自治人才与经费等问题之解决，亦必有待于此。顷所谓藉经济引入政治，实为不易之途；有异于此者，断知其失败而已！乡村自治体既立，乃层累而上，循序以进，中国政治问题于焉解决。中国政治问题必与其经济问题并时解决；中国经济上之生产问题必与其分配问题并时解决；圣人复出，不易吾言矣！求中国国家之新生命必于其农村求之；必农村有新生命而后中国国家乃有新生命焉；圣人复出，不易吾言矣！流俗之所见，或以为政治问题解决，而后产业得以发达，而后乃从容谈分配问题；或以为必由国家资本主义以过渡于共产主义，而当从事国家资本之建造，是或狃于欧洲国家之往例，或误于俄国布尔塞维克之企图，而皆昧于彼我之异势谬欲相袭者，曾何足以知此！

吾民族自救运动至于今日，其将得入于正道乎？自来所图，罔不求为近代国家，其不求为近代国家者，盖唯十三年改组后之吾党。民族自救运动至此，乃有大进于昔者，知注意于经济而于此求自救之方，一也；知欧化不必良，欧人不足法，不为资本主义，不为近代国家，二也。虽误于共产党，以其斗争之道行于中国，所毁伤者至大，为可深痛，然今既清共，成事不说；更幸统一已就，自今以往唯当事和平建设。于此，则《建国大纲》及总理遗教之所诏示于吾人者具在，国人固可知所事。抑近年来国人之知留意乎乡村问题亦既成为普通的觉悟。于政府则山西村政倡之最早，最近中央提挈督导，各省继起图之者先后多有。虽事属草创，难得其道，而此种信念则已造成。于教育界，则群悟往者袭用欧美教育制度之无当国情。而乡村教育之极当特别致意乃为一时识者主张所同。若乡村小学教育，若乡村民众教育务求接近适合于吾之乡村社会，而因以谋其改造。于是乡村改进之巨大问题教育家乃有举以自任之势。南京之晓庄学校倡导于前，南北各省闻风兴起。而中华职业教育社之于昆山，平民教育促进会之于定县，皆舍其往者之艺徒教育或识字运动，进而为乡村改进运动焉。是不可征人心之所同趋乎！

本院秉承本省省政府委员会议决案以成立，分设农村组织训练部、农村师范部两部。农村组织训练部盖根据本党政纲改良农村组织增进农民生活之条，及总理遗教地方自治之政治组织同时并为一经济组织之旨，以从事农村组织之研究及其实习训练。农村师范部盖本诸教育界所公认乡村教育必当特别致意之旨，以从事乡村教育之研究与训练。至若农业改良之试验研究，自亦属分内应行致力之点；故并附办农业教育及其推广。方今大局粗定，地方未尽得安，乡村自卫问题亦不能不加之意。考之浙江省立地方自治专修学校，于其全部课程二十单位中，军事训练居其五。盖亦本诸总理遗教，地方自治之实行，应办警卫之旨。本院课程因于各部学生并有此项训练。事当创立之初，爰述其旨趣如此，唯海内贤达其辱教之。

（录自《中国民族自救运动之最后觉悟》，289～297 页，
中华书局，1932 年 9 月出版。
《村治》月刊，1 卷 9 期，
1929 年 11 月 15 日。）

社会本位的教育系统草案[*]
（1933）

二十二年二月教育部邀集各地民众教育专家，于部内会议推行民众教育方案。社会教育在学制系统上之地位，为当时讨论问题之一。部拟办法，不外两条：

一，将社会教育加入现行学制系统；

二，于学校系统外另定一平行之社会教育系统。

愚以提倡乡村建设运动，于某一意义上亦得说为民众教育，因亦被邀与会。众讨论及此，愚未发言。主席朱君家骅征问意见云何，愚答所见适在此两条办法以外；既非于现行学制中为社会教育讨一地位，亦非另订一平行系统；乃以社会教育为本而建树一系统，今之学校转在此系统中，求得其地位也。众颇不以愚言为非，即席推定钮惕生、高践四、陈礼江、孟宪承及愚共五人为起草员，而诸君更以执笔之责属愚。今草案既成，爱纪其原委如此。

二十二年八月二十二日　梁漱溟

本案为"社会本位的教育系统"之制定，系基于如次之三根本见地：

一　学校教育社会教育不可分

俗常以学校教育、社会教育对称，大抵谓：

---

* 本文写成于 1933 年 8 月。写作背景具见作者附记。本文初次发表于 1933 年 8 月"中国社会教育社"年会，9 月刊于《乡村建设》杂志。后收入《梁漱溟全集》第五卷。作者自己认为此草案为"此一生从少壮而中年思索解决中国问题几经曲折转变臻于成熟的具体规划，总结主张"。现据《全集》文本收入本卷。

（甲）学校教育为教育之中心设施或正统：指小学校、中学校、专门学校、大学校等。

（乙）社会教育为片面的补充的设施，非正规教育：指民众教育馆、民众茶园、通俗讲演所、图书馆、博物馆、公共体育场、公共影戏场、识字夜班、民众学校、职业补习学校、函授学校等。

然试一究问其可得而为分别之据者果何在？卒乃不易得。

（子）学校教育有一定数目之受教育者，有一定课程之进行；而社会教育（如图书馆、讲演所等），每每无之。此所谓学校教育，即学校式教育；所谓社会教育，即社会式教育。然此于函授学校、职业补习学校、民众学校已不然，况此两方式绝鲜有何意义，可以演绎为划分两种教育之真据者。

（丑）学校教育以一定课程施之于受教育者，其教育者之积极主动意味多；且其所照顾恒在校内（迨扩充于校外一般社会，即被指为社会教育）。若社会教育则每每仅有一种设备供人自己利用或领略；其范围恒泛及一般，而无所限。然此于学校式之社会教育（例如民众学校）已不然，而况学校教育应否囿于学校内，殆尤不必然也。

（寅）学校教育前后衔接，可成相连贯之一系统；而社会教育但见其为零碎补充的，无有系统。此亦不然。学校教育中之每一个学校教育原多自成一事，非必以此为彼之预备，相连为一事者；而社会教育亦非必不可成系统；——如今之苏俄教育制度是。

（卯）学校教育有年龄限制，且所施教偏于社会未成熟分子。而社会教育恒无年龄限制，且施教所及偏乎成人；故"社会教育"与"民众教育"、"成人教育"等词有时相通或混同。然学校教育非无成人（例如大学校研究院），社会教育非无儿童（例如儿童图书馆等）。况人生受教育期间，是否应集中于其前小半段，正不无可商；以年龄之所偏，判分两种教育，亦难为论据。

总之，两种教育之分判初无学理真据，即于形式上亦复有时难辨。然则何为而有此对称之两种教育见于今之世耶？曰，今之学校教育，一传统教育也；今之社会教育，一新兴教育运动也。正唯传统学校教育有所不足，或且日益形见其缺短，乃有今之所谓社会教育（或民众教育或成人教育）起为补救；此固近今史实之所昭示矣。于此，一以见今日学校教育之不完妥；一以见今日社会教育亦为一时的措施，两者各不足为准理当事的真教育。真教育行且见其为两者之融和归一；而吾侪今日乃适于此教育的过渡时代也。如何实现此完整合理的一个教育系统，正今日吾侪所有事。

二 教育宜放长及于成年乃至终身

教育于人类，所以必要而且可能，盖最足征见于人类自儿童达于成年之期特长，为其他动物所莫得比。自鱼类以迄于人类之脊椎动物，其儿童期之长短，实征兆其远于本能，趋于智慧者为如何，而与后天学习资性大小为正比例也。人类社会所特意施行之教育，自昔皆置于未成熟之阶段，自非无由。然人类天具之学习力固不限于此未成熟期，殆且亘乎终身焉。桑戴克为"成人与学习"之研究，谓"年龄实在对于学习之成功失败是一件小的因素：能力、兴趣、精力和时间乃是重要原因"。——此实一重要根本见地。其假定以一万小时学习时间，五分之四用于六岁至十四岁，而其余五分之一作成一百小时、二百小时之分段，散落用于十四岁至三十五岁；或且为未来教育改造设计之所资，未可知也。吾人试一审今日社会趋势，将见教育时间放散而延长，有事实所不得不然者：

（一）现代生活日益繁复，人生所需要学习者，随以倍增，卒非集中童年一期所得尽学，由此而教育延及成年之趋势，日见重迫。

（二）社会生活既繁密复杂，而儿童较远于社会生活，未及参加，在此种学习上以缺少直接经验，效率转低，或至于不可能，势必延至成年而后可。又唯需要为能启学习之机；而唯成人乃感需要。借令集中此种学习于童年，亦徒费精力与时间，势必待成年需要，卒又以成人教育行之。

（三）以现代文化进步社会变迁之速，若学习于早，俟后过时即不适用；其势非时时不断以学之不可。

今后社会之渐归于社会本位的组织，大势昭然。如是则不能不倚重多数个人，各为社会生活之有力的参加，而教育于是乃成大问题——如何能为最经济而有效的教育设施，以满足此社会需要？吾信其必为依桑戴克以及诸家所为成人学习之研究，而统盘筹划以建立一个教育系统是已。今之有社会教育、民众教育、成人教育，纷然发达于学制系统之外，极见其不经济者，正以未能从头统盘筹划之故耳。

三　教育应尽其推进文化改造社会之功

吾人今日盖适于人类文化之转变期，亦即社会改造之过渡时代。此就吾民族文化、吾民族社会言之，盖尤为亲切的真——民族文化数千年相传至此将为一大转变，历史上久不变之社会组织结构，至此将为一大改造。设施教育于此日，实宜有一反省：社会之有教育果何为乎？教育如何乃为尽其对于社会之功用？

以理言之，教育之在社会，其功用为绵续文化而求其进步；使教育果得尽其功，则社会宜无革命，以随时修缮，逐步改进，行其无所事也。然人类社会卒不免于暴力革命，此盖以从来教育之在社会，不居领导地位而处于被役使地位之故。从来支配人类社会者为政权，或曰国家。历史上之政权或国家虽有许多高下不等之形式，而语其内容始终不外一武力统治之局。其较进步的政治形式固武力渐隐渐抑，理性渐显渐扬；然社会秩序之最后维持端在武力，而非以理性。由是社会改造——社会秩序推翻与新建——乃亦不能不出于暴力。故从来社会进步虽无不赖于教育（狭义及广义），而教育卒不能改造社会也。

盖人类虽为理性的动物，而理性之在人——无论个体生命或社会生命——乃以渐次而开发者。人类社会之组织构造，自今以前概非理性的产物——概非自觉地安排设施，而具有甚强之盲目性、机械性。暴力革命即是社会问题之机械的解决，正从社会之机械的构造（武力统治）而来，虽欲回避有时而不能。然每经一度改造，必经一层自觉，亦即较进于理性；最后社会中人将易其彼此不相顾不相谋而为相顾相谋，必达于自觉地安排设施而后已。于此际也，或于暴力革命前为宣传运动组织运动，或于暴力革命后为完成社会改造之种种工作（如今苏俄之所为），盖莫不有教育在焉。更直捷言之，盖莫不为一种教育（如苏俄在经济建设上的五年计划实可认为是一种教育）。由是而论，徒教育固未足以改造社会，而社会改造于其前后卒又不能不仰赖于教育以竟其功。

前问：教育如何乃为尽其对于社会之功用？于是得分别答之如次：

（一）平时要在能为社会绵续文化而求其进步；

（二）变时（改造时期）要在能减少暴力至可能最小限度于其前，能完成改造达可能最大限度于其后。

此所云改造前之教育，大抵出于当时社会秩序下设施者少，而自然演变于秩序外者多，可以存而不论。所最当致意者，厥为旧秩序推翻后，将以完成社会改造之教育，宜应如何设施之问题。大要言之，其异于平时之教育设施者殆有下列诸根本点：

第一，社会改造期之教育宜着重于成人，与平时教育之着重在社会未成熟分子者异。盖平时教育先求绵续文化而不使断，然后因之以求进步。故如何使社会未成熟分子（儿童及少年）得如其已成熟分子（其父及兄）之能参加社会生活为第一目的。同时既成文化之改进的讲求，亦即寓于其教育设施中。至于大多数成人，其生活能力已具，殆无复再加教育之亟亟必要。既成文化之进一步的创造工夫虽不可少，然非对一般成人设施教育之谓矣。社会改造期不然。此时整个社会生活正企图转进于一新方式，大多数成人虽届成年，而对于此新生活方式所需之习惯能力则方为未成熟者，势非经教育不可。既成文化（旧生活方式）将要改革，意不期其绵续而宁期其断除，对于社会未成熟分子之教育虽不可少，而正有难于着力者。仍其旧而教育之既所不可，而新社会生活未辟，又无以教之；其必附于社会改造的成人教育以行乎！

第二，社会改造期的教育宜着眼于一般社会，与平时教育每囿于少数个人者异。此其故有二：一则平时教育主于使少数未成熟的个人能适于其社会环境；而社会改造期则要在使社会环境改从吾人之所求。凡一般人之风气习惯，社会间之组织关系，正为除旧布新努力之所在。此风气习惯组织关系明非个人之事，明非少数人之事；则其教育设施不着眼于一般社会将奚为乎？再在社会改造之所求，靡不在社会多数分子之由被动地位转于主动，分子间之关系由疏而入密，则其教育设施之趋向普及多数，正有不待言者。故社会一度改造，必为教育机会的一步开放焉。

第三，社会改造期的教育宜就其人所在环境行之，与平时恒设为特殊环境以超于现实大社会环境外者异。所谓特殊环境指学校言；学校之设，在避去复杂纷乱许多无用乃至有害的刺激，而集中精力以求学习上修养上之经济有效。此为平时之教育设施所必须，但在社会改造期则必以社会式教育为主，即参用学校式，亦必变通之。盖社会改造期的教育既着重在生产大众，而于此生产大众万不能使之脱离生产行程而教育之也。此其一。又此期教育既要在风气习惯组织关系之改进，当然从实地之社会问题着手。个人之长进既在社会进步之中，却不能使个人离开环境得到长进，再为社会之长进。例如地方团体意识之养成，农民合作组织能力之训练，一种生产技术之发达，早婚缠足等陋俗之戒除，必无离开实地问题，别设为环境以行其教育之理也。此其二。

设施教育于兹社会改造时期，必须理会以上三根本点。非然者，必无从尽其应负荷之任务，必失其教育之功用，而不免转为社会病。

为中国而设计，更应切实认识今日中国之问题为如何。中国近两千年来但有一治一乱之循环而无革命，社会组织结构历久不变，文化已入盘旋不进状态，苟任其历史之自演固将无今日之社会问题。乃近百年来世界交通，民族历史与世界历史合流，固有文化不足以应付新环境，夙昔适用之社会组织构造遽见崩溃。凡今日政治改造经济改造乃至种种改造之要求，盖悉受外围世界历史所推演，而非从其民族历史演来；为国际形势所引发，而非其社会内部自发的。此义认清，则下列两点皆其中应有之义，必须提醒不可忘者：

（一）在一般之例，社会改造盖为历史演进之自然；当其革命爆发，为旧秩序之推翻之时，必其社会之新机构已孕育相当成熟。事类蝉之蜕壳，故其新社会之建设也不难。今日中国乃非其例。旧秩序以遭外来理想之否认，与激于民族自救之急切心理，骤被推翻，而新社会之机构初未有若何历史的孕育，青黄不接，则如何完成其社会改造，得一新社会建设出现，乃至艰巨矣。前既言之，完成社会改造的工程即教育。在前例中，所需之完成改造的工程不大，且有需要不甚著见者，或竟不假若何教育设施。而今日中国所需完成改造的工程——教育——乃特大；非特有设施，将必无从完成其改造。

（二）中国固有文化既千余年盘旋不进，而西洋自近代以迄于现代则进步如飞，中国受此威胁乃不得不为其自身文化之改造。所谓中国社会改造问题，自一面言之，其义实即如何企及现代文明之问题。社会改造本为无前例创进，而中国社会改造运动每落于一种模仿，其故正坐此。虽事有不可模仿者，然当融取现代文明以求自身文化之长进则无疑义。此融取而长进的工夫固明明为一巨大之教育工程，则势且必特有其教育设施而后可。

基于以上之根本见地，及对中国问题之认识，而制定本案；本案全文，包括三部分如次：

甲　社会本位的教育设施之原则

一、教育设施包涵社会生活之基本教育、各项人才之培养训练、学术问题之研究实验等一切而言。其间得随宜运用学校教育、社会教育各种方式，而无分所谓社会教育、学校教育。

二、教育设施应厘定其教育对象之区域；以社会区域之大小统属，别其等级，著为系统，各负其区域内之教育责任。

三、教育设施区域应视自然的及社会的形势条件等为厘定标准；但亦以符同于国家行政区域地方自治区域为便。今假定即以现行国家行政区域地方自治区域为教育设施之区域，则应有国学、省学、县学、区学、乡镇学之五级。都市地方以人口密集交通方便，除分置坊学外，不更分区域；坊学以上即为市学，无多等级。隶于省政府之市，其市学视同县学及区学；隶于行政院之市，其市学视同省学，县学及区学（按现在同级之行政区域，每每大小悬殊，又犬牙相错，而不定合于自然的社会的形势条件。地方自治之区乡镇各区划尤多不合适之点，有待纠正；此特假定以示例而已）。

四、各级教育设施在其区域内应为统一的规划与管理；但非必集中于一地点。

五、各级学府应负其区域内之一切教育责任；但下级学府力所不办者，其责任归属于上级。例乡力所不办者归区，区力所不办者归县，如是类推。

六、上级学府应辅导下级之进行，下级学府应受上级之指导。各级学府间于上有统属，于下有责成，期于为有统制有计划的进行。

七、各级教育自成片段，除其中一部分为升学计外，非必求其衔接连贯。

八、各级教育设施各有其偏重不同之点。例如上级之国学偏重学术研究，下级之乡学重在基本教育，中级之省学县学等主于人才训练是。

九、最下一级之教育因各地方情形悬殊，程度势难齐一，且办理得法则势将随社会进步而程度逐渐提高，亦不必设为一定之标准程度。

十、在特别荒苦之地方，其教育设施应受国家之补助。于全国各地教育势难齐一之中仍应为齐一之企图。其补助应以最下一级之教育为主、为先，依次及于上级。

十一、国家行政中教育行政之部分，仍然于各级学府外，独立设置其机关。于中央称教育部，于省称教育厅，于县称教育局或县署某科如今制。各级学府但为教育机关及学术机关，除教育技术上之指导暨各种教育设计事项，得与教育行政机关合组委员会办理外，凡属教育行政事宜，应尽量划归教育行政机关管理之。

十二、县以下之各级学府除教员外，其办学人员以本地人担任为原则，并期其与各该地方自治团体融合为一体（今邹平正作此实验）。

十三、在各级教育之各项编制中，其入学年龄、修业期限、课程标准等，应由各级学府自行拟订后，经上级学府及教育行政机关指导其同级学府会商决定之。

十四、各级教育之各项设施均应取实验态度。以各级学府自行负责实验，而国家行政机关立于监督考核奖励纠正地位，以求实验之得有积极结果。

十五、自区以上各级学府，招收学生皆以入学试验为准，不问其毕业资格。

十六、凡两乡可以联合举办之某项教育设施，即不必归入区学；凡两区可以联合举办之某项教育设施，即不必归于县学。以上各级视此类推。

十七、国家为训练特种人才（如军事、外交、司法等），得于此教育系统外，特设学校行之。又国有或地方有之特种事业如水利工程、铁道、邮局等，亦得于其事业机关附设其特种学校。

十八、国学为国有，各级学府为各该地方公有，于此统制的计划的教育设施系统中应无私立学校。但私人兴学，其志可嘉；其有教育上之抱负者更宜予以实验机会，旧日私立学校经向教育行政机关及相当之某级学府请求为计划上之接洽为编制上之归并后，亦得许其以原负责办学人负责办理之。如国家或地方认为有收归公家办理之必要时得随时收办。以后有捐资兴学者例亦仿此。

十九、依本案施行后，将使现在许多县立小学，归入区学或乡学；许多省立中学师范等校，皆归入县学；许多国立大学，皆归入省学。其经费预算原操于上级政府者，仍无妨由上级政府支配之，而改以奖励补助之意用之于下级学府。

二十、本案之施行，当从一县或数县实验入手，渐渐推广以至于全国，不取乎国家立法公布，普遍施行于一朝。

乙 社会本位的教育设施（附系统图）

乡学资借于上级学府之辅导，视其力之所及，又事之所宜，进行下列工作：

（甲）酌设成人部、妇女部、儿童部等，施以其生活必需之教育，期于本乡社会中之各分子皆有参加现社会并从而改进现社会之生活能力。

（乙）相机倡导本乡所需要之各项社会改良运动（如禁缠足、戒早婚等），兴办本乡所需要之各项社会建设事业（如合作社等），期于一乡之生活逐渐改善，文化逐渐增高，并以协进大社会之进步。

乡学在职能上以基本教育为主。在程度上为当地社会及国家力所能举之最低级教育。在编制上酌设成人部、妇女部、儿童部等，旧制之小学校、民众学校等，应分别归入上项编制中（小学即儿童部，民众学校即成人部），在设备上酌设大会堂、图书馆、体育场、音乐堂等。在方式上兼用社会教育及学校教育两方式。

区学资借于上级学府之辅导，视其力之所及，又事之所宜，进行下列工作：

（甲）酌设升学预备职业训练部等，办理本区所需要而所属各乡学独力所不办之教育。

（乙）相机倡导本区所需要之各项社会改良运动，兴办本区所需要之各项社会建设事业，期于一区之生活逐渐改善，并以协进大社会之进步。

区学在职能上以基本教育之高级及技术训练之预备段为主。在程度上为当地社会所办乡学教育之高一级的教育。在编制上酌设升学预备部、职业训练部等；凡旧制之高级小学、高级民众学校、职业补习学校等，应分别归入前项编制中。在设备上酌设大会堂、图书馆、医院等为乡学更进一步的设备。在方式上兼用社会教育及学校教育两种方式。

县学资借于上级学府之辅导，视其力之所及，又事之所宜，进行下列工作：

（甲）酌设升学预备部、职业训练部、自由研究部、乡村师范部等，办理本县所需要而所属各区独力所不办之教育。

（乙）研究并指导所属各区乡之社会改良运动及社会建设事业，促成本县之自治，并以协进大社会之进步。

县学在职能上以技术训练人才教育为主。在程度上为当地社会所办区学之高一级的教育。在编制上酌设升学预备部、职业训练部、自由研究部、乡村师范部等。自由研究部指导有学术兴趣者之自由研究。乡村师范部则训练区学、乡学教员。旧制之中学职业师范等学校，应分别归入前项编制中。在设备上酌设科学实验室、农场、工厂、大会堂、图书馆等，为区学进一步的设备。在方式上以学校教育为主，兼用社会教育方式。

市学（隶于省政府之市）视同县学兼括区学。市内分置坊学；坊学视同乡学。

省学资借于上级学府同级学府与下级学府之协助，视其力之所及，又事之所宜，进行下列工作：

（甲）酌设农工商医等科，举办所属各县学独力所不办之专业训练，为本省养成其建设所需人才；兼为本省人士供给专科研究上之设施与导师，以发展其不同之天才。

（乙）负责研究本省地方上自然的及社会的各项问题，供给当地政府及社会以解决各问题之方案设计等，并指导所属各下级学府社会工作之进行。

省学在职能上以专门技术教育及实际问题研究为主。在程度上为高等教育。在编制上视学术门类暨本省需要分科；所有旧制之专门学校大学校高中各科应分别归入上项编制中。在设备上酌设图书馆、各科实验室、研究室、农场、工厂等。在方式上以学校教育为主，兼用社会教育方式。

市学（隶于行政院之市）视同省学兼括县学及区学。市内分置坊学；坊学视同乡学。

国学联络国际学术机关或团体，资借于国内下级学府之协助，进行下列工作：

（甲）酌设文理法工农医等科，养成学术人才，为各科纯学术的研究，以期有所发明；兼为国人供给学术研究上之各种便利，以完成其天才发展。

（乙）从各科学术研究上着意于中国固有学术之整理，固有文化之阐明，一期增进民族价值之自觉，一期为世界未来文化之贡献。

（丙）负责研究国内自然的及社会的各项问题，供给政府及社会以解决各问题之方案设计等，并指导下级学府社会工作之进行。

国学在职能上以学术研究为主，在程度上为最高之教育。在编制上视学术门类分科，旧制之大学应归入上项编制中。在设备上应有一切学术上应有之设备。在方式上以学校教育为主，兼用社会教育方式。

社会本位的教育系统图

国学	省学	县学	区学	乡学
		市（隶省政府之市）学		坊学
		市（隶行政院之市）学		坊学

丙　关于本案之说明

1. 自一面言之，本案盖即以学校教育而特别注重教育推广工作，勿拘守于校门以内者。特如所谓"学校应为地方社会之中心，教员应以社会之指导者自任"之义，尤为本案意趣所在。

2. 自另一面言之，本案盖即以农村改进试验区、民众教育馆等机关统理学校教育者；或即以民众学校与小学校统合办理者。以社会改进、民众教育之大任，遽付小学教师兼理，虽不无可疑，然并合办理自较经济，又在方针计划上必须一贯，则无可疑也。

3. 中国三四十年来，学校教育之大弊在离开社会，以致妨碍社会于无穷，当世人士类能道之。本案盖所以矫正此弊者；抑扭转此错误方向之最彻底的办法无逾本案。

4. 三四十年来办教育者继续扩充多办学校而不知其所谓，学生更为无目的之入学与升学，有如资本主义之盲目的生产然，一批一批毕业之不已。此无目的（或忘其所谓）之弊，本案盖最能予以矫正。

5. 过去教育偏于以读书为学，或偏于知识技能之一边，而不能照顾及吾人整个生活。如本案能实施，当能矫正此弊。

6. 中国此时不应视成人教育或社会教育为临时补充枝节应付之事，而应认为教育上主要工作。本案最能实现此旨，矫正过去之错误。

7. 中国各地方社会情形不一，而教育法令设施等一切，顾不免整齐划一，缺乏自然适应之妙，本案最能矫正此弊，而实现出一种因地制宜之活教育。

8. 过去教育缺乏统筹计划，几于各级教育自为谋，各地方自为谋，各科各项自为谋,乃至各学校自为谋而均不相谋。以致畸形发展,偏枯不均,重叠多费,其弊不可胜言。国联教育考察团所作《中国教育之改进》单就全国学校分布之问题,指摘论列,已甚严切(见原书第八章)。本案盖最具有矫正此弊之机能。时下谈经济问题者,好为统制经济计划经济之说;假取为例,则此殆可谓为一种统制教育计划教育乎。

9. 在今日小学教育问题中,除其本身应为种种改良外,如何谋小学教育之普及实为最大问题。闻教育行政当局已筹拟有简易小学、短期义务教育实施大纲(教育部拟)、小学扩充部(山东教育厅拟)等办法,于正式教育外谋补救。在本案中则此等办法早为应有之义,亦无所谓正式非正式也。

10. "中国今日之小学经费与中学经费迥不相侔;与高等学校经费相差尤甚。在教育上有组织之国家,小学教育绝未有处于如是不利之地位者"(见《中国教育之改进》第二编,第一章)。民国十九年全国第二届教育会议即主扩充横的教育,整理纵的教育,其意甚是。本案精神即着重在基本教育(民众教育与小学教育),一矫往弊也。

11. 世人有见于教育之无用,受教育者几乎转为社会之赘疣物,于是乃倡为职业教育生产教育等说以救之。用意诚是而所见未的。盖此问题不尽在教育;一半在教育,一半在社会。今日中国社会虽有专门技术人才亦无所用,或难得其用。是故教育本身固应改造,社会问题亦必须解决。不先求社会为生产的社会,而徒求教育为生产的教育,其事固不可得。本案以社会运动纳于教育系统中,直以教育解决社会问题。自一面言之,为教育本身的改造;自另一面言之,即正所以改造社会。以教育促社会于生产,还以社会促教育于生产;自来言生产教育者,未或能见及此也。

12. 以农业教育言之,今日首在为中国开出其自有的新农业;新农业有一分,乃有一分新农业教育可言。但此一分新农业即一分之新农业社会;词面不同,内容全为一事。抑农业教育之目的固在求一新农业社会之出现。即从此目的以为言,亦莫要于养成新农民。日本之农业教育设施,其优富绝不后于丹麦,而目的之所成就者则远不逮。论者指为注意农学而忽于农民之过,其故可思矣。本案所谓乡学资借于上级学府进行其教育工作云云者,用意即在上级学府以其研究实验之所得,交下级学府推广于社会,俾社会教育之内容得以充实,而学术亦得其应用之正道。同时省学、国学经下级学府从社会上实地采得问题与材料以为研究，乃有真正之学术产生出来。如是上下往复相通，而农业技术与农业社会乃相偕日进于无疆。其他一切例此，农业不过其一例。

13. 关于职业教育，本案有两要点。其一着重对农民、工人、商人等作教育工夫，增进其职业上的能力乃至各种能力，期于养成新农民、新工人、新商人等；而不着重办职业学校，养成农业学生、工业学生、商业学生等。职业教育家有谓将来必以补习教育为职业教育之重镇者（江问渔先生有此语），可谓得之。推进农民则农业自兴起，提挈工人则人自竞于为工人而无待督劝。此为提倡职业教育或生产教育之唯一要径。

14. 其他一要点即在职业训练中必须打破一切非必要的学校形式而无所拘。例如入学资格、修业年限、课程标准、师资限制等，均应随宜设施，而后职业训练乃有可施；此理人多已言之。

15. 学问以自己求得为真；自来名家每出于学校教育之外。故由公家供给图书及实验设备而奖励好学者之自修，实为教育设施之要图。抑今后求学术普得享受，亦非如此不可也。本案自县学以上即著供给设备自由研究之文，其意在此。

16. 本案既力求切合社会实际情形，于课程于年限均少一定标准限制，则学生程度自难齐一（实则现在齐一制度下已不能齐一），故各上级学府招收学生，只能以入学试验为准，而不问毕业资格。抑照此施行后，以前学校为学生制造无谓之程度、无实之资格之弊，亦可扫除矣。

二十二年八月二十一日

（录自《乡村建设》旬刊，3 卷 5 期。

1933 年 9 月 11 日。

《乡村建设论文集》，141～160 页。

乡村书店，1936 年 2 月出版（三版）。）

精神陶炼要旨[*]

（1934）

  "精神陶炼"这一科，原来的名字是"乡村服务人员之精神陶炼"，在讲明有志服务乡村的——乡村建设运动者——应行具有的精神。乡村建设是什么？要在乡村建设理论里去讲。大家将来知道了乡村建设是什么，则服务乡村所需要的精神是什么，当更易知道；同时对于精神陶炼的意义亦更易明白。我们服务乡村所需要的精神是什么，底下先简略的加以说明，话虽然很简单，可是很重要，大家要留意一点！

  我们"乡村服务人员之精神陶炼"一科目，就是要启发大家的深心大愿。我们能有深心大愿，才没有俗见俗肠。比如看见财利浮名都心热，无关轻重的成败毁誉都顾虑，这完全是世俗的心理。我们的乡村建设是一个很大很远的工程。我们要有深心大愿，方可负荷此任。大家如果为俗见俗肠所扰，则没有力量担负此远大的工程。明末王船山先生顶痛心"俗"。他曾说过一句话，非常深切动人。他说："恶莫大于俗。"这是很值得我们深切反省的一句话。俗见俗肠是非洗刷干净不可；而要洗刷俗见俗肠，必在深心大愿出来的时候。深心大愿出来，俗见俗肠自然脱落。深心大愿是什么呢？现在不往深处讲，我可以用极浅的话来告诉大家：深心大愿就是要你有真问题，不要有假问题，要有大问题，不要有小问题。如果我们发现有真问题、大问题，此即深心大愿出来的时候。什么是小问题？就是俗见俗肠。昨天陈主任（亚三）曾说："关于起居享用方面不要注意；在这些地方不要有问题，那些都是小问题。"我们也可以说：有小问题者为小人，有大问题者为大人。真问题是活泼有力，隐然藏于中而莫能去；如时有时无，忽起忽落，那就是假问题。

---

  * 1934 年 7 月在山东乡村建设研究院乡村服务人员训练处讲演，郝心静笔记。

有真问题时，就接近深心大愿了。

什么是深心？深心即悲悯。普通说："悲天悯人。"当社会上多数人都在痛苦灾难之时，容易发生怜悯之心，这当然也是悲悯；不过悲悯亦还有更深的意思。换句话说，更深的悲悯，并非对灾难而发。这种悲悯，不一定看见灾难才有，而是无时不可以没有的。这一种悲悯，自己亦在其中，斯乃一根本的悲悯，斯乃一对于人生的悲悯。这种根本的悲悯，包含刚才所说的对灾难而发的悲悯。如果我们有更深更根本的悲悯，则更易有对灾难而发的悲悯。这一个深心，是从对人生的反省而发出的。如果我们只是一天一天的活着，笔直机械的活着，不会发出人生之感，——人生之感是从反回头看人生时，所发生的一个更深的慨叹，一个更深的悲悯。此必须从对人生的反省而来，平常不容易有。什么是大愿？大愿即深心；有深心始有一种大的志愿力。这一种大的志愿力是从深心而来。这一种大愿，是无所不包的大愿。照我所了解，大概佛是一个有大愿心的人。中国的古人（儒家），多半勉人立志，勉人立志就是勉人发大愿心。如张子："民胞物与"的话（"民吾同胞，物吾与也"）①，很能够代表儒家教人发愿的精神。如果我们不发愿、不立志，我们的乡村建设亦即无从讲起。这一种愿力，超越个体生命；仿佛有一个大的生命，能够感觉个体生命问题以上的问题。能够超过个体生命而有一个大的生命，从这个地方就见出来是"人"，"人"就是这么个样子。如果大家要问我怎样是"人"？我的回答：人就是感觉问题顶敏锐、顶快、顶多、顶大，——无所不感觉。这样就是人，人与其他动物不同即在此。是甜、是苦、是痛、是痒、是合适、是不合适，他感觉得非常之快，并且他的感觉无所不到；所以他的问题特别多、特别大。动物虽然亦苦，然而苦不过人；人如果觉得苦，那才是真苦啊！人要是快乐，那才是真快乐啊！这些都是动物不会有的。其感觉特别多、特别大、特别深刻、特别敏锐者谓为"人"，"人"亦即"仁"也。"人"、"仁"这两个字是相联的，其义亦相通。所以古人常说这么一句话："人者仁也。"人类与物类的不同，我们就可以从这里去找，——必从此处寻找方可发见其不同之点。物类没有这么多、这么大、这么深的问题；可以说我们所有的感觉它都没有。物类与人类之不同在此，俗人与超俗人之

---

① 语出张载《西铭》（原属《正蒙·乾坤篇》）："乾称父，坤称母。予兹藐焉，乃混然中处。……民，吾同胞，物，吾与也"；张载（1020—1077），北宋哲学家，理学创始人之一，世称横渠先生。

分别亦在此。俗人（前之所谓有俗见俗肠者）问题少、问题小、问题浅；他的感觉迟钝，感觉不够，亦即其"仁"之不够也。我们并不是想作一个超过常人的人，并不想与众不同；可是不愿意作一个不够的人，而愿意努力圆足人类所具之可能性。圆足人类之可能，自然是很不容易的事情，但亦为人不可少的事情。这个意思就是说：深心大愿是从人类之可能中自然要有的。我在前边曾这样讲：人之所以能发挥深心大愿，是要有真问题，不是有假问题；是要有大问题，不是有小问题。从真问题、大问题中乃能引发深心大愿。人是有活泼的力量可以感觉若许问题的；人类与物类的不同，俗人与超俗人的不同均在此处。大家不要误会我的意思，以为我们一定要做个超俗人，我们并不敢存此心。原来真问题、大问题，以及深心大愿，都是从人类的可能性来的，我们只是要圆足那个可能性而已；不是非要做一个超俗的人不可。如果没有真问题、大问题，那是我们的不够、我们的缺欠、我们的不行。希望大家能够体会此意。人类既是感觉顶敏锐，是甜、是苦、是痛、是痒、是合适、是不合适，他感觉得顶快、顶大；那么，我们就要在这个地方留心，应当让我们的感觉敏锐深刻，快而且大。我们应当知道什么是甜、什么是苦、什么是痛、什么是痒。我们要把此感觉深切著明，自然可以发深心大愿，自然可以担负乡村工作；这就是精神陶炼的意义。末了我要大家自己问自己一句，你的问题在哪里？我们都找我们的问题，我们可以每人写一个字条放在书桌前面，常常自省！精神陶炼这一科，固然也可以讲，同时尤应注意个人的生活及个人的精神。关于这个事情，本来是替大家请了几位班主任来帮助大家。聘请班主任的时候，院内同人很细心，很费斟酌来替大家安排。现在担任班主任的几位先生，多半同我相处很久，我很了解他们。在我个人，代大家请班主任是很费了一番心思；大家既相信我而来此就学，我希望大家对各位班主任，都有实在的信心。昨天在纪念周上我说希望大家以极大的虚心接受本院的规矩及嘱咐大家的话。这个意思很要紧；如果大家有深心大愿，有一个很恳切的意思到此地来，我相信大家有极大的虚心。以我知道各位同学有很多在社会上作过多年事情的。作过多年事情而又来此求学，这意思就不平常，就不俗；有这么一个心愿，当然能够虚心。所以我很相信大家能以极大的虚心来接受本院的规矩以及嘱咐各位的话。如能够这样，于大家必有很大的好处。我们所请到的几位班主任，以他们的学问、经验，也许不特别高、不特别丰富；可是我相信在精神陶炼上一定可以帮助大家。这几位班主任，我对于他们的"志气"有一种承认，对他们很有一种恭敬的心，所以请他们在精神上来帮助大家。我希望大家在这个地方注意；能相信我的话，来接受并且信从这些班主任的指导。以他们的谦虚，一定可以引起各位同学的谦虚；以他们的勤劳周到，一定让同学亦能够那样的勤劳周到；而且让大家可以感觉到他们是真有一种亲热的意思来帮助大家。

精神陶炼的大意，已经对大家说明，就是要启发我们每个人的志气愿力。于此让我们联想到丹麦的教育。丹麦教育特别的地方，在《丹麦的教育与我们的教育》一文中，我曾经有所论列，大家可以看一看。我现在略说为什么由我们的精神的陶炼而联想到"丹麦的教育"。

我们说"丹麦教育"，是指着距今已七八十年复兴丹麦的那一种有名的民众教育而言。这种教育甚特殊；起初未曾注意到它的特色，后来才明白。我在《丹麦的教育与我们的教育》那篇文章中说：我们作乡村运动，听到丹麦是农业国家，所以注意丹麦；我们作乡村运动注意合作，而丹麦以合作著名，所以注意丹麦。"丹麦教育"，我猜想着它大概是提倡改良农业合作的；后来我仔细考察，才发见我们的猜想是错了。农业改良，合作组织，诚然是复兴丹麦的方法，并且丹麦的复兴是很得力于这种方法；可是事实上"丹麦教育"在最初不是这样的。起初的"丹麦教育"离此尚远，绝不是一个偏乎实际应用的，而倒是一个非实用的。我在《丹麦的教育与我们的教育》一文上曾提出两点申论之。我说很奇怪的，它的教育是非实用的，非职业的训练，非养成技术人才的训练；现在有人好说"生产教育"，那末，最初的"丹麦的教育"恰可名为"非生产的教育"。它又不是一种讲书本子的教育，几乎可以说它不是教人念书；它那种教育，恰在技能训练与书本教育以外。那末，它究竟是什么教育呢？在头脑粗浅的人，实想象不到。它那种教育很难说，仿佛是一种"人生的教育"，或"精神的教育"（这两个名词很不通，但此外更无其他较好的名词以名之，故只好用它），很近乎我们精神陶炼的意思。

"丹麦教育"的创始者，是几个富于宗教精神的人；他们本人的人格非常有力气、非常伟大。他们自己说他们的教育是"人感人的教育"。它这种教育的长处，就是从有活力的人来感发旁人的活力。它并未教给人许多技能，更非教人念死书，结果让丹麦的民众活起来了。这种教育，很靠重办教育的人；教师的本身必须有活力才行。"丹麦教育"创始人的人格，实在令人佩服；而其教育制度亦的确能帮助丹麦，让丹麦民众活起来。关于丹麦教育制度我觉得有好几点应当提出来说的。其一：它所收的学生多半是青年，不收过小的（它对年龄的限制，大概是十八岁以上）；因为太小的人尚无经验，对于人生尚未尝着什么，他还不会有问题，所以对他不好作工夫。同时年龄过大的，精力渐将衰败不行。最好的是尝到人生滋味的人，工夫就好作很多。大概在青年时代（二十余岁的人）将成熟而未成熟的人，内力都很充足，其身体、智慧、头脑，都正在发育。这个时候正是每一个人的英雄时代，他有的是感情、有的是力量、有的是志气。若能给以人生的教育，那是很好的。其二：丹麦的民众学校是私立的，办学校的人是志愿的、自动的，非受官府的派遣而来。因其富于自动，所以有活力，所以能引起他人的自动，所以富于一种生命的力量。其三：不惟办学的人是志愿的，求学的人也是志愿的。小孩子的读书常常是被动的；十八岁的人，他不来则已，来就是他自己要来。况且他们的学校中，资格、文凭、学位、职业、手艺全没有；既非被动，又无所希图，所以他的入学完全是志愿的。这种教育，两面富于自动性，所以有一种活的意味。丹麦的民众学校，学生肄业的期限虽短；然在此三五个月当中，即可学会寻常学童三五年所学不完的课程。其四：私立学校，政府补助它而不干涉它（它也拒绝政府的干涉）；因为没有干涉，所以机械性少，所以不被动、不死板。它的一切功课、办法、规矩，亦不必整齐划一；不整齐划一，机械性就少，机械性少就最富活力。"丹麦教育"的创始人物与其制度合起来，完全可以做到让丹麦的民众活起来，所以结果其国内农业合作最发达；虽然"丹麦教育"并不讲究这些，可是丹麦的农业合作之兴盛全靠这个教育。"丹麦教育"的创始者，现在已被大家公认为丹麦农业合作的功臣；此即因其复活了丹麦民众，复活了丹麦社会。人活了之后，自然会找路子；如根本的地方没有生机（人不能自动），给他方法、技术，他也不能用。知识、方法、技术，都是工具，人活起来之后，自然会找工具、会找方法。所以看着"丹麦教育"是非实用的，可是后来完全变成了实用的。我们中国的教育，自废科举兴学校以来，大家就是着重实用；如果找出当初废科举的理论，则可知原来就是讲求实学，讲求致用。中国开头感受西洋文化的影响，即行注重实用，注重职业训练，注重养成专门人才；凡此皆是注重西洋科学技术的缘故。后来又有人提倡"职业教育"，组织"职业教育社"；现在虽没有生产教育社，但已有人倡言"生产教育"。在我想这都用不着。因为开头的时候，我们已经如此做过，用不着现在来说。自兴办学校以来，从来没有人说不是办讲求实用的教育，可是结果与丹麦相反，完全成了非实用的教育；所以我们由"丹麦教育"不禁联想到我们的教育。这一个对照，非常值得注意。可是讲求"职业教育"、"生产教育"的人，都没有对照过；如果来一个对照，则很可以反省反省，很可以有个觉悟。这个问题就在"丹麦教育"不是从职业入手，不是从生产入手，而结果成了职业的、生产的。其原因还是我们刚才说的，知识技能是工具，工具是靠人运用。"丹麦教育"不从工具入手而从运用工具的人入手，使人先活起来。在人未活以前（即其精神尚衰颓而未振发的时候），你把工具摆到他面前，他也不会用。中国教育之失败，我敢说就是失败在讲求实用。关于丹麦教育的话不再多说，最好大家参考讲丹麦教育的书同我写的《丹麦的教育与我们的教育》那篇文章。

此时此刻是"中国人"、"中国社会"、"中国民族"精神最颓败的时候，与丹麦同样的非先把中国人活起来，大家没有办法。如果中国人还是死气沉沉，无丝毫活力，则什么也不要讲，不必讲！中国乡村中人，差不多都是受许多迷信与习惯所支配的。他们有意识的选择很少，只凭迷信与习惯，此即所谓缺乏活力，此即所谓死板不动。可是这个时候，很多的人就是直接同乡村的迷信、习惯去冲突。许多教育家、维新家、革命家、改良家，都做错了许多事情；其冲突的结果，于事无益，他绝没有复活了乡村的民众。有许多冲突（近几十年来），其结果虽然动摇了乡下人的迷信与习惯；然而动摇的结果，让他彷徨、苦闷、心里无主、意兴消沉，比从前更死、更无活气！这个时候，我们非先给他解决精神上的问题不可。我们要替他从苦闷中找到出路，从彷徨中找到方针，从意兴消沉中仿佛叫他有了兴趣，从他不知将往哪里去的时候能够让他看见一点前途、生出一点希望。总之，第一要想法子让乡下人活起来，不但使他脱离了迷信与习惯，并且使他脱离了彷徨及苦闷；必如此，农业方可改良，合作社方可组织。否则，一个没有精神的人干什么也干不好！一个颓败死板的民族，想让他农业改良、组织合作，实万不可能！至于如何让乡下人活起来，将来自有许多讲究，而根本的一点是做乡村工作的人自己先要活起来。如果做乡村工作的人本身无勇气、无力量、无大志愿、无坚毅精神，则什么事也不必作、不能作！我从丹麦教育联想起来我们精神陶炼的意义，就在要复活我们每一个人，打破我们每一个人的彷徨与苦闷!

关于让乡下人活起来的意思,我在《乡农学校的办法及其意义》一文中曾经详细论述过。因为在乡农学校里边有精神陶炼的课程;安排此一课程的目的,就在救济乡村精神的破产,让乡下人活起来。所谓精神的破产,即指着一切旧的风尚、规矩、观念,都由动摇而摧毁,新的风尚规矩此刻尚未建立;所以就成了精神的破产。此中原因:一方面因为中国文化传之日久,文化愈老,机械性愈大;一方面因为中国社会是农业社会,照例多保守、多定驻、多死板,不像工商业社会一样。这样死板机械的社会,卷入了新的世界潮流,遂起了剧烈的变化。几十年前,从沿江、沿海输入许多新的生活习惯,使中国社会先从上层政治变动,影响到社会其他方面。几十年来不断的剧烈变化,最后乃影响到乡村。因为上层强迫乡村变化,乡村就不得不变化了。它对于这种激烈的变化,心中虽然感觉不适合;但不能明白其中意义,所以心中无主,同时没有判断力,又不敢去否认这种变化。大概乡间五十岁以上的人,多数的心里有说不出的窘闷痛苦;因为传统的好习惯、好风尚都被破坏,他很觉不合适。在三十几岁的人虽不觉得窘闷之苦,但心里也是无主,而成了一种顽皮的样子。我们要知道,任何一种社会,都有其价值判断,是非好歹;可是现在的乡村社会就失掉了它的价值判断,所以乡下人整天在苦闷无主之中。再则:近数十年来的天灾人祸太厉害,——本来一个人在他的一生之中总要遇到几件不幸的事情;可是不幸的事情如果连着来,那一个人就受不了。社会亦然,如果接连遇到许多不幸的事情,它的精神也就要消沉下去。乡村中人现在既无乐生之心,进取的念头更谈不到。有此两面——价值判断失掉,天灾人祸频来——所以乡村中人死板沉寂而无气力。这个时候,你若要乡村中人进取,则非先使他活起来不可。如何使他活起来呢? 一面须恢复他的安定,使之有自信力。此必乡学教员先认识古人的道理,让他已经失去的合理观念恢复起来,把传统的观念变为自觉的观念;让他安定,让他看见前途,从我们的指点让他认识一点进取的方向。再则在人生实际问题上来给他点明,使看见前边的道路,他才能有乐生之心、进取之念。所以我们要先安定他,然后再给他开出路子。有了活人,其他事业才可以说得上。我们作乡村工作的人,必须对于人生实际问题有一个认识、判断、解决。比如家庭问题、社会问题、如何处父子夫妇兄弟朋友等,自己先有一点见地,然后才能给乡村中人开路子;所以我们训练部的功课有人生实际问题的讨论。在"丹麦教育"只收十八岁以上的人，就是因为年龄稍大才有人生经验，才能彼此讨论人生实际问题。除了人生问题的讨论之外，尚有音乐、历史的讲求，也是让丹麦活起来的一个有力的因子。我们的精神陶炼，含有三方面：即合理的人生态度与修养方法的指点，人生实际问题的讨论，及中国历史文化的分析。刚才所讲人生实际问题的讨论，即其中之一；前边所谓深心大愿，即修养方法与合理的人生态度的根本。中国历史文化的分析也很重要；由此我们又想到丹麦教育。兹仍以丹麦教育与我们的精神陶炼相比较：丹麦民族的复兴，靠丹麦民族活起来；中国民族的复兴，也要靠中国民族活起来；丹麦民族复兴，靠丹麦教育、丹麦精神陶炼；中国民族复兴也要靠中国教育、中国精神陶炼。话虽是这样讲，可是事情的大小很不相同。中国的民族复兴，问题太大，事情太难，与丹麦的民族复兴简直不能相比。我们所遇到的困难都是丹麦民族所未遇到的。丹麦民族复兴，是前八十年的事情。我们现在所遭遇的时代丹麦未遇着；我们现在所处的时代，是人类历史的剧变，是一很特别的时代。此刻，不单中国社会已失其价值判断，即全世界全人类从来所有的价值判断此刻也都在动摇变化；所以这个时代，思想顶纷纭，最富于批评，充满了怀疑。这个特别的时代，丹麦未遇着。人类到现在太能批评，太能怀疑了，一切固有的文化都在动摇之中；欲在此时建立一个新文化，这是多么困难的事情！中国此刻欲谋民族精神的复兴，较丹麦是困难得多，简直不能相比！丹麦民族是因为被德人战败而颓丧灰心，格龙维出而谋丹麦民族的复活，遂创始了丹麦教育。他的问题小得多。且丹麦人的精神原来是宗教的，格龙维等很得力于此；他们是以宗教的精神来苏醒丹麦民族。他们视人生问题的批评讨论虽很重要，可是音乐、诗歌、文学、历史也很重要；这些科目都带有宗教的意味，都含有感情奋发的意味。而感情奋发就大可以复兴了丹麦；中国则完全不能那样！中国此刻讲精神陶炼，诗歌、音乐、文学的帮助固很必要；可是恐怕要多重人生问题的讨论，多用思维，多用脑筋才行，——不是一个精神的奋发即能解决中国人的苦闷。中国人的苦闷，从音乐、诗歌、文学、宗教来解决是不够的，必须从人生问题的讨论始有解决的希望，这完全因为此刻正是一个怀疑批评的时代，意见分歧的时代，理智作用兴起的时代，非用理智不能够对付，单靠感情的兴奋恐怕冲不过去。此时非从彻底的批评怀疑，不能转出一个彻底的非批评怀疑的精神，不能用不批评、不怀疑的精神，而希图挡住批评怀疑的潮流。假定中国民族精神如丹麦民族之靠宗教，则中国民族将永无复活之望；因为那个样子必不能打破我们的难关。丹麦的宗教，是比较浅的生命；若遇到大的困难，它就不能动了。丹麦民族假使遇到像今天中国这样大的难关，它一定就完了！不过中国民族的精神却不是那样的，中国民族精神是人本的、是现世的；中国虽无科学，而其精神接近科学，远于宗教，而合于思维。中国人的精神是什么？中国人精神之所在，即是"人类的理性"。大家慢慢体会参究，可以了然理性之为物。此处所谓理性，虽然不就等于理智，可是包含了理智，或者说最接近于理智；所以中国虽无科学，而其精神却很接近科学，——诚以科学即理智之产物也；所以中国民族精神与科学完全不相冲突。我们所谓"合理的人生态度"之"合理"二字，亦即"合于思维"之谓。在丹麦则不然，它必须多靠音乐、诗歌以启发人的感情，启发人的志气。如果要让中国人的志气，中国人的感情振作起来，那就非讲理不可！中国此刻虽然遭遇这么大的难关——人类剧变时代，怀疑批评时代——精神因而动摇摧毁，可是动摇摧毁不到它的深处，以其植基于理性之上，而理性力量特别深厚，则完全不怕批评与怀疑。除了中国以外，任何民族；——尤其是受宗教的孕育，借宗教的精神以自立的民族，都冲不出这个难关；惟只中国人可以冲得过去，因为他接近理性，不怕批评与怀疑啊！如果大家留心看我的书，就可以看见我常常说：除非中国文化完全没有价值，如果其有价值，则他对人类的贡献只有一点——就是对人类的认识。只有中国人反回头来认识了人类是怎样一回事；将来不敢说，此刻其他洲土对此尚无认识。中国文化的可贵即在此。中国古人最先认识了人类，就从这一点上开出了中国文化；中国文化之与众不同即在此。人类之所以为人类，在其具有理性；中国古人很早就认识了人类的理性，发挥了人类的理性，所以中国民族虽遇今日之难关而无碍。过去的人，现在的人，将来的人，都是人；能够认识人类的这种精神（理性），是始终不会被打倒的。只要人类存在，中国人的精神即可存在；因为人类之所从来即由于此（理性），中国人能把握住这个（理性），当然可以站得住。丹麦民族的复兴，胜过了它的难关，是因它的问题小；而中国问题虽大，因其精神合于思维，亦足以通得过现在的难关而复兴。以上略将中国历史文化加以分析。大家应当注意"分析"这两个字，只能在中国历史文化上用，而不能用于丹麦。丹麦人固可借其过去的历史而复兴；民众学校只讲它过去历史的光荣，历史人物的伟大，丹麦民众即可活起来。我们中国的复兴则不能全靠这个；恐怕要靠一点分析，用思维的眼光，找出中国文化的特点。——从这一种自觉（对自己的认识）里，方可以看出现在及未来中国社会所应走的路。对历史文化的分析，很要紧的是认识过去的社会组织构造，找出它的特点，而求得今后我们应走之道。这在我们的精神陶炼上是必要的，而在丹麦即非必要矣。

一个民族的复兴，都要从老根上发新芽；所谓老根即指老的文化、老的社会而言。这在丹麦即是如此，丹麦的老根是它的旧宗教精神。它发新芽的"发"，是靠它的教育，它的新芽是指它从民众教育生长出来的新社会。丹麦农业与合作的发达，完全是从这个新萌芽生长出来的。中国亦要从一个老根上（老文化、老社会）发新芽。自一面说，老的中国文化、中国社会已不能要了，一定要有"新芽"才能活；可是自另一面说，新芽之发还是要从老根上发，否则无从发起；所以老根子已不能要，老根子又不能不要。中国老根子里所蕴藏的力量很深厚，从此一定可以发出新芽来。现在有一个大问题：就是很多人都有一个念头，以为中国民族已经衰老了，照普通生物的例，衰老以下跟着就是死亡。一些比较有学问的人，皆不免有此恐惧、有此观念。中国民族的衰老是不容否认的，但其是否有返老还童之可能，或者是一直下去就死亡，这很成问题。此问题甚大，必须是一个有大学问的人，才配讨论这个问题。近些年来，一般研究文化史的学者，以及许多思想不同的讨论文化问题的书籍，都讨论到文化衰老的问题。我曾经看过一本书，在那本书中，从头至尾都是说民族文化同生物一样，有其少年时代、壮年时代，以及衰老灭亡时代。他列了一个表，把世界著名的有文化的民族全罗列于内，并指明某一时期为某一民族的少年时代，某一时期为某一民族的壮年时代，某一时期为某一民族的衰老时代，某一时期为某一民族的灭亡时代。他把每一个民族都拿这种眼光来看，最后又说没有哪一个民族可逃此例，没有哪一个民族能有其第二度的文化创造，第二度的壮年时代。这样说来，则问题很严重！中国是不是就会灭亡呢？抑尚能返老还童呢？如果中国民族真能返老还童，真能够开第二度的文化灿烂之花，那真是开历史上从来所未有的纪录。这个问题很不易说，我想粗略地说几句：我的话虽简单，而意思却有根据。在我想，民族衰老这句话不要顺口说去，我们应当分析何谓衰老？其衰老在何处？一个民族社会，是群体而不是个体；个体与群体的生命不同。群体生命是由许多个体生命构成，个体生命既有其死生灭亡，则群体生命的构成原很显然的是常常更换，常常新鲜。诚如是，则所谓民族衰老的话怎么讲呢？似乎群体生命与个体生命自一面说是不能比的；然而自另一面说则也能比。如果让我回答"民族衰老何所指"这个问题，则可说所谓衰老非指其构成乃指其机构而言。一切文物制度组织结构，自一面说愈用愈熟，可是愈熟则机械性愈大；愈成为习惯，则愈失其意识适应的力量。个体生命的衰老亦复如是。个体生命有其机构，社会（群体）生命亦有其机构。所谓衰老，乃指其用得日子太久，机械性太大，适应环境的力量太小，至此则这一套家伙非换不可；所谓死亡，就是指这套家伙已不能用了。个体之死亡，民族之灭亡，莫不如是。说到这里都还是说社会生命可看成个体生命。底下要转过来说：个体生命的机构是先天的，社会生命的机构是后天的。一切文化制度是后来想出的方法，非如五脏六腑之与生俱来。文化是后天的安排，故不能比与生俱来的那套家伙，到不能用的时候就一点没有办法，就非换过不可。民族文化、社会生命因为是后天的产物，所以能够改，能够创造翻新，不是绝没有办法，而如个体生命之绝不可移易也。我说这些话，好像是大胆地回答了那个问题：民族文化衰老之后可有第二度的创新，有第二度的生命，非如个体生命之由衰老即至于死亡。——"民族文化能够返老还童"，我们实可如此说。

现在再回头来说老根上发新芽的话。所谓发新芽者是说另外的一个创造，而这个创造是从老根来的。中国民族复兴，一定得创造新文化，那一套旧家伙已绝不可用，非换不行。然其所换过的生命里头，尚复有不是新的地方在；这个不是新的地方，是从老根复活的东西。这个东西自一面说很细微，很抽象，很不易捉摸，而自另一面说却非常实在，非常明白，绝不虚缈。这个不容否认又不易捉摸的东西，即所谓民族精神。只有民族精神是当初的原样；除此之外，那一套家伙都换过了，所以谓之为"民族复活"。

在我们乡村服务人员之精神陶炼这门功课中，要向大家讲的、要指给大家认识的，就是民族精神。所谓历史文化的分析，就是指点中国文化的特质（就是民族精神）；所谓合理的人生态度，是讲中国古人的人生态度，也还是民族精神；乃至于讲修养的方法，也是源于古人，资借于民族精神。更明白地说，我们之所谓中国古人，就指着孔子的这个学派，或者说孔子就是代表。在精神陶炼里大概要讲许多古人的道理，要在古人所创造的学问中有所探求，来帮助我们今天的生活。现在我想借这个机会对大家说：从我们老根上发新芽的比喻上，我竭力表示只能是一个新的东西，没有法子是一个传统的因袭的东西；传统的东西多半是机械的习惯的，都不能用。我们现在所需要的，必须是一个新生的、复活的、创造的、慢慢找回来的。兹就三方面来说这个道理：

中国近几十年来文化的破坏崩溃，是一步一步的，也可以说中国人唾弃他的旧东西，是一步一步，步步往深处去，差不多到最后要唾弃完它，此乃无可奈何者！而且这是一个事实，不能论其好坏。这一个事实愈来愈到家，愈唾弃得干净愈不客气，必得到唾弃完的时候，他才能再找回来。如果留心体会分析这几十年的事情，则可知中国人是如何的一步一步在唾弃旧的了。唾弃到最后，将慢慢找回来而另开一新局面。它必非传统的，乃为再生的；所谓"找"即重新认识与再生之意。重新认识之后，愈来愈看得清楚，愈清楚愈加发挥，终至发挥成一新的生命。此一新的生命，自一面说非传统的，系再生的、复活的；自一面说，生命是旧的生命，不过家伙换了一套，机构为之一新而已。

再举印度的复兴为例以讲明此意。印度之复兴与否现在虽还很难讲；印度以那么多的阶级，那么多的种族，种族之间且有不好的感情，同时又有那么复杂的宗教信仰；但是印度的民族运动实在很光荣、很伟大。印度本来被英国统治得厉害，而甘地所领导的这种民族运动差不多折服了统治它的英国人。我说这个话有两层意思：一是说印度的种族阶级宗教虽多，而其运动能统一，在大体上说它各方面的隔阂都能化除。再则说英国虽然统治了印度，而印度赖甘地的领导，发生了很大的力量，简直让英国人不能不屈服，这个民族运动够多么厉害！虽然印度民族复兴的话现在很难讲，可是印度人已经算是活起来，已经很了不起——一个被宰割的民族能有此伟大壮烈的运动真正了不起！它这种运动，其民族可谓由死而活。此处我们要注意：它也是慢慢重新找回来的而不是传统的。最清楚的让我明白这一点，是在看《甘地自传》的时候。我们看《甘地自传》，或看其他关于记载甘地的事情的文字的时候，如果我们留意，则可看出他作学生的时候，曾经唾弃过他的宗教，曾经表示反抗脱离他的宗教，后来他对他们古人的精神才慢慢地一步步地去接近。甘地在开头并不带多少印度古人的精神，他是愈来愈往印度古人的精神里走。他起初为表示离开旧的东西，曾经故意买肉吃、买酒喝（印度宗教不准人吃酒肉）。在英国留学的时候，曾经极力学作英国的绅士（Gentleman）。他作律师的时候，才开始反抗英国。无论从形式上说，从精神上说，他开始并不是宗教家，并没有传统的思想，甚且与印度的旧精神全不相近；到后来他才一点点的找回来，一点点的重新认识。逼着他认识印度古人精神的是一个实际问题——印度对英国的问题。这个问题压在他身上，使他不能躲闪，并不是他事先带有某种色彩，被色彩染成了一个怎样的人；他本来是一个极活泼的极有力量的人，隐隐的不自觉的有印度古人的精神在。我们要知道，只要是一个活泼有力的人，对问题必有其生命的表示；甘地既有实际问题逼迫他，所以让他一步进一步的发挥印度古人的精神来做他应付英国人的压迫与统治的运动。这个运动，就是"不合作"、"无抵抗"（这两个名词都不好，不足以表示印度古人的精神）。这个运动是一新发明，而其精神确是印度古人的，不过经甘地发见之后以新的作法演之而已。他以印度古人的精神，在这么一个问题上发挥，成功为这么一个事实。他那种精神，就是所谓印度的宗教精神。他这种民族运动表现其民族精神愈来愈彻底，愈来愈让人钦佩，愈来愈让英国人折服。如果是一个传统的宗教，大概是不行的；如果甘地一上来就是一个合格的宗教家，这个人大概也就没有多大用处，恐怕绝不会做出这么一个惊人的民族运动。这是前边所说老根发新芽很好的一个例。

中国将来也是要慢慢找回他古人的精神，也许现在还没有开始找，因为现在差不多还是一个唾弃的时代。中国民族精神将来慢慢找回来的时候，一定是一个再生的，是一个重新认识的，而不是因袭的、传统的。我看《甘地自传》之所以特别有领悟，因为我本身也是如此。大家知道我都较晚；有很多人从《东西文化及其哲学》那本书上认定我好谈"东方文化"、"东方精神"；其实不然，我对东方文化，中国民族精神当初也是唾弃的，后来才慢慢找回来。现在没有多余时间对大家详细讲；兹粗略地说三层：

第一层：从我自己十四五岁会用心思起，二三十年中思想有很多的变迁。我常把那许多变迁分做三期：第一期是很浅薄的"实用主义"，很接近西洋人的思想。后来从这种思想转变到"出世思想"，这种思想很接近印度佛家，我在这上边曾经用了好几年的工夫，那时候出世之心甚切。这两期与中国人的精神俱相差极远，最末才转到中国的儒家思想。至于中间转变的关节，我无暇详述。总之，可以看出我不是一上来就是中国式的。记得有一次我在北平清华大学研究院作短期讲学，开始的时候梁任公先生介绍我讲给同学听，他称赞我家学渊源。我当时即赶紧声明说："任公先生这个话不对，我老老实实不是这个样子。我先父不是一个怎样大学问的人，我并且一点也没有接受他的学问。"我现在想起来还痛心，先父临死的那几年，我们父子间的思想很有许多隔阂，我的意思他不明白，他的意思我不了解。我有一篇《思亲记》，很清楚很详细的说过这件事情。《答张廷健先生书》中也提到过这件事情。因为张先生写信给我，他的意思不大满意我用"民族精神"这句话，他觉得这句话太空洞浮泛，大而无当，不着实际，很足以误人。我回答他一封信，正好是刚才所讲的意思。我在那信上说："幸好我这个人是呆笨认真的一个人；你便让我空空洞洞不着实，我都不会。我不抓住实际问题的争论点，便不会用思，不会说话。请先生注意，我非守旧之人。我因呆笨认真之故，常常陷于苦思之中；而思想上亦就幸免传统的影响，因袭的势力。'民族精神'这句话，在我脑筋里本没有；'东方文化'这大而无当的名词，我本是厌听的。我皆以发现实际问题争点，碰到钉子以后，苦思而得之；原初都是不接受的。十几年前，我就因这样的愚笨不能早悟达，使我先父伤心，弃我而去（当我十五六岁时，很得先父欢心。民初国会开，我还相信国会制度，先父则已觉西洋法治的不对，我当时很不服，是以父子间常起辩论）。我于十四年所作《思亲记》上说：'溱自元年以来，谬慕释氏。语及人生大道，必归宗天竺，策数世间治理，则矜尚远西；于祖国风教大原，先民德礼之化，顾不知留意，尤大伤公之心。读公晚年笔墨，暨辞世遗言，恒觉有抑郁孤怀，一世不得同心，无可诉语者；以漱溱日夕趋侍于公，向尝得公欢，而卒昧谬不率教，不能得公之心也。呜呼！痛已！儿子之罪，罪弥天地已！逮后，始复有悟于故土文化之微，而有志焉；又狂妄轻率言之，无有一当，则公之见背既三年矣，顾可赎哉！顾可赎哉！'"我引这段话，是想说明我思想的转变，也是先唾弃中国旧有的东西，后来才慢慢找回。"民族精神"这四个字，在讲述《东西文化及其哲学》时尚未发见，到后来才有所认识。这种发见，我觉得与甘地很相同。甘地是有民族间的问题压在他身上，而在我身上也压了一个大问题，这个问题就是中国政治问题。我在政治问题上用心，才慢慢找出中国民族精神；我要解决很实在的、很具体的政治问题，才慢慢地发见了中国民族精神。这也同甘地一样，因为他身上有一个大的问题压着，而慢慢地认取了印度古人的精神。

前面是说明我自己对于中国民族精神的认识，是费了很多力气才慢慢找回来的；起初并不认识，经过很多年，经过很多实际问题上的寻求然后才认识。大家都知道我有一本东西叫做《中国民族自救运动之最后觉悟》。所谓中国民族自救运动之最后觉悟，一面是说中国人所作的民族自救运动的一个觉悟，——从头数到最后，才有这样的一个觉悟；这是渐次的一个转弯。所谓"最后觉悟"，或者现在还没成功为中国民族的最后觉悟；但在我是一个最后的觉悟。因为我是中国人，我是中国民族的一分子，仿佛我是最先觉悟到此，慢慢地才可以普遍此最后觉悟。在我想，全中华民族自救运动的方向至此已转变到最后。比如在曾国藩、李鸿章时代，讲富国强兵，讲洋务，也是一种自救运动。我们认为乡村建设是中国民族自救运动的一个最后的方向；此乡村建设是一个含有极充分、极强烈的民族自觉的乡村建设运动，不是普通人观念中的那回事。普通人观念中的乡村建设，固然也是乡村建设；然而缺乏民族自觉的成分。所谓"民族自觉"，就是使中国人认识自己，认识自己的民族精神。现在本院所领导的乡村建设就充分的含有民族自觉的意思。充分的含有民族自觉的意思的乡村运动，才是中国民族自救运动转变到最后的一个方向。这个方向是慢慢找回来的，最初的时候心里没有这个念头。开始的时候是离开它固有的精神来作自救运动，且以为不如是即不能自救；但是这样自救不成功。于是再度的离开而想办法；仍不成功，再离开去找办法；愈离愈远，及至离到最远的时候，乃反逼回去。正是非反逼，回不去；非到那一头，显不出这一头；非白显不出黑来；非彻底的极端的反中国精神，逼不出真正的中国精神来。我的意思是说中国民族自救运动现在已至最后，已经反逼成中国人开始往回找，开始往回自觉。最先曾、李时代起始离开，现在又起始回去。当初是非离开不行，就是那时候的变法维新错误，亦非错误不行。事实上非转一个大弯、绕一个大圈不行！这个意思就是说：从变法维新，至两次革命，每一度的寻求办法都没有对；可是这个错是必不可免，必不可少。因为社会没有先见之明，只有碰了钉子再说。先见之明，在个人容或有，大社会是不会有的。大社会为众人所构成，差不多是一个盲目的，所以错误必不可免；只有一步步的错，从"错"里再找出来"对"。民族社会是如此，我个人也是如此。我当初没有这个觉悟，也可以说因为我很笨而不能有先见，直到末了才有这个觉悟。现在到了末了，我回想以前犯了许多错误，但冤枉不冤枉呢？我自己觉得不冤枉。并且几乎可以说：我们先要走冤枉路才行！这个意思就是说：我们应当老实一点，不要太聪明！我们笨一点也好，不要很快的就转变，不要很快的就接受！比如我说"民族精神"，你们不要很快的就接受。我是费了一回事，你们也要再费一回事；由费事而认识出来的才是真认识。说到这里，我想讲一段意思证明我们无妨费事，不费事的我们还不欢迎呢！什么意思呢？就是当我们讨究追求如何解决中国问题的时候，我们心里完全要放空洞、不存成见，凡是可以解决中国问题的办法无不接受，至于合不合中国民族精神我都不管，就是不合，我也毫无疑虑，因为我就是要解决中国目前严重的问题，如果有一个办法可以解决中国问题，即不合于中国民族精神我也接受。心里务必放空洞，没有成见。我的意思是这样，我的经过是这样。我当初并不认识中国民族精神，完全没有任何成见，刺激我的最初是中国政治问题，后来又变成广义的中国社会问题。我因为要解决中国问题，乃从此毫无成见中发现了中国民族精神。这样的发现就对了！我相信如果大家对中国问题虚心以求解决之道，保你不会走歧路，不会发现一个不合中国民族精神的办法。只要你诚心诚意地去找办法，一点不自欺自满，把不好的办法都淘汰了，那末你最后的办法才一定会合乎中国民族精神。你追求到最后的时候，一定可以如此。本来很多有学问的西洋人对中国文化的长处、中国民族精神的优点，多少有些鉴赏与认识。英国的罗素就是其中之一。他是个讲数理的，也高兴讨论社会问题。他到中国来过，对中国文化特别称赏。他曾经说："中国今日所起之问题，可有经济上、政治上、文化上之区别。三者互有连带关系，不能为单独之讨论。惟余个人，为中国计，为世界计，以文化上之问题为最重要；苟此能解决，则凡所以达此目的之政治或经济制度，无论何种，余皆愿承认而不悔。"

　　他的意思是说中国文化如能不被损伤，凡可以维持其文化的政治或经济制度，俱愿承认而不悔。他唯一的信念即在保持中国文化；为保持文化，什么政治制度经济制度都行，可是不要为解决政治问题或经济问题而牺牲了中国文化。这个意思与我不同。我告诉大家不要有成见，我们就拿眼前的问题来求解决；或者说我们只看见政治经济两个问题，凡可以解决政治问题、经济问题的，无论什么制度，即反乎中国民族精神，我只承认而不悔。我起初是如此，后来慢慢地找到了一个办法。这个办法确是中国的，绝不曾反乎中国民族精神。所以我批评罗素不应先怀成见，使政治问题、经济问题没法子讨论。照我自己的经过，只要不存成见，是自然可以找出来的。《中国民族自救运动之最后觉悟》九八页我曾说："中国之政治问题、经济问题，天然的不能外于其固有文化所演成之社会事实、所陶养之民族精神，而得解决。"现在极其破烂的中国社会里，虽然几乎找不出中国的固有文化，但是我还要告诉大家：此破烂的中国社会中也含了不少的中国文化。它这个破烂法，就与众不同。它这个破烂法，含有很大的巧妙；让西洋人、日本人想有这个破烂法也不可得。这个破烂法只能我们有；而且解决这个破烂的办法，必须与其所以破烂者相关系。换句话说：它必须是中国的一套，一定不会离开中国社会的事实及民族精神而得到一个办法。在政治上、经济上如果有办法，那一定是合乎中国文化的，所以文化问题不必别作研究。这就是刚才的话：我们不必太聪明，就是这样很笨的去寻求，自然会找回来的。我们多费点事来讨论中国社会问题，认真来谋政治问题、经济问题的解决，则自然得到乡村建设的方向。得到这个方向，跟着再过细去想，则不难发现中国民族精神，这个道理，就是由浅入深，从用显体（体是本身，用是方法）。从找办法自然可以发见其本体——民族精神；一超直入地去找寻本体，怕不容易发见其价值。我常常自己喜欢我自己笨，庆幸我自己笨。如果当初我太聪明了，也许我有先见之明，可以很早的看见屡次政治改革的不对；那末这个我就与社会变迁的历程相远了。中国社会经过若干变化才到这一步，我如一下子就看到，则我与社会相离者远；离得远就没有办法。社会无先见，是一个笨的；我也笨，所以我与社会很近。凡社会变迁的经过，我都有其经过；我经过几次变迁之后，稍微能比社会早一步，看得出我们的前途，所以转回头来对大家说话，就是因为我统统尝到了。把我尝到的对大家说，大家才会懂；否则你尽管有先见之明，你说的大家不懂，岂不是无用！惟因我笨，所以能启发大家。比如现在中国事实的推演，使大家注意到乡村建设，我们从乡村建设指明民族精神则可，因为大家已寻求到这里了；如果丢开乡村建设一超直入地讲民族精神，则一定没人理会。上边的话都是说早了不行。底下再说不早又不行。老不早岂不是至死不悟！当然要早点才好。因为想法子早，所以为大家讲精神陶炼。不然的话，就要等到大家碰得焦头烂额的时候再讲精神陶炼；那样又未免太晚，我们还是曲突徙薪的好。这两面意思都要明白：前边是说早了不行，早了不切实；后边又说我们不能不早明白一点。在我是想叫大家早觉悟，所以早向大家说；可是大家要笨一点，在大家不明白的时候就作为不明白，不要很快的就承认中国民族精神。很快的承认，就等于不承认；惟能不求早明白，而后可以得到真明白。

我们讲精神陶炼，包括合理人生态度的指点，中国历史文化的分析，人生实际问题的讨论。这三部分在乡村建设理论中也都要讲到；在那时候去讲，大概会更切实一点。我现在要求大家虚心听各位班主任讲精神陶炼，就是要帮助大家早一点明白，早一点认识中国民族精神，早一点锻炼自己的精神，好为中国社会服务。我想我是可以向大家作这个要求的，因为我不是一个早明白的人而现在要让大家早明白，这个可以。随便早明白的人就不配作这个要求。笨的过程没有经过，就拿中国古人的精神对大家讲，即令大家接受，那是传统的。先生没经过这个转变，就随便的传给学生；这个很近于传统的往下传，这个顶不中用。所以我不愿意落到传统的往下传，而要求大家多费点事，再由我来帮助启发，庶可不至于耽误大家。

所谓合理人生态度的指点，人生实际问题的讨论，乃至历史文化的分析，三者皆以"中国民族精神"为核心。指出中国文化的特别处（长处短处），从而领会其民族精神，这是历史文化分析的意义。合理人生态度的指点，是正面的讲明民族精神。人生实际问题的解决，是指点如何应用民族精神。中国民族精神，照我的认识，就在"人类的理性"。我常说：除非中国人几千年都白活了，除非中国人没有贡献，否则就是他首先认识了人类之所以为人类。我的意思：中国民族精神彻头彻尾都是理性的发挥。中国古人很早就认识了人类，而现代学术界对于人类仍无认识！间或有认识的，亦未能在现代学术界占一地位，加以发挥。现代学术界中的心理学家，对人类都无认识。心理学是什么学问呢？就是讲人的学问，不是单讲感觉、意识、本能、情绪的。虽然心理学是回答人是什么的问题，可是现代心理学界对人类无有认识。世界的心理学，我知其大概，对人类心理都无认识。我觉得有两个人尚有认识，但他没有从科学的心理学上表达出来，在心理学上占一地位。据我所知道的，罗素对人类有点认识。他虽然也讲心理学，可是他在心理学界没有地位。泰戈尔对人类有认识；可是他又不能说，因为他是文学家，不能用科学表达其意见。本来心理学界应当先认识人类，惜乎心理学界至今尚无认识。中国古人对人类已有认识，惜乎尚无人去用科学方法为之表达。此即讲精神陶炼之大困难！人类心理在今犹属疑问，人类活动的法则是如何，心理学家都没有找清楚；而我们的根据又在人类心理——理性——所以比较难讲。虽然如此，可是我在人类心理学上用过工夫，可以给大家讲。讲乡村建设理论时有一部分是讲人类心理；因为我是从人类心理来讲明人类社会的。可惜没有多时间，如果让我单讲人类心理，大概讲一年半年也不算多。我告诉大家：我对于这个问题研究过，即不能把我所知道的完全告诉大家，也总要指给大家一条路，让大家承认中国古人对人类有认识；这是在我的研究上可以保证的。关于中国古人所发见的人类理性，我能指给大家看，并不是拿一个纷纭无定的哲学议论来领导大家。现在举一个例子来说明我不是这样：

前几个月，我看见一篇叫做《性教育的先决问题》的文章（载 4 月 30 日《大公报》副刊"明日之教育"栏）。作者是袁敦礼先生。袁先生是国内知名的体育家。他这篇文章写得很好，很清楚，很透亮，很明白，简直无疵可指。其大意是说："性教育，今已至困难时代。你不能把性教育视为性卫生；单从生理卫生上来讲性教育，是不够的。从前还有许多事实可以从卫生方面去讲明性教育；现在医学方法较前进步了，它无所怕，所以你讲性教育已不能从生理卫生的观点说话，必须找到性教育的社会根据。有社会的标准与理想，方可指点青年，让他谨慎。所以讲性教育的时候，没有理想的标准的婚姻制度、家庭制度，即无从讲起；故必于自然科学之外找社会科学的根据。"其所谓先决条件者指此。可是说到婚姻制度、家庭制度的标准，简直没人敢说。本来不同的社会之婚姻制度、家庭制度就没有一致过，从来没有标准。越是观察民族社会，越会虚心，越没法讲性教育。袁先生的意思是要求先解决社会标准、社会理想（即确定婚姻制度与家庭制度），再来谈性教育。我想告诉他：你的话都对，别的谈性教育的人也许尚未见到；可是你错了！你错在想从社会科学来解决社会标准、社会理想，从社会科学来确定婚姻制度、家庭制度。这个问题诚然是社会科学中之一部，然非从自然科学的生物学与心理学中找出根据，便无从确定。他曾露出一句话："家庭婚姻制度，自一面说是反乎自然的办法，而另一面亦即人之异于禽兽而有今日的文化的原因。"袁先生的这种话，是现代一般心理学家的见解。他们看婚姻制度和家庭制度是文化的、人为的、后天的、反自然的。社会上所有的道德标准、制度礼俗，都是反乎自然而强为的。因为人类想要社会有秩序，所以他自己想法子抑制其自然的冲动来牵就社会；及至抑制成习惯，就形成了礼俗制度、道德标准。普通的见解都是如此。袁先生有这么一个见解，对社会制度是这么一个看法，故不想从心理学找根据，从自然科学求解决；而要在社会科学中去寻求。我想告诉他一句话：你要在这里找是找不着的，你还须从自然科学上、生物学上找；社会在"人"，除"人"之外无社会，你不从生物学、心理学上发见人类心理的真相，不能够解决社会问题，不能够确立社会理想与社会标难。我常常说：我们想认识人类，还得从人类在生物界的地位上去认识，不能抛开生物学的见地来认识人类。虽然人类在生物中是超群出众的，然而究竟还是生物，所以非从生物界中认识了人类，便无从确立社会制度。此问题之核心，在人类心理；而人类心理的表现则在中国民族精神，所以民族精神是我们讲精神陶炼的核心。

（录自《梁漱溟教育论文集》，64～95 页，
开明书店，1945 年 6 月出版。
《乡村建设》旬刊，4 卷 7、8 期合刊，
1934 年 10 月 11 日。）

东西文化及其哲学（选录）
（1921）

自　序[①]

　　这是我今年八月在山东济南省教育会会场的讲演，经罗君莘田替我记录出来，又参酌去年在北京大学讲时陈君仲瑜的记录而编成的。现在拿它出版，我特说几句话在后面。

　　在别人总以为我是好谈学问，总以为我是在这里著书立说，其实在我并不好谈学问，并没在这里著书立说，我只是说我想要说的话。我这个人本来很笨，很呆，对于事情总爱靠实，总好认真，就从这样黏滞的脾气而有这篇东西出来。我自从会用心思的年龄起，就爱寻求一条准道理，最怕听"无可无不可"这句话，所以对于事事都自己有一点主见，而自己的生活行事都牢牢地把定着一条线去走。因为这样，我虽不讲学问，却是眼睛看到的，耳朵听到的，都被我收来，加过一番心思，成了自己的思想。自己愈认真，从外面收来的东西就愈多，思想就一步一步地变，愈收愈多，愈来愈变，不能自休，就成今日这样子。我自始不晓得什么叫哲学而要去讲他，是待我这样做过后，旁人告诉我说，你讲的这是哲学，然后我才晓得。我的思想的变迁，我很愿意说出来给大家听，不过此次来不及，打算到明年三十岁作一篇"三十自述"再去说。此刻先把变迁到现在的一步发表出来，就是这本书。我要做我自己的生活，我自己的性情不许我没有为我生活做主的思想；有了思想，就喜欢

---

　　① 此"自序"自1921年首次出版后，历来各版均置于全书之末，其原由见此序文最末一段所说。如今为顺应读者习惯，将它改置于全书之首。

对人家讲；寻得一个生活，就愿意也把它贡献给别人！这便是我不要谈学问而结果谈到学问，我不是著书立说而是说我想要说的话的缘故。大家如果拿学问家的著述来看我，那就错了，因我实不配谈学问；大家如果肯虚心领取我的诚意，就请撇开一切，单就自己所要做的生活下一番酌量。

还有，此刻我自己的态度要就此宣布一下。我从二十岁以后，思想折入佛家一路，一直走下去，万牛莫挽，但现在则已变。这个变是今年三、四月间的事，我从那时决定搁置向来要做佛家生活的念头，而来做孔家的生活。何以有此变？也要待"三十自述"里才说得清。此刻先说明所以致变之一端。现在这书里反对大家做佛家生活。主张大家做孔家生活的结论，原是三四年来早经决定，却是我自己生活的改变，只是今年的事，所以我自己不认做思想改变，因为实在是前后一样的，只不过掉换过一个生活。我以前虽反对大家做佛家生活，却是自己还要做佛家生活，因为我反对佛家生活，是我研究东西文化问题替中国人设想应有的结论，而我始终认为只有佛家生活是对的，只有佛家生活是我心里愿意做的，我不愿意舍掉他而屈从大家去做旁的生活。到现在我决然舍掉从来的心愿了。我不容我看着周围种种情形而不顾。周围种种情形都是叫我不要做佛家生活的。一出房门，看见街上的情形，会到朋友，听见各处的情形，触动了我研究文化问题的结论，让我不能不愤然的反对佛家生活的流行，而联想到我自己，又总没有遇到一个人同意于我的见解，即或有，也没有如我这样的真知灼见，所以反对佛教推行这件事，只有我自己来做。这是迫得我舍掉自己要做的佛家生活的缘故。我又看着西洋人可怜，他们当此物质的疲敝，要想得精神的恢复，而他们所谓精神又不过是希伯来那点东西，左冲右突，不出此圈，真是所谓未闻大道，我不应当导他们于孔子这一条路来吗！我又看见中国人蹈袭西方的浅薄，或乱七八糟，弄那不对的佛学，粗恶的同善社，以及到处流行种种怪秘的东西，东觅西求，都可见其人生的无着落，我不应当导他们于至好至美的孔子路上来吗！无论西洋人从来生活的猥琐狭劣，东方人的荒谬糊涂，都一言以蔽之，可以说他们都未曾尝过人生的真味，我不应当把我看到的孔子人生贡献给他们吗！然而西洋人无从寻得孔子，是不必论的；乃至今天的中国，西学有人提倡，佛学有人提倡，只有谈到孔子羞涩不能出口，也是一样无从为人晓得。孔子之真若非我出头倡导，可有哪个出头？这是迫得我自己来做孔家生活的缘故。

　　我在这书里因为要说出我自己的意思，不得不批评旁人的话，虽于师友，无所避忌。我虽批评旁人的话，却是除康南海外，其余的人我都极尊重。并且希望指摘我的错误，如我指摘别人那样，因为我自己晓得没有学问，无论哪样都没有深的研究，而要想说话，不能不谈到两句，所以最好是替我指摘出来，免得辗转讹误。我没出国门一步，西文又不好，我只能从我所仅有的求学机会而竭尽了我的能力，对于这个大问题，我所可贡献于世者止此，此外则将希望于大家了。

　　又我在这书里，关于佛教所说的话，自知偏于一边而有一边没有说。又我好说唯识，而于唯识实未深澈，并且自出意见，改动旧说。所以在我未十分信得过自己的时候，我请大家若求真佛教、真唯识，不必以我的话为准据，最好去问南京的欧阳竟无先生。我只承认欧阳先生的佛教是佛教，欧阳先生的佛学是佛学，别的人我都不承认，还有欧阳先生的弟子吕秋逸先生，欧阳先生的朋友梅撷芸先生也都比我可靠。我并不全信他们的话，但我觉得大家此刻则宁信他们莫信我，这是我要声明的。

　　古人作书都把序放在书后，我并不要依照古人，但我因为这些话要在看过全书后才看得明白，所以也把序放在书后。

　　　　　　　　中华民国十年十月二十二日　　漱溟口说　　陈政记

世界未来之文化与我们今日应持的态度（选录）[①]

就生活三方面推说未来文化

　　以下分就文化的物质生活、社会生活、精神生活三方面简单着一为推说：

　　（一）物质生活一面。今日不合理的经济根本改正是不须说的；此外则不敢随便想设。我于这上也毫无研究，所以说不出什么来；只不过基尔特一派的主张好多惹我注意之处，使我很倾向于他。大约那时人对于物质生活比今人（指西洋人）一定恬淡许多而且从容不迫，很像中国人从来的样子；因此那时社会上，物质生活的事业也就退处于从属地位，不同现在之成为最主要的；那么，便又是中国的模样。在生产上，必想法增进工作的兴趣，向着艺术的创造这一路上走；那么，又与中国

---

　　① 本章原为书中第五章。此章共有十九节，现仅选录后七节。

尚个人天才艺术的色彩相合（参看前文）。这些都是现在大家意向所同，似无甚疑问；还有基尔特派中一部人有恢复手工业的意思，这就不敢妄测，恐事实上很难的。假使当真恢复手工业而废置大机械，那么，又太像中国从来不用机械而用手工的样子了。

（二）社会生活一面。在这一面，如今日不合理的办法也不能不改变。不论是往时的专制独裁或近世的共和立宪，虽然已很不同，而其内容有不合理之一点则无异。这就是说他们对大家所用统驭式的办法，有似统驭动物一般。现在要问，人同人如何才能安安生生的共同过活？仗着什么去维持？不用寻思，现前哪一事不仗着法律。现在这种法律下的共同过活是很用一个力量统合大家督迫着去做的，还是要人算账的，人的心中都还是计较利害的，法律之所凭借而树立的，全都是利用大家的计较心去统驭大家。关于社会组织制度等问题，因我于这一面的学术也毫无研究，绝不敢轻易有所主张；但我敢说，这样统驭式的法律在未来文化中根本不能存在。如果这样统驭式的法律没有废掉之可能，那改正经济而为协作共营的生活也就没有成功之可能。因为在统驭下的社会生活中人的心理，根本破坏了那个在协作共营生活之所需的心理。所以倘然没有所理想的未来文化则已，如其有之，统驭式的法律就必定没有了。仿佛记得陈仲甫先生在《新青年》某文中说那时偷懒的人如何要责罚，污秽的工作或即令受罚人去做，或令污秽工作的人就工作轻减些。其言大概如此，记不清楚，总之他还是藉刑赏来统驭大众的老办法。殊不知像这类偷懒，和嫌恶污秽无人肯做等事，都出于分别人我而计较算账的心理，假使这种心理不能根本祛除，则何待有这些事而后生问题，将触处都是问题而协作共营成为不可能。现在不从怎样泯化改变这种心理处下手，却反而走刑赏统驭的旧路，让这种心理益发相引继增，岂非荒谬糊涂之至。以后只有提高了人格，靠着人类之社会的本能，靠着情感，靠着不分别人我、不计较算账的心理，去做如彼的生活，而后如彼的生活才有可能。近世的人是从理智的活动，认识了自己。走为我向前的路而走到现在的，从现在再往下走，就变成好像要翻过来的样子，从情感的活动，融合了人我，走尚情谊尚礼让不计较的路——这便是从来的中国人之风。刑赏是根本摧残人格的，是导诱恶劣心理的，在以前或不得不用，在以后则不得不废——这又合了从来的孔家之理想。从前儒家法家尚德尚刑久成争论，我当初也以为儒家太迂腐了，为什么不用法家那样简捷容易的办法？瞎唱许多无补事实的滥调做什么？到今日才晓得孔子是一意的要保持人格，一意的要莫破坏那好的心理，他所见的真是与浅人不同。以后既不用统驭式的法律而靠着尚情无我的心理了，那么，废法之外更如何进一步去陶养性情，自是很要紧的问题。近来谈社会问题的人如陈仲甫、俞颂华诸君忽然觉悟到宗教的必要。本来人的情志方面就是这宗教与美术两样东西，而从来宗教的力量大于美术，不着重这面则已，但着重这面总容易倾在宗教而觉美术不济事。实亦从来未有舍开宗教利用美术而做到非常伟大功效如一个大宗教者，有之，就是孔子的礼乐。以后世界是要以礼乐换过法律的，全符合了孔家宗旨而后已。因为舍掉礼乐绝无第二个办法，宗教初不相宜，寻常这些美术也不中用。宗教所培养的心理并不适合我们做这生活之所需，而况宗教在这期文化中将为从来未有之衰微，其详如后段讲精神生活所说。脱开宗教气息的美术较为合宜，但如果没有一整统的哲学来运用他而做成一整套的东西，则不但不济事，且也许就不合宜。这不足随便借着一种事物（宗教或美术）提起了感情，沉下去计较，可以行的；这样也许很危险，都不一定。最微渺复杂难知的莫过于人的心理，没有澈见人性的学问不能措置到好处。礼乐的制作恐怕是天下第一难事。只有了孔子在这上边用过一番心，是个先觉。世界上只有两个先觉：佛是走逆着去解脱本能路的先觉；孔子是走顺着调理本能路的先觉。以后局面不能不走以理智调理本能的路，已经是铁案如山，那就不得不请教这先觉的孔子。我虽不敢说以后就整盘的把孔子的礼乐搬出来用，却大体旨趣就是那个样子，你想避开也不成的。还有我们说过在这时期男女恋爱是顶大问题，并且是顶烦难没法对付的，如果不是礼乐把心理调理到恰好，那直不得了；余如后说。

（三）精神生活一面。我们已说过在这时，人类便从物质的不满足时代转到精神不安宁的时代，而尤其是男女恋爱问题容易引起情志的动摇，当然就很富于走入宗教的动机。在人类情感未得充达时节，精神的不宁也就不著；在男女问题缺乏高等情意的时节也不致动摇到根本；但此际情感必得充达和男女问题必进于高等情意都是很明的，那么，予人生以勖慰的宗教便应兴起。但是不能。这些动机和问题大半还不是非成功宗教不可的——另有非成功宗教不可的动机与问题；并且顺成宗教的缘法不具，逆阻宗教的形势绝重。宗教就是人类的出世倾向之表现，从这种倾向要将求超绝与神秘。神秘是这时必很时尚的——我指那一种趣味，因为是时尚直觉的时代。但超绝则绝对说不通，而且感情上也十分排拒。因为知识发展的步骤还不到，感情解放活动之初亦正违乎这种意向。宗教的根本要件全在超越现前之一点是既经说过的，所以我敢断言一切所有的宗教不论高低都要失势，有甚于今；宗教这条路定然还走不通。但是宗教既走不通，将走哪条路呢？这些动机将发展成什么东西，或这些问题将由怎样而得应付？这只有辟出一条特殊的路来：同宗教一般的具奠定人生勖慰情志的大力，却无借乎超绝观念，而成功一种不含出世倾向的宗教；同哲学一般的解决疑难，却不仅为知的一边事，而成功一种不单是予人以新观念并实予人以新生命的哲学。这便是什么路？这便是孔子的路，而倭铿、泰戈尔一流亦概属之。这时艺术的盛兴自为一定之事，是我们可以推想的；礼乐的复兴也是我们已经推定的，虽然这也都能安顿了大部分的人生，但吃紧的还仗着这一路的哲学做主脑。孔子那求仁的学问将为大家所讲究，中国的宝藏将于是宣露。而这一路哲学之兴，收拾了一般人心，宗教将益浸微，要成了从来所未有的大衰竭。说到这里，又恰与中国的旧样子相合；世界上宗教最微弱的地方就是中国，最淡于宗教的人是中国人，而此时宗教最式微，此时人最淡于宗教；中国偶有宗教多出于低等动机，其高等动机不成功宗教而别走一路，而此时便是这样别走一路，其路还即是中国走过的那路；中国的哲学几以研究人生占他的全部，而此时的哲学亦大有此形势，诸如此类，不必细数。除了科学的研究此时不致衰替为与中国不同外，以及哲学艺术当然以进化之久总有胜过中国之点外，那时这精神生活一面大致是中国从来派头，必不容否认。

一般对未来文化的误看

以上对于世界文化大致推定是那个样子。以他对近世西洋文化而看，是确然截然为根本的改换。所改换过的全然就是中国的路子，无论如何不能否认。但是一般人的议论——其实是毫无准据的想象——异口同声说世界未来文化必是融合了东西两方文化而产生的；两方文化各有所偏，而此则得其调和适中的。这全因为他们心思里有根本两谬点，试为剖说：

（一）他们只去看文化的呆面目而不留意其活形势——根本精神，不晓得一派文化之所以为一派文化者固在此而不在彼；由有此谬误，就想着未来文化的成分总于这两方文化各有所取，所以说是二者融合产生的了。其实这一派根本精神和那一派根本精神何从融合起呢？未来文化只可斩截的改换，而照现在形势推去，亦实将斩截的改换，所改换的又确为独属于中国一派；这不但你不信，就如我在未加推勘时亦万万不信。

（二）他们感于两方文化各有各的弊害，都不很合用；就从他心里的愿望，想着得一个尽善恰好的，从此便可以长久适用他。不晓得一文化原是一态度或一方向，态度和方向没有不偏的，就都有其好的地方，都有其不好地方；无所谓那个文化就是好的文化，合用的文化，那个文化就是不好的文化，不合用的文化。由有此谬误，就想着未来文化总当要调和两偏而得其适中，成一个新的好文化了。其实一态度其初都好，沿着走下来才见出弊害，或遇到他不合用的时际，就得变过一态度方行；而又沿着走下去，还得要再变一态度。想要这次把他调和适中，弄到恰好，那安得而有此事呢？未来文化只可明确的为一个态度，而从现在形势推去，亦实将明确的换过一个态度，所换过的又确乎偏为从前中国人的那一个态度；此诚无论什么人所想不到的。

世界文化三期重现说

质而言之，世界未来文化就是中国文化的复兴，有似希腊文化在近世的复兴那样。人类生活只有三大根本态度，如我在前文中所说：由三大根本态度演为各别不同的三大系文化，世界的三大系文化实出于此。论起来，这三态度都因人类生活中的三大项问题而各有其必要与不适用，如我前面历段所说，最妙是随问题的转移而变其态度——问题问到那里，就持那种态度；却人类自己在未尝试经验过时，无从看得这般清楚而警醒自己留心这个分际。于是古希腊人、古中国人、古印度人，各以其种种关系因缘凑合不觉就单自走上了一路，以其聪明才力成功三大派的文明——迥然不同的三样成绩。这自其成绩论，无所谓谁家的好坏，都是对人类有很伟大的贡献。却自其态度论，则有个合宜不合宜；希腊人态度要对些，因为人类原处在第一项问题之下；中国人态度和印度人态度就嫌拿出得太早些，因为问题还不到。不过希腊人也并非看清必要而为适当之应付，所以西洋中世纪折入第三路一千多年。到文艺复兴乃始拣择批评的重新去走第一路，把希腊人的态度又拿出来。他这一次当真来走这条路，便逼直的走下去不放手，于是人类文化上所应有的成功如征服自然、科学、德谟克拉西都由此成就出来，即所谓近世的西洋文化。西洋文化的胜利，只在其适应人类目前的问题，而中国文化印度文化在今日的失败，也非其本身有什么好坏可言，不过就在不合时宜罢了。人类文化之初，都不能不走第一路，中国人自也这样，却他不待把这条路走完，便中途拐弯到第二路上来；把以后方要走到的提前走了，成为人类文化的早熟。但是明明还处在第一问题未了之下，第一路不能不走，那里能容你顺当去走第二路？所以就只能委委曲曲表出一种暧昧不明的文化——不如西洋化那样鲜明；并且耽误了第一路的路程，在第一问题之下的世界现出很大的失败。不料虽然在以前为不合时宜而此刻则机运到来。盖第一路走到今日，病痛百出，今世人都想抛弃他，而走这第二路，大有往者中世纪人要抛弃他所走的路而走第一路的神情。尤其是第一路走完，第二问题移进，不合时宜的中国态度遂达其真必要之会，于是照样也拣择批评的重新把中国人态度拿出来。印度文化也是所谓人类文化的早熟；他是不待第一路第二路走完而径直拐到第三路上去的。他的行径过于奇怪，所以其文化之价值始终不能为世人所认识；（无识的人之恭维不算数）既看不出有什么好！却又不敢菲薄。一种文化都没有价值，除非到了他的必要时；即有价值也不为人所认识，除非晓得了他所以必要的问题。他的问题是第三问题，前曾略说。而最近未来文化之兴，实足以引进了第三问题，所以中国化复兴之后将继之以印度化复兴。于是古文明之希腊、中国、印度三派竟于三期间次第重现一遭。我并非有意把他们弄得这般整齐好玩，无奈人类生活中的问题实有这么三层次，其文化的路径就有这么三转折，而古人又恰好把这三路都已各别走过，所以事实上没法要他不重现一遭。吾自有见而为此说，今人或未必见谅，然吾亦岂求谅于今人者。

在最近未来第二态度复兴；以后顺着走下去，怎样便引进了第三问题，这还要说一两句。我们已经看清现在将以直觉的情趣解救理智的严酷，乃至处处可以见出理智与直觉的消长，都是不得不然的。这样，就从理智的计虑移入直觉的真情，未来人心理上实在比现在人逼紧了一步，如果没有问题则已，如有问题，那么，这个问题就对他压迫的非常之紧。从孔家的路子更是引人到真实的心理，那么，就是紧辖。当初借以解救痛苦的是他，后来贻人以痛苦的亦即是他；前人之于理智，后人之于直觉，都是这样。在人类是时时那里自救，也果然得救，却是皆适以自杀，第三问题是天天接触今人的眼睑而今人若无所见的，到那情感益臻真实之后，就成了满怀唯一问题。而这问题本是不得解决的，一边非要求不可，一边绝对不予满足，弄得左右无丝毫回旋余地！此共痛苦为何如？第三期的文化也就于是产生，所谓印度人的路是也。从孔子的路原是扫空一切问题的，因为一切问题总皆私欲；却是出乎真情实感的则不能。出乎这真情实感的问题在今日也能扫空，却是在那将来则不能。像这类出乎真情实感的第三问题在今日则随感而应，过而不留，很可以不成为问题；如果执著不舍必是私欲，绝非天理之自然。在将来那时别无可成为问题的，不必你去认定一个问题而念念不忘，他早已自然而然的把这一个问题摆在你的眼前，所以就没有法子扫空了。关于第三期文化的开发，可说的话还很多；但我不必多说了，就此为止。本来印度人的那种特别生活差不多是一种贵族的生活，非可遍及于平民，只能让社会上少数居优越地位，生计有安顿的人，把他心思才力用在这个上边。唯有在以后的世界大家的生计都有安顿，才得容人人来做，于自己于社会均没妨碍。这也是印度化在人类以前文化中为不自然的，而要在某文化步段以后才顺理之证。

我们现在应持的态度

我们推测的世界未来文化既如上说，那么我们中国人现在应持的态度是怎样才对呢？对于这三态度何取何舍呢？我可以说：

第一，要排斥印度的态度，丝毫不能容留；

第二，对于西方文化是全盘承受，而根本改过，就是对其态度要改一改；

第三，批评的把中国原来态度重新拿出来。

这三条是我这些年来研究这个问题之最后结论，几经审慎而后决定，并非偶然的感想；必须把我以上一章一章通通看过记清，然后听我以下的说明，才得明白。或请大家试取前所录李超女士追悼会演说词，和民国八年出版的《唯识述义》序文里一段，与现在这三条参照对看，也可寻出我用意之深密而且决之于心者已久。《唯识述义》序文一段录后：

> 印度民族所以到印度民族那个地步的是印度化的结果，你曾留意吗？如上海刘仁航先生同好多的佛学家，都说佛化大兴可以救济现在的人心，可以使中国太平不乱。我敢告诉大家，假使佛化大兴，中国之乱便无已；且慢胡讲者，且细细商量商量看！

现在我们要去说明这结论，不外指点一向致误所由，和所受病痛，眼前需要，和四外情势，并略批评旁人的意见，则我的用意也就都透出了。照我们历次所说，我们东方文化其本身都没有什么是非好坏可说，或什么不及西方之处。所有的不好不对，所有的不及人家之点，就在步骤凌乱，成熟太早，不合时宜。并非这态度不对，是这态度拿出太早不对，这是我们唯一致误所由。我们不待抵抗得天行，就不去走征服自然的路，所以至今还每要见厄于自然。我们不待有我就去讲无我。不待个性申展就去讲屈己让人，所以至今也未曾得从种种威权底下解放出来。我们不待理智条达，就去崇尚那非论理的精神，就专好用直觉，所以至今思想也不得清明，学术也都无眉目。并且从这种态度就根本停顿了进步，自其文化开发之初到他数千年之后，也没有什么两样。他再也不能回头补走第一路，也不能往下去走第三路；假使没有外力进门，环境不变，他会要长此终古！譬如西洋人那样，他可以沿着第一路走去，自然就转入第二路；再走去，转入第三路；即无中国文明或印度文明的输入，他自己也能开辟他们出来。若中国则绝不能，因为他态度殆无由生变动，别样文化即无由发生也。从此简直就没有办法；不痛不痒真是一个无可指名的大病。及至变局骤至，就大受其苦，剧痛起来。他处在第一问题之下的世界，而于第一路没有走得几步，凡所应成就者都没有成就出来；一旦世界交通，和旁人接触，那得不相形见绌？而况碰到的西洋人偏是个专走第一路大有成就的，自然更禁不起他的威凌，只有节节失败，忍辱茹痛，听其蹴踏，仅得不死。国际上受这种种欺凌已经痛苦不堪，而尤其危险的，西洋人从这条路上大获成功的是物质的财，他若挟着他大资本和他经济的手段，从经济上永远制服了中国人，为他服役，不能翻身，都不一定。至于自己眼前身受的国内军阀之蹂躏，生命财产无半点保障，遑论什么自由；生计更穷得要死，试去一看下层社会简直地狱不如；而水旱频仍，天灾一来，全没对付，甘受其虐。这是顶惨切的三端，其余种种太多不须细数。然试就所有这些病痛而推原其故，何莫非的明明自己文化所贻害；只缘一步走错，弄到这般天地！还有一般无识的人硬要抵赖不认，说不是自己文化不好，只被后人弄糟了，而叹惜致恨于古圣人的道理未得畅行其道。其实一民族之有今日结果的情景，全由他自己以往文化使然：西洋人之有今日全由于他的文化，印度人之有今日全由于他的文化，中国人之有今日全由于我们自己的文化，而莫从抵赖；也正为古圣人的道理行得几分，所以才致这样。倒不必恨惜。但我们绝不后悔绝无怨尤；以往的事不用回顾；我们只爽爽快快打主意现在怎样再往下走就是了。

我们致误之由和所受痛苦略如上说，现在应持何态度差不多已可推见，然还须把眼前我们之所需要和四外情势说一说。我们需要的很多，用不着一样一样去数，但怎样能让个人权利稳固社会秩序安宁，是比无论什么都急需的。这不但比无论什么都可宝贵，并且一切我们所需的，假使能得到时，一定要从此而后可得。我们非如此不能巩固国基，在国际上成一个国家；我们非如此不能让社会上一切事业得以顺着进行。若此，那么将从如何态度使我们可以做到，不既可想了吗？再看外面情势，西洋人也从他的文化而受莫大之痛苦，若近若远，将有影响于世界的大变革而开辟了第二路文化。从前我们有亡国灭种的忧虑，此刻似乎情势不是那样，而旧时富强的思想也可不做。那么，如何要鉴于西洋化弊害而知所戒，并预备促进世界第二路文化之实现，就是我们决定应持态度所宜加意的了。以下我们要略批评现在许多人的意向是否同我们现在所审度的相适合。

现在普通谈话有所谓新派旧派之称：新派差不多就是倡导西洋化的，旧派差不多就是反对这种倡导的——因他很少积极有所倡导；但我想着现在社会上还有隐然成一势力的佛化派。我们先看新派何如？新派所倡导的总不外乎陈仲甫先生所谓"塞恩斯"与"德谟克拉西"和胡适之先生所谓"批评的精神"（似见胡先生有此文，但记不清），这我们都赞成。但我觉得若只这样都没给人以根本人生态度；无根的水不能成河，枝节的做法，未免不切。所以蒋梦麟先生《改变人生态度》一文，极动我眼目；却是我不敢无批评无条件地赞成。又《新青年》前几卷原也有几篇倡导一种人生的文章，陈仲甫先生并有其《人生真义》一文，又倡导塞恩斯、德谟克拉西、批评的精神之结果也会随着引出一种人生。但我对此都不敢无条件赞成。因为那西洋人从来的人生态度到现在已经见出好多弊病，受了严重的批评，而他们还略不知拣择的要原盘拿过来。虽然这种态度于今日的西洋人为更益其痛苦，而于从来的中国人则适可以救其偏，却是必要修正过才好。况且为预备及促进世界第二路文化之开辟，也要把从来的西洋态度变化变化才行。这个修正的变化的西洋态度待我后面去说。

旧派只是新派的一种反动；他并没有倡导旧化。陈仲甫先生是攻击旧文化的领袖；他的文章，有好多人看了大怒大骂，有些人写信和他争论。但是怒骂的止于怒骂，争论的止于争论，他们只是心理有一种反感而不服，并没有一种很高兴去倡导旧化的积极冲动。尤其是他们自己思想的内容异常空乏，并不曾认识了旧化的根本精神所在，怎样禁得起陈先生那明晰的头脑，锐利的笔锋，而陈先生自然就横扫直摧，所向无敌了。记得陈先生在《每周评论》上作《孔教研究》曾一再发问：

既然承认孔教在法律上、政治上、经济上都和现代社会人心不合；不知道我们还要尊崇孔教的理由在哪里？

除了君臣父子夫妇之道及其他关于一般道德之说明，孔子的精神真相真意究竟是什么？

他原文大意，是说：孔子的话不外一种就当时社会而说的话，一种泛常讲道德的话；前一种只适用于当时社会，不合于现代社会，既不必提；而后一种如教人信实、教人仁爱、教人勤俭之类，则无论那地方的道德家谁都会说，何必孔子？于此之外孔子的真精神，特别价值究竟在哪点？请你们替孔教抱不平的说给我听一听。这样锋利逼问，只问的旧派先生张口结舌——他实在说不上来。前年北京大学学生出生一种《新潮》，一种《国故》，仿佛代表新旧两派；那《新潮》却能表出一种西方精神，而那《国故》只堆积一些陈旧古董而已。其实真的国故便是中国故化的那一种精神——故人生态度那些死板烂货也配和人家对垒吗？到现在谈及中国旧化便羞于出口，孔子的道理成了不敢见人的东西，只为旧派无人，何消说得！因为旧派并没有倡导旧化，我自无从表示赞成；而他们的反对新化，我只能表示不赞成，他们的反对新化并不彻底：他们也觉得社会一面不能不改革，现在的制度也只好承认，学术一面太缺欠，西洋科学似乎是好的，却总像是要德谟克拉西精神科学精神为折半的通融。莫处处都一贯到底。其实这两种精神完全是对的，只能为无批评无条件的承认，即我所谓对西文化要"全盘承受"。怎样引进这两种精神实在是当今所急的；否则，我们将永此不配谈人格，我们将永此不配谈学术。你只要细审从来所受病痛是怎样，就知道我这话非激。所以我尝叹这两年杜威、罗素称到中国来，而柏格林、倭铿不曾来，是我们学术思想界的大幸；如果杜威、罗素不曾来，而柏格森、倭铿先来了，你试想于自己从来的痼疾对症否？

在今日欧化蒙罩的中国，中国式的思想虽寂无声响，而印度产的思想却居然可以出头露面。现在除掉西洋化是一种风尚之外，佛化也是范围较小的一种风尚；并且实际上好多人都已倾向于第三路人生。所谓倾向第三路人生的就是指着不注意图谋此世界的生活而意别有所注的人而说；如奉行吃斋、念佛、唪经、参禅、打坐等生活的人和扶乩、拜神、炼丹、修仙等样人，不论他为佛教徒，或佛教以外的信者，或类此者，都统括在内。十年来这样态度的人日有增加，滔滔皆是。大约连年变乱和生计太促，人不能乐其生，是最有力的外缘，而数百年来固有人生思想久已空乏，何堪近年复为西洋潮流之所残破，旧基骤失，新基不立，惶惑烦闷，实为其主因。至于真正是发大心的佛教徒，确乎也很有其人，但百不得一。我对于这种态度——无论共为佛教的发大心或萌乎其他鄙念——绝对不敢赞成。这是我全书推论到现在应有的结论。我先有几句声明，再申论我的意思。我要声明，我现在所说的话是替大家设想，不是离开大家而为单独的某一个人设想。一个人可以有为顾虑大家而牺牲他所愿意的生活之好意，但他却非负有此义务，他不管大家而从其自己所愿足不能非议的。所以我为某一个人打算也许赞成他做佛家的生活亦未可定。如果划一定格而责人以必做这样人生，无论如何是一个不应该。以下我略说如何替大家设想即绝对不赞成第三态度之几个意思：

（一）第三态度的提出，此刻还早得很，是极显明的。而我们以前只为一步走错，以致贻误到那个天地，（试回头看上文）此刻难道还要一误再误不知鉴戒吗？你一个人去走，我不能管；但如你以此倡导于社会，那我便不能不反对。

（二）我们因未走第一路便走第二路而受的病痛，从第三态度将有所补救呢，还是要病上加病？我们没有抵抗天行的能力，甘受水旱天灾之虐，是将从学佛而得补救，还是将从学佛而益荒事功？我们学术思想的不清明，是将从学佛而得药治，还是将从学佛而益没有头绪？国际所受的欺凌，国内武人的横暴，以及生计的穷蹙等等我都不必再数。一言总括，这都是因不像西洋那样持向前图谋此世界生活之态度而吃的亏，你若再倡导印度那样不注意图谋此世界生活之态度，岂非要更把这般人害到底？

（三）我们眼前之所急需的是宁息国内的纷乱，让我们的生命财产和其他个人权利稳固些，但这将从何种态度而得做到？有一般人——如刘仁航先生等——就以为大家不要争权夺利就平息了纷乱，而从佛教给人一服清凉散，就不复争权夺利，可以太平。这实在是最错误的见解，与事理真相适得其反。我们现在所用的政治制度是采自西洋，而西洋则自其人之向前争求态度而得生产的，但我们大多数国民还依然是数千年来旧态度，对于政治不闻不问，对于个人权利绝不要求，与这种制度根本不适合；所以才为少数人互竞的掠取把持，政局就翻覆不已，变乱遂以相寻。故今日之所患，不是争权夺利，而是大家太不争权夺利；只有大多数国民群起而与少数人相争，而后可以奠定这种政治制度，可以宁息累年纷乱，可以护持个人生命财产一切权利，如果再低头忍受，始终打着逃反避乱的主意，那么就永世不得安宁。在此处只有赶紧参取西洋态度，那屈己让人的态度方且不合用，何况一味教人息止向前争求态度的佛教？我在《唯识述义》序文警告大家："假使佛化大兴，中国之乱便无已"。就是为此而发。我希望倡导佛教的人可怜可怜湖南湖北遭兵乱的人民，莫再引大家到第三态度，延长了中国人这种水深火热的况味！

（四）怎样促进世界最近未来文化的开辟，是看过四外情势而知其必要的；但这是第一路文化后应有的文章，也是唯他所能有的文章；照中国原样走去，无论如何所不能有的，何况走印度的第三路？第一路到现在并未走完，然单从他原路亦不能产出；这只能从变化过的第一态度或适宜的第二态度而得辟创；其余任何态度都不能。那么，我们当然反对第三态度的倡导。

我并不以人类生活有什么好，而一定要中国人去做；我并不以人类文化有什么价值，而一定要中国人把他成就出来；我只是看着中国现在这样子的世界，而替中国人设想如此。我很晓得人类是无论如何不能得救的，除非他自己解破了根本二执——我执、法执。却是我没有法子教他从此而得救，除非我反对大家此刻的倡导。因为你此刻拿这个去倡导，他绝不领受。人类总是往前奔的，你扯他也扯不回来，非让他自己把生活的路走完，碰到第三问题的硬钉子上，他不死心的。并且他如果此刻领受，也一定什九是不很好的领受——动机不很好。此刻社会上归依佛教的人，其归依的动机很少是无可批评的，其大多数全都是私劣念头。借着人心理之弱点而收罗信徒简直成为彰明的事。最普通的是乘着世界不好的机会，引逗人出世思想；因人救死不赡，求生不得，而要他解脱生死；其下于此者，且不必说。这便是社会上许多恶劣宗教团体的活动也跟着佛教而并盛的一个缘故。再则，他此刻也绝不能领受。当此竞食的时代，除非生计有安顿的人，一般都是忙他的工作，要用工夫到这个，是事实所不能。他既绝不领受，又绝不能领受，又不会为好动机的领受，那么几个是从此而得救的呢？还有那许多人就是该死吗？既不能把人渡到彼岸，却白白害得他这边生活更糟乱，这是何苦？不但祸害人而且糟蹋佛教。佛教是要在生活美满而后才有他的动机，像这样求生不得，就来解脱生死，那么求生可得，就用他不着了。然在此刻倡导佛教，其结果大都是此一路，只是把佛教弄到鄙劣糊涂为止。我们非把人类送过这第二路生活的一关，不能使他从佛教而得救，不能使佛教得见其真，这是我的本意。

孔与佛恰好相反：一个是专谈现世生活，不谈现实生活以外的事；一个是专谈现世生活以外的事，不谈现世生活。这样，就致佛教在现代很没有多大活动的可能，在想把佛教抬出来活动的人，便不得不谋变更其原来面目。似乎记得太虚和尚在《海潮音》一文中要借着"人天乘"的一句话为题目，替佛教扩张他的范围到现世生活里来。又仿佛刘仁航和其他几位也都有类乎此的话头。而梁任公先生则因未曾认清佛教原来怎么一回事的缘故，就说出"禅宗可以称得起为世间的佛教应用的佛教"的话（见《欧游心影录》）。他并因此而总想着拿佛教到世间来应用，以如何可以把贵族气味的佛教改造成平民化，让大家人人都可以受用的问题，访问于我。其实这个改造是做不到的事，如果做到也必非复佛教。今年我在上海见着章太炎先生，就以这个问题探他的意见。他说，这恐怕很难；或者不立语言文字的禅宗可以普及到不识字的粗人，但普及后，还是不是佛教，就不敢说罢了。他还有一些话，论佛教在现时的宜否，但只有以上两句是可取的。总而言之，佛教是根本不能拉到现世来用的；若因为要拉他来用而改换他的本来面目，则又何苦如此糟蹋佛教？我反对佛教的倡导，并反对佛教的改造。

我提出的态度

于是我将说出我要提出的态度。我要提出的态度便是孔子之所谓"刚"。刚之一义也可以统括了孔子全部哲学，原很难于短时间说得清。但我们可以就我们所需说之一点，而以极浅之话表达他。大约"刚"就是里面力气极充实的一种活动。孔子说"吾未见刚者"。"刚"原是很难做到的。我们似乎不应当拿一个很难做到的态度提出给一般人；因为你要使这个态度普遍的为大家所循由，就只能非常粗浅，极其容易，不须加持循之力而不觉由之者，才得成功。但我此处所说的刚，实在兼括了艰深与浅易两极端而说。刚也是一路向，于此路向可以入的浅，可以入的深；所以他也可以是一非常粗浅极其简易的。我们自然以粗浅简易的示人，而导他于这方向，如他有高的可能那么也可自进于高。我今所要求的，不过是要大家往前动作，而此动作最好要发于直接的情感，而非出自欲望的计虑。孔子说："枨也欲，焉得刚。"大约欲和刚都像是很勇的往前活动：却是一则内里充实有力，而一则全是假的——不充实，假有力；一则其动为自内里发出，一则其动为向外逐去。孔子说的"刚毅木讷近仁"全露出一个人意志高强，情感充实的样子：这样人的动作大约便都是直接发于情感的。我们此刻无论为眼前急需的护持生命财产个人权利的安全而定乱入治，或促进未来世界文化之开辟而得合理生活，都非参取第一态度，大家奋往向前不可，但又如果不根本的把他含融到第二态度的人生里面，将不能防止他的危险，将不能避免他的错误，将不能适合于今世第一和第二路的过渡时代。我们最好是感觉着这局面的不可安而奋发，莫为要从前面有所取得而奔去。我在李超女士追悼会即已指给大家这个态度，说："要求自由，不是计算自由有多大好处便宜而要求，是感觉着不自由的不可安而要求的。"但须如此，即合了我所说刚的态度；刚的动只是真实的感发而已。我意不过提倡一种奋往向前的风气，而同时排斥那向外逐物的颓流。我在那篇里又说："那提倡欲望，虽然也能使人往前动作，但我不赞成。"现在还不外那一点意思。施今墨先生对我说的"只要动就好"，现在有识的人多能见到此，但我们将如何使人动？前些年大家的倡导，似乎都偏欲望的动，现今稍稍变其方向到情感的动这面来，但这只不过是随着社会运动而来的风气，和跟着罗素创造冲动占有冲动而来的滥调；并没有两面看清而知所拣择。所以杂乱分歧，含糊不明，见不出一点方向，更不及在根本上知所从事。这两年来种种运动，愈动而人愈疲顿，愈动而人愈厌苦，弄到此刻衰竭欲绝，谁也不高兴再动，谁也没有法子再动，都只为胡乱由外面引逗欲望，激励情感，为一时的兴奋，而内里实际人人所有只欲望派的人生念头，根本原就不弄得衰竭烦恼不止。动不是容易的，适宜的动更不是容易的。现在只有先根本启发一种人生，全超脱了个人的为我，物质的歆慕，处处的算账，有所为的而为，直从里面发出来活气——罗素所谓创造冲动——含融了向前的态度，随感而应，方有所谓情感的动作，情感的动作只能于此得之。只有这样向前的动作才真有力量，才继续有活气，不会沮丧，不生厌苦，并且从他自己的活动上得了他的乐趣。只有这样向前的动作可以弥补了中国人素来缺短，解救了中国人现在的痛苦，又避免了西洋的弊害，应付了世界的需要，完全适合我们从上以来研究三文化之所审度。这就是我所谓刚的态度，我所谓适宜的第二路人生。本来中国人从前就是走这条路，却是一向总偏阴柔坤静一边，近于老子，而不是孔子阳刚乾动的态度；若如孔子之刚的态度，便为适宜的第二路人生。

今日应再创讲学之风

明白的说，照我意思是要如宋明人那样再创讲学之风，以孔颜的人生为现在的青年解决他烦闷的人生问题，一个个替他开出一条路来去走。

一个人必确定了他的人生才得往前走动，多数人也是这样；只有昭苏了中国人的人生态度，才能把生机剥尽死气沉沉的中国人复活过来，从里面发出动作，才是真动。中国不复活则已，中国而复活，只能于此得之；这是独一无二的路。有人以清代学术比做中国的文艺复兴；其实文艺复兴的真意义在其人生态度的复兴，清学有什么中国人生态度复兴的可说？有人以五四而来的新文化运动为中国的文艺复兴；其实这新运动只是西洋化在中国的兴起，怎能算得中国的文艺复兴？若真中国的文艺复兴，应当是中国自己人生态度的复兴；那只有如我现在所说可以当得起。

蒋百里先生对我说，他觉得新思潮新风气并不难开，中国数十年来已经是一开再开，一个新的去，一个新的又来，来了很快地便已到处传播，却总是在笔头口头转来转去，一些名词变换变换，总没有什么实际干涉，真的影响出来，如果始终这样子，将永无办法；他的意思似乎需要一种似宗教非宗教象倭铿所倡的那种东西，把人引入真实生活上来才行。这话自是不错，其实用不着他求，只就再创讲学之风而已。现在只有踏实的奠定一种人生，才可以真吸收融取了科学和德谟克拉西两精神下的种种学术种种思潮而有个结果；否则，我敢说新文化是没有结果的。至于我心目中所谓讲学，自也有好多与从前不同处；最好不要成为少数人的高深学业，应当多致力于普及而不力求提高。我们可以把孔子的路放得极宽泛、极通常，简直去容纳不合孔子之点都不要紧。孔子有一句"极高明而道中庸"的话，我想拿来替我自己解释。我们只去领导大家走一种相当的态度而已；虽然遇到天分高的人不是浅薄东西所应付得了，然可以"极高明"而不可以"道高明"。我是先自己有一套思想再来看孔家诸经的，看了孔经，先有自己意见再来看宋明人书的，始终拿自己思想做主。由我看去，泰州王氏一路独可注意；黄梨洲所谓"其人多能赤手以搏龙蛇"，而东崖之门有许多樵夫、陶匠、田夫，似亦能化及平民者。但孔子的东西不是一种思想，而是一种生活。我于这种生活还隔膜，容我尝试得少分，再来说话。

世界的态度

其实我提出的这态度并不新鲜特别，巧妙稀罕，不过就是现在世界上人当此世界文化过渡时代所要持的态度。我所谓情感的动，不但于中国人为恰好，于世界上人也恰好，因为我本是就着大家将转上去的路指说出而已。

乡村建设理论（选录）[*]
（1937）

自　序

　　当我将中国问题认识清楚，并将它的前途想通了的时候，让我不能不叹息佩服许多过去的和现在的有识之士，他们没有多少凭藉而见事那样的确，真是聪明！随举眼前遇到的来说罢。那日看《世界日报》（二十六年一月某日）有《中日关系的透视》一文，其中引用素日研究中国社会的斯密斯博士（Arther Smith）说：**"中国如无外面力量而欲进行改革，正如要在大海中造船一样。"** 这是多么罕譬而喻呢！后一两千年的中国文化入于盘旋不进的状态，其自身永无从发生革命，完全从这句话给点透了。往日又曾见曾刚先生（纪泽）答友人书有云：**"世界日辟，其机自外国运之，其局当于中土结之，其效即不在今日，亦当见诸千百年后。"** 横的东西两世界，纵的千百年历史变化，一语论定无遗。距今五十年前能说这话，又是何等的远识卓见！像这一类的高明识见，我从各处遇着的还有，不过一时举不出来许多。

　　高明有识之士，是见到了；一般人还是见不到。像斯密斯的话，多数中国人大概都不懂得。像曾公的话，多数中国人更相信不及。天下事，明白的人自是明白，不明白的人总是不明白，这又不能不让我长叹息！在这里或者就用得着我这不算聪明也不算笨的人了吗？我没有将复杂问题一眼看透彻的聪明，但我有抓住问题不放手的研索力，就会有被

* 《乡村建设理论》（一名《中国民族之前途》）于1937年3月由山东邹平乡村书店出版，同年5月加印一次。1939年乡村书店在重庆曾重印，以1937年5月再版本为准。现选录"自序"、"引言"、"新社会组织构造之建立"，以及"人类社会建设应有的原则"，共四部分。

我弄通了的一天。从这困勉工夫也能将高明人见到的而我也见到了。这本书，就是困勉研索的结果，正好给高明人的话作注解；给不明白的人作桥梁。

前些日又见美国名著作家丕斐（Natheniel Peffer）到沪，在太平洋联会席上演讲"远东问题之局外观"，对中国前途似示惋惜又怀疑问。他说：

> 欧西人士，今日已深感到陷入旋涡，无法自拔之苦；而远东方面不引为前车之戒，反思效尤，其结果岂不将同出一辙乎？日本早已从乎欧西之后，今日更无选择之自由。乃中国年来所采取之途径，概括言之，也不过锐意发展物质建设与提倡民族主义两者。此殆由某种环境之影响，中国人士或认为非采此途径不可；然循此途径以往，将来所生之结果如何，实为一极端耐人寻思之问题也！（见二十六年一月十三日《申报》）

我于此有两层感想。一是像丕斐先生所惋惜而怀疑的，大概多数中国人（尤其是所谓有知识的人）都不能了解；他们在今日除了发展物质建设和提倡民族主义外，真是没有第二个念头。他们或者要反问丕斐：你不赞成我们这样干，你叫我们怎样干呢？又一感想是可惜丕斐先生没有读到我这本书，他读到也许疑闷之情为之豁然吧！丕斐先生的心境倒不是我很关切的事；我所关切的是怎样让多数中国人能了解丕斐先生对中国前途的惋惜之意。假令这意思得到多数中国人了解的话，那么，我的主张也将不难获得同情了。

这里面的见地和主张，萌芽于民国十一年，大半决定于十五年冬，而成熟于十七年；曾讲于广东地方警卫队编练委员会（题为乡治十讲），自十八年春欲将全盘意思写定成书，中间屡作屡辍，至今七八年未成。今天这本书，前一小部分是自己写定稿，后边大部分只是同学听讲笔录的一种删订，所以称"讲演录"。不过在政治问题、经济建设各段中颇有自己动笔之处，所以又不像讲时口气了。希望将来能通体写过一遍。今只为外间总不明白我的意思，先杂凑出版，以求教于各方，其中自己不惬意处是很多的。

二十六年二月十三日漱溟记。

总计在邹平六年间，前后讲此稿不下五次，末后在济宁也讲过一点大意；其时为余任笔录者有李澂、侯思恭、张汝钦、郝心静、王静如、李鼐、吕公器诸子。今附志于此，示不忘诸子之劳。

漱溟又记。

5

引　言

今天我们开始讲乡村建设理论。乡村建设理论在我一名《中国民族之前途》。因为这是我从对中国问题的烦闷而找出来的答案。民国十八年我由广东回到北方时，即开始写《中国民族之前途》一书，如大家所看见的《中国民族自救运动之最后觉悟》中的第二、第三、第四等篇都是。其后因到河南办村治学院，没有写完。到山东以后，在本院第一届研究部讲过一遍；其次序大致如下：

先拿别人所企望于中国的出路，指明他是走不通——先批评别人，痛切的指明中国此刻政治上、经济上都没有路走；第二步来分析中国问题，确实认识了中国到底是什么问题；然后提出我们的正面主张于第三步。在提出我们的主张时，又分三小段来讲：第一段是说如何解决中国眼前大局问题。大局问题指什么说？即指政权分裂或军阀问题。在这一段话里，说出如何才可以造成我们所需要的而又为我们所可能的政治环境。第二段是说我们所需要的政治环境造成后，如何来利用政权以推进中国的经济建设。在这一段里要紧的地方即如何促兴农业以引发工业。第三段是讲乡村组织问题。

我们所以定为这样的次序，是因为我们顶注意的在从乡村组织一个小小的端倪，慢慢萌芽生长而开展为一个大的社会组织。（在自述中曾说：我们旧日的社会已崩溃到最深处，故必从头作起。由此开展出来的社会，是一个全新的组织，为人类以前所无。）但这个生长开展，是要有待于事实；换言之，须有待于实际生活的进步开展——其主要的是经济上有进步。所以第三段乡村组织的培养，须有赖于第二段所说的经济问题之解决；而如何使经济进步，则又必靠第一段所说的有其适宜的政治环境。因此，第一段即讲解决大局问题，第二段讲促兴农业，第三段讲乡村组织。这是在研究部讲时的次序。后来在训练部所讲次序，又略有变更，与上次不同。现在讲的，大体上先分甲乙两部：

甲部　认识问题

乙部　解决问题

于乙部中分四段：先讲乡村组织，次讲政治问题，又次讲经济建设，末后讲我们所可成功的社会。

新社会组织构造之建立（选录）
——乡村组织

　　认识问题的话已讲完，下即讲如何解决问题——亦即如何建设新社会组织构造问题；不过我还有一段话想在这里说一说。

　　我有几位朋友，他们非常悲观叹息，尤其在这一两年，因时势不好，悲观叹息得更厉害。使他们悲观的地方：如，中国人的无耻，好像都没了生气，处处不要强，下流没出息，真是已经到了家！无论在朝的、在野的、青年人、老年人，国家命运到了这个地步，大家还是一样的没有心肝，——如党中的领袖还是不放松的闹意气，一般人之不管事，顽钝无耻，种种自私，都已到了极点！他们看了这种情形，真是让人悲观，所以他们说中国人是没有希望了！越看越不行了！按照此刻的中国事实，的确令人悲观；但是他们看着我不但不悲观，反倒乐观，于是就怪我太主观了，遂叫我：“在这样的情形下，一点希望都没有，然而你还是乐观，难道说你没有看见现在的事实吗？”我回答他们说：“不是中国民族到现在就真是快完了，没希望了，绝对不是如此。你所指出的各种情形，我都承认，可是这种情形是有他的由来。”这个由来有二：

　　一、即我常说的，中国文化到清代的时候，表面上顶光华，顶整齐文密，而内里精神顶空虚，顶糟；外面成了一个僵壳（指礼教），里头已经腐烂。试看代表中国精神的士人，至清朝已经腐败不堪，他们崇拜文昌帝君、关圣帝君，提倡读《太上感应篇》、《阴骘文》，袁了凡的《功过格》等等；这一套与中国古人的精神最是不相合的。因为他是将贪利与迷信合而为一，而中国古人最不贪利，最不迷信，所以正是相反。中国文化至此时期，内里既已枯烂腐败、空虚无主，所以西洋东西进来，一下子就慌了。西洋文化所以能使中国文化破坏到如此地步，就是这个缘故。假使西洋文化在前几百年——当明朝的时候到中国来，则必不致如刚才所说那样；至少恐怕要发生一个激烈的争论，乃至不断的争论，而同时或亦能采用西洋之长。然中国精神到清朝而败衰，亦是其历史必然的事。——这是第一个由来。

　　二、现在中国人之所以如此糟糕，是因为其中有一个大的矛盾。当中国感受西洋的刺激，而有一种精神上的兴奋，一种很高的理想（自由平等，社会主义），一个民族自救的要求，可算民族的向上自拔；所以此时许多维新家、革命家爱好真理，并具有一种伟大的愿力为民族社会牺牲。但不料，这种兴奋起来的劲，一方面固是向上，同时另一方面也含着一个向下（离开固有精神而倾向于西洋的粗野），我所谓矛盾即指此。中国人感受西洋的刺激，兴起了，不断的向上——从光绪年间变法维新起，直到现在的共产党，我们都谓之为民族振拔自救运动，都可说是一种兴奋，努力向上。但当他兴奋向上时又都含有向下在内，只是他自己不知道。这实在是因为他被引动于西洋精神，而西洋精神实在是比较粗浅的，对于中国精神之深厚处而说，就是往下了。**每一度的向上皆更一度引入向下去，继续不断的向上正即是继续不断的下降。**当他正在兴奋的时候看不出他的毛病，等到兴奋劲过去了，毛病完全露出来！据我们所看见的都是如此，除非为革命而牺牲，杀身成仁的先烈，自然看不出他后来的堕落。此其故即因当他正在兴奋向上时，已埋伏有向下的气势，只是血气旺盛不露而已。一旦血气衰，前后便成两截人。数十年来中国人几乎是不断的兴奋向上，且每一度的向上，都是更向上；而每一度的向上，亦含有更向下。开头受西洋刺激的人，当他兴奋而要如何如何的时候，他自己不知道他的方向已离开了中国人的根本精神，所以他可以把中国固有学术同维新论搀混在一块讲。如梁任公先生，他一面倡导新风气，同时又讲阳明学、佛学。到后来如陈独秀，倒是不搀混了，但离开中国固有精神更远。当其亢奋的时候，单从亢奋看似是向上；但自亢奋的开头，已离开了中国固有精神。离开固有精神就是向下。且非离开固有的精神亦不能亢奋；而越亢奋越向下，越向下越往赤裸裸不加修饰的向下里去，越往粗野里去，越是向一个不经批评拣择的西洋精神里去。中国自与西洋接触以来，受其刺激，引起了中国人不断的兴奋向上，而到今天中国人精神的衰败，正都由此而来。——这是第二个由来。

以上所说，亦算平列的两个来由，亦算前后相从的合成一个来由。聪明的中国人而倾慕粗浅的西洋精神，都为固有的好精神已在清代丧亡了的原故。我以前曾说，人只是这么一个可能，不是已经长成的东西，而是有待于向上努力的。可是如果一个人他自己没有认识这一点，没有一种自觉的向上努力，那末，尚没有什么问题；如果他曾经一度自觉的向上努力，现在再向下，劲一松懈则完全不行了。中国人从前于人生向上曾经讲到精义入神（讲诚讲敬），现在忽然不讲，把这个劲一松，立刻就完啦！试看现在的中国人，其为松懈、委靡、无出息、无办法，已到极处，都是一步一步引下来的，引到现在，已至最后。我们归结来说：中国每一度的向上，都反引入于向下，现在中国以如此弛散没有劲的原故，即在于此。所以我回答那几位悲观的朋友说：中国的弛散向下，是有来由的，即因将从前的劲（讲诚敬的工夫）弛散下来，所以就不行了。但天下事非到了底不易转弯，现在弛散向下已到了家，从今再往后即可转弯了。中国人向上奋进的劲并没有绝，只是此刻找不出一个向上亢进的新方向，致陷于沉闷状态中；现在虽是堕落弛散到了家，但不会止于此，我敢保再往下就慢慢转过来。否极则泰来，此刻正是否到极处，但是非如此真的生机不得出来。非彻底把假道德（礼教）无真力量而表面只剩躯壳的东西毁完再生新的不可。今后中国人向上兴奋的新方向，将不会再是一个矛盾的、混杂的、向上又含着向下的；以后再向上就是真的向上。这个新方向是什么？老实不客气的说：就是我们的乡村建设运动！乡村建设运动就是因为中国受了西洋的刺激，引起了向上；更因每度的向上而引入于向下，至此时已是无路可走，最后转出来的一个新方向。——他是旧的矛盾解决之后而来的新方向，从此扩充发展，开出新的生机，完全将中国社会复活起来！可是不经过那个向上而又向下的矛盾阶段也不行。譬如清末康梁学说盛行的时候，一切问题都含糊不清，到民国八九年新青年派就清楚一些，到共产党更清楚一些；就是因为当时对于中西文化的真正冲突处，尚不能辨别得清，所以不能产出一个解决之道。**非到真正尖锐化了，其矛盾相反很分明了**，才自然可以转过弯来，自然就可以从此找出来一个适当的解决。

从以上的话，可以让大家了解的，就是中国社会转变的路线就是要如此走法。如国民党中的领袖，当初革命时都值得我们佩服的，可是现在都已很没有出息。而现在之无出息，当初实已埋下了根，是大势使然，不能怪他个人。反过来说，将来的中国人也许越来越有出息，知耻要强，精神振奋；但这也是大势所趋，不关个人。

第一节　组织原理

甲　新组织即一新礼俗

以上所讲，都是指出中国问题让大家认识，以下当讲怎样解决问题，也就是要讲建设。所谓建设，不是建设旁的，是建设一个新的社会组织构造——**即建设新的礼俗**。为什么？因为我们过去的社会组织构造，是形著于社会礼俗，不形著于国家法律，中国的一切一切，都是用一种由社会演成的习俗，靠此习俗作为大家所走之路（就是秩序）。我常说：人类的生活必是社会生活，而社会生活又须靠有秩序，没有秩序则社会生活不能进行。西洋社会秩序的维持靠法律，中国过去社会秩序的维持多靠礼俗。不但过去如此，将来仍要如此。中国将来的新社会组织构造仍要靠礼俗形著而成，完全不是靠上面颁行法律。所以新礼俗的开发培养成功，即社会组织构造的开发培养成功。新组织构造、新礼俗，二者是一件东西。此其理前已说过，于此姑再分二点来说：

第一点：因为中国社会的崩溃，让中国几十年来乃至最近的未来，没法子建树起来国家权力；虽然从种种方面看，强大的国家权力在中国是个必要，但是建立国家权力的条件在中国完全没有，任何形式的国权都建立不起（其故前面已详）。国家权力既不能建立，则法律没有来源。我在从前讲《中国之地方自治问题》时曾说：中国的地方自治有四个特点与西洋不同，其中一点即说中国在最近的将来要有的地方自治不是西洋的地方自治，也可以说不叫地方自治。地方自治在中国不会有；因为须先有国家才有地方自治，地方自治是出于国家的许可，是从上演绎下来的东西，而此刻的中国把国家最低限度所应当作的事情都已作不到。所谓最低限度的事情就是：国家要一面挡住外来的侵扰，不许外人来杀人放火；一面在国内亦不许任何人杀人放火；不许家里各自以武力解决问题，一切问题必须依法律解决。而现在的中国则各地乡村自己要武装自卫，土匪打破了乡村，算土匪走运，乡村打退了土匪，算乡村走运，国家问不了许多，这算什么国家!? 各自以武力解决问题，此种事实完全证明没有国家。所以假定将来的中国乡村能走上自治之路，此自治亦必不是从国家法律系统演下来的，而是从下面往上长起来的，故不得叫做地方自治。——与近代国家中的地方自治，完全不同。这些话都是说明：假令中国社会将来开出一个新组织构造的路子来，一定不是从国家定一种制度所能成功的，而**是从社会自己试探着走路走出来的**，或者也可叫做一种教育家的社会运动，或也可说社会运动者走教育的路开出的新构造。大家听我说国家权力建立不起，或者要问：国权不建立，中国不能统一，还能有办法么？我的回答是：中国的转机在统一，中国亦将要统一；但统一与否不在国家权力之能否建立。此意大家或不明白，但事实是如此，中国将来的社会组织构造是礼俗而非法律——这是一个意思。

第二点：过去中国人比较是走理性的路，所以他拒绝不从理性来的那个办法。因为那个办法使他感觉痛苦，你强他去行，他简直不能受（此处说理性两字是**指一种自觉的思维的行为而言**）。必须是他自觉的，经过他思维的，领着他走这条路才行；不能强捏造他成功一个什么样子——俄国现在就是在捏造的，用一种大力量强弄成那个样子。不是经多数人自觉思维而来的；将来中国不能如此。其故还是那个意思：须有强力才能硬造，你要捏造中国人，总得要有一个捏造者，而在中国没有这个东西；所以天然要走教育的路，也就是要走理性的路，与强力恰相反。再明白一点说：从教育启发他自觉而组织合作社，而形成其自治团体。我们常听人说：丹麦的合作社在世界上最有名，可是你若到丹麦去考察的时候，你却搬不回来什么东西，因为它并没有许多条文章程。它的一切一切，多半不形著于条文章程，而形著于习惯礼俗。我想丹麦合作社之所以好，正在于此。它是完全靠人的习惯，条文就在丹麦人的身上，没写在纸上，大体上中国人也须如此。中国将来的新社会组织构造成功，虽然也要有法律制度，可是法律制度产生必在礼俗已形著之后。

乙　中西具体事实之沟通调和

我们讲新的建设，就是建设新礼俗。那末，所谓新礼俗是什么？就是中国固有精神与西洋文化的长处，二者为具体事实的沟通调和（完全沟通调和成一事实，事实出现我们叫他新礼俗），不只是理论上的沟通，而要紧的是从根本上调和沟通成一个事实。此沟通调和之点有了，中国问题乃可解决。现在中国问题所以不好解决，就是因为这个问题已经到了深微处——中西人生精神的矛盾，找不出一个妥帖点，大家只在皮毛上用力，完全不相干！所以我们必须从此根本矛盾处求其沟通调和，才是真的解决。从根本矛盾求得沟通调和之点，把头绪找清楚了，然后才有用力处；如果用不上力量，则你建设也是白建设！再找补一句，当中国精神与西洋长处二者调和的事实有了时，就是一个新社会的实现，也是人类的一个新生活。新社会、新生活、新礼俗、新组织构造，都是一回事，只是名词不同而已。

中西精神具体的融合，如何融合法？其实这个法子，不等我们来找，人类历史走到今天，已让中西两方面渐往融合里去。

第一层：因为中国人与西洋人同是人类，同具理性；所以彼此之间，到底说得通——我们的理他们承认，他们的理我们也承认。人与人本来是说得通的；所以说不通的，实在还是习惯的问题。从人类的理性上说，是可以说得通的；不过照心理学家的见解，认为：一个人都是某一个地方、某一个社会或某一个家庭的人，不承认有一个空洞的抽象的人；而认为凡人都是染了色的，他有他的一团习惯，有他的由刺激而反应成功的一个系统，没有一种是白白的人。因此所以虽然在理性上是可以说得通的，而因其各人所受的刺激以养成的习惯不同，于是就说不通了。我是中国人，他是英国人，二人就有讲不通的地方了。但是人类历史走到现在，情境变迁，已经渐往接近里去。这还是因为他同是人类，所以到底有接近的可能。

第二层：因为事实的变迁让他到融合里去。假使中国与西洋在事实上都无变化，恐怕是要你不承认我的道理，我也不承认你的道理。可是现在两方面的事实都在变化，因为事实的变迁，促成中西的融合。这个融合，是从事实的变迁、事实的必要而来的。所谓变迁必要何指呢？可用两句话去说：一是关于我们这方面，从事实上促逼我们要有一个团体组织；一是关于西洋那方面，也是事实上促逼他们的团体组织之道要变。简言之：就是我们要往组织里去，他们的组织之道要变。有这两方的缘故，所以事实上将要一天天地接近。从现在看，虽只是意识上的一天天的接近，而具体融合的事实尚未出现，但是为期已经不远。就在中国旧社会组织构造崩溃之后，所要有的未来的中国新社会，将不期然而然是一个中西具体的融合，人安排都不能安排得如此之巧，几乎是一条条一点点统统融合了。底下先从我们这方面讲：

眼前的事实问题，就是让中国人必须有一个团体组织。这个必要，不必多讲，很明显的，中国人居现在的世界，如不往团体组织里去，将无以自存，事实上逼着我们往组织里去，向西方转。底下要问：我们的新方向是往团体组织去，是往西方转，但是会不会转的与我们旧的精神不合了呢？大体上说不致如此，没有什么冲突不合——中国人虽然缺乏团体组织，并非反对团体组织，所以大体上说没有冲突的必然性。可是也有几点问题：

第一问题：中国人的精神，虽非与团体组织成正面冲突，仅仅是缺乏，并不相刺谬；可是大家如果善自体会中国人的精神的时候，就可知道中国人是不好分疆界的，不分彼此的。西洋人则不然，欧洲只有那末多的人，就分成许多国家，每一国中且有许多疆界。假定有四万万中国人，四万万西洋人，那末，四万万中国人所分成的疆界，一定比西洋人所分成的疆界少得多。前天同丹麦教育家马列克先生还讨论到这个问题，他也感觉到西洋人疆界分得太严。我曾深切地说过：中国人的自私，正因其太公，正因其没有较大范围的团体，所以绝培养不出他的公共观念。而西洋人的公共观念，就是他大范围的私！于此我再引罗素的语为证，他说：

> 由华盛顿会议之结果观之，远东问题欲得一乐观答复，较前更形困难，而国家主义、军国主义苟不大发达于中国，中国能否独立？此问题也，尤难答复。余不愿提倡国家主义、军国主义。但爱国之中国人苟以不提倡何以图存为问，恐无辞以对。……
>
> 余于本书，屡次说明中国人有较吾人高尚之处；苟在此处，以保存国家独立之故，而降级至吾人之程度，则为彼计，为吾人计，皆非得策。

在罗素很不愿意中国人降级至西洋的程度，他的意思就是说：中国人是很宽宏不好分疆界的，原来是不狭隘的，如果为谋国家独立而将此高尚处失掉，走入狭隘的国家主义、军国主义里去，在他认为是失计。

刚才所谓还有一点小问题的，就是此意：中国人往团体组织里去，虽然大体上与固有精神不刺谬，但是，是不是将会划分界限，走入狭隘的国家主义、军国主义里去呢？果然如此，又是不是与中国人的旧精神冲突呢？这个问题很细，有待考虑。照我的看法，大概不成问题。为什么？因为西洋人的团体组织是从不自觉来的，他的宗教集团、他的国家都是不自觉的；而中国人现在要组织团体，**天然的要从自觉来**。人类自有史以来，尚没有从自觉而来的国家，即如西洋的契约说等等仍属空话。可是中国此刻将是自觉的求组织，自觉的往团体组织里去。——每一个团体都是有所合，而另一面必有所分（有疆界），有分有合才算团体。西洋的团体，好像从先有所分后有所合而来；中国将来的团体，将是先有所合后有所分。譬如我们的村学、乡学、合作社等，都是一个团体组织，都是**合先于分，以合为主，因有所合乃有所分**。这里一个村学，那里一个村学，各人办各人的事情，彼此之间好像分了；但是意不在分，而正因要有所合，才不得不有所分。西洋好像因为有所分，所以才合得更密切，合得密切，分得更清楚。我们将来要有的组织，是以合为主，所以不但没有排外性，并且有一个联合开展的要求，要继续扩大这个团体与外头联络（如由合作社而扩大更有合作社联合会等等）；并不是狭隘的划分为此疆彼界，彼此对抗；所以**恰好不是一个排外的路**。因此，虽然往团体组织里去，也不致与我们固有精神不合，不致有失掉固有精神之虑，这是很巧的事情。其所以巧者，就是因为中国的这个合，不是一上来就是一个国家；中国要往组织里去的苗芽，眼前最显明最有力的，就是合作社的趋势。中国将来有的团体组织是合作社，不是国家。国家那样的团体，在中国不能一上来就有；如果要有，那就是走往狭隘的路上去。中国恰好不是那样，而是许多散漫农民的逗合。这个逗合是出于彼此互相的要求，仿佛是从里头来的，不是从外头来的，因为如此，所以不致有如罗素所虑的文化降级，决不会降级。

第二问题：这个问题很大！我们往团体组织里去，是事实的必要，已无可疑。更且这个团体，分子将是自动的，将是多数分子占主位，不是被动的。中国旧日的国家，也可以算是一个团体，不过是一个不进步的团体组织，其内部的分子，多是被动的。而进步的团体组织，内部的多数分子是主动的（所谓团体分子是主动而非被动，即民治主义的精神）。我们现在是要有一个进步的团体组织。不过，虽然大家都承认这条路子，但是这条路子是不是与我们旧日的精神冲突呢？大体上说没有冲突。我们以前只是缺乏这个（自动），没有作到这一步，现在应赶紧补上这个缺乏，这并不与我们固有精神根本冲突（在大体上说，仿佛想不起来有什么冲突）。但是就是没有冲突了吗？还有冲突！这个冲突是什么呢？就是中国过去的尚贤尊师精神与主动自动之意不合。中国于群的生活中，随处都很容易见出这种"尚贤尊师"的精神。从这种精神发挥去，将是少数人领导多数人，支配多数人，然则如此多数人就是被动了！刚才是说中国没有作到自动的这一步，可是现在又看出中国原来就是主张多数要听少数人的话，此即与多数自动之意相冲突矣。再看中国从来政治上都是政教合一，政教合一又与民治主义冲突。从政教合一则尚贤尊师；于此可见中国从来是相信人治主义者。而人治与法治是冲突的。政教合与政教分关系于民治者很不相同：政教分，民治才有可能；政教合则民治不可能。所以然的，就是：如果政教分则团体只是为大家办事的，举凡关于团体的事情，都是大家伙出主意，由多数表决来办。辟如成一个饭团，这是大家的事情，自然需要大家出主意，大家商量，其办法须由多数表决。假使有五十人，每人算一分子，表决时有二十六人愿意某一种办法，其余的就要服从多数。这个团体意思的决定，就是法，就是秩序。法、秩序，是由大家决定的。看政为事，就要如此。再明白的说：如果把人生看成就是在满足欲望，把政看成就是为满足大家的欲望，就要如此。但如果把人生看成是向上的，不看重生活，而另有其所重之处；换句话说，在人生向上里包括了生活问题，那就大不然了，——就将要走到另外一个方向，将要看重如何为更合理，每一个人在他向上的意思里，将要不断的求教于人，将要尊师。——因为智愚、贤不肖在人群里天然是有的；且从人生向上的意思来说，都应当把自己看做不如别人，必须时时求教于人，此时天然的就要走入少数领导的路，而非多数表决的路。

在民治精神的团体里，有两个要点：一是公民参与政治的权，一是个人的自由权。这就是说：关于公共的事情，由大家作主；关于个人的事情，自己作主，谁也管不着。这个道理很简单，很通！我们现在要讨论的是大家作主的一点（自由权另讲），且更是从大家作主之意推出来的开会议取决多数的一点。这一点又与中国固有精神有冲突。中国的精神有两点长处：一是伦理，一是人生向上；人生向上即与取决多数冲突！我们再举办饭团为例：饭团是一个解决吃饭问题的团体，吃饭是件事情，故可取决多数。但若另外有一个团体，是为研究学问而组织的，或者像古人彼此切磋砥砺人格向上的一个讲学团体，则不能采取会议的办法。因为学理的对否是不能取决多数的，人格也不能以多数人为准；这种团体天然的要尊师，要以贤智为尚。中国人的精神，现在已经失去很多，大家都非常看重事情，看重生活，很少看重人生向上，所以一开口就说经济重要；古时的中国人不是这样。所谓"食无求饱，居无求安，敏于事而慎于言，就有道而正焉"，他是把人生向上之意放在头里，把事情放在后边。现在的中国人如果不能恢复此人生向上的精神，则永远没办法；可是从这个精神，天然的不能走刚才我们所举办饭团的路子，必然是以教统政，以人生向上包含了生活。既要人生向上，就不能走开会议取决多数的路子，必须要政教合一，而政教合一则民治不可能。因为民治本来就是法治，政教合一恰好是破坏法治，必然要走人治的路。人治与法治不同，在法治中，法是高于一切，因为法就是团体的一个公共决定，而任何人都不能大过团体，所以谁也不能高于法，个人都在法的下边。——以法治国与从前旧的专制国家比较：法治国是以法为最高最重，可以说有法律而无命令，也可以说命令是从法律来的；从前旧的国家，是只有命令而无法律，也可以说法律是从命令来的，只是一二人在上边发命令；差不多可以如此看法。但是如果走政教合一的路，则须尊尚贤智，势将使命令在上，一切事情都取决于他一个人，听他一个人的话：此则为命令而非法律，所以人治与法治二者为不相容。不相容将如何？我们还是人治乎？法治乎？民治主义乎？政教合一乎？

取民治则牺牲政教合一，取政教合一则牺牲民治，二者好像绝难调和
了。但天下事都是如此之巧，不同的到底还要调和。这个也并非我的发
明，实是最近西洋事实上的变迁，给我们一个暗示，让我们找出来这一
个调和之点。所谓西洋事实的变迁何所指？譬如刚才说民治的国家都是
法治，以法为最高，命令必须根据法律，这是西洋近代的事实，与古代
不同；可是这个问题，在西洋到最近又有了变迁。大家可看武汉大学出
版的《社会科学季刊》一卷二期中《法律与命令》一文，为王世杰先生
所写；这篇文章的大意是说西洋法治已经动摇，慢慢的将要以命令代替
法律，立法机关的立法权限，慢慢的要缩减。这个问题与我们下边所要
讲的有关系；——我并不是引此以为根据，只是想让大家对于西洋事实
的变迁能格外明了耳。今撮引其要，以征见一二：

> 自十七八世纪洛克、孟德斯鸠诸人倡国权分化之说以后，立法
> 权必须与行政机关分离，久成一般立宪国家共认之原则。然细审晚
> 近趋势，列国行政机关之权力则又日渐扩充。立法职务又多移转于
> 行政机关。这种现象并不限于行政机关素占优越地位之若干国家；
> 即在议会权威素称最高之英国，与国权分化素称最严之美国，亦显
> 然露此趋势。行政的立法（Administrative Legislation）遂成为新
> 近学术著作上习见之名词。这实在是近今政象上一种重要的变迁，
> 值得一般公法学者之特殊注意与研究。……

> 就我们观察所及，新近的变迁最显著而且值得我们注意的，为
> 以下三种变迁：

> 第一，委任立法之范围扩大。这种现象是一般国家的趋势。在
> 苏俄及法西斯蒂意大利等国，这是尽人皆见的现象，可以存而不
> 论；姑仅就英、美、法、德诸国晚近的事例言之。

> 委任立法虽然夙为英国法制之所许。但英国议会所制定的法
> 律，在夙日大都内容极其详尽，因之委任立法之事究属有限。但近
> 数十年来，委任立法之趋势逐渐发展，未尝停辍；欧战期内，英国
> 议会于其所颁布之《国家防卫法》（The Defense of the Realm Act）
> 中，固然会以极广泛之命令立法权畀予行政机关，即欧战即终以
> 后，委任立法之制亦迄未露衰弱之势。近年以来，英国行政机关以
> 命令（枢密院令 Orders in Council，或部令，或其它命令。）补充
> 法律之权，几乎可以说是逐年扩张。……因此，安伦氏说，命令立
> 法在英国已经成了一般立法方式！

美国联邦议会于战事终结后，亦不断的以极重要事项的补充立法权（例如变更海关税率之立法权）委诸行政机关。

法国行政机关的命令立法权，向来即甚广阔，已如前述。欧战终结以后，法国议会因事实上之压迫，对于经济或财政事项，尤往往以极广泛之补充立法权授诸行政机关。

然而欧战终结以后，德国行政机关委任立法权之扩张，较诸以上三国，尤为显著。按照一九一九年八月十一日德国新宪法，德国行政机关颁布补充立法之命令，殆必须基于法律明文之委任，盖与英国政制相似。可是德国议会，近十年来，因受国内国外之种种压迫，遂往往将十分广泛漫无范围之立法权以法律明文委诸行政机关。这种授权于行政机关之法律，德人称之为授权法（Ermachtigungsgesetz），在欧战期内已有其例；欧战既终，此种授权法复层见叠出，迄今未已。……第二，法律与命令之效力混同。补充法律的命令，甚至独立命令，不得与法律抵触，不得变更或废止法律；法律则可变更或废止命令，可使一切与法律相抵触之命令失其效力。这是立宪诸国历来共守之原则，前已述及，可是就新近事例言，这种原则，往往全被破坏。这是使许多法律学者与法院法官共同致慨的一种变迁。这种事例，即在法治程度素高之英、法等国，亦层见叠出，故极堪注意。

第三，紧急命令制之流行。紧急命令制度，在欧战以前，仅行于议会权威比较低微，或法治基础比较薄弱的国家。欧战以后，仿行这种制度的国家，却不限于这种国家。以下姑举英、德两国以为例。

英国行政机关，遇着紧急事故，向来并无颁布所谓紧急命令之权。但自一九二〇年英国议会制定一种《紧急权限法》（The Emergency Powers Act）以后，紧急命令制却已变形的流入英国。……所以有些人说，《紧急权限法》，在英国全部法律中，是一种畸形的法律；即在两三百年前，一般英国人亦必共认这种制度为一种不堪容忍的专制政体。可是数年前，英国政府通用此法以应付总罢工的风潮，一般人似乎觉得很满意。

在欧战以前，紧急命令制，虽然久已为德意志诸邦之邦宪所采纳，一八七一年之德意志帝国宪法却未采纳此制；因之在该宪存在之全期间内（一八七一——一九一八），德意志帝国政府并未尝颁布紧急命令。但欧战终结以后，一九一九年《德意志共和国新宪法》

第四十八条却设有下列的条款："凡遇国家之公共安全及秩序发生重大危难时，总统得径行采取必要之方略，以恢复公共安全与秩序，于必要时并得使用武力。为达此项目的，总统并得将宪法上第一一四、一一五、一一七、一一八、一二三、一二四及一五三诸条所列举之人民基本权利，暂时停止。总统应将根据本条第一款或第二款所采用之方略及早通知众议院。此种方略，如经众议院要求废止，应即废止。"据当时造法者之意及德国学者之解释，以上条款就是承认总统得于紧急时期，颁布紧急命令。在欧战以前，采用紧急命令制度的国家，尚只承认紧急命令得以变更法律；以上所述条款，并且承认紧急命令可以变更宪法了。近十年来，德国行政机关因为有此大权，遂获应付许多危难局势；其所颁布之紧急命令为数甚众：据蒲哲（Poetzsch）氏之统计，自一九一九年八月德宪颁布之日起，迄一九二五年正月止，这种命令已有一三五件之多。有时候，德国总统因无法使议会通过一种授权法，授以特殊立法权，便即根据上述第四十八条之规定，径以紧急命令应付危难情势。

以上所述是新近的几种重大变迁，从这种变迁，我们可以看出列国行政机关命令立法权扩张之程度。

我们再看意大利、土耳其等国，都为最近有名独裁的国家；这种独裁的风气，是欧战后政治上很盛行的一种新风气。在欧战后许多新兴国家都是行独裁制的。我曾经看到某一个杂志上有一篇文章，引了英国文豪萧伯纳的一段话，大意说："在欧战后发生了一个很大的变化，这个变化就是全欧洲的人民有三〇二，八六八，六九七人是在一种民治国家里，又有二五七，三〇三，九五二人已转入独裁制的国家里去。"这句话是萧氏什么时候说的，我也没有考查；这个数目，亦不足为据；不过这也很可以为反对民治法治者的口实，并为人治主义张目。但是我们并不以此为根据。我们不承认这种新的独裁制是一种常态，只承认他是因一时事实上的需要，或说是因一时的情势所演成的这么一个局面，并不能当作是一个否定民治主义的理论；这种一时情势的变化，只是与我们所要讲的有关系而已。我们的真根据是以下的话：

我们要知道，人类社会往前去，因生活方法的进步，事实上让我们的关系越来越密切，许多事情渐次归入团体去作；如从前政府所不问的事，现在则由市政府、县政府或地方团体去办。团体对个人生活的干涉，越来越到细微处，个人越不得随便；这是一个趋势。同时又有一个趋势，因科学的进步，每一条事情都渐成为一种科学，任何事情都放在专门学术里去，所以任何事情的处理都须靠专门技术才行。这两种趋势相联，结果就有了所谓学者立法、专家立法、技术行政、专家政治等名词。这个就是说，许多问题都已渐渐专门化，将不让从各地来的议员去讨论问题，去修正法条了；因为他们不是专家，若任其随便讨论，则势必大糟，所以必须有尊重学者，尊重专家的意思。由立法专门化，移到行政上去，就又有所谓技术行政。以前的行政是靠权力，政府以权力指挥大家，监督大家；现在的行政，主要的则是靠技术，非以军警强力去办。所以与其谓行政为权力，毋宁说是技术。因为政治上的这一种变迁——尊重学者，尊重专家，不取决多数，事实上即是西洋人不能不崇尚智者（即特别有学问的人）。这一点很与我们接近，很值得我们注意。这一个趋势，给我们一个暗示——就是要崇尚贤者。在西洋科学发达的结果，遂让它政治上开出来一个新的方向，即：团体事情的处理要听智者的话，受智者的指导。中国与西洋不同：中国的科学不发达，可是它有一种对于人生向上，对于道德的要求；从这种要求出发，则要尚贤。中国不能有团体组织则已；如果有团体组织，那末，这个尚贤的风气仍要恢复，事情的处理，一定要听从贤者的话。本来贤者就是智者，如果尊重智者，在团体中受智者的领导是可行得通的；则尊重贤者，在团体中受贤者的领导也是可以行得通的。**尚贤尚智根本是一个理，都是因为多数未必就对。**（这句话要紧，西洋尊重智者的政治即从此开出来的。）取决多数只是一个省事的办法；譬如在开会的时候，大家争辩不休，老不得结果，遂不得不取表决的方式，以取决于多数。但若以多数的那一面就算对，谁也不敢说这个话，不过大家所赞成的事情容易行得通而已。可是人类是一个理性的动物，其最后的要求，是要求科学上的真、道德上的善；人类的理性一天天的开发，他这个要求也越来越强，所以不十分合理性的方法他就不要。综之，所谓事实上的变迁，就是两边一齐来：我们因为事实上的必要，要往团体组织里去；西洋人因为事实上的必要，其团体组织之道也转变而渐与我们接近。所以说二者有一个融合点。——我们将来所要成功的团体组织，也正是西洋将要变出来的一个团体组织。这一个团体，虽不必取决多数，可是并不违背多数；**它正是一个民治精神的进步，而不是民治精神的取消。**

我们刚才说，欧战后西洋各国独裁制之盛行。是一时情势之变，不足为我们的根据。但是有一点是值得我们注意的，这一点就是：现在这些新开出来的独裁国家，与以前的专制独裁不同。我们分三点来说：

第一点：过去的君主专制、贵族专制，都不是这么回事。试看现在的意大利、土耳其、德意志等国，他们虽然是独裁制，但也有议会，并且他们的议会虽然与其它各国的议会不同，然而并不是虚摆着的，都是有作用的；墨索里尼若不成立一个议会，则他的一套政治将无从运用。

第二点：他们的政治都是靠一个党，靠党徒，这是很可注意的。

第三点：他们党中的领袖，墨索里尼等，真有超人的智慧与特殊的人格。

这三点都与我们所要讲的有关。从他们有议会一点来看，他虽然是少数领袖作主，仿佛与民治不同；但是他那个国家里边的多数人仍算是主动的，并不是纯粹被动。不但不能说他是抹煞多数，不顾多数，且毋宁说他还是以多数人作后盾；其表现在他那个党上的情形，更容易见出此意。——成功一个领袖，都是被多数人所拥戴，以其多数党徒为后盾的。再就第二点来看，党这个东西，是西洋玩艺，虽与中国不合，但是尊崇党魁也与中国人的尊师很相像。其党魁的言教大过一切，这也就是尊贤尊智的意思。因为一个党的成功，其主张理论，常常是他一个人（党魁）创造出来的；虽然有其事实背景，他个人不能凭空创造，但无论如何是他的智慧超越众人，眼光超过众人，才能识透事实，先说这个话。从他开头倡出一种主义，而演成了一个党，那末，这个党中的分子当然要尊重他，多数人要听他的话，决不能倒过来反让党魁去服从多数。这个时候虽然是多数听党魁一个人的话，受党魁一人的领导，好像是多数被动了；但是因为他了解党魁的主张，愿意听从党魁的话，多数愿意这样干。他自己愿意，你能说他是被动吗？再就第三点来看：其党魁的人格，都是很特别的；如墨索里尼等，真是了不得的人物，为众所敬仰，多数人自己愿意听从他的话。这些话我们并不是以欧战后一时凑成的独裁政治的局面借作对民治否定的根据，而是说人治有道理；我们是从其中找出可注意的几点，这几点给我们一个暗示，暗示给我们：**仿佛是在一个团体中，少数贤智之士的领导与多数人的主动二者可以调和，并不冲突，如能运用得越好的时候，越可以同时并有，完全不冲突。**"少数人领导就是众多人被动"，不必有此结论。

大家听我说话的时候，就可知道我不喜说"民治"两字，总爱说"在一团体中，多数分子对于团体生活应作有力参加"一句话。这句话很费过斟酌，不是随便说的。团体中的多数分子对团体事情能把力气用进去，能用心思智慧去想就好。因他用心，他将更能接受高明人的领导。要紧的一点就是要看团体中多数分子是不是能用心思去想，能作有力的参加；如不然，则为机械的、被动的。如能用心思，则虽是听从少数人的领导，而仍为主动、自动。此点关系很大，许多人于此不能认清，所以往往将主动、被动之分弄错！以上的话如果能通，那末，我们就将要有一个新的政治，新的途径方向出来；这个新的政治，一方面是民治，一方面非法治。照例说是民治必是法治，但是这个新的政治不是如此，在法治中本以法为最高，因法是一个团体中多数份子的公共意思决定下来的，个人谁也不能高过团体，只能根据法可以出命令，决不能以少数人的意思去发号施令而代替了法。如果命令大过了法律，那就是人治而非法治。所以法治与人治是冲突的，人治与民治也仿佛是不相容的；不过现在我们是给他调和了。这个调和，我名之为："人治的多数政治"，或"多数政治的人治"。政治上的分别，不外多数政治与少数政治，我们现在的这种尊尚贤智，多数人受其领导的政治，自一方面看，的的确确是多数政治，因多数是主动，而非被动；但同时又是人治而非法治，因不以死板的法为最高，而以活的高明的人为最高。本来在政治里头法之所以为最高，因为他是大家所同意承认的东西，是团体意思的表示；譬如国家的宪法所以为最高者，由于其为人所公认，所同意。法既可因大家承认同意为最高，那末，一个人也未尝不可因大家承认同意而为最高。大家都同意承认这一个人，因而此人取得最高地位，这也像法之被大家同意承认而得为最高者一样！这个话如若能通，这种政治就可叫做"多数政治的人治"，或"人治的多数政治"。而同时又是顶合中国人精神，顶合古人理想的一种政治。——中国古来的儒家，他有一个最浓厚显著的倾向，就是反对武力；如《孟子》上所说："以力服人者非心服也，力不赡也；以德服人者，中心悦而诚服也。""取之而燕民悦，则取之；……取之而燕民不悦，则勿取；……"都是表示反对武力的意思。他以为如果大家佩服你，你就可以为君，为君不在有武力而在以多数人的意思为从违；多数人的意思集中在一个人的身上，其人即可为君。又如："导之以政，齐之以刑，民免而无耻；导之以德，齐之以礼，有耻且格；"是即反对刑法之意。反对刑法与反对武力是一致的，古之儒家，他承认只有作师的人，才可以作君。如果上边所说的话可通，那末，这种政治既最合于中国古人的理想，又不违背民治精神，实是再好不过。并且不但不违背民治精神，且是民治主义的进步；民治的进步，将要离开了法治而为人治。我常说：团体分子对团体生活要为有力参加，可是我只说到参加，并没有说要多数表决，这个"有力参加"最好，可以把民治的意思包括进去，而不必一定是多数表决。

以上是讲团体中多数主动与中国精神冲突与否的问题，我们已经得到了二者的调和；不过此意还没讲完，还有一点意思是很细微的。（但顶细微处就是顶重大处，天下事往往如此。）那一点呢？就是：西洋政治里有所谓公民权；这个公民权的意思，与中国固有精神有点冲突。根本上"权利"与"权力"两个名词，在中国固有精神上都不合适。中国固有精神是伦理精神，在伦理精神上是不许人说"我有什么权利"的，这种话在中国古人是说不出来的。事实上与西洋或不一定不同，可是话需要调转来说，譬如说在西洋个人有选举权，那末国家就有给我选举权的义务；更如现在更进步的国家，人人都有受教育的权利，国家即负有教育人人的义务；我对团体，团体对我，彼此两方，如果说我有这种权利，那也就是说对方于我有这种义务。这个地方与中国人不合。为甚不合？就是在中国应当是掉转来说才对，应当说：**权利是对方给的，不是自己主张的；义务是自己认识的，不是对方课给的。**譬如选举，在我应自认为对国家这是一种义务，而不是权利；国家则从其尊重我之意，而应给我选举权。在西洋最初讲的时候，总喜欢说选举是个人照例应当有的权利，可是后来就有了另外的一种看法，一种解释，说选举是社会的一种职务（近似义务的意思），是个人对国家社会应当做的；这一翻过来就大大不同了。如说选举是权利，则个人行使此权与否，可一听己意；如果将选举解释为应尽的义务，那末，国家就可以强制投票——西洋许多国现在就有强制投票的事。不谈权利，而尚谈义务，此西洋最新风气，与我们的意思，有点相近。我曾经说过：如果发挥义务的观念，是让人合的，发挥权利观念，是让人分的。伦理关系顶清楚顶明显的就是义务关系；发挥义务的观念，很可以促散漫的中国人往合里去，且与伦理之意相合。但其义务不从自己认识，而由对方强制，还不合中国道理。按中国道理，从分子说是个人对团体应尽的义务，从团体说是团体应给个人的权利；西洋则是掉过来说，个人既认为是自己的权利便非要不可，团体若视为是分子应尽的义务，便要强制投票。中西二者恰好相反。其故即因：一个是从自己出发，一个是从对方出发；从自己出发，统统不对。事情是一个事情，但是话要看谁说，一句话反过来说的时候，其意味很不一样；我说是一种意味，你说又是一种意味。中西之所以不同，其分别点就是西洋人是自己本位，以自己作中心；中国则恰好掉过来以对方为重，话都是从对方来的，道理是从那里（非这里）讲的。在很多地方也可以看出西洋人是处处以自己作中心；譬如西洋人请客的时候，自己坐在中间，客人反坐在他的两边，中国则与此不同；要让客人坐在上座，自己在下做陪。这完全是两个味道。西洋人是主张自己的权利，中国人则看权利是对方给的。西洋人之所以争，即因他是从自己出发，中国人则是以对方为重，老是不许自己说话，开腔便要从义务上出发——这一点应当注意！所谓义利之辨，也就是这个意思：从义来说话，则是我对你该当如何如何，从利来说，则是你对我该当如何如何。在西洋最近新的看法，认选举一面是公民权，一面是社会职务，或者说，一面是权利，一面是义务；这个话就比较通了。如果把话再能说得活动一下，权利不从自己说，义务不从对方说，就可与我们完全相合。

照刚才的说法，我们的新组织一面与我们固有精神完全相合不冲突，而同时对于西洋近代团体组织的长处也完全容纳没有一点缺漏。不过我们现在所讲，仅为大意，为原理，还未详细具体的讲；详细具体的讲，则可见出此新组织不但理论可通，也且为中国眼前事实的必要，——此事实的必要，我们要留在讲"乡村组织"时才好讲。大家如果留心看《村学乡学须知》就可看出在村学乡学的团体里，每一个分子都为有力的参加。所谓"须知"，就是说应当认识各自的义务；尽其义务，对团体生活为有力的参加，完全是义务论，伦理观。这个问题已算讲完。跟着要于此处说一说平等问题。

为什么在这里接着讨论平等问题呢？因为按中国人的道理：一面是非常承认平等的道理；而同时中国人的道理又非常看重等差之义。这个等差之义为什么要在此地说呢？因为刚才我们是讲到多数主动而非被动，又转出政教合一、贤智领导的意思，所谓平等与等差之义与此有关，所以我们藉着这个机会来讨论平等与等差之意的问题。

按中国人的道理，大家在团体中的地位应当一律平等；可是有两个天然不可少的等差；一种是从看重理性、尊尚贤智而来的等差，一种是从尊敬亲长而来的等差。——在中国的"礼"里边，很表现等差的意思。其所从来：一即因为看重理性，也可以说是从人生向上来的，从人生向上发挥去，必然要有等差；一即从尊敬亲长之义推论，而有长幼之序。子女对父母固然是天然的要尊敬，幼小对长老的尊敬也是人情之自然。在中国的礼中这两种等差是很自然的、不可磨灭的、天然要有的，与平等并不冲突。中国没有宗教，所以最少锢蔽，没有偏见。结果能让中国人最通达，不固执；既为通达，故能承认平等，相信人应当平等。反之，在宗教势力最大的社会里，其阶级等差也最多；如印度人最信宗教，其人民间阶级等差之多，据人统计，简单说也有八十几种。中国人则虽然有由尊亲长、尚贤智而来的等差，但与平等并不冲突，因为他心里最通达，故仍能承认平等；并且平等的观念与中国人的心理最能相合。再深一层的说：中国人之尚平等与西洋也不同；西洋人之要求平等是从个人出发，都是说我应当与你平等，你不能不给我某种地位、某种权利等等，中国人则掉过来，平等从人家来说，不从自己主张。在中国人自己没有我与你平等的意思（以上都是讲第二个问题——进步的团体组织与多数主动的问题）。

第三问题：这是讲自由问题。团体中的个人自由，本是西洋人很大的长处，也可以说这是西洋近代替人类开出来的一个很大的道理；同时就中国社会来说，中国过去对于自由没有认识，是一种缺短。——此其故，就是因为过去中国人太散漫所致。西洋人因从前的宗教、经济、政治等团体干涉之力太强，故激起了对自由的认识，对自由的要求，反转来确立了自由。中国人过去缺乏团体干涉力，并不是没有自由，不见得不自由，所以自由之说传入中国，多数人对之不大起兴味。中国人在他生活上没有认识自由，没有确立自由，这确乎是不能否认的；这是一个缺短，我们应当补充。中国人对自由虽不起兴味，而大体与中国精神并不冲突，没甚问题。但是真的就不冲突没甚问题了吗？还有问题，还有冲突的地方！不过我们可以想法调和。我们先说：按中国人的意思，团体对个人的尊重一定是应当的、毫无疑问的；可是自个人方面说，个人来主张他自己的自由是不行的！近代西洋人之自己主张自由，是过去团体干涉力过强的一种反动；所以他最初最喜欢说"天赋人权"的话，根据这个道理来反抗团体过分的干涉。如果就像西洋人这个样子，单从自己来说话，自己主张自由的这种态度不变，则与中国固有精神冲突；因中国人是不许自己来说话的。不过现在西洋人的那种精神已有变化，这个变化可分两面，也可说是有两种变化：一种是对于自由的看法或解释的变化，把自由已看成是团体给个人的，团体所许给个人的，而无复天赋人权的说法。一种是不像从前一样把自由看成是神圣不可商量的。——所谓不可商量，就是个人的事情，如果不妨碍旁人，团体不得过问干涉，公私疆界划得很清楚，属于私的谁也干涉不着，这个是不可商量的、不可斟酌的。可是现在已经看做是一个可商量的了。这个变化也是从那个方向而来。哪个方向？就是个人主义发展到极端，个人本位的方向前进的结果，越来越看出这个趋势是妨碍社会的，所以大家要求以社会为本位，走入社会本位的方向，以社会为重。对个人取干涉态度，把以前的所谓权利都看成义务，由权利观念而变为义务观念。如法国的大法学家狄骥即极力发挥无所谓权利、无所谓自由之意，将一切权利都看成义务。在《武汉大学社会科学季刊》一卷三号《国家与法律》一文中，有关于狄骥的一段话：

> ……他根本否认一切权利的存在……按他的说法，个人在社会里边各有自己的地位，各有自己的职务，既然各事其事，就没有权利之可言，只有义务的存在。……狄骥氏否认权利观念的存在。假若一个人的活动合于社会的需要，法律就承认为合法；若是不合于社会的需要，法律就要加以禁止。……

他这种说法与我们刚才所讲的话很相合。他（狄骥）现在讲自由是团体应当给的。团体为什么给个人自由？是由于期望团体中的每个人都能尽量的发展他的个性，发挥他的长处，如不给以自由，将妨碍他个性的发展，且社会的进步，团体的向上，必从个人的创造而来；从此意思，团体必须给个人自由。因为自由是团体给的，所以可以商量，可多可少，不是一个固定的疆界。还有一个意思：不但自由的给多给少是可以商酌，并且必须是从为个人向上创造之意才给他自由，让他得发展他的长处。所以许给自由是有条件的；如其不合人生向上，发挥长处的条件，那末，还是要干涉他。举例来说：譬如妇女缠足这件事情，我们常常听见妇女讨厌人家劝她放足，她说：足是我的，我缠我的足，没缠你的足，好不好碍你什么事！她虽不懂自由的道理，而她的话隐然是自由论。从自由论来说，对她不能干涉；可是从现在对自由的看法来说：许你自由，为的是要你向上，发挥你的长处，对社会有贡献，社会才能进步，你若违背了团体为希望发挥你的长处才许给你自由的意思，而去自由的时候，那末，团体就可以干涉你，不让你自由。简言之，你对，就许你自由；否则不能自由。现在新的说法就是如此。现在许多国家都采这种干涉态度，许多新的法律都把自由看成是一种相对的，不是绝对的。往这种方向变化，即与中国固有精神相合。其相合者为二：一点是：自由是团体给你的，团体为尊重个人所以才给你自由，——自由是从对方来的，此合乎伦理之义；一点是：团体给你自由是给你开出一个机会，让你发展你的个性，发挥你的长处，去创造新文化，此又合乎人生向上之意。**合乎伦理又合乎人生向上，新的自由观念乃与中国完全相合而不冲突。**如仍为十八世纪的论调，则与中国很冲突；而现在转变出来的新的自由论与中国相合了。我们可以结束几句：在新的自由说上边，政教合一才有可能；若旧的自由说，则政教合一不能讲。政教合一就是以团体的力量来干涉人的道德问题，打破自由的界限；而在旧的自由说上，自由界限很严，无论他是人生向上或是向下，团体皆不得过问。故政教不能合一。现在新的自由说，可以给一个机会容纳政教合一。团体为期望你帮助你的向上，所以可以干涉你。天下的事情，原来如此：事情是很简单的，道理也没有许多的，事情、道理都是很平常的。而事实是这样时，容易只看见这一面理；事情是那样时，容易只看见那一面理。在社会不同、事实不同、情境不同的时候，只能看见这一面、这一个道理；转过来另一个不同的社会、不同的事实、不同的情境的时候，又只能看见那一面、那一个道理。你看见这个道理，他看见那个道理，当各有所见的时候，彼此相看都以为很新鲜、很古怪。等到事实一转移，你也看见他的道理了，他也看见你的道理了，彼此看见同一的道理就可以彼此相喻，可是事实不同，情境不同的时候，则两不相喻。你乍见他的道理，辄以为很古怪、很新鲜；其实并非新的，仍是旧的。**天下道理都是如此：不在眼前便以为很新，一到眼前则也不古怪也不新鲜了！**当自由主义是个必要的时候，则人人觉得自由主义很合适，知道这个道理；等到反自由主义成为必要的时候，则又觉得反自由主义是应该的，几乎忘了昨天的主张。只有有头脑有眼光较高明的人，能想得通，看得透，对于事实能为多方面的了解，不执著于一偏；眼光短浅的人往往执着于一面。但事实上变迁，则让人不得执著；不执著，一切才有办法。

现在我们由自由问题再继续讲到财产自由问题——也就是所有权的问题。在这一点上，大家都知道近来西洋有一个很有力的潮流，与从前（十八九世纪时）把财产自由看成是天赋人权，是绝对的神圣不可侵犯的权利（一七八九年法国大革命的重要产物《人权宣言》第十七条前半，有"所有权为神圣不可侵之权利"的文句，）很相反了。现在反对财产私有是一个很有力的潮流，西洋各国都渐倾向于财产社会化，代表此潮流的俄国，是一个有力的事实，其他的国家也都往这个方向上变化，没有再像以前看财产自由纯粹是权利了！现在的看法，所有权一面是权利，一面也负有义务。《武汉大学社会科学季刊》一卷四号《所有权的基本问题》一文谓：

> 德国新宪法于第五章经济生活，规定"所有权包含义务，行使所有权，须同时顾及公共福利"（一五三条三款）。……这种规定的精神，是欲把所有权的内容，于权利之中增加义务性。……

指明行使所有权须不违背社会公益，且亦不能不利用财产，不利用财产即耽误了社会公益。如前文又谓：

> 法国……一九一六年十月六日法律第一条第一款云：本法公布后，各市镇村长，……应对于不耕作的所有者或使用收益者发劝告书，劝导其耕作土地。如发信后十五日内，该使用收益者不说明系出于不得已，非故意荒废土地时，市镇村长有征收该土地的权利，且得移交于市镇村的农业委员会，命其耕作。

又附注中引俄国在一九二二年制定的《民法》关于所有权的几条谓：

> 《苏俄民法》第五十二条，分所有权为公共所有权（国有或公共团体所有）、团体所有权、私所有权三大类，而以土地、地中包藏物（矿产）、森林、公用河川、铁道、铁道材料及航空用具，为专属国有（同《民法》第五十三条）；其它非公有之建筑物、商业的企业、不超过《特别法》所定赁银劳动者人数之工业的企业、武器与生产器具、通货、有价证券、金银货、外国货币、有价物件、家庭或个人之用品、法律所不禁贩卖之商品等，得为私所有权之物体。（同法第五四条）

除公共所有权、团体所有权外，也规定有私有权，不过限制很严。又如：

> 一九一九年《德国宪法》第一五五条规定："土地之分配及利用，国家监督之，以防其滥用。"
>
> 德国《民法》第二二六条规定："权利以加损害于他人为目的者，不得行使。"
>
> 瑞士《民法》第二条二款规定："显明之权利滥用，不能受法

律之保护。”

对于所有权都有严格的限制。又：

> 首倡限制说的，是 Thomas de Aguiono 氏，他说：吾人在自身
> 生活必要的限度以外，不得主张所有权；若有剩余的财产，应视为
> 共有，有给予贫病人的义务。嗣后，Mill 氏师承其说，谓：所有权
> 只在地主为有利于社会的改良限度以内，认为正当；否则，如专为
> 享有他人劳动果实的所有权，不但无维持的必要，且政府当为公益
> 起见，有加以干涉的权利。此外，Roscher、Schmobler、Wagner
> 也于国家社会政策的名称之下，主张公益上须限制所有权。

关于所有权的限制说、社会化说、否定说，等等，都是反对财产私
有；现在西洋这是一个很有力量的潮流。在这一点上我们不能说中国以
前就是社会主义或共产主义。不过我们要知道，中国旧日的社会有两点
同西洋现在财产社会化的风气相接近：第一点——中国从来没把财产看
成是个人的，都看成是一家的；而家的范围又常常是不定的，不特父子
兄弟是一家，每每同族的人以至亲戚都算做家。即不把宗族亲戚算进
来，而因社会是以情谊联锁众人的，所以都负着一种彼此顾恤的义务。
这种义务越是有钱的人其所负担者越大（这个话已经讲过，不必多说）。
所以中国人对于财产的观念，几乎是接近共产，很富共有的意思。第二
点——中国人看财产是为消费的；而近代西洋人看财产是为增殖财产
的。换句话说，西洋人看生产就是为生产，中国人看生产则是为消费。
（我曾经讲过中国人有一偏处，即在“求安”之一意。大家共求相安，
这个有利也有弊：好处是他在生活中有领略享受的意思，让他不多向外
逐求；但同时也因此就少了点创造进取的意思。）西洋人的毛病就是在
看生产是为生产，完全离开了生产是为消费的轨辙，失了财产本来的用
意；中国则很有财产是为大家享用的意思，所以财产社会化的潮流与中
国固有精神没有违背冲突。中国人从前所以没有明白显著的共产的要求
主张，原来是因为生产技术是简拙的，可以零碎的小规模地去生产，没
有大规模生产的必要。譬如十亩八亩的地是这样种法，三顷五顷也是这
样种法；因为工具是简拙的，所以没有使他连成大片去做的必要。农工
商业都是由一家家地各自去干，只要能各自关门过日子就没有联合起来
过日子的必要。——天下事非至必要的时候，断无人去自找麻烦，但能
关门过日子谁也不去多事。我们的意思就是说：中国过去所以没有共

产，是其生产技术使然，并不是有一个反社会化的风气。

在此刻逼着中国人往团体组织这个路上去的，我以为最有力的就是外来的这种经济竞争的压迫。零零散散的农民，受此外面大势的逼迫，他将很自然的必要从分散往合作里去走；以合作团体利用进步技术。从合作上增殖的财力（或曰财富）将让公共财富一天天的大，而很自然地趋向于财产的社会化。其不同于现在西洋的一种财产社会化的潮流者，即他没有法子藉着国家的强制力来作成这件事情。他天然的是：一面是团体发达扩大开展很有力量，——这个开展扩大是一定的趋势，是由于外面的逼迫，让中国的生产者非往合作里走不可；一面是这个团体既是这样起来的，财产社会化是这样有的，所以对于个人所有权还是依然很尊重。这就是说：在财产所有权这个问题上，或者也像俄国《民法》一样有公共财产、团体财产，也有私有财产；对于私有财产或者不能如俄国那样限制之严，而也是有私有公。像这样子的有私有公或者是一种自然的趋势（据说俄国《民法》，是共产主义的一个让步）。大概中国的团体组织，因是从私往公里去，从散往合里去，所以天然要有私有公；不能如俄国一样先将土地完全收归国有，（后虽让步，但只承认农民有使用权，并且限制极严。）走强制的路，冀以作到财产的社会化。中国则是从散往合里去，将自然地走上这条路。

我们可以结束几句话：从中国这方面说，因为事实的逼迫，不能不从散漫往团体组织里去。而同时因为西洋事实的变化，让我们找着两方接近的地方。——很重要的一点就是社会本位的意思替代了个人本位的意思，这一点顶与我们接近。换句话说，如果他仍是走十八世纪个人主义的路子而不变，则与中国合不来，让我们找不出一个调和之点。社会本位之说最看重义务，否认权利（这与我们的伦理观念很接近），这是西洋现在最有力的一个变化。前引《所有权基本问题》一文中有一段话即说此意：

> 主张所有权社会化的学者，其思想的内容也不尽同；而最风靡世界到现在犹维持其势力者，要推一年前逝世的狄骥之社会连带说。他在《私法变迁论》第六讲《为社会机能之财产》中，开首便设定一大前提："财产（所有权）和一切的法律制度相同，应经济的要求而形成，随经济的要求而进化"，以阐明法律与经济的关系；次接着说，"在现代社会，对财产制度的经济要求，发生深刻的变迁"，以作小前提；然后下断案说，故为法律制度之一的财产，也

自然要变迁。这种变迁，是朝向社会主义走的，含着社会的意义，故又可说是"进化"。此"进化"逐渐密接社会诸要素，相依附而存在，于是成"财产社会化"，即所有权社会化。所有权社会化的意义，为：（一）个人的所有权，非个人的权利，乃社会的机能（职能）；（二）所有权是供人类集团用的，若然，方受法律的保护。——这是狄骥氏对所有权的根本思想。

狄骥又演绎此根本思想，以实证其说。谓自由、权利，均是人类相依相扶图社会的共存，方受法律的保护，并非单为个人的利益而存在的。故（一）所有权如为供满足公共的需要，方受法律的保护；（二）所有者在其保有的财产上，无排他独断的权利；（三）不得弃置财物不加利用；（四）财物的所有者，不得假名行使所有权，作于己无利于人有损的行为；……（五）所有者于财物之上，积极地负一定义务。……总之狄骥是否认所有权为人类生存不可缺的要素，谋社会繁盛与伟大的必须条件；但不赞成绝对否认之说，故特创"社会连带论"（狄氏学说之通称），创所有权社会化，……

他这种说法，很**近于中国人伦理的思想**；他是说每一个人都要靠大社会才能生活，他看人生是互相依赖的，所以只能从社会看到个人，离开社会则个人不能想像。如前书所载《国家与法律》一文中曾谓：

> 他（狄骥）所主张的法理是以"人生的互依"这种显明的事实，这种显明的社会现象，作为出发点。这种人生互依的事实就叫作"社会连带关系"（Sdidarite Sociale）。

他这种解释与我们解释中国伦理的话很接近：——照伦理的解释，伦理就是伦偶，人一生下来即有与他相关系的人，并且他的一生也始终是与人在相关系中。在狄骥的意思：

> 人人都是社会的分子，人人在社会里边各有自己的活动，各有自己的分位。这些个人的活动和分位彼此相互的关系，就构成所谓社会生活。个人一切行为都是要以实现社会生活为目的。因社会生活的必要就自然产生了必须遵守的行为原则。这些行为的原则就是我们寻常所谓"人生大道理"，西洋寻常所谓"道德的规范"（moral code），狄骥所谓"法则"——法律的准绳——（Regle de droit）。法律就是有法律制裁的人生大道理。……这种法则的力量，就是社会生活的事实在实际上强制个人合作或禁止个人不合作；因

> 为互依所以必须合作。人生不能离开"给"与"取",个人要实现
> 自己生活,简单的说,即是劳务的交换。(见前书)

这种意思很与中国人的礼俗的意思相接近相暗合。——礼俗是在社会上
自然有的,法律也要跟礼俗来,这种意思很相接近。刚才说西洋看重社
会的趋势与中国精神相近,而尤以狄骥的这种说法与中国礼俗更多暗合
的地方。

说到这里,可以说我们与西洋的相差,只相差一点,尚未完全相
合。这也就是说,西洋现在的趋重社会与中国伦理观念很相合。但尚差
一层;——这一层不但是中国人的意思,也是人类普遍的要求。这一层
是什么?即:如果就是社会本位的时候,还是偏于一边,还不合于人类
普遍的要求。必须是团体与分子彼此之间匀称(均匀),才是人类普遍
要求。从个人出发而不顾社会,妨碍社会,固然不对;为社会而牺牲个
人,抹杀个人,也是不对的!如何使社会与个人之间得到均衡匀称,才
是大家的要求。所以说团体权力与自由分际的问题是个最难的问题,很
难找着一个均衡;如果就是趋重社会本位,也算不得均衡。在西洋也许
找不着这个均衡。为什么呢?就是因为他想确定一个道理:到底应当以
什么为本位?——个人的本位?社会的本位?想确定一个欹重之点。而
各人有欹重之点,各人有说法,则找不着一个适当的地方了!在我们
看,这里面有一个错误,就是他想建立一个道理,把此道理看成是一
个客观的标准;不知建立一个客观标准是错误的,于这个地方不能成
功一个客观的标准。什么叫客观标准呢?譬如以社会为本位,则是以
社会为客观标准,此即欹重于一偏,如以个人为本位,则是以个人为
客观标准,此也欹重于一偏;如果说两边都不偏,要一个均衡,则只
是一句空话,等于不说。说以个人为本位或以社会为本位,都还算一
句话,算一个主张;如果你说以均衡为标准,则等于不说,等于没有
任何表示。其实根本不应当定一个客观标准,不应当离开说话的人而
在外面安一个道理。这个意思就是说:话应当看是谁说的,离开说话
的人不能有一句话。因为一句话,就是一个态度,如果离开了那个说
话的人,不能有个态度存在。换言之:应当是从团体说时,要尊重个
人;从个人说时,要尊重团体。必有所欹重才能算句话;无所欹重即
等于没说,等于没表示态度。有所欹重,就要看他是谁。团体原来是
为的个人,所以应当以个人为重,尊重个人;可是个人也应当尊重团
体,个人不尊重团体还像话么!按中国道理所谓尊重对方者仿佛是这

个样子：我以你为重，你以我为重，互以对方为重才能得到均衡；均衡只能在这里产生，没有旁的方法可以产生均衡。我再补说一句：我们的这个说法，可以说是一种相对论；如果离开说话的人去建立客观标准，就完全错了！标准是随人的，没有一个绝对标准，此即谓之相对论。绝对标准，乃是人类的一个错想，天下事只有相对的。中国伦理思想就是一个相对论，相对论是真理！是一个最通达的道理！社会本位思想虽然与我们接近，就是还差这么一层——互以对方为重的一层。如其很呆板的就是以社会为重，则不可通；从社会本位再说活一点，即从个人说应当尊重社会，从社会说应当回头来尊重个人。**如此才可以产生均衡，才是一个正常的人类社会！**

我们以前说过：现在是中国人很苦闷的时候，是在一个左右来回的矛盾中。这也就是说：中国人一面散漫缺乏团体组织，同时还缺乏个人自由平等的确立，二者都急待补充。但是如果着重自由平等的一面，极力补足那一面的缺乏时，则让我们很难照顾团体结合的一面，将使中国人更加散漫；如果照顾团体组织的一面，着重西洋最近的趋势，则自由平等又发挥不出来。我们两边都有缺欠，以致顾此失彼，左右为难。左右为难是顶为难！**这个左右为难只有一个方法可以解决，就是我们相对论的伦理主义。**如果没有相对论的伦理主义的时候，则着重这面失掉了那面，照顾那面又失掉了这面，则真是左右为难矣！现在我们有一方法——伦理思想，让两面都可以确立。我们发挥伦理思想的结果，个人一定要尊重团体，尽其应尽之义；团体一定尊重个人，使得其应得之自由平等。本来两边照顾到是一个作不到的事情，因为人只能看一面，看一面即照顾不到那一面；但是若本相对论的伦理思想去发挥，则彼此互相照顾，那末，两面都可照顾到了（这个意思很细，且很实在）。所以可以说是伦理救了中国两面照顾不到的难处。中国本来两面都不够，而伦理适足以补充两面。

我们结束几句话：照我们刚才所说的一层一层的话，中国如果有一个团体组织出现，那就是一个中西具体事实的融和，可以说，是以中国固有精神为主而吸收了西洋人的长处。为什么呢？因为照我们刚才所讲的团体组织，其组织原理就是根据中国的伦理意思而来的；仿佛在父子、君臣、夫妇、朋友、兄弟这五伦之外，又添了团体对分子、分子对团体一伦而已。**这一个团体组织是一个伦理情谊的组织，而以人生向上为前进的目标**（这两项很要紧，西洋人也将转变到这里来）。**整个组织**

即是一个中国精神的团体组织，可以说是以中国固有精神为主而吸收西洋人的长处。

丙　从理性求组织

我们把许多中国冲突点疑难点解决了以后，就可以发现一个新的社会组织。这个社会组织乃是以伦理情谊为本原，以人生向上为目的，可名之为情谊化的组织或教育化的组织；因其关系是建筑在伦理情谊之上，其作用为教学相长。这样纯粹是一个理性组织，它充分发挥了人类的精神（理性），充分容纳了西洋人的长处。西洋人的长处有四点：**一是团体组织——此点矫正了我们的散漫，二是团体中的分子对团体生活会有力的参加，——此点矫正了我们被动的毛病；三是尊重个人，——此点比较增进了以前个人的地位，完成个人的人格；四是财产社会化，——此点增进了社会关系。**以上四点是西洋的长处，在我们的这个组织里边，完全把他容纳了，毫无缺漏；所以我们说这个组织是以中国固有精神为主而吸收了西洋人的长处。我们能这样子把那些冲突矛盾疑难问题解决了，我们心里才不乱，心里不乱自己才能有道走，才能为社会开一新道路。我相信这样的组织才是人类正常的文化、世界未来的文明。这种文化要从中国引一个头，先开发出来。因此我对人类的前途、中国民族的前途，完全乐观。虽然这样的组织尚为从前人类所未有，可是大家不要以为这是太理想，以为我们是太往高处想，完全不是这个样子！我可以分两层来说：

第一层是说这个组织为以前人类所未有——人类历史一直到现在，其社会组织构造，都是从一种机械的不自觉的而演成，即在人类历史里边机械的不自觉的演成了种种不同的社会组织构造中，而人类的理性乃得一步一步逐渐开发。虽有很多不合理的地方，而是没有办法的；因为理性的开发，无论是在个体生命或在社会生命，都是逐渐的开发，不能一下子就有。但现在我们所说的这个组织，是完全从理性上求得的；**不是机械地演成**的。这样一个纯理性的社会组织是如何呢？在这个社会组织里，人与人的关系都是自觉的认识人生互依之意，**他们的关系是互相承认**（互相承认包含有互相尊重的意思），**互相了解，并且了解他们的共同目标或曰共同趋向。**从这样的一个社会，让我们想起来杜威在他的《民本主义与教育》一书里所说的一段话，可与我们这个意思作证明：

人类不因为生活在一起，得形体的接近，便能成为社会。一个人也不因为与别人离开很远，便彼此停止社会性的影响。一本书或一封信，可以使得相距数千里的人，比住在同一屋里的人还要亲密些。即为着一个公共的目的工作的人，也未必就能组成社会的团体。譬如一个机器的各部分，为着一个公共的结果，在那儿干绝大的协作，但是他们并不因此就能组成社会。这是因为他们都不认识这个公共的目的。假使他们都能认识这个公共的目的，对于这个目的都有兴趣，因此各人都按着目的约束各人的特别活动；这样一来，便成为社会了。

在杜威的看法，人类的教育与人类的社会实是一件事情，只是两个不同的名词；越教育越社会，越社会化越教育化，因为教育就是个交通作用，而社会也就是那个交通作用。如他说：

> 不但社会的生活与交通作用是一件事，彼此是密切相联的，而且一切交通作用都有教育的效力（因此一切真正社会的生活也都有教育的效力），……这样看来，无论哪一种社会组织，只要它骨子里含有社会性或使人能参与它骨子里的活动，那末这种社会对于在里面参与的人，都是有教育的效力的。不过这种参与如果变成了刻印板，事事照样画葫芦，那就失却它的教育效力了。

据他看：现在西洋的社会虽然我们不能不承认它是一个进步的社会；可是其中还有许多不社会的地方。就是因为在这个社会里，虽然大家互依，互相为而作事；但彼此缺乏承认，缺乏了解。这好像一大盘机器一样，虽然机器中的许多零件是彼此互依，共作一事，想要完成一个目标，可是它们彼此不了解。此刻社会就是如此；虽在彼此协作，但是彼此不了解，没有一个公共目的。此刻社会中彼此的关系是互相利用，如资本家之对于劳工，劳工之对于资本家，统统是互相利用；只管自己要得的结果（劳工只为要工资，资本家只为发财），对方感情如何，愿意不愿意，一概不顾。如他说：

> 这样看来，我们不得不承认，就是在最有社会性的团体里面，还有许多关系仍然缺乏社会的精神。无论在任何社会里，仍有很多人的关系好像机器一样，彼此没有充分的交通作用。许多个人彼此利用，只管所要得的结果；至于被利用人的感情与理智的倾向怎样，心里情愿与否，都一概置之不顾。这种利用，不过表现物质的优越，或地位、技巧、艺术及操纵机械或经济工具的优越罢了。假

使父母与子女的关系、教师和学生的关系、雇主与佣人的关系、治人者与治于人者的关系，仍然还在这个地步，无论他们各个地活动怎样接近，总不能组成真正的社会团体。各方面命令之授受，虽能变更动作与结果；但单靠这种办法，绝不能影响于目的的了解，于兴趣的交通。

从他的几段话，反映出我们的组织是最进步的组织。此刻西洋的社会是机械的、不自觉的；我们的这个组织，是纯靠理性的一个组织，靠理性开发出来的一种组织。然则要问：这个样子的组织，是不是理想太高呢？完全不是！我常对大家说：无所谓好的制度，只有此时此地比较适用的制度。我们不应当主张某一种制度为一种好的制度。我完全不愿去作一个主观的空想！我常说：如果一个人老是喜欢说他的主张或他的办法如何如何好的时候，就可以知道他是不曾在事实上用过心思。大家从以上两句话里就可以看出我平常的态度；知道我平常的态度，就可以知道我所说的这个组织，虽然像是理想太高，而实非！并且不是我主张如此，我实实在在地看清楚了中国要往这里去。我并不是说中国社会最好要成功这个样子，**我是说中国从事实上不会成功别个样子**！这样的一个组织，为从来所未有，仿佛太高远了；其实眼前的中国，只能成功这个，不能成功别的！这是事实上的必要，天然要如此！所谓事实的必要，底下一条一条的讲。现在只说这一句，就是：中国没有法子机械的不自觉地演成一个组织（即此一句已够）。因其缺乏阶级的集团的一个大势力；社会中如有那末一个大的机械力量，便可走机械的路；可是中国就找不出来有一个大的机械力量在哪里。我常说：中国社会由于经济的不进步，自一面说，它够不上机械；自另一面说，由于文化的早熟，它又超过了机械。眼前我们的苦闷就在这个地方。中国政治无办法，从某一些条件看，仿佛是非用机械的力量不可；但是机械力量到底用不上。然而要用理性互相了解，互相承认，自觉地成功一种组织又未免太费事。今日中国人所受的苦痛（指政治无办法），**就是告诉我们中国没法子走一个省事的道**（机械的不自觉地演成一个组织）。中国今日的这种大苦痛，是很有意义的；——意义即在没法有一非理性的组织构造出现，它只能开出一个富有理性的组织构造。自今日以前的人类历史上所有的社会秩序，无论是直接的或间接的都是靠武力，所谓机械力量即指此。我说过：武力必有交代，中国此刻武力即无处交代，故武力统治不能成功。一般的社会秩序，每是少数人造成，少数维持之；可是中国将来的秩序，是由多数人造出，并为多数人所维持。因为是少数人造成秩序，少数人去维持，则天然地要用强制力方可收效；这是非理性的。中国将来的秩序，是大家慢慢磋商出来的，是从理性上慢慢建造成的一个秩序，仿佛是社会自有的一种秩序，而非从外面强加上去的。说到此地，我想人家要怀疑的，就是这样的一个秩序，为什么在中国眼前是事实上的必要？为什么能成功了？这个话现在不能细讲，以后自然可以讲到。底下另开一段落。

丁　从乡村入手之义

我们仿佛找到了几个原理原则，认识了一个方针，本此以建立中国的新秩序，新组织构造。但是从什么地方入手呢？那末，入手处就是乡村。中国这个国家，仿佛是集家而成乡，集乡而成国。我们求组织，若组织家则嫌范围太小，但一上来就组织国，又未免范围太大；所以乡是一个最适当的范围。——不惟从大小上说乡为最合适，并且他原来就是集乡而成的一个国，所以要从乡入手。再则，我们的这个新组织，明白地说：是要每一个分子对于团体生活都会有力的参加，大家都是自动的，靠多数人的力量组织而成；那末，为团体主体的多数人既都在乡村，所以你要启发他自动的力量，启发主体力量，只有从乡村作工夫。不但是站在乡村外面的人说是对乡村作工夫，而其主力的发动，亦必然地是从乡村开头。这都是很浅的意思。还有一个理由：如果大家没忘记我以前所说的：中国的经济建设必从复兴农村入手，从那一段道理上就确定了现在我们的新机构是要从农村开端倪，从乡村去生长苗芽；——中国新社会组织的苗芽一定要生长于乡村。而也正因为中国的新社会组织要从乡村去求，恰好也就适合了那种从理性求组织的意思。换句话说：在乡村中从理性求组织有许多合适点。掉过来说：在都市中从理性求组织则比较不容易。乡村为什么特别适于从理性求组织呢？

我们先讲一讲从乡村起手求组织而特别适合于理性的发挥的几点。——为讲此意，所以我们以前虽然已经讲了许多关于理性的话，现在我想再重复几句。我常喜欢说：当一个人心里没有事情，你同他讲话最能讲得通的时候，就是理性。理性就是强暴与愚蔽的反面，除了这两样以外的就是理性。所谓理性，即"平静通晓而有情"之谓也。我们在讨论会上我曾说过：中国人之所谓理性，与西洋人之所谓理性不同。西洋人之所谓理性，当然也是平静通晓，但是只差"而有情"三个字；中国人的理性，就是多"而有情"三个字。在西洋有法国人的"唯理主义"。这个"唯理主义学派"是对英国的"经验主义学派"而言。——法国最先讲求的学问是一种抽象的科学，如数学、天文学，等等，这些理都是从极冷静处得来的；此时就把情感排出去了。我再点明一句话，——理性主义有两种：一是法国的理性主义，是一个冷静分析的理智；一是中国人的理性主义，是平静通晓而有情的。"而有情"三个字最重要，因系指情理而言。那末，从乡村入手为什么特别适合于理性呢？

第一层：以农夫与工商业者较，从他们职业的不同、环境的不同，所以影响到他的性情脾气者很不一样。农夫所接触的是广大的自然界，所以使他心里宽舒安闲；工商业者居于人口密集的窄狭的都市中，睁眼所碰到的就是高墙，所以使他的性情非常褊急不自然。农民的宽舒自然的性情，很适于理性的开发。

第二层：农民所对付的是生物——动植物；而工商业者所对付的是死物质。生物是囫囵的、整个的、生动而有活趣的；死物质恰好相反，是呆板的、可以分割破碎的、任人摆弄的。我们常常看见有许多书（讲西洋文明之流弊者）都很发挥这个道理。西洋因工商业，将人训练成一种喜欢分析解剖的脾气。将一切都看成是机械的、可以割裂的；这正是理智。中国农夫因其对付的是囫囵的、不可分的生物，所以引发了他的活趣；这正是理性，而不是理智。宋儒程明道先生曾说此意，"观鸡雏可以知仁"，此即因其有活趣，可以引发一种自然活泼之温情。

第三层：工商业者老是急急忙忙，农夫则从容不迫。大概农夫没法子不从容；譬如种麦子，头年下种，第二年方可收获，是多么从容。工商业者则不然；制造电灯泡，一天一夜可以赶造出几千几万个，他是可以快，且出产愈快，愈可以多赚钱，为多赚钱逼迫着叫他快。农民则欲快而也不得，——种植五谷与自然的节候非常有关系，急忙不得；所以养成他一种从容不迫的神气。从他的从容，就可以对他所接触的一切印象咀嚼领略而产生一种艺术味道的文化、艺术味道的人生。反过来看，工商业者总是一天到晚的奔忙，常在一种有所追逐贪求之中。（基尔特社会主义派很说此意；西洋文化的流弊是只计较数量，不计较品质，把自己忘掉而专从事于物的追逐；中国人则是咀嚼享受的态度、从容品味的人生。）这个地方，也是让乡村人容易开发理性，而工商业者则不能。

第四层：农业最适宜于家庭的经营，工商业则不然；男工、女工、童工部分散到工厂作工。可以说：农业是巩固家庭的，工商业则是破坏家庭的。家庭乃最能安慰培养人的性情者，富于情感的人，一定要恋家庭，而家庭也适足以培养人的感情；这与我们情谊化的组织很有关系。以上四层都与我们从理性求组织有关。因为都市的秩序，非靠警察、法律、军队不能维持；乡下人则从容不忙，少许多问题，秩序很容易维持。这个意思就是说：乡村秩序原来就是靠理性维持。都市秩序原来是靠武力维持；所以从乡村入手，特别适合于理性的发挥。

第五层：这一层更重要。乡村人很有一种乡土观念，仿佛把他的村庄也看作是他的家。乡村人对于他的村庄的亲切意味，为住在都市的人对于都市所不易有者（如住在上海的人，对于上海并没有亲切的感情）。因为住在都市，原来就是往来不定；加以范围太大、人口太多，而又为时甚暂，所以不易生感情。住在都市里的人，对街坊邻居，看得很平常，并无多大关系，往往对于街坊邻居的姓氏都不知道，见面时头都不点。乡村人对于他的邻里街坊，则很有关系，很亲切。我在北京的时候，与一个乡下人谈话，他指旁边一个人说，"他是俺庄的姑爷"，原来因为那一个人是娶他同庄人家的女儿为妻，所以他全庄的人便都称之为姑爷。这在住在上海的人，断不能有此事。总之，乡村人对于他的街坊邻里很亲切，彼此亲切才容易成功情谊化的组织。我们的组织原来是要以伦理情谊为本原的，所以正好借乡村人对于街坊邻里亲切的风气来进行我们的组织。都市人各不相关，易引起狭小自私的观念；乡村则比较能引起地方公共观念。所以我常说：让我在乡村作地方自治，我能作得到；若让我在都市办地方自治，不要说我办不了，就是圣人也办不了！其故即因在都市中，地方团体根本就难以形成；虽然是比较有钱的人多，受教育的人也比较多，仿佛是易于办自治了；但实际上完全不然，完全没有办法！

第六层：中国固有的社会是一种伦理的社会、情谊的社会；这种风气、这种意味，在乡村里还有一点，不像都市中已被摧残无余！西洋风气——个人本位的风气进来，最先是到都市，所以此刻在都市中固有空气已不多见，而在乡村中倒还有一点。所谓"礼失而求诸野"，在乡村中还保留着许多固有风气。有一点，则正好藉以继续发挥。

第七层：我们是在求正常形态的人类文明，那末，从乡村入手，由理性求组织，与创造正常形态的人类文明之意正相合。因为乡村是本，都市是末，乡村原来是人类的家，都市则是人类为某种目的而安设的。在某种事实上说，都市固也不可少；如是政治的关系越是上级行政机关，越要设在一个中心点，非如下级行政机关之可以设于乡村，所以由政治中心而来的都市是必要的。再就经济上的联合组织说，也需要有一个中心。其它如教育、文化，都要有一个中心。小图书馆，乡村可以设立，更大的图书馆则必设在县里或省里；小学可以设在乡村，大学必须设在都市。从政治、经济、教育各方面看，都需要一个中心，故都市为不可少。都市即由此而来的。如果都市由此而来，就合乎乡村为本，都市为末的意思了。其所从来是在乡村，下级都在乡村，大家联合起来而有这个中心，先有本，后有末，末从本来就对了。可是现在的都市不是如此，乃是一种倒置的。现在的社会，都市不但是中心，而且是重心；以都市为重心就完全错误了！重心本应普遍安放，不可在一处；中心可以集中于一点，可以在一处。若重心在一处，则非常危险！如将这块黑板平放在地上，则凡是着地之点皆为重心，如此再平稳不过了；但若把它立起来使其一边着地，其重心只在着地的一边，则一定不稳，非倒不可。此刻的社会构造，即重心在一处——置重心于都市，这是顶不平稳的一种构造。都市好比一个风筝，下有许多线分掣于各乡村；风筝可以放得很高，而线则是在乡村人手里牵着，乡村能控制都市，这个就对啦。若都市来控制乡村的时候，那就是少数人用力量以统治多数人，这是不对的，不是常态。现在我们是从乡村起手求组织，是自下而上，由散而集，正合乎常态，合乎人类的正常文明。这样的一个人类文明，就完全对啦！我在《山东乡村建设研究院设立旨趣及办法概要》上曾言及此意，看了那篇文章就可以解释了一般人对我的疑惑："你单讲乡村建设就不要都市了吗？"我们讲从乡村入手，并不是不要都市，我们是要将社会的重心（无论是政治的、经济的等等）放在乡村。更明白的说：讲乡村建设就包含了都市，我们并不是不着意都市，因为着意于本，则自然有末；乡村越发达，都市也越发达。现在西洋社会的毛病就是政治的、经济的大权都操在都市人手里，重心集于都市，这是一个顶不妥的社会、顶偏欹的社会，所以不稳当。我尝说：天下事巧得很，中国在最近的未来，将开一个很好的社会组织构造；——这并不是中国硬要往理想处高处去奔，而是自旧的组织崩溃后，自然走上的一个合理的道路，自然的要如此，天造地设地要如此，实在巧得很！

　　第八层：我们培养新的政治习惯，要从小范围——乡村着手。这一层很重要。我曾说过：我从事乡村运动的动机是从对中国政治问题的烦闷而来的。我由于对政治问题的烦闷而得到的一个答案，即：要先培养新政治习惯。而新政治习惯的养成，须从小范围入手，因此才注意到乡村；不然的话，我便不会注意到乡村。关于此意，我在《自述》中曾约略言及；现在更申言其意；所谓新政治习惯，即团体分子对团体事件的关切注意；欲养成这种新政治习惯，必须从其注意力所及的地方培养起才行。会运用观念的人，其注意力所及，才能及到大范围；而乡村人头脑简单，多运用感觉，不会运用观念，故其注意力所及，必从小范围——乡村入手才行。培养新政治习惯必从其注意力所及的小范围着手，这是一层。再则，也必从其活动力所及的范围入手，才容易培养新政治习惯。——本来有注意则有赞否，赞否就是方向态度，本此方向态度去发挥，就是活动。但是许多人对于团体的事情，关切是关切，而不愿活动，故非培养其活动力不可，单是注意及之，而白叹气亦不行，必须培养其活动力。怎样培养？亦必从小范围的乡村入手。因为范围大的时候，他就感到不易活动，很容易使人畏缩；必须是其活动能影响所及的范围，他才容易活动。譬如：只要有说句话的勇气，大家都可以听得见，就能发生影响；如果他第一次说的话大家赞成，则可以引起他的兴趣，有兴趣再作第二次的活动，如此则其活动力所及，可由小范围而渐扩展到大范围。其注意力、活动力能及于大范围，新政治习惯就算培养成功。新政治习惯的养成很重要，非此中国将永无办法，如果培养不起新政治习惯，则无论如何嚷打倒封建制度军阀，打倒帝国主义，都是无用！所谓新政治习惯，我们本来说过二层：一是组织能力，一是纪律习惯；还有一层意思也很要紧：我们以前曾说了许多团体应当尊重个人，个人应当尊重团体的话，我们的团体组织对于分子在某一点上要消极的不妨碍他，在某一点上要积极的帮助他。但怎样是不得妨碍他，或怎样是帮助他，（积极的帮助即含有干涉的意思，这种干涉应到什么程度？）**此间分际，很难说定，都是要慢慢的试探着从习惯上来确定。**当习惯养成的时候，分际才能确定——**确定靠公认，公认靠习惯的养成。**如果新习惯不能养成，则中国的组织问题——一是个人地位的问题，一是团体权力的问题，皆无法确定。关于这个问题，用条文去规定是无效的。并且也不能用条文去规定。因为我们的这个组织，是一个伦理情谊化的组织，是一个人生向上的教学化的组织；所以只能指示一个方向，不能用法律条文定一个死板的标准；一定的时候就翻过来，不是情谊的、人生向上的了。关于此意（只能养成一个新习惯，不能定为死板的法律条文），以后讲乡学村学时再细讲，此处不多说。现在只说：**像这种习惯的培养，除了从乡村着手以外，其他没有合适的地方。**

人类社会建设应有的原则 *

我于此建立了四个原则，都是从认识人类而认定的；我相信是评论社会理想的一些根本眼光。

绪言 本院研究部或训练部功课中，学科门类甚多；然大抵皆为乡村建设的方法。唯此《乡村建设根本理论》之一目，则将示吾人以乡村建设应有之鹄的或理想。在本院《设立旨趣及办法概要》一文中，所云"要认清题目……题目便是辟造正常形态的人类文明"者，正是谓此。

认识人类 吾人欲求得此正确鹄的，必须探本穷源，先求认识人类。以有人类，才有人类文明，才有人类社会如何建设的问题。

经济为人生一桩普遍而且基本的事 人为生物；当然要维持其生命之延续（兼括个体生命及种族生命而言），则非对付自然，利用自然不可。假非架屋，即无以避风雨；非种谷，即无所得食。此对自然界费一些力，使于人生上发生一种效用而用之，即为"生产"与"消费"，统称"经济"。经济，盖指于不可免之费事中又求省事，以省事而不免又费事（如为省事而行大机械生产，又引出制机之事）环转无已之打算而言。人生于此，莫能有例外，故曰普遍；亦唯有此，而后有其它种种事，故曰基本。乡村，自一面言之，即从此经济关系而筑起者。然人岂徒求得生活而已乎？

人类生活方法的特殊 一切生物诚盘旋于生活而止，无更越此一步者；唯人类则悠然长往，突破此限。此人类生命之特殊，当于其生活方法的特殊谛认之。

生物所以生活的方法，各不相同。然大体言之，则不外植物之定驻吸食的生活方法与动物之游走觅食的生活方法。于动物游走觅食中，又有节足动物之趋重本能，与脊椎动物之趋重理智，两不同。前者，依先天安排就的方法以为生活，蜂若蚁是其代表；后者则有待后天之用思与学习，唯人类能达其域。于是合前植物之定驻以言，生物之生活方法盖有如是三大脉路。三者以植物为最省事，依本能者次之，而理智一路为最费力。脊椎动物，自鱼类鸟类哺乳类猿猴类以讫人类，以次而进于理智，也即以次而远于本能。盖虽同此趋向，而于进程中稍有偏违，即不

---

* 节录自《乡村建设理论》一书最末一章"末后我们可以成功的社会"的部分"乙"。

得卒达也。

　　试表之如图：

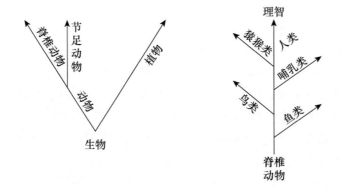

　　于理智虽见萌芽而未得卒达之脊椎动物，仍依本能为活；其生活盖年年如是，代代如是，无有创新。实则一切生物，自人类而外，固悉自陷于一境，如驴转磨，盘旋而不得进。唯人类能运用理智，辟造文化，日有迁进，为独不然焉。

　　何谓理智　本能作用不离具体事物；而所谓理智，即指离开具体事物而起之分别区划计算推理等作用以为言。吾人生活上所用之工具机械文物制度，即以此等作用而创造出；而依本能为活者，则其工具即寓于其身体。

　　人类整个生命之特殊　动物于特定之具体事物，发生特定之兴趣行为（如蚕之于桑叶）；其关系有如系定。因之，宇宙间与有关系之事物，为数乃甚有限。人类则于任何事物，均可发生兴趣行为而无所限。以唯平视泛观，周及一切，乃为理智。唯人到达乎理智，故唯人能无所系定；其生命豁然开大，曾无局限，实得一大解放焉。

　　人类社会建设的原则之一　由此一大解放，人类生命遂得廓然与物同体，其情无所不到。见人创伤，我动惨恻；抑于物也然，匪独对人；古人所谓万物一体之情是已。语曰："有福同享，有罪同受"；苟能如此行之，则虽受罪也不甚苦，以其一体之情得所发舒也。故吾人当建设一个能代表人类此一体之情之社会。

　　人类社会建设的原则之二　无私的理智，开发出无私的感情；故人心有是非，不以利害而泯。语云："所欲有甚于生者"，人类生命之高强博大于是见焉。革命运动之必推翻旧秩序，不徒为生存斗争，亦以不得于理而否认之也。故人类社会之建设，当求其如义得理；如或未然，不得不止。

人类社会建设的原则之三 本能者有所能而止于所能；人初若无一能，而顾有无限之创造力，故其究也无所不能。此创造力之必求得所发抒，盖人类最强要求之一；亦唯得所发抒，乃不负其所以为人。人之创造力各有所偏，亦曰个性。尊重个性，鼓进创造，此建设人类社会之所必不可忽。社会所以必许个人以自由，其义亦在此。

人类社会建设的原则之四 唯于人类生命而后教育为可能；亦唯人类生活乃需要教育。然教育非徒为生活而已，将以为人类生命之无限的开展焉。其见于外者，则为社会文化之得继续创进无已；其存乎内者，则为个人心理日造乎开大通透深细敏活，而映现之理亦无尽。古人有言："寡过未能"，即其歉然不足之情，人类向上求不失于理者见焉。此情莫能已，此理益以辟，人生不可一日废学。故人类社会之建设应处处出之以教育眼光，形成一教育的环境，启人向学之诚而萃力于创造自己。社会于人，至此乃尽其最大之效用。

结论 人类生命的特殊，更有一点，则于美的领略欣赏是。盖饮食而知其味，唯人为能尔。吾人生活中处处有美不美的问题，不徒苟求生活而已焉。社会建设于此宜有讲求；然不另立一则者，以美育可并括于教育也。总上四则，人类精神于以寄矣。自非表见人类精神，难乎其为人类社会；然而是未易言。

中国文化要义(选录)[*]
(1949)

自 序

这是我继《东西文化及其哲学》(作于 1920—1921),《中国民族自救运动之最后觉悟》(作于 1929—1931),《乡村建设理论》作于 1932—1936),而后之第四本书。先是 1941 年春间在广西大学作过两个月专题讲演。次年春乃在桂林开始着笔。至 1944 年陆续写成六章,约八万字,以日寇侵桂辍笔。胜利后奔走国内和平,又未暇执笔。1946 年 11 月我从南京返来北碚,重理旧业,且作且讲。然于桂林旧稿仅用做材料,在组织上却是重新来过。至今——1949 年 6 月——乃告完成,计首尾历时九年。

前后四本书,在内容上不少重见或复述之处。此盖以其间问题本相关联,或且直是一个问题;而在我思想历程上,又是一脉衍来,尽前后深浅精粗有殊,根本见地大致未变,特别第四是衔接第三而作,其间更多关系。所以追上去看第三本书,是明白第四本书的锁钥。第三本书一名《中国民族之前途》。内容分上下两部:上半部为认识中国问题之部,下半部为解决中国问题之部。——因要解决一个问题,必须先认识此一

---

* 本书之构思约始于 1941 年,次年着笔,1949 年 6 月完成。其写作经过具见作者自序。1949 年 11 月成都路明书店初版竖排本,文字多错落。因时逢解放战争,流传不广。1987 年 6 月,上海学林出版社据作者生前订正出版横排本,该社编者曾作个别删改。1990 年收入《梁漱溟全集》第三卷时,又据路明书店版再次作文字和编排上的订正,并恢复删略字句。现据《全集》文本收入本卷,并再次据路明书店本和学林出版社本作文字上的订正和复原。又,本书部分内容曾专文刊布于《文化杂志》等刊物。现选录此书之"自序"、第五章"中国是伦理本位的社会"、第七章"理性——人类的特征",及第八章"阶级对立与职业分途"。

问题。中国问题盖从近百年世界大交通，西洋人的势力和西洋文化蔓延到东方来，乃发生的。要认识中国问题，即必得明白中国社会在近百年所引起之变化及其内外形势。而明白当初未曾变的老中国社会，又为明白其变化之前提。现在这本《中国文化要义》，正是前书讲老中国社会的特征之放大，或加详。

于此见出我不是"为学问而学问"的。我是感受中国问题之刺激，切志中国问题之解决，从而根追到其历史，其文化，不能不用番心，寻个明白。什么"社会发展史"，什么"文化哲学"，我当初都未曾设想到这些。从一面说，其动机太接近实用（这正是中国人的短处），不足为产生学问的根源。但从另一面说，它却不是书本上的知识，不是学究式的研究；而是从活问题和活材料，朝夕寤寐以求之一点心得。其中有整个生命在，并非偏于头脑一面之活动；其中有整整四十年生活体验在，并不是一些空名词假概念。

我生而为中国人，恰逢到近数十年中国问题极端严重之秋，其为中国问题所困恼自是当然。我的家庭环境和最挨近的社会环境，都使我从幼小时便知注意这问题。[1] 我恍如很早便置身问题之中，对于大局时事之留心，若出自天性。虽在年逾半百之今天，自叹"我终是一个思想的人而非行动的人；我当尽力于思想而以行动让诸旁人"，然我却自幼即参加行动。[2] 我一向喜欢行动而不甘于坐谈。有出世思想，便有出世生活；有革命思想，便有革命实践。特别为了中国问题，出路所指，赴之恐后；一生劳攘，亦可概见。[3]

就在为中国问题而劳攘奔走之前若后，必有我的主见若心得。原来此一现实问题，中国人谁不身预其间？但或则不著不察；或则多一些感触，多一些反省。多感触多反省之后，其思想行动便有不得苟同于人者。纵不形见于外，而其衷之所存，未许一例相看。是之谓有主见，是之谓有心得。我便是从感触而发为行动，从行动而有心得，积心得而为主见，从主见更有行动；……如是辗转增上，循环累进而不已。其间未尝不读书。但读书，只在这里面读书；为学，只在这里面为学。不是泛泛地读，泛泛地学。至于今日，在见解思想上，其所入愈深，其体系滋

---

① 具见于《我的自学小史》第四第五两节。

② 此指八岁时在北京市散发传单而说，事见《我的自学小史》。

③ 少年时先热心于君主立宪运动，次参预 1911 年革命，1927 年以后开始乡村运动，1937 年以后为抗战奔走，其中包含国内团结运动及巡历于敌后。至胜利后又奔走和平。

大，吾虽欲自昧其所知以从他人，其可得乎！

说我今日见解思想，一切产生于问题刺激，行动反应之间，自是不错。然却须知，尽受逼于现实问题之下，劳攘于现实问题之中，是产不出什么深刻见解思想的；还要能超出其外，静心以观之，才行。

于是就要叙明我少年时，在感受中国问题刺激稍后，又曾于人生问题深有感触，反复穷究，不能自已。① 人生问题较之当前中国问题远为广泛、根本、深澈。这样便不为现实问题之所囿。自己回顾过去四十余年，总在这两问题中沉思，时而趋重于此，时而趋重于彼，辗转起伏虽无一定，而此牵彼引，恰好相资为用。并且我是既好动又能静的人。一生之中，时而劳攘奔走，时而退处静思，动静相间，三番五次不止。② 是以动不盲动，想不空想。其幸免于随俗浅薄者，赖有此也。

就以人生问题之烦闷不解，令我不知不觉走向哲学，出入乎东西百家。然一旦于人生道理若有所会，则亦不复多求。假如视哲学为人人应该懂得一点的学问，则我正是这样懂得一点而已。这是与专门治哲学的人不同处。又当其沉潜于人生问题，反复乎出世与入世，其所致力者，盖不徒在见闻思辨之内；见闻思辨而外，大有事在。这又是与一般哲学家不同处。异同得失，且置勿论。卒之，对人生问题我有了我的见解思想，更有了我今日的为人行事。同样地，以中国问题几十年来之急切不得解决，使我不能不有所行动，并耽玩于政治、经济、历史、社会文化诸学。然一旦于中国前途出路若有所见，则亦不复以学问为事。究竟什么算学问，什么不算学问，且置勿论。卒之，对中国问题我有了我的见解思想，更有了今日我的主张和行动。

所以"我无意乎学问"，"我不是学问家"，"以哲学家看我非知我者"，……如此累次自白（见前出各书），在我绝非无味的声明。我希望我的朋友，遇到有人问起：梁某究是怎样一个人？便为我回答说：

"他是一个有思想的人。"

或说：

"他是一个有思想，又且本着他的思想而行动的人。"

这样便恰如其分，最好不过。如其说：

---

① 人生问题之烦闷约始于十七岁时，至二十岁而倾心于出世，寻求佛法。

② 过去完全静下来自修思考，有三时期：（一）在1912年后至1916年前；（二）在1925年春至1928年春；（三）在1946年退出国内和谈至今天。

"他是一个思想家，同时又是一社会改造运动者。"

那便是十分恭维了。

这本书主要在叙述我对于中国历史和文化的见解，内容颇涉及各门学问。初不为学者专家之作，而学者专家正可于此大有所资取。我希望读者先有此了解，而后读我的书，庶不致看得过高或过低。

"认识老中国，建设新中国"——这是我的两句口号。继这本书而后，我将写《现代中国政治问题研究》一书。盖近几十年来政治上之纷纭扰攘，总不上轨道，实为中国问题苦闷之焦点。新中国之建设，必自其政治上有办法始。此无可疑也。然一旦于老中国有认识后，则于近几十年中国所以纷扰不休者，将必恍然有悟，灼然有见；而其今后政治上如何是路，如何不是路，亦遂有可得而言者。吾是以将继此而请教于读者。

1949 年 10 月 10 日　漱溟自记

第五章　中国是伦理本位的社会

一　何谓伦理本位

即此缺乏集团生活，是中国人欹重家庭家族之由来，此外并不须其他解释（如冯卢诸君所说者）。盖缺乏集团生活与欹重家族生活，正是一事之两面，而非两事。这是既经上面种种指证中西社会生活之不同以后，十分明白的事。

是人类都有夫妇父子，即都有家庭；何为而中国人的家庭特见重要？家庭诚非中国人所独有，而以缺乏集团生活，团体与个人的关系轻松若无物，家庭关系就自然特别显著出了。——抑且亦不得不着重而紧密起来。西洋人未始无家庭，然而他们集团生活太严重太紧张，家庭关系遂为其所掩。松于此者，紧于彼；此处显，则彼处隐。所以是一事而非两事。在紧张的集团中，团体要直接统制干涉到个人；在个人有自觉时候，要争求其自由和在团体中的地位。团体与个人这两面是相待而立的，犹乎左之与右。左以右见，右以左见。在西洋既富于集团生活，所以个人人格即由此而苦露。在中国因缺乏集团生活，亦就无从映现个人问题。团体与个人，在西洋俨然两个实体，而家庭几若为虚位。中国人却从中间就家庭关系推广发挥，而以伦理组织社会消融了个人与团体这两端（这两端好像俱非他所有）。

我从前曾为表示中国西洋两方社会生活之不同，作了两个图①，其第一图如下：

中国西洋对照图之一

图例：

一、以字体大小表示其位置之轻重

二、以箭形线一往一复表示其直接互相关系

三、虚线则表示其关系不甚明确

这种不同实是中西文化路径不同。论者徒有见于近代产业兴起，家庭生活失其重要，不复巩固如前，同时个人之独立自由，亦特著于近代思潮以后，其间互有因果关系，从而蔚成西洋近代国家；便设想个人隐没于家庭，家庭生活呆重如中国者，当必为文化未进之征，而类同于西洋之中古。于是就臆断其为社会演进前后阶段之不同。他不从双方历史背景仔细比较以理解现在，而遽凭所见于后者以推论其前，焉得正确！

然则中国社会是否就一贯地是家庭本位呢？否，不然。我们如其说，西洋近代社会是个人本位的社会——英美其显例；而以西洋最近趋向为社会本位的社会——苏联其显例。那我们应当说中国是一"伦理本位的社会"。"家族本位"这话不恰当，且亦不足以说明之。只有宗法社会可说是家族本位，此见甄克斯《社会通诠》。中国却早蜕出宗法社会，章太炎先生作《社会通诠商兑》尝辨明之。② 要知：在社会与个人相互关系上，把重点放在个人者，是谓个人本位；同在此关系上而把重点放在社会者，是谓社会本位；皆从对待立言，显示了其间存在的关系。此时必须用"伦理本位"这话，乃显示出中国社会间的关系而解答了重点问题。若说家族本位既嫌狭隘，且嫌偏在一边。

人一生下来，便有与他相关系之人（父母、兄弟等），人生且将始终在与人相关系中而生活（不能离社会），如此则知，人生实存于各种关

① 见旧著《乡村建设理论》第54页。

② 严先生据《社会通诠》以排满为宗法思想。章先生则据历史指证春秋战国许多不排外之事，以明中国早与宗法社会条件不合。参看本书第八章。

系之上。此种种关系，即是种种伦理。伦者，伦偶，正指人们彼此之相与。相与之间，关系遂生。家人父子，是其天然基本关系；故伦理首重家庭。父母总是最先有的，再则有兄弟姊妹。既长，则有夫妇，有子女；而宗族戚党亦即由此而生。出来到社会上，于教学则有师徒；于经济则有东伙；于政治则有君臣官民；平素多往返，遇事相扶持，则有乡邻朋友。随一个人年龄和生活之开展，而渐有其四面八方若近若远数不尽的关系。是关系，皆是伦理；伦理始于家庭，而不止于家庭。

吾人亲切相关之情，几乎天伦骨肉，以至于一切相与之人，随其相与之深浅久暂，而莫不自然有其情分。因情而有义。父义当慈，子义当孝，兄之义友，弟之义恭。夫妇、朋友，乃至一切相与之人，莫不自然互有应尽之义。伦理关系，即是情谊关系，亦即是其相互间的一种义务关系。伦理之"理"，盖即于此情与义上见之。更为表示彼此亲切，加重其情与义，则于师恒曰"师父"，而有"徒子徒孙"之说；于官恒曰"父母官"，而有"子民"之说；于乡邻朋友，则互以叔伯兄弟相呼。举整个社会各种关系而一概家庭化之，务使其情益亲，其义益重。由是乃使居此社会中者，每一个人对于其四面八方的伦理关系，各负有其相当义务；同时，其四面八方与他有伦理关系之人，亦各对他负有义务。全社会之人，不期而辗转互相联锁起来，无形中成为一种组织。——前说"中国人就家庭关系推广发挥，以伦理组织社会"者指此。此种组织与团体组织是不合的。它没有边界，不形成对抗。恰相反，它由近以及远，更引远而入近；泯忘彼此，尚何有于界划？自古相传的是"天下一家"，"四海兄弟"。试问何处宗法社会有此超旷意识？——宗法社会排他性最强，如只是家族本位、宗法制度，怎配把中国民族在空间上恢拓这样大，在时间上绵延这样久？要知家族宗法之依稀犹存，正为其有远超过这些者，而非就是这些。

那么，其组织之重点又放在哪里呢？此且看后文。

二　伦理之于经济

大抵社会组织，首在其经济上表著出来。西洋近代社会之所以为个人本位者，即因其财产为个人私有。恩如父子而异财；亲如夫妇而异财；偶尔通融，仍出以借贷方式。儿子对父母，初无奉养责任；——社会无此观念，法律无此规定。① 父母年老而寓居其子之家，应付房租饭

---

① 　但对于无谋生能力不能维持生活之父母，则民法上大都规定其子女有扶养之义务。

费。其子或予免费，或减收若干者，非恒例。如同各人有其身体自由一样，"财产自由"是受国家法律社会观念所严格保障的。反之，在社会本位的社会如苏联者，便是以土地和各种生产手段统归社会所有。伦理本位的社会于此，两无所似。

伦理社会中，夫妇、父子情如一体，财产是不分的。而且父母在堂，则兄弟等亦不分；祖父在堂，则祖孙三代都不分的，分则视为背理（古时且有禁）。——是曰共财之义。不过伦理感情是自然有亲疏等差的，而日常生活实以分居为方便；故财不能终共。于是弟兄之间，或近支亲族间，便有分财之义。初次是在分居时分财，分居后富者或再度分财与贫者。亲戚朋友邻里之间，彼此有无相通，是曰通财之义。通财，在原则上是要偿还的；盖其分际又自不同。然而作为周济不责偿，亦正是极普通情形。还有遇到某种机会，施财亦是一种义务；则大概是伦理上关系最宽泛的了。要之，在经济上皆彼此顾恤，互相负责；有不然者，群指目以为不义。此外，如许多祭田、义庄、义学等，为宗族间共有财产；如许多社仓、义仓、学田等，为乡党间共有财产；大都是作为救济孤寡贫乏，和补助教育之用。这本是从伦理负责观念上，产生出来的一种措置和设备，却与团体生活颇相近似了。

从某一点上来看，这种伦理的经济生活，隐然亦有似一种共产。不过它不是以一个团体行共产。其相与为共的，视其伦理关系之亲疏厚薄为准，愈亲厚，愈要共，以次递减。同时亦要看这财产之大小，财产愈大，将愈为多数人之所共。盖无力负担，人亦相谅；既有力量，则所负义务随之而宽。此所以有"蛇大窟窿大"之谚语。又说"有三家穷亲戚，不算富；有三家阔亲戚，不算贫"。然则其财产不独非个人有，非社会有，抑且亦非一家庭所有，而是看做凡在其伦理关系中者，都可有份的了，谓之"伦理本位的社会"，谁曰不宜？

中国法律早发达到极其精详地步。远如唐律，其所规定且多有与现代各国法典相吻合者。但各国法典所至详之物权债权问题，中国几千年却一直是忽略的。盖正为社会组织从伦理情谊出发，人情为重，财物斯轻，此其一。伦理因情而有义，中国法律一切基于义务观念而立，不基于权利观念，此其二。明乎此，则对于物权债权之轻忽从略，自是当然的。此一特征，恰足以证明我们上面所说财产殆属伦理所共有那句话。

再与西洋对照来看，像英美等国常有几百万失业工人，整年从国家领取救济金维持生活，实为过去中国所未闻。在他们非独失业问题如此，什么问题来了，都是课问政府。因为西洋原是团体负责制。中国则各人有问题时，各寻自己的关系，想办法。而由于其伦理组织，亦自有为之负责者。因此，有待救恤之人恒能消纳于无形。此次抗战，在经济上支撑八年，除以农村生活偏于自给自足，具有甚大伸缩力外，其大量知识分子和一部分中上阶级之迁徙流离，卒得存活者，实大有赖于此伦理组织。中外人士固多有能察识及此，而道之者。

随此社会经济伦理化之结果，便是不趋向所谓"生产本位"的资本主义之路。后面第十章当论之。

三　伦理之于政治

就伦理组织说，既由近以及远，更引远而入近，故尔无边界无对抗。无边界无对抗，故无中枢，亦即非团体。非团体，即无政治。政治非他，不外团体公共之事而已。但一家族却可自成范围而有其中枢，有其公共事务即政治。不过这按之前说集团生活三条件（见第四章），不算真团体。中国过去之乡治与国政大抵都是本于这种方式。

旧日中国之政治构造，比国君为大宗子，称地方官为父母，视一国如一大家庭。所以说"孝者所以事君，弟者所以事长，慈者所以使众"；而为政则在乎"如保赤子"。自古相传，二三千年一直是这样。这样，就但知有君臣官民彼此间之伦理的义务，而不认识国民与国家之团体关系。因而在中国，就没有公法私法的分别，刑法民法亦不分了。一般国家罔非阶级统治；阶级统治是立体的，而伦理关系则是平面的。虽事实逼迫到中国要形成一个国家，然条件既不合（后详），观念亦异。于是一般国家之阶级统治，在这里不免隐晦或消融了。

不但整个政治构造，纳于伦理关系中；抑且其政治上之理想与途术，亦无不出于伦理归于伦理者。福利与进步，为西洋政治上要求所在；中国无此观念。中国的理想是"天下太平"。天下太平之内容，就是人人在伦理关系上都各自作到好处（所谓父父子子），大家相安相保，养生送死而无憾。至于途术呢，则中国自古有"以孝治天下"之说。近代西洋人不是相信。从人人之开明的利己心可使社会福利自然增进不已吗？这正好相比。这是说：从人人之孝弟于其家庭，就使天下自然得其治理；故为君上者莫若率天下以孝。两方目标虽不同，然其都取放任而不主干涉又却相近。孟德斯鸠《法意》上有两三段话，大致不差：

> （前略）是故支那孝之为义，不自事亲而止也，盖资于事亲而百行作始。惟彼孝敬其所生，而一切有于所亲表其年德者，皆将为孝敬之所存。则长年也，主人也，官长也，君上也，且从此而有报施之义焉。以其子之孝也，故其亲不可以不慈。而长年之于稚幼，主人之于奴婢，君上之于臣民，皆对待而起义。凡此谓之伦理；凡此谓之礼经。伦理、礼经，而支那所以立国者胥在此。（严译本十九卷十九章）

> 支那之圣贤人，其立一王之法度也，所最重之祈向，曰唯吾国安且治而已。夫如此，故欲其民之相敬。知其身之倚于社会而交于国人者，有不容已之义务也，则礼仪三百威仪三千从而起矣。是以其民虽在草泽州里之间，其所服习之仪容殆与居上位者无攸异也。因之其民为气柔而为志逊，常有以保其治安，存其秩序。惩忿窒欲，期戾气之常屏而莫由生。（十九卷十六章）

> （前略）而支那政家所为尚不止此。彼方合宗教法典仪文习俗四者，于一炉而冶之。凡此皆民之行谊也，皆民之道德也，总是四者之科条，而一言以括之曰礼。使上下由礼而无违，斯政府之治定，斯政家之功成矣。此其大道也，幼而学之，学于是也。壮而行之，行于是也。教之以一国之师儒，督之以一国之官宰。举民生所日用常行，一切不外于是道。使为上能得此于其民，斯支那之治为极盛。（十九卷十七章）。

四　伦理有宗教之用

中国人似从伦理生活中，深深尝得人生趣味。像孟子所说：

> 仁之实，事亲是也。义之实，从兄是也。智之实，知斯二者弗去是也。礼之实，节文斯二者是也。乐之实，乐斯二者。乐则生矣；生则恶可已也！恶可已，则不知足之蹈之，手之舞之！

> 朱注："乐则生矣"，谓事亲从兄之意油然自生，如草木之有生意。既有生意，则其畅茂条达自有不可遏者；所谓"恶可已"也。其又盛，则至于"手舞足蹈"而不自知矣！

固然其中或有教化设施的理想，个人修养的境界，不是人人现所尝得的。然其可能有此深醇乐趣，则信而不诬。普通人所尝得者不过如俗语"居家自有天伦乐"，而因其有更深意味之可求，几千年中国人生就向此走去而不回头了。

反之，鳏、寡、孤、独，自古看做人生之最苦，谓曰"无告"。此无告二字，颇可玩味。"无告"，是无所告诉，何以无所告诉，便为最苦？固然有得不到援助之意，而要紧尚不在援助之有无，要在有与我情亲如一体的人，形骸上日夕相依，神魂间尤相依以为安慰。一啼一笑，彼此相和答；一痛一痒，彼此相体念。——此即所谓"亲人"，人互喜以所亲者之喜，其喜弥扬；人互悲以所亲者之悲，悲而不伤。盖得心理共鸣，衷情发舒合于生命交融活泼之理。所以疾苦一经诉说，不待解救，其苦已杀也。西洋亲子异居，几为定例；夫妇离合，视同寻常。直是不孤而孤之，不独而独之；不务于相守，而恒相离；我以为变，彼以为常。藉此不同的习俗，而中国人情之所尚，更可见。

同时又因为中国是职业社会而不是阶级社会（详后）之故，每一家人在社会中地位可能有很大升降，这给予家庭伦理以极大鼓励作用。一家人（包含成年的儿子和兄弟），总是为了他一家的前途而共同努力。就从这里，人生的意义好像被他们寻得了。何以能如此？其中有几点道理：（一）他们是在共同努力中。如所谓："三兄四弟一条心，门前土地变黄金"、"家和万事兴"一类谚语，皆由此而流行。熙熙融融，协力合作，最能使人心境开豁，忘了自己此时纵然处境艰难，大家吃些苦，正亦乐而忘苦了。（二）所努力者，不是一己的事，而是为了老少全家，乃至为了先人为了后代。或者是光大门庭，显扬父母；或者是继志述事，无坠家声；或者积德积财，以遗子孙。这其中可能意味严肃、隆重、崇高、正大，随各人学养而认识深浅不同。但至少，在他们都有一种神圣般的义务感。在尽了他们义务的时候，睡觉亦是魂梦安稳的。（三）同时，在他们面前都有一远景，常常在鼓励他们工作。当其厌倦于人生之时，总是在这里面（义务感和远景）重新取得活力，而又奋勉下去。每每在家贫业薄寡母孤儿的境遇，愈自觉他们对于祖宗责任之重，而要努力兴复他们的家。历史上伟大人物，由此产生者不少。

中国人生，便由此得了努力的目标，以送其毕生精力，而精神上若有所寄托。如我夙昔所说，宗教都以人生之慰安勖勉为事；那么，这便恰好形成一宗教的替代品了。[①]

盖人生意味最忌浅薄，浅薄了，便牢拢不住人类生命，而使其甘心送他的一生。饮食男女，名位权利，固为人所贪求；然而太浅近了。事事为自己打算，固亦人之恒情；然而太狭小了。在浅近狭小中混来混去，有时要感到乏味的。特别是生命力强的人，要求亦高；他很容易看不上这些，而偏对于相反一面——如贞洁禁欲，慷慨牺牲——感觉有味。权利欲所以不如义务感之意味深厚，可能引发更强生命力出来，表见更大成就者，亦正为此。这种情形，是原于人的生命本具有相反之两面：一面是从躯壳起念之倾向；又一面是倾向于超躯壳或反躯壳。两面中间，则更有复杂无尽之变化。宗教正是代表后一倾向。其所以具有稳定人生之伟大作用者，就为它超越现实，超越躯壳，不使人生局于浅近狭小而止。生命力强的人，得其陶养而稳定，庸众亦随之而各安其生。中国之家庭伦理，所以成一宗教替代品者，亦即为它融合人我泯忘躯壳，虽不离现实而拓远一步，使人从较深较大处寻取人生意义。它实在是那两面中间变化之一种。

以上皆说明伦理有宗教之用，意谓中国缺乏宗教，以家庭伦理生活来填补它。但我们假如说中国亦有宗教的话，那就是祭祖祀天之类。从前在北京有太庙、社稷坛、天坛、地坛、先农坛等，为皇帝行其典礼之处。在老百姓家里则供有"天地君亲师"牌位。礼记上曾说明"万物本乎天，人本乎祖"，祭天祭祖的意义是一贯地在于"报本反始"。从这种报本反始以至崇德报恩等意思，他可有许多崇拜（例如四川有"川主庙"，祀开创灌县水利工程的李冰父子之类）。不以拜天而止，不能称之曰拜天教；不以拜祖先而止，亦不是宗法社会的祖先教。它没有名称，更没有其教徒们的教会组织。不得已，只可说为"伦理教"。因其教义，恰不外乎这伦理观念；而其教徒亦就是这些中国人民。正未知是由此信仰而有此社会，抑或由此社会而有此信仰？总之，二者正相合相称。

五　此其重点果何在

中国人的神情，总是从容不迫。这自然是农业社会与工商业社会不

---

① 　亡友王鸿一先生尝谓：鸟兽但知有现在，人类乃更在过去未来观念，故人生不能以现在为止。宗教即为解决此三世问题者，是以有天堂净土、地狱轮回一类说法。中国人则以一家之三世——祖先、本身、儿孙——为三世。过去信仰，寄于祖先父母，现在安慰寄于家室和合，将来希望寄于儿孙后代。此较之宗教的解决为明通切实云云，附此以备参考。

同处。然而一个人在家里较之在团体组织中，亦是不同的。就在这宽松自然不甚经意的家人父子生活中，让人的情感发露流行。同时又以其为职业社会之故，在实际生活上使得这一家人相依为命（后详），于是其情感更深相缠结。扩演之结果，伦理的社会就是重情谊的社会。反之，在中国社会处处见彼此相与之情者，在西洋社会却处处见出人与人相对之势。非唯人民与其政府相对，劳工与其业主相对，甚至夫妇两性亦且相对，然此自是两方文化成熟后之情形；溯其来源，皆甚远。西方且另谈。中国之所以走上此路，盖不免有古圣人之一种安排在内，非是由宗法社会自然演成。

这即是说：中国之以伦理组织社会，最初是有眼光的人看出人类真切美善的感情，发端在家庭，培养在家庭。他一面特为提掇出来，时时点醒给人——此即"孝弟"、"慈爱"、"友恭"等。一面则取义于家庭之结构，以制作社会之结构——此即所谓伦理。于此，我们必须指出：人在情感中，恒只见对方而忘了自己；反之，人在欲望中，却只知为我而顾不到对方。前者如：慈母每为儿女而忘身；孝子亦每为其亲而忘身。夫妇间、兄弟间、朋友间，凡感情厚的必处处为对方设想，念念以对方为重，而把自己放得很轻。所谓"因情而有义"之义，正从对方关系演来，不从自己立场出发。后者之例，则如人为口腹之欲，不免置鱼肉于刀俎；狎妓者不复顾及妇女人格，皆是。人间一切问题，莫不起自后者——为我而不顾人；而前者——因情而有义——实为人类社会凝聚和合之所托。古人看到此点，知道孝弟等肫厚的情感要提倡。更要者，就是把社会中的人各就其关系，排定其彼此之名分地位，而指明相互间应有之情与义，要他们时时顾名思义。主持风教者，则提挈其情，即所以督责其义。如古书所云："为人君止于仁；为人臣止于敬；为人子止于孝；为人父止于慈；与国人交止于信。"如是，社会自然巩固，一切事可循轨而行。此种安排提倡，似不出一人之手，亦非一时之功。举其代表人物，自是周公、孔子。

伦理社会所贵者，一言以蔽之曰：尊重对方。何谓好父亲？常以儿子为重的，就是好父亲。何谓好儿子？常以父亲为重的，就是好儿子。何谓好哥哥？常以弟弟为重的，就是好哥哥。何谓好弟弟？常以哥哥为重的，就是好弟弟。客人来了，能以客人为重的，就是好主人。客人又能顾念到主人，不为自己打算而为主人打算，就是好客人。一切都是这样。所谓伦理者无他义，就是要人认清楚人生相关系之理，而于彼此相关系中，互以对方为重而已。

我旧著于此，曾说"伦理关系即表示一种义务关系；一个人似不为其自己而存在，乃仿佛互为他人而存在者。"① 今见张东荪先生《理性与民主》一书第三章，论人性与人格，恰有同样的话：

> 在中国思想上，所有传统的态度总是不承认个体的独立性，总是把个人认做"依存者"（depending being），不是指其生存必须依靠于他人而言，乃是说其生活在世必须尽一种责任，无异为了这个责任而生。

张先生还有一段话，足以印证上面我的说话：

> 我尝说，中国的社会组织是一个大家庭而套着多层的无数小家庭。可以说是一个"家庭的层系"（a hierarchical system of families）。所谓君就是一国之父，臣就是国君之子。在这样层系组织之社会中，没有"个人"观念。所有的人，不是父，即是子。不是君，就是臣。不是夫，就是妇。不是兄，就是弟。中国的五伦就是中国社会组织；离了五伦别无组织，把个人编入这样层系组织中，使其居于一定之地位，而课以那个地位所应尽的责任。如为父则有父职，为子则有子职。为臣则应尽臣职，为君亦然。（中略）在一个家庭中，不仅男女有别是出于生理，即长幼之分亦成于天然。用这种天然的区别来反映在社会的组织上，则社会便变由各种不同的人们配合而成的了。（见张著《理性与民主》第8页）

此外则费孝通教授最近在伦敦经济学院，一篇《现代中国社会变迁之文化症结》讲演，向英国人以他们的 sportsmanship 比喻中国的社会结构，其意见亦足相印证。此不具引。

在中国没有个人观念；一个中国人似不为其自己而存在。然在西洋，则正好相反了。张先生书中，把西洋个人观念之渊源，从希腊文化、希伯来文化、罗马法等等说起，极有学术价值。但我们先不说那样远。我只指出它是近代产物，打从中古西洋人生之反动而来。谁都知道，西洋近代潮流主要在"个人之觉醒"。促使"个人之觉醒"者，有二：第一，是西洋中古基督教禁欲主义逼着它起反动，就爆发出来近代之欲望本位的人生；肯定了欲望，就肯定个人。第二，是西洋中古过强

---

① 见《中国民族自救运动之最后觉悟》第86页，中华书局出版。

的集团生活逼着它起反动，反动起来的当然就是个人了。一面有欲望之抬头，一面个人又受不了那过分干涉；两面合起来，不是就产生人权自由之说了吗？近代以来，所谓"个人本位的社会"，即由这样对中古革命而出现于世。在社会组织上是个人本位；到法律上，就形著为权利本位的法律。于是在中国弥天漫地是义务观念者，在西洋世界上却活跃着权利观念了。在中国几乎看不见有自己，在西洋恰是自己本位，或自我中心。——这真是很好的一种对映。

此其相异，于中西日常礼仪上即可看出。如西洋人宴客，自己坐在正中，客人反在他的两旁。尊贵的客人，近在左右手，其他客人便愈去愈远。宴后如或拍影，数十百人皆为自己作陪衬，亦复如是。中国则客来必请上座，自己在下面相陪，宴席之间，贵客高居上座离主人最远；其近在左右手者，不过是末座陪宾了。寻其意味，我则尊敬对方，谦卑自处；西洋则自我中心，示其亲昵。——这完全是两种精神。

权利一词，是近数十年之舶来品，译自英文 rights。论其字之本义，为"正当合理"，与吾人之所尚初无不合。但有根本相异者，即它不出于对方之认许，或第三方面之一般公认，而是由自己说出。例如子女享受父母之教养供给，谁说不是应当的？但如子女对父母说"这是我的权利"，"你应该养活我；你要给我相当教育费"——便大大不合中国味道。假如父母对子女说"我应当养活你们到长大"；"我应给你们相当教育"；——这便合味道了。就是父母对子女而主张自己权利，亦一样不合。不过沿着自幼小教导子女而来的习惯，父母责子女以孝养，听着好像不如是之不顺耳而已。其他各种关系，一切准此可知。要之，各人尽自己义务为先；权利则待对方赋与，莫自己主张。这是中国伦理社会所准据之理念。而就在彼此各尽其义务时，彼此权利自在其中；并没有漏掉，亦没有迟延。事实不改，而精神却变了。自第一次大战后，世界风气亦有许多转变，却总没有转变到如此。他们一种转变是：个人对于国家，当初只希望它不干涉者，此时转而希望它能积极负责。于是许多国家的新宪法（1919 年德宪为其代表），于人民消极性权利之外，多规定些积极性权利，类如什么生存权、要工作权、受教育权等等。又一种转变是：社会本位思想抬头了，国家要采干涉主义，加重人民的义务。于是新宪法又添上：如何运用财产亦是人民的义务，如何受教育亦是人民的义务，如何工作亦是人民的义务，乃至选举投票亦是人民的义务，国家得从而强制之。这两种转变，显然都是出于一个趋势，就是国家这一团体愈来愈见重要。虽是一个趋势，而因为说话立场不同，有时站在这面，有时站在那面，却不免矛盾起来。其所以起矛盾者，即为两面各自主张其权利，而互以义务课于对方。若以我们伦理眼光来看，在国家一面，要把选举认为是国民的权利而尊重之，而以实行公开选举为国家必践之义务。在国民一面，则承认国家有权召集我们投票，承认投票是我们的义务而履行之。其他准此推之，无不迎刃而解。试问还有什么分歧，还有什么矛盾呢？但习惯于自我中心的西方人，则不会这样想这样说。他或者就为个人设想，为个人说话——他若是个人本位主义者，便如此。他或者就为国家设想，为国家说话——他若是团体本位主义者，便如此。

前曾说，在社会与个人相互关系上，把重点放在个人者，是谓个人本位；同在此关系上，把重点放在社会者，是谓社会本位。诚然，中国之伦理只看见此一人与彼一人之相互关系，而忽视社会与个人相互间的关系。——这是由于他缺乏集团生活，势不可免之缺点。但他所发挥互以对方为重之理，却是一大贡献。这就是，不把重点固定放在任何一方，而从乎其关系，彼此相交换；其重点实在放在关系上了。伦理本位者，关系本位也。非唯巩固了关系，而且轻重得其均衡不落一偏。若以此理应用于社会与个人之间，岂不甚妙！

团体权力与个人自由，在西洋为自古讫今之一大问题，难于解决。平心而论，各有各理，固执一偏，皆有所失。最合理想的解决，是这样：

一、平常时候，维持均衡，不落一偏；

二、于必要时，随有轩轾，伸缩自如。

但有何方法能达成这理想呢？如果说："两边都不要偏，我们要一个均衡！"则只是一句空话，不着边际，说了等于不说。如要有所指示，使人得所循守，而又不偏到一边去，那只有根据伦理，指示站在团体一面必尊重个人，而站在个人一面，则应以团体为重。此外更无他道。其实从现在看来，当初要确定"个人本位"，或要确定"团体本位"，都是错的。根本不应当定一客观标准令人循从。话应当看是谁说的，离开说话的人，不能有一句话。标准是随人的，没有一个绝对标准，此即所谓相对论。相对论是真理，是天下最通达的道理。中国伦理思想，就是一个相对论。两方互以对方为重，才能产生均衡。而由于不呆板地以团体为重，亦不呆板地以个人为重，而是一活道理，于必要时自能随其所需而伸缩———一个难题，圆满解决。

第七章 理性——人类的特征

一 理性是什么

照以上之所论究，中西文化不同，实从宗教问题上分途；而中国缺乏宗教，又由于理性开发之早；则理性是什么，自非究问明白不可。以我所见，理性实为人类的特征，同时亦是中国文化特征之所寄。它将是本书一最重要的观念，虽阐发它尚待另成专书，但这里却亦必须讲一讲。

理性是什么？现在先回答一句：理性始于思想与说话。人是动物，动物是要动的。但人却有比较行动为缓和为微妙的说话或思想这事情。它较之不动，则为动；较之动，则又为静。至于思想与说话二者，则心理学家曾说过"思想是不出声的说话；说话是出声的思想"，原不须多分别。理性诚然始于思想与说话；但人之所以能思想能说话，亦正原于他有理性，这两面亦不须多分别。

你愿意认出理性何在吗？你可以观察他人，或反省自家，当其心气和平，胸中空洞无事，听人说话最能听得入，两人彼此说话最容易说得通的时候，便是一个人有理性之时。所谓理性者，要亦不外吾人平静通达的心理而已。这似乎很浅近，很寻常，然而这实在是宇宙间顶可贵的东西！宇宙间所有唯一未曾陷于机械化的是人；而人所有唯一未曾陷于机械化的，亦只在此。

一般的说法，人类的特征在理智。这本来是不错的。但我今却要说，人类的特征在理性。理性、理智如何分别？究竟是一是二？原来"理性"、"理智"这些字样，只在近三四十年中国书里才常常见到，习惯上似乎通用不分，而所指是一。二者分用，各有所指，尚属少见。①这一半由二者密切相联，辨析未易；一半亦由于名词尚新，字面相差不多，还未加订定，但我们现在却正要分别它。

生物的进化，是沿着其生活方法而进的。从生活方法上看：植物定住于一所，摄取无机质以自养，动物则游走求食。显然一动一静，从两

---

① 张东荪著《思想与社会》，有张君劢序文一篇，其中以理智为理性之一部分，对于二者似有所分别。惜于其于分合之间特别是"理性是什么"言之不甚明了。

大方向而各自发展去。动物之中，又有节足动物之趋向本能，脊椎动物之趋向理智之不同。趋向本能者，即是生下来依其先天安排就的方法以为生活。反之，先天安排的不够，而要靠后天想办法和学习，方能生活，便是理智之路。前者，蜂蚁是其代表；后者，唯人类到达此地步。综合起来，生物之生活方法，盖有如是三大脉路。

三者比较，以植物生活最省事；依本能为生活者次之；理智一路，则最费事。寄生动物，即动物之懒惰者，又回到最省事路上去。脊椎动物自鱼类、鸟类、哺乳类、猿猴类以讫人类，依次进于理智，亦即依次而远于本能。他们虽同趋向于理智，但谁若在进程上稍有偏违，即不得到达。所谓偏违，即是不免希图省事。凡早图省事者，即早入歧途；只有始终不怕费事者，才得到达——这便是人类。

唯独人类算得完成了理智之路。但理智只是本能中反乎本能的一种倾向；由此倾向发展下去，本能便浑而不著，弱而不强，却并不是人的生活。有了理智，就不要本能。其余者，理智发展愈不够，当然靠本能愈多。因此，所以除人类而外，大致看去，各高等动物依然是本能生活。

人类是从本能生活中解放出来的。依本能为活者，其生活工具即寓于其身体，是有限的。而人则于身体外创造工具而使用之，为无限的。依本能为活者，一生下来（或于短期内）便有所能，而止于其所能，是有限的。而人则初若无一能，其卒也无所不能——其前途完全不可限量。

人类从本能生活中之解放，始于自身生命与外物之间不为特定之行为关系，而疏离淡远以至于超脱自由。这亦即是减弱身体感官器官之对于具体事物的作用，而扩大心思作用。心思作用，要在藉累次经验，化具体事物为抽象观念而运用之；其性质即是行为之前的犹豫作用。犹豫之延长为冷静，知识即于此产生，更凭借知识以应付问题。这便是依理智以为生活的大概。

人类理智有二大见征，一征于其有语言，二征于其儿童期之特长。语言即代表观念者，实大有助于知识之产生。儿童期之延长，则一面锻炼官体习惯，以代本能；一面师取前人经验，阜丰知识。故依理智以为生活者，即是倚重于后天学习。

从生活方法上看，人类的特征无疑是在理智，以上所讲，无外此意。但这里不经意地早隐伏一大变动，超过一切等差比较的大变动，就是：一切生物都盘旋于生活问题（兼括个体生存及种族蕃衍），以得生活而止，无更越此一步者；而人类却悠然长往，突破此限了。我们如不能认识此人类生命本质的特殊，而只在其生活方法上看，实属轻重倒置。

各种本能都是营求生活的方法手段，——皆是有所为的。当人类向着理智前进，其生命超脱于本能，即是不落于方法手段，而得豁然开朗达于无所为之境地。他对于任何事物均可发生兴趣行为，而不必是为了生活。——自然亦可能（意识地或无意识地）是为了生活。譬如求真之心，好善之心，只是人类生命的高强博大自然要如此，不能当做营生活的手段或其一种变形来解释。

盖理智必造乎"无所为"的冷静地步，而后得尽其用；就从这里不期而开出了无所私的感情（impersonal feeling）——这便是理性。理性、理智为心思作用之两面：知的一面曰理智，情的一面曰理性，二者本来密切相联不离。譬如计算数目，计算之心是理智，而求正确之心理是理性。数目算错了，不容自昧，就是一极有力的感情，这一感情是无私的，不是为了什么生活问题。分析、计算、假设、推理……理智之用无穷，而独不作主张，作主张的是理性。理性之取舍不一，而要以无私的感情①为中心。此即人类所以异于一般生物只在觅生活者，乃更有向上一念，要求生活之合理也。

本能生活，行乎其所不得不行，止乎其所不得不止，不须操心自不发生错误。高等动物间亦有错误，而难于自觉，亦不负责。唯人类生活处处有待于心思作用，即随处皆可致误。错误一经自觉，恒不甘心。没有错误不足贵；错误非所贵，错误而不甘心于错误，可贵莫大焉！斯则理性之事也。故理性贵于一切。

以理智为人类的特征，未若以理性当之之深切著明，我故曰：人类的特征在理性。

二　两种理和两种错误

人类之视一般动物优越者，实为其心思作用。心思作用，是对于官体（感官器官）作用而说的。在高等动物，心思作用初有可见，而与官体作用浑一难分，直不免为官体作用所掩盖。必到人类，心思作用乃发

---

① 无私的感情（impersonal feeling），在英国罗素著《社会改造原理》中曾提到过；我这里的意思和他差不多。读者亦可取而参详。

达而超于官体作用之上。故人类的特征，原应该说是在心思作用。俗常"理智"、"理性"等词通用不分者，实际亦皆指此心思作用。即我开头说"理性始于思想与说话"者，亦是指此心思作用。不过我以心思作用分析起来，实有不同的两面而各有其理，乃将两词分当之；而举"心思作用"，一词，表其统一之体。似乎这样处分，最清楚而得当（惜"心思作用"表不出合理循理之意）。

心思作用为人类特长，人类文化即于此发生。文化明盛如古代中国、近代西洋者，都各曾把这种特长发挥到很可观地步。但似不免各有所偏，就是：西洋偏长于理智而短于理性，中国偏长于理性而短于理智。为了证实我的话，须将理性理智的分别，再加申说。

从前中国人常爱说"读书明理"一句话。在乡村中，更常听见指说某人为"读书明理之人"。这个理何所指？不烦解释，中国人都明白的。它绝不包含物理的理、化学的理、一切自然科学的理，就连社会科学上许多理，亦都不包括在内。却是同此一句话，在西洋人听去，亦许生出不同的了解罢！中国有许多书，西洋亦有许多书；书中莫不讲到许多理。但翻开书一看，却似不同。中国书所讲总偏乎人世间许多情理，如父慈、子孝、知耻、爱人、公平、信实之类。若西洋书，则其所谈的不是自然科学之理，便是社会科学之理，或纯抽象的数理与论理。因此，当你说"读书明理"一句话，他便以为是明白那些科学之理了。

科学之理，是一些静的知识，知其"如此如此"而止，没有立即发动什么行为的力量。而中国人所说的理，却就在指示人们行为的动向。它常常是很有力量的一句话，例如"人而无信，不知其可也！""临财毋苟得，临难毋苟免！"它尽可是抽象的，没有特指当前某人某事，然而是动的，不是静的。科学之理，亦可以与行为有关系，但却没有一定方向指给人。如说"触电可以致死"，触不触，却听你。人怕死，固要避开它，想自杀的人，亦许去触电，没有一定。科学上大抵都是"如果如此，则将如彼"，这类公式。

所谓理者，即有此不同，似当分别予以不同名称。前者为人情上的理，不妨简称"情理"；后者为物观上的理，不妨简称"物理"。此二者，在认识上本是有分别的。现时流行有"正义感"一句话。正义感是一种感情，对于正义便欣然接受拥护，对于不合正义的便厌恶拒绝。正义感，即是正义之认识力；离开此感情，正义就不可得。一切是非善恶之理，皆同此例。点头即是，摇头即不是。善，即存乎悦服崇敬赞叹的心情上；恶，即存乎嫌恶愤嫉不平的心情上。但在情理之理虽则如此；物理之理，恰好不然。情理，离却主观好恶即无从认识；物理，则不离主观好恶即无从认识。物理得自物观观测；观测靠人的感觉和推理；人的感觉和推理，原是人类超脱于本能而冷静下来的产物，亦必要屏除一切感情而后乃能尽其用。因此科学家都以冷静著称。但相反之中，仍有相同之点。即情理虽著见在感情上，却必是无私的感情。无私的感情，同样地是人类超脱于本能而冷静下来的产物。此在前已点出过了。

总起来两种不同的理，分别出自两种不同的认识：必须屏除感情而后其认识乃锐入者，是之谓理智；其不欺好恶而判别自然明切者，是之谓理性。

动物倚本能为活，几无错误可言，更无错误之自觉；错误只是人的事。人类是极其容易错误的，其错误亦有两种不同。譬如学校考试，学生将考题答错，是一种错误——知识上的错误。若在考试上舞弊行欺，则又是另一种错误——行为上的错误。前一错误，于学习上见出低能，应属智能问题；后一错误，便属品性问题。智能问题于理智有关；品性问题于理性有关。事后他如果觉察自己错误，前一觉察属于理智，后一觉察发乎理性。

两种不同的错误，自是对于两种不同的理而说。我们有时因理而见出错误来，亦有时因错误而肯定其理。特别是后一种情理之理，乃是因变而识常；假若没有错误，则人固不知有理也。理为常，错误为变；然却几乎是变多于常。两种错误，人皆容易有，不时地有。这是什么缘故？盖错误生于两可之间（可彼可此），两可不定，则由理智把本能松开而来。生命的机械地方，被松开了；不靠机械，而生命自显其用；那自然会非常灵活而处处得当，再好没有。但生命能否恒显其用呢？问题就在此了。若恒显其用，就没有错误。却是生命摆脱于机械之后，就有兴奋与懈惰，而不能恒一。那松开的空隙无时不待生命去充实它；一息之懈，错误斯出。盖此时既无机械之准确，复失生命之灵活也。错误虽有两种，其致误之由，则大都在是。人的生命之不懈，实难；人的错误，乃随时而不可免。

不懈之所以难，盖在懈固是懈，兴奋亦是懈。何以兴奋亦是懈？兴奋总是有所引起的。引起于彼，走作于此；兴奋同样是失于恒一。失于恒一，即为懈。再申明之：本能是感官器官对于外界事物之先天有组织的反应；理智是本能中反乎本能的一种倾向，即上文所说"松开"。生命充实那松开的空隙，而自显其用，是为心。但心不一直对外，还是要通过官体（感官器官）而后显其用。所不同者，一则官体自为主，一则官体待心为主。其机甚妙，其辨甚微。要恒一，即是要恒一于微妙，这岂是容易的？微妙失，即落于官体机械势力上，而心不可见。兴奋懈惰似相反，在这里实相同。

抑错误之严重者，莫若有心为恶；而无心之过为轻。无心之过，出于疏懈。有心为恶，则或忿或欲隐蔽了理性，而假理智为工具，忿与欲是激越之情所谓"冲动"者。冲动附于本能而见，本能附于官体而见。前已言之，各种本能皆有所为，即有所私的；而理性则无所为，无所私。前又言之，理智理性为心思作用之知情两面，而所贵乎人类者，即在官体反应减弱而心思作用扩大，行为从容而超脱。是故忿欲隐蔽理性而假理智为工具者，偏私代无私而起，从容失没于激越，官体自为主而心思为之役也。心思作用非恶所在，抑且为善之所自出。官体作用非恶所在，抑善固待其行动而成。在人类生命中，觅恶了不可得。而卒有恶者，无他，即此心思官体颠倒失序而已。一切之恶，千变万化，总不出此一方式。洎乎激越者消停，而后悔焉，则理性显而心思官体复其位也。是故，人之不免于错误，由理智（松开）；人之不甘心于错误，由理性（无私）。

两种错误人皆容易有，不时地有。然似乎错在知识者问题小，错在行为者问题大，试看世界上到处发生纠纷，你说我不对，我说你不对，彼此责斥，互相争辩，大率在于后者。而由错误所引起的祸害，亦每以后者为严重。今日科学发达，智虑日周，而人类顾有自己毁灭之虞，是行为问题，不是知识问题；是理性问题，不是理智问题。

三　中国民族精神所在

我常常说，除非过去数千年的中国人都白活了，如其还有他的贡献，那就是认识了人类之所以为人。而恰恰相反地，自近代以至现代，欧美学术虽发达进步，远过前人，而独于此则甚幼稚。二十多年来我准备写《人心与人生》一书，以求教当世；书虽未成，而一年一年果然证实了我的见解。在学术发达，而人祸弥以严重之今日，西洋人已渐悟其一向皆务为物的研究，而太忽略于人，以致对于物所知道的虽多，而于人自己却所知甚少。^① 最近学者乃始转移视线，而致力乎此，似乎还谈不到什么成就。

何以敢说他们幼稚呢？在现代亦有好多门学问讲到人；特别是心理学，应当就是专来研究人的科学。但心理学应该如何研究法，心理学到底研究些什么（对象和范围），各家各说，至今莫衷一是。这比起其他科学来，岂不证明其幼稚！然而在各执一词的学者间，其对于人的认识，却几乎一致地与中国古人不合，而颇有合于他们的古人之处。西洋自希腊以来，似乎就不见有人性善的观念；而从基督教后，更像是人生来带着罪过。现在的心理学资借于种种科学方法，资借于种种科学所得，其所见亦正是人自身含着很多势力，不一定调谐。他们说："现在需要解释者，不是人为什么生出许多不合理的行为，而是为什么人居然亦能行为合理。"^② 此自然不可与禁欲的宗教，或把人身体视为罪恶之源的玄学，视同一例；却是他们不期而然，前后似相符顺。

恰成一对照：中国古人却正有见于人类生命之和谐。——人自身是和谐的（所谓"无礼之礼，无声之乐"指此）；人与人是和谐的（所谓"能以天下为一家，中国为一人"者在此）；以人为中心的整个宇宙是和谐的（所以说"致中和天地位焉，万物育焉"，"赞天地之化育，与天地参"等等）。儒家对于宇宙人生，总不胜其赞叹；对于人总看得十分可贵；特别是他实际上对于人总是信赖，而从来不曾把人当成问题，要寻觅什么办法。

此和谐之点，即清明安和之心，即理性。一切生物均限于"有对"之中，唯人类则以"有对"超进于"无对"。清明也，和谐也，皆得之于此。果然有见于此，自尔无疑。若其无见，寻求不到。盖清明不清明，和谐不和谐，都是生命自身的事。在人自见自知，自证自信，一寻求便向外去，而生命却不在外。今日科学家的方法，总无非本于生物有对态度向外寻求，止于看见生命的一些影子，而且偏于机械一面。和谐看不到，问题却看到了。其实，人绝不是不成问题。说问题都出在人身上，这话并没有错。但要晓得，问题在人；问题之解决仍在人自己，不能外求；不信赖人，又怎样？信赖神吗？信赖国家吗？或信赖……吗？西洋人如此；中国人不如此。

---

① 《观察周刊》第1卷2期，潘光旦著《人的控制与物的控制》一文，说目前的学术与教育，已经把人忘记得一干二净，人至今未得为科学研究的对象，而落在三不管地带。美国人嘉瑞尔（Alexis Carrel）著《未了知之人类》(*Man the unknown*) 一书，亦有慨乎此而作也。

② 语出心理学家麦独孤（McDougall），麦氏擅说本能，亦被玄学之讥。

孔子态度平实，所以不表乐观（不倡言性善），唯处处教人用心回省（见前引录《论语》各条），即自己诉诸理性。孟子态度轩豁，直抉出理性以示人。其所谓"心之官则思"，所谓"从其大体……从其小体"，所谓"先立乎其大者，则小者不能夺"，岂非皆明白指出心思作用要超于官体作用之上，勿为所掩蔽。其"理义悦心，刍豢悦口"之喻，及"怵惕""恻隐"等说，更从心思作用之情的一面，直指理性之所在。最后则说"无为其所不为，无欲其所不欲，如此而已矣！"何等斩截了当，使人当下豁然无疑。

日本学者五来欣造说：在儒家，我们可以看见理性的胜利。儒家所尊崇的不是天，不是神，不是君主，不是国家权力，并且亦不是多数人民。只有将这一些（天、神、君、国、多数），当做理性之一个代名词用时，儒家才尊崇它。这话是不错的。儒家假如亦有其主义的话，推想应当就是"理性至上主义"。

就在儒家领导之下，二千多年间，中国人养成一种社会风尚，或民族精神，除最近数十年浸浸澌灭，今已不易得见外，过去中国人的生存，及其民族生命之开拓，胥赖于此。这种精神，分析言之，约有两点：一为向上之心强，一为相与之情厚。

向上心，即不甘于错误的心，即是非之心，好善服善的心，要求公平合理的心，拥护正义的心，知耻要强的心，嫌恶懒散而喜振作的心……总之，于人生利害得失之外，更有向上一念者是，我们总称之曰："人生向上。"从之则坦然泰然，怡然自得而殊不见其所得；违之则歉恨不安，仿佛若有所失而不见其所失。在中国古人，则谓之"义"，谓之"理"。这原是人所本有的；然当人类文化未进，全为禁忌（ta-boo）、崇拜、迷信、习俗所蔽，各个人意识未曾觉醒活动，虽有却不被发见。甚至就在文化已高的社会，如果宗教或其他权威强盛，宰制了人心，亦还不得发达。所以像欧洲中古之世，尚不足以语此。到近代欧洲人，诚然其个人意识觉醒活动了，却惜其意识只在求生存求幸福，一般都是功利思想，驰骛于外，又体认不到此。现代人生，在文化各方面靡不迈越前人，夫何待言；但在这一点上，却丝毫未见有进。唯中国古人得脱于宗教之迷蔽而认取人类精神独早，其人生态度，其所有之价值判断，乃悉以此为中心。虽因提出太早牵掣而不得行，[①] 然其风尚所在，

---

① 关于此两点提出太早，牵掣不得行之故，在后面第十三章有说明。

固彰彰也。

在人生态度上，通常所见好像不外两边。譬如在印度，各种出世的宗教为一边，顺世外道为一边。又如在欧洲，中古宗教为一边，近代以至现代人生为一边。前者否定现世人生，要出世而禁欲；后者肯定现世人生，就以为人生不外乎种种欲望之满足。谁曾看见更有真正的第三条路？但中国人就特辟中间一路（这确乎很难），而殊非斟酌折衷于两边（此须认清）。中国人肯定人生而一心于现世；这就与宗教出世而禁欲者，绝不相涉。然而他不看重现世幸福，尤其贬斥了欲望。他自有其全副精神倾注之所在：

> 德之不修，学之不讲，闻义不能徙，不善不能改，是吾忧也。
> 食无求饱，居无求安，敏于事而慎于言，就有道而正焉，可谓好学也已。（以上均见《论语》）

试翻看全部《论语》，全部《孟子》，处处表见，如此者不一而足，引证不胜其引证。其后"理""欲"之争，"义""利"之辨，延二千余年未已，为中国思想史之所特有，无非反复辨析其间之问题，而坚持其态度。语其影响，则中国社会经济亘二千余年停滞不进者，未始不在此。一直到近代西洋潮流输入中国，而后风气乃变。

儒家盖认为人生的意义价值，在不断自觉地向上实践他所看到的理。宽泛言之，人生向上有多途；严格地讲，唯此为真向上。此须分两步来说明：第一，人类凡有所创造，皆为向上。盖唯以人类生活不同乎物类之"就是这么一回事"也，其前途乃有无限地开展。有见于外之开展，则为人类文化之迁进无已；古今一切文物制度之发明创造，以至今后理想社会之实现，皆属之。有存乎内之开展，则为人心日造乎开大通透深细敏活而映现之理亦无尽。此自通常所见教育上之成就，以至古今东西各学派各宗教之修养功夫（如其非妄）所成就者，皆属之。前者之创造在身外；后者之创造，在生命本身上。其间一点一滴，莫不由向上努力而得，故有一于此，即向上矣。第二，当下一念向上，别无所取，乃为真向上。偏乎身外之创造者遗漏其生命本身，务为其本身生命之创造者（特如某些宗教中人），置世事于不顾。此其意皆有所取，不能无得失之心，衡以向上之义犹不尽符合。唯此所谓"人要不断自觉地向上实践他所看到的理"，其理存于我与人世相关系之上，"看到"即看到我在此应如何；"向上实践"即看到而力行之。念念不离当下，唯义所在，无所取求。古语所谓圣人"人伦之至"者，正以此理不外伦理也。此与下面"相与之情厚"相联，试详下文。

人类生命廓然与物同体，其情无所不到。所以昔人说：

> （上略）是故见孺子之入井，而必有怵惕恻隐之心焉；是其仁之与孺子而为一体也。孺子犹同类者也。见鸟兽之哀鸣觳觫，而必有不忍之心焉；是其仁之与鸟兽而为一体也。鸟兽犹有知觉者也。见草木之摧折，而必有悯恤之心焉；是其仁之与草木而为一体也。草木犹有生意者也。见瓦石之毁坏，而必有顾惜之心焉；是其仁之与瓦石而为一体也。（见《王阳明全集·大学问》）

前曾言：一切生物均限于"有对"之中，唯人类则以"有对"超进于"无对"，盖指此。展转不出乎利用与反抗，是曰"有对"；"无对"则超于利用与反抗，而恍若其为一体也。此一体之情，发乎理性；不可与高等动物之情爱视同一例。高等动物在其亲子间、两性间乃至同类间，亦颇有相关切之情可见。但那是附于本能之情绪，不出乎其生活（种族蕃衍，个体生存）所需要，一本于其先天之规定。到人类，此种本能犹未尽泯，却也大为减弱。是故，笃于夫妇间者，在人不必人人皆然；而在某一鸟类，则个个不稍异，代代不稍改。其他鸟兽笃于亲子之间者，亦然，而人间慈父母固多，却有溺女杀婴之事。情之可厚可薄者，与其厚则厚，薄则薄，固定不易者，显非同物也。动物之情，因本能而始见；人类情感之发达，则从本能之减弱而来，是岂可以无辨？

理智把本能松开，松开的空隙愈大，愈能通风透气。这风就是人的感情，人的感情就是这风，而人心恰是一无往不通之窍。所以人的感情丰啬，视乎其生命中机械成分之轻重而为反比例（机械成分愈轻，感情愈丰厚），不同乎物类感情，仅随附于其求生机械之上。人类生命通乎天地万物而无隔，不同乎物类生命之锢于其求生机械之中。

前曾说，人在欲望中恒只知为我而顾不到对方；反之，人在感情中，往往只见对方而忘了自己（见第五章）。实则，此时对方就是自己。凡痛痒亲切处，就是自己，何必区区数尺之躯。普泛地关情，即不啻普泛地负担了任务在身上，如同母亲要为他儿子服务一样。所以昔人说"宇宙内事，即己分内事"（陆象山先生语）。人类理性，原如是也。

然此无所不到之情，却自有其发端之处，即家庭骨肉之间是。爱伦凯（Ellen Key）《母性论》中说，小儿爱母为情绪发达之本，由是扩充以及远；此一顺序，犹树根不可朝天。中国古语"孝弟为仁之本"，又曰"亲亲而仁民，仁民而爱物"，其间先后、远近、厚薄自是天然的。

"伦理关系始于家庭，而不止于家庭"，这是由近以及远。"举整个社会各种关系而一概家庭化之"（见第五章），这是更引远而入近，唯恐其情之不厚。中国伦理本位的社会之形成，无疑地，是旨向于"天下为一家，中国为一人"。虽因提出太早，牵掣而不得行①，然其精神所在，固不得而否认也。

中国伦理本位的社会，形成于礼俗之上，多由儒家之倡导而来，这是事实。现在我们说明儒家之所以出此，正因其有见于理性，有见于人类生命，一个人天然与他前后左右的人，与他的世界不可分离。所以前章"安排伦理组织社会"一段，我说孔子最初所着眼的，倒不在社会组织，而宁在一个人如何完成他自己。

一个人的生命，不自一个人而止，是有伦理关系。伦理关系，即是情谊关系，亦即是其相互间的一种义务关系。所贵乎人者，在不失此情与义。"人要不断自觉地向上实践他所看到的理"，大致不外是看到此情义，实践此情义。其间"向上之心"，"相与之情"，有不可分析言之者已。不断有所看到，不断地实践，则卒成所谓圣贤。中国之所尚，在圣贤；西洋之所尚，在伟人；印度之所尚，在仙佛。社会风尚民族精神各方不同，未尝不可于此识别。

人莫不有理性，而人心之振靡，人情之厚薄，则人人不同；同一人而时时不同。无见于理性之心理学家，其难为测验者在此。有见于理性之中国古人，其不能不兢兢勉励者在此。唯中国古人之有见于理性也，以为"是天之所予我者"，人生之意义价值在焉。外是而求之，无有也已！不此之求，奚择于禽兽？在他看去，所谓学问，应当就是讲求这个的，舍是无学问。所谓教育，应当就是教育培养这个的，舍是无教育。乃至政治，亦不能舍是。所以他纳国家于伦理，合法律于道德，而以教化代政治（政教合一）。自周孔以来二三千年，中国文化趋重在此，几乎集全力以倾注于一点。假如中国人有其长处，其长处不能舍是而他求。假如中国人有其所短，其所短亦必坐此而致。中国人而食福，食此之福；中国人而被祸，被此之祸。总之，其长短得失，祸福利害，举不能外乎是。

凡是一种风尚，每每有其扩衍太过之外，尤其是日久不免机械化，原意浸失，只余形式。这些就不再是一种可贵的精神，然而却是当初有这种精神的证据。若以此来观察中国社会，那么，沿着"向上心强"

---

① 关于此两点提出太早，牵掣不得行之故，在后面第十三章有说明。

"相与情厚"而余留于习俗中之机械形式，就最多。譬如中国人一说话，便易有"请教""赐教"等词，顺口而出。此即由古人谦德所余下之机械形式，源出于当初之向上心理。又譬如西洋朋友两个人同在咖啡馆吃茶，可以各付茶资。中国人便不肯如此，总觉各自付钱，太分彼此，好难为情。此又从当初相与之情厚而有之余习也。这些尚不足为病。更有不止失去原意，而且演成笑话，兹生弊端者，其事亦甚多，今举其中关系最大之一事。此事即中国历代登庸人才之制度。中国古代封建之世，亦传有选贤制度，如《周礼》《礼记》所记载者，是否事实，不敢说。从两汉选举，魏晋九品中正，隋唐考试，这些制度上说，都是用人唯贤，意在破除阶级，立法精神彰然而不可掩。除考试以文章才学为准外，其乡举里选，九品中正，一贯相沿以人品行谊为准。例如"孝廉"、"孝弟"、"贤良"、"方正"、"敦厚"、"逊让"、"忠恪"、"信义"、"劳谦"等等，皆为其选取之目。这在外国人不免引以为异，却是熟习中国精神之人，自然懂得。尽管后来，有名无实，笑话百出，却总不能否认其当初有此一番用意。由魏晋以讫隋唐，族姓门第之见特著，在社会上俨然一高贵之阶级，而不免与权势结托不分。然溯其观念（族姓门第观念）所由形成，则本在人品家风为众矜式，固非肇兴于权势，抑且到后来仍自有其价值地位，非权势所能倾。唐文宗对人叹息，李唐数百年天子之家尚所不及者，即此也。以意在破除阶级者，而卒演出阶级来，这自然是大笑话大弊病；却是其笑话其偏弊，不出于他而出于此；则其趣尚所在，不重可识乎！

　　一般都知道，世界各处，在各时代中，恒不免有其社会阶级之形成。其间或则起于宗教，或则起于强权，或则起于资产，或则起于革命。一时一地，各著色采，纷然异趣，独中国以理性早得开发，不为成见之固执，不作势力之对抗，其形成阶级之机会最少，顾不料其竟有渊源于理性之阶级发生，如上之所说。此其色采又自不同，殆可以为世界所有阶级中添多一格。——这虽近于笑谈，亦未尝不可资比较文化之一助。

第八章　阶级对立与职业分途

一　何谓阶级

　　从第一章到第七章，全为说明中国社会是伦理本位，与西洋之往复于个人本位社会本位者，都无所似。但伦理本位只说了中国社会结构之一面，还有其另一面。此即在西洋社会，中古则贵族地主与农奴两阶级对立，近代则资本家与劳工两阶级对立。中国社会于此，又一无所似。假如西洋可以称为阶级对立的社会，那么，中国便是职业分途的社会。

我们要讨论阶级问题，第一还须问清楚，何谓阶级？一般地说，除了人类社会之初起和人类社会之将来，大概没有阶级之外，在这中间一段历史内，阶级都是有的。假使我们不能把阶级从没有到有，从有到没有，首尾演变之理，了然于胸，便不足以论断文化问题而瞭望人类前途。阶级既然是这样一个大问题，殊非短短数十行，所能了当。兹且试为说之如次。——

从宽泛说，人间贵贱贫富万般不齐，未尝不可都叫做阶级。但阶级之为阶级，要当于经济政治之对立争衡的形势求之。这里既特指西洋中古近代为例，而论证像那样"阶级对立"的阶级非中国所有，则兹所说亦即以此种为限。而且真的阶级，在文化过程中具有绝大关系的阶级，亦只在此。所以即此，固已得其要。

此种对立的阶级，其构成是在经注上。社会经济莫不以农工生产为先为本。除近代工业勃兴，压倒农业外，一般地又都以农业为主要。农业生产离不开土地。假若一社会中，土地掌握在一部分人手里，而由另一部分人任耕作之劳；生产所得，前者所享每多于后者。那么，便形成一种剥削关系。中古之封建地主阶级对农奴，即如此。又近代工业生产离不开工矿场所的机器设备。假若一社会中，此项设备掌握在一部分人手里，而由另一部分人任操作之劳；生产所得，前者所享每多于后者。那么，便又形成一种剥削关系。近代之产业资本阶级对劳工，即如此。总起来说，在一社会中生产工具与生产工作分家，占有工具之一部分人不工作，担任工作之一部分人不能自有其工具，就构成对立之阶级。对立之者，在一社会中，彼此互相依存，分离不开；而另一面又互相矛盾，彼此利害适相反也。

此种经济关系，当然要基于一种制度秩序而存立。例如，中古社会上承认封建地主之领有其土地，以及其他种种；近代社会上承认资本家之私有其资产，以及其他种种。不论宗教、道德、法律、习惯，都这样承认之保护之。此即造成其一种秩序，其社会中一切活动即因之而得遂行。秩序之成功，则靠两面：一面要大家相信其合理；更一面有赖一大强制力为其后盾。此一大强制力即国家。于是说到政治上了。政治就是国家的事。国家即以厘订秩序而维持秩序，为其第一大事——是即所谓统治。经济上之剥削阶级，即为政治上之统治阶级，此一恒例，殆不可易。土地垄断于贵族，农民附着于土地，而贵族即直接以行其统治，此为中古之例。人人皆得私有财产，以自由竞争不觉造成资本阶级；资本阶级利用种种方便，间接以行其统治，此为近代之例。以统治维持其经济上之地位，以剥削增强其政治上之力量，彼此扣合，二者相兼，从而阶级对立之势更著。

阶级之为阶级，要当于经济政治之对立争衡的形势求之。至于贵贱等级，贫富差度，不过与此有关系而已，其自身不足为真的阶级。形势以明朗而后有力，阶级以稳定而后深固。是故下列几点却值得注意——

一、一切迷信成见足使阶级之划分严峻者；

二、习俗制度使阶级之间不通婚媾者；

三、阶级世袭制度，或在事实上几等于世袭者。

这些——特别是第三点——均大足以助成阶级。反之，如其不存成见，看人都是一样的；婚姻互通，没有界限；尤其是阶级地位升沉不定，父子非必嬗连，那么，阶级便难于构成。中古封建，几乎于此三点通具，所以阶级特著。近代，前二点似渐消失，末一点则从世袭制度变为事实上有世袭之势，故仍有阶级存在。

阶级之发生，盖在经济上对他人能行其剥削，而政治上则土地等资源均各被人占领之时。反之，在当初自然界养生资源，任人取给；同时，社会没有分工，一个人劳力生产于养活他自己外，不能有多余，阶级便不会发生。无疑地，阶级不是理性之产物，而宁为反乎理性的。它构成于两面之上：一面是以强力施于人；一面是以美利私于己。但它虽不从理性来，理性却要从它来。何以言之？人类虽为理性的动物，然理性之在人类，却必渐次以开发。在个体生命，则有待于身心之发育；在社会生命，则有待于经济之进步。而阶级恰为人类社会前进程中所必经过之事。没有它，社会进步不可能。此其理须稍作说明。

前章曾讲，人类的特长在其心思作用（兼具理性与理智）。凡社会进步，文化开展，要莫非出于此。但这里有一明显事实：一个人的时间和精力，假若全部或大部分为体力劳动所占据，则心思活动即被抑阻，甚至于不可能。而心思不活动，即无创造，无进步，又是万要不得的事。那么，腾出空闲来给心思自在地去活动，即属必要。——老实说，有眼光的人早可看出，自有人群那一天起，造物即在向着此一目的而前进；这原是从有生物那一天起，造物即在为着人类心灵之开辟而前进之继续。但既没有造物主出面发言，人们又不自觉，谁能平均支配，让每个人都有其一部分空闲呢？其结果便落在一社会中一部分人偏劳，一部分人悠闲了。——此即是人世对立的两阶级之出现。从古代之奴隶制度，到中古之农奴制度，再到近世之劳工制度，虽曰"天地不仁"，却是自有其历史任务的。后人谈起学术来，都念希腊人之赐；谈起法律制度来，都念罗马人之赐。那就不可不知当初都是以奴隶阶级之血汗换得来的。同样，中古文明得力于农奴，近世文明得力于劳工。凡一切创造发明，延续推进，以有今日者，直接贡献，固出自一班人；间接成就，又赖有一班人。设若社会史上而无阶级，正不知人类文明如何得产生？

然则人类就是这样以一部分人为牺牲的生活下去吗？当然不是。历史显然昭示，进步之所向，正逐步地在一面增加生产之中，而一面减轻人力（特别是体力）负担——此即经济之进步。由于经济之进步，而人们一面享用日富，一面空闲有多；求知识受教育之机会，自然大为扩充。人们的心思欲望，亦随以发达——此即文化之进步。凡此文化之进步，在　社会中之下　阶级亦岂无所分享？而在心思欲望抬头之后，他们此时当然不能安于其旧日待遇。社会构造至此，乃不能不有一度变更调整。调整之后，略得安处，而经过一时期又有进步，又须调整，社会构造又一变。如是者，自往古讫于未来，盖划然有不可少之三变。第一变，由古代奴隶制度到中古农奴制度。这就是由完全不承认其为人（只认他做物），改变到相当承认其为人。在前奴隶生产所得，全部是主人的，只不过主人要用其中一部分养活奴隶。今农奴生产所得，除以一部分贡缴地主外，全部是自己的。他开始同人一样亦有他的一些地位权利，但尚非真自由人。第二变，由中古农奴制度到近世劳工制度。这就是由相当承认其为人的，改变到完全承认了。大家都正式同处在一个团体里面。团体对任何个人，原则上没有差别待遇。彼此各有自由及参政权。不过在生活实质上（生产劳动上和分配享受上），则还不平等——即经济上不平等。第三变，由近世劳工制度到阶级之彻底消灭。这就是社会主义之实现；经济不平等，继其他之不平等而同归于消除。其他之不平等，更因经济之平等而得以消除净尽。社会当真回复到一体，而无阶级之分。凡此社会构造之三变，每一变亦就是国家形势之改变——由奴隶国家到封建国家，再到立宪国家，最后到国家形式之化除。而每一度国家形式之改变，亦即是政治之进步。经济进步、文化进步、政治进步，事实上循环推进，非必某为因而某为果。不过说话不能不从中截取一端以说之；而经济隐若一机械力，以作用于其间，说来容易明白。又一切变易进步，事实上恒行于微细不觉，并不若是其粗。然说话却仅及粗迹，在短文内，尤不能不举其划然可见者而说之。又事实上一时一地情势不同，生命创进尤不如是整齐规律。然学问却贵乎寻出其间理致，点醒给人。读者有悟于其理，而不概执为规律，斯善矣。

要紧一句话：生产技术不进步，所生产的不富，就不能无阶级。古语云："不患寡而患不均"，其实寡了就不能均。要达于均平（经济的、政治的），必须人人智识能力差不多才行。不是享受的均平，就算均平；要能力均平，才是均平。明白说，非大家同受高等教育，阶级不得消灭。然而教育实在是一种高等享受（高等教育更是高等享受），这其中，表示着有空闲；空闲表示着社会的富力。像今天我们这一班人得以受到教育，实为生产力相当进步，而又有好多人在生产上服务，才腾出空闲来给我们。假如要他们同时亦受同等教育，那么，大家便都吃不成饭。想要同受教育，还同要吃饭，那必须生产力极高，普遍用物理的动力代替人力才行。且须明白：所谓同受教育，必须是同受高等教育；吃饭，亦是同吃上好的饭。如其说，同受中等教育，同吃次等饭，那又是寡中求均；那又是不行的。所以此所说生产力极高，真是极高极高。然后乃得一面凡所需求无不备，一面却空闲尽多。然后同受高等教育，乃为极自然之事。人人同受到高等教育，知识能力差不多，然后平等无阶级，乃为极自然之事。反乎此，而以勉强行之，皆非其道。

这其中含藏有生产手段归公之一义，未曾说出。只有生产手段归公，经济生活社会化，而后乃完成了社会的一体性。大家在社会中如一体之不可分，其间自然无不均平之事。均平不能在均平上求，却要在这社会一体上求，才行。

关于国家必由阶级构成，和阶级在政治进步上之必要作用，容后再谈。兹先结束上面的话。由上所说，人类历史先形成社会阶级，然后一步一步次第解放它。每一步之阶级解放，亦就是人类理性之进一步发展。末了平等无阶级社会之出现，完全符合于理性要求而后已。此其大势，彰彰在目，毫无疑问。上面说，阶级虽不从理性来，而理性却要从阶级来，正指此。因此，孟子所说的："劳心者治人，劳力者治于人；治人者食于人，治于人者食人"，那在当时倒是合乎历史进步原则，而许行主张"贤者与民并耕而食，饔飧而治"，不要"厉民以自养"，其意虽善，却属空想，且不免要开倒车了。

二　中国有没有阶级

对于人类文化史之全部历程，第二章曾提出我的意见说过。除了最初一段受自然限制，各方可能互相类似，和今后因世界交通将渐渐有所谓世界文化出现外，中间一段大抵各走一路，彼此不必同。像上面所叙之社会阶级史，恰是在那中间一段。凡所说阶级如何一步一步解放，只有叙明其理有如此者（即极容易如此演进），不是说它必然如此。浅识之人，闻唯物史观之说，执以为有一定不易之阶梯。于是定要把中国历史自三代以迄清末，按照次第分期，纳入其公式中，遇着秦汉后的两千年，强为生解而不得，宁责怪历史之为谜，不自悟其见解之不通，实在可笑。我自己的学力，根本不够来阐明全部中国历史的；而我的兴趣，亦只求认识百年前的中国社会。本书即非专研究中国社会史之作，对此自亦不及多谈。第为讨论阶级问题，以下要说一说百年前的中国社会，并上溯周秦略作解释。

百年前的中国社会，如一般所公认是沿着秦汉以来，两千年未曾大变过的。我常说它是入于盘旋不进状态，已不可能有本质上之变革。因此论"百年以前"差不多就等于论"二千年以来"。但亦有点不同。一则近百年到今天尚未解决之中国问题，正形成于百年前的中国社会之上，故对它亟有认识之必要。同时，我们对近百年的事知道较亲切，亦复便于讨论。再则在阶级对立与职业分途之间，两千年来虽大体趋向于后者，却亦时而进（向着阶级解消而职业分途），时而退（向着阶级对立），时而又进，时而又退，辗转往复。而百年前之清代，正为其趋向较著之时，所以就借它来说。又所谓"百年以前者"，初非在年限上较量，盖意指中国最近而固有之社会情形，未受世界大交通后之西洋影响者而言。

在农业社会如中国者，要讨论其有没有阶级，则土地分配问题自应为主要关键所在。此据我们所知，先说两点：

第一，土地自由买卖，人人得而有之；

第二，土地集中垄断之情形不著；一般估计，有土地的人颇占多数。

对于第一点，大致人人都可承认，不待论证。第二点易生争论，须得一为申说。中国土地广大，人口众多，而地籍不清理者久而又久。民国以来，纵有一些调查统计，如北伐前北京政府农商部所为者，如北伐中及北伐后国民政府所为者，皆根本不可靠。其间有可靠者，则国内外学术专家私人之所举办，又嫌规模小，不可以一隅而概全局。故土地分配情况究竟如何，无人能确知。就耳目常识之所及，则北方各省自耕农较多，东南西南佃农较多。然在南方某些地方并不见土地集中者，亦非罕例。同时北方如山东之单县曹县，亦有大地主累代相承。抑且不止此，好些地方，一县城东之情形或与其城西不同，城南又异乎城北。总之，话难讲得很。因此，论者恒不免各就所见而主张之。我自然亦只能就我所见者而说，但平情立论，不作过分主张。

　　我家两代生长北方，居住北方，已经可说是北方人。我所见者，当然亦就是北方的情形。北方情形，就是大多数人都有土地。虽然北平附近各县（旧顺天府属）有不少"旗地"（八旗贵族所有），但他们佃农却有永佃权。例不准增租夺佃，好像平分了地主的所有权（类如南方地面权地底权）。我所曾从事乡村工作之河南山东两省地方，大地主虽亦恒有，但从全局大势论之，未见集中垄断之象。特别是我留居甚久之邹平，无地之人极少。我们在邹平全县所进行之整理地籍工作，民国廿六年上半年将竣事，而抗战遽作，今手中无可凭之统计报告。但确实可说一句：全县百分之九十以上的人都有土地，不过有些人的地很少罢了。这情形正与河北定县——另一乡村工作区——情形完全相似。定县则有《定县社会概况调查》一巨册，其中有关此问题之报告。[①] 据其报告，分别在不同之三个乡区作调查：一区六十二村，一万零四百四十五家；一区七十一村，六千五百五十五家；一区六十三村，八千零六十二家。总起来，可得结论如下——

　　一、百分之九十以上人家都有地。

---

　　① 据李景汉《定县社会概况调查》，则该处土地分配情形有如下之三例：

　　第一例：东亭乡六二村一〇四四五家。除一五五家不种地外，种地为业者一〇二九〇家，其中种地一百亩以上者二二〇家，即占百分之二，种地百亩以下者一〇〇七〇家，即百分之九十八。又调查其中之六村八三八家，除四八家不种地外，种地者七九〇家。其中完全无地而以佃种为生者一一家；余七七九家均自有土地多少不等。

　　第二例：第一区七一村六五五五家，除三七九家不种地外，种地者六一七六家。其中多少自有土地者五五二九家，完全无地者六四七家。无地佃农视前例为多，然亦只占十分之一强。有地百亩以上者，在六五五五家中占百分之二，有地三百亩以上者占千分之一。有地而不自种者，占百分之一。

　　第三例：第二区六三村八〇六二家，除三二三家不种地外，种地者七七三九家。其中多少自有土地者七三六三家，余为无地之佃农雇农，约占百分之五。在有地者之中，一百亩以上占百分之二，三百亩以上占千分之三。

　　以上均见该书第 618～663 页。

二、无地者（包含不以耕种为业者）占百分之十以内。

三、有地一百亩以上者占百分之二；三百亩以上者占千分之一二。

四、有地而不自种者占百分之一二。

此调查工作系在社会调查专家李景汉先生领导之下，又得当地民众之同情了解与协助，绝对可靠。而准此情形以言，对于那一部分人有地而不事耕作，一部分人耕作而不能自有土地的阶级社会，相离是太远了。我承认这情形不普通。但我们两个乡村工作团体，当初之择取邹平、定县为工作区域，却并没有意在山东全省中或河北全省中，特选其土地最不集中之县份。乃结果竟不期而然，两处情形如此相同，则至少这情形在北方各省亦非太不普通了。

要知道此种情形并非奇迹，而是有其自然之理的。在当时定县中等土地每亩值钱普通不过四十元。而一个长工（雇农）食宿一切由主人供给外，每年工资普通都在四十元以上。节储几年，他自己买一亩地，有何不可？这是说，有地并不难。有地人家百分比之高在此。又中国社会通例，一个人的遗产，由他诸子均分。① 所在大地产经一代两代之后，就不大了。若遇着子弟不知勤俭，没落更快。这是说，纵有大地产，保持正不易。一百亩以上人家，百分比之低在此。河北省谚语"一地千年百易主，十年高下一般同"（十年间的变化，可能富者不富，贫者不贫），又说"穷伴富，伴得没了裤"，都是由此而发。

既然如此，那么，南方各省土地集中，佃农颇多，又何自而来呢？这一半来自工商业势力，一半来自政治势力。古语早已说过"用贫求富，农不如工，工不如商"（见《史记·货殖列传》）。现在之经济学家则指出农业上远没有像工商业那样的竞争：土地集中远没有像资本集中那样的容易；大规模经营压倒小经营，工商业有之，而农业不必然。从封建解放后之土地自由经营，其本身是不可能发展出这局面来的。只有由工商业发财者，或在政治上有钱有势者，方能弄到大量土地并维持之。而一般说来，中国的工商业家和官吏，出在北方者远不如南方之多。土地分配情形，南北所以不大同，其故似在此。但他们要土地，不过觉得不动产牢稳，用以贻子孙；其积极兴趣不在此，绝不是想要改行。虽土地分配情形不免时时受其影响，而土地集中总不是一种自然趋势所

---

① 大清律例关于遗产继承有如下之规定：嫡庶之男，不同妻妾婢所生，以子数均分之；私生子及养子各与其半。

在。造成此种不自然趋势，固有可能；亦必非工商业势力所能为（理由见后），而必在政治势力。由政治势力而直接地或间接地使全国土地见出集中垄断之势，那对于从封建解放出来的社会说，即是形势逆转。此种逆转，势不可久。历史上不断表演，不断收场，吾人固已见之矣。

故我以自耕农较多之北方和佃农较多之南方，两下折衷起来，以历史顺转时期和其逆转时期，两下折衷起来，笼统说："土地集中垄断之情形不著，一般估计，有地的人颇占多数。"——土地集中垄断情形，是有的，但从全局大势来说，尚不著；以有地者和无地者相较，当不止五十一对四十九之比，而是多得多。自信所说绝不过分。

中国工商业发达，尽管像先秦战国那样早，像唐代元代那样盛，却是从唐代至清季（鸦片战争）一千二百年之久，未见更有所进（某此点上，或反见逊退）。其间盖有两大限制存在。我们知道工商业是互相引发的。要商业上有广大市场，乃刺激工业生产猛进；要工业生产增多，乃推动着商业前进。反之，无商则工不兴，无工则商亦不盛。而商业必以海上交通，国际互市为大宗。西洋古代则得力于地中海，到后来更为远洋贸易。近代工业之飞跃，实以重洋冒险，海外开拓为之先，历史所示甚明。然中国文化却是由西北展向东南，以大陆控制沿海，与西洋以沿海领导内地者恰相反，数千年常有海禁。虽然亦许禁不了，且有时而开禁。还有许多矛盾情形，如王孝通著《中国商业史》，一面述唐代通外商之七要道四大港（龙编、广州、泉州、扬州），一面却说：

> （上略）是唐时法制，实主极端之闭关主义。虽以太宗高宗兵力之盛，大食、波斯胥为属地，而国外贸易曾未闻稍加提倡，转从而摧抑之；亦可见吾国人思想之锢塞矣。（见原书第112页）

所以综而论之，至多不过给予外商与我交易机会，而少有我们商业向海外发展，推销国货的情形。这样，就根本限制了商业只为内地城乡之懋迁有无；其所以刺激工业生产者之有限可知。在内地像长江一带，有水运方便还好；否则，凡不便于运输，即不便于商业。以旧日交通之困难，内地社会虽甚广大，正不必即为现成市场。直接限制了商业，即间接限制了工业。同时，工业还有其本身之限制。

工业本身一面之限制，是人们的心思聪明不用于此；因之，生产工具生产技术无法进步，而生产力遂有所限（关于此层详论在后）。近代西洋在此方面之猛进，正为其集中了人们的心思聪明于此之故。在此之前，亦是同一样不行。所以说：

直到十八世纪之中叶，发明很为稀见。事实上，技术的情况在
1750 年以前，相当停滞，达数千年。到了现代，往往一年间所发
明，要超过 1750 年以前一千年所发明的。（巴恩斯（H. E. Barnes）
《社会进化论》，王斐孙译本第 211 页，新生命书局版）

换言之，若依然像中古人生态度而不改，便再经一丁年，产业革命在西
洋亦不得发生。从来之中国人生态度与西洋中古人生态度诚然有异。但
二者之不把心思聪明引用于此，正无二致；其相异，不过在后者自有一
天转变到心思聪明集中于此，而前者殆无转变之一天。那亦就是，若无
西洋工业新技术输入中国，中国自己是永不会发明它的。

那面限制了商业发展，这面限制了工业进步。在工业上复缺乏商业
的刺激，在商业上复缺乏工业为推进。他且不谈，就在这两大限制之
下，中国工商业往复盘旋二千多年而不进，试问有什么稀奇呢！似此只
附于农业而立的工商业，虽说便于发财而不免购求土地，却又不能为发
财而经营它，其势不能凌越农业而操纵了土地，则甚明白，所以，由此
而垄断土地，形成地土佃农两阶级，那是不必虑的。而在这种工商业本
身，一面没有经过产业革命，生产集中资本集中之趋势不著，一面循着
遗产诸子均分之习俗，资本纵有积蓄，旋即分散；所以总不外是些小工
小商。像近代工业社会劳资两阶级之对立者，在此谈不到，所不待言，
可以说，秦汉以来之中国，单纯从经济上看去，其农工生产都不会演出
对立之阶级来。所可虑者，仍在政治势力之影响于土地分配。

三　何谓职业分途

我们知道经济上之剥削阶级，政治上之统治阶级，例必相兼。上面
对于经济上有无阶级之对立，已略为考查；下面再看它政治上阶级的情
况如何，俾资互证。

中国社会在政治上之得解放于封建，较之在经济上尤为显明。中国
之封建贵族，唯于周代见之。自所谓"分封而不临土，列爵而不临民，
食禄而不治事"（见《续文献通考》），实际即早已废除。战国而后，自
中央到地方，一切当政临民者都是官吏。官吏之所大不同于贵族者，即
他不再是为他自己而行统治了。他诚然享有统治之权位，但既非世袭，
亦非终身，只不过居于一短时之代理人地位。为自己而行统治，势不免
与被统治者对立；一时代理者何必然？为自己而行统治，信乎其为统治
阶级；一时代理者，显见其非是。而况做官的机会，原是开放给人人
的。如我们在清季之所见，任何人都可以读书；任何读书人都可以应

考；而按照所规定——考中，就可做官。这样，统治被统治常有时而易位，更何从而有统治被统治两阶级之对立？英国文官之得脱于贵族势力而依考试任用，至今未满百年。以此较彼，不可谓非奇迹。无怪乎罗素揭此以为中国文化三大特点之一也。

今人非有相当本钱，不能受到中等以上教育。但从前人要读书却极其容易；有非现在想象得到者：

第一，书只有限的几本书，既没有现在各门科学外国语文这样复杂，除了纸笔而外，亦不需什么实验实习的工具设备。

第二，不收学费的义塾随处可有。宗族间公产除祭祀外，莫不以奖助子弟读书为第一事，种种办法甚多。同时，教散馆的老师对于学生收费或多或少或不收，亦不像学校那种机械规定。甚至老师可以甘愿帮助学生读书。

第三，读到几年之后，就可一面训蒙，一面考课，藉以得到膏火补助自己深造。

那时一个人有心读书，丝毫不难。问题不在读书上，而在读了书以后，考中做官却不那样容易。一般说，其百分比极少极少。人家子弟所以宁愿走农工商各途者，就是怕读了书穷困一生"不发达"，而并非难于读书。所谓"寒士"、"穷书生"、"穷秀才"，正是那时极耳熟的名词。但却又说不定哪个穷书生，因考中而发迹。许多旧小说戏剧之所演，原属其时社会本象。

我承认像苏州等地方，城里多是世代做官人家，而乡间佃农则不存读书之想，俨然就是两个阶级。但此非一般之例，一般没有这种分别。"耕读传家"，"半耕半读"，是人人熟知的口语。父亲种地为业而儿子读书成名，或亲兄弟而一个读书，一个种地，都是寻常可见到的事。谚语"朝为田舍郎，暮登天子堂"正指此。韦布林（T. Veblen）著《有闲阶级论》，叙述各处社会都有视生产劳动为贱役可耻而回避之习惯。[1] 要知中国却不同。虽学稼学圃皆不为孔子所许；然弟子既以为请，正见其初不回避。子路在田野间所遇之长沮、桀溺、荷蓧丈人，显然皆有学养之贤者，而耕耘不辍；其讥夫子"四体不勤，五谷不分"，更见其重视生产劳动。又天子亲耕藉田，历代著为典礼；则与贱视回避，显然相反。许行"与民并耕"之说，非事实所能行；明儒吴康斋先生之真在田

---

① 韦布林（T. Veblen）著《有闲阶级论》，胡伊默译本第29～37页，中华书局出版。

间下力，亦事实所少见。最平允的一句话：在中国耕与读之两事，士与农之两种人，其间气脉浑然相通而不隔。士与农不隔，士与工商亦岂隔绝？士、农、工、商之四民，原为组成此广大社会之不同职业。彼此相需，彼此配合。隔则为阶级之对立；而通则职业配合相需之征也。

由于以上这种情形，君临于四民之上的中国皇帝，却当真成了"孤家寡人"，与欧洲封建社会大小领主共成一统治阶级，以临于其所属农民者，形势大不同。试分析之：

一、他虽有宗族亲戚密迩相依之人，与他同利害共命运；但至多在中央握权，而因为没有土地人民，即终无实力。

且须知这种权贵只极少数人，其余大多数，是否与他同利害共命运，尚难言之。像明嘉靖年间裁减诸藩爵禄米，"将军"（一种爵位）以下贫至不能自存。天启五年以后，行限禄法，而贫者益多，时常滋事。当时御史林润上言，竟有"守土之臣每惧生变"之语，是可想见。

二、他所与共治理者，为官吏。所有天下土地人民皆分付于各级官吏好多人代管。官吏则来自民间（广大社会），又随时可罢官归田或告老还乡；其势固不与皇帝同其利害，共其命运。

三、官吏多出自士人。他们的宗族亲戚邻里乡党朋友相交，仍不外士、农、工、商之四民。从生活上之相依共处，以至其往还接触，自然使他们与那些人在心理观念上实际利害上相近，或且相同。此即是说：官吏大致都与众人站在一面，而非必相对立。

四、诚然官吏要忠于其君；但正为要忠于其君，他必须"爱民如子"和"直言极谏"。因只有这样，才是获致太平而保持皇祚永久之道。爱民如子，则每事必为老百姓设想；直言极谏，则不必事事阿顺其君。所以官吏的立场，恰就站在整个大局上。

只有一种时机：他一个人利禄问题和整个大局问题，适不能得其一致，而他偏又自私而短视；那么，他便与大众分离开了。然此固谈不到什么阶级立场。

政治上两阶级对立之形势，既不存在；这局面，正合了俗说"一人在上万人在下"那句话。

秦以后，封建既不可复，而皇室仍有时动念及此者，即为其感到势孤而自危。这时候，他与此大社会隔绝是不免隔绝，对立则不能对立。古语"得人心者昌，失人心者亡"，正是指出他只能与众人结好感，而不能为敌。而万一他若倒台，天下大乱一发，大家亦真受不了。彼此间力求适应，自有一套制度文化之形成。安危利害，他与大社会已牵浑而不可分。整个形势至此，他亦不在大社会之外，而与大社会为一。

一般国家莫非阶级统治；其实，亦只有阶级才能说到统治。在中国看不到统治阶级，而只见有一个统治者。然一个人实在是统治不来的。小局面已甚难，越大越不可想象。你试想想看：偌大中国，面积人口直比于全欧洲，一个人怎样去统治呢？他至多不过是统治的一象征，没有法子真统治。两千年来，常常只是一种消极相安之局，初未尝举积极统治之实。中国国家早已轶出一般国家类型，并自有其特殊之政治制度。凡此容当详论于后。这里要点出的，是政治上统治被统治之两面没有形成，与其经济上剥削被剥削之两面没有形成，恰相一致；其社会阶级之不存在，因互证而益明。本来是阶级之"卿、大夫、士"，战国以后阶级性渐失，变成后世之读书人和官吏，而职业化了。他们亦如农工商其他各行业一样，在社会构造中有其职司专务，为一项不可少之成分。此观于士农工商四民之并列，及"禄以代耕"之古语，均足为其证明。古时孟子对于"治人"、"治于人"之所以分，绝不说人生来有贵贱阶级，而引证"百工之事固不可耕且为"之社会分工原理。可见此种职业化之倾向，观念上早有其根，所以发展起来甚易。日本关荣吉论文化有其时代性，复有其国民性，政事之由阶级而变到职业，关系于文化之时代性；然如中国此风气之早开，却是文化之国民性了。

我们当然不能说旧日中国是平等无阶级的社会，但却不妨说它阶级不存在。这就为：

一、独立生产者之大量存在。此即自耕农、自有生产工具之手艺工人、家庭工业等等。各人作各人的工，各人吃各人的饭。试与英国人百分之九十为工资劳动者，而百分之四为雇主者相对照，便知其是何等不同。

二、在经济上，土地和资本皆分散而不甚集中，尤其是常在流动转变，绝未固定地垄断于一部分人之手。然在英国则集中在那百分之四的人手中，殆难免于固定。

三、政治上之机会亦是开放的。科举考试且注意给予各地方以较均平之机会。功勋虽可荫子，影响绝少，政治地位未尝固定地垄断于一部分人之手。今虽无统计数字可资证明，推度尚较十九世纪末二十世纪初之英国情形为好。英国虽则选举权逐步开放，政治机会力求均等；然据调查其 1905 年以上半个世纪的情形①，内阁首相及各大臣、外交官、军官、法官、主教、银行铁路总理等，约百分之七十五还是某些世家出身。他们几乎常出自十一间"公立学校"和牛津、剑桥两大学。名为"公立学校"，其实为私人收费很重的学校。普通人进不去，而却为某一些家庭祖孙世代读书之地。

所以近代英国是阶级对立的社会，而旧日中国却不是。此全得力于其形势分散而上下流通。说它阶级不存在，却不是其间就没有剥削，没有统治。无剥削即无文化，其理已说于前。人类平等无阶级社会尚未出现，安得而无剥削无统治？所不同处，就在一则集中而不免固定，一则分散而相当流动。为了表明社会构造上这种两相反之趋向，我们用"职业分途"一词来代表后者，以别于前之"阶级对立"。

于此，有两层意思要申明：

一、如上所说未构成阶级，自是中国社会之特殊性；而阶级之形成于社会间，则是人类社会之一般性。中国其势亦不能尽失其一般性。故其形成阶级之趋势，二千年间不绝于历史。同时，其特殊性亦不断发扬。二者迭为消长，表见为往复之象，而未能从一面发展去。

二、虽未能作一面发展，然其特殊性彰彰具在，岂可否认？凡不能指明其特殊性而第从其一般性以为说者，不为知中国。我于不否认其一般性之中，而指出其特殊性，盖所以使人认识中国。

在第一章中，曾提到一句笑话："若西洋是德谟克拉西，则中国为德谟克拉东。"在近代英国——这是西洋之代表——其社会及政治，信乎富有民主精神民主气息；但旧日中国亦有其民主精神民主气息。他且待详于后，即此缺乏阶级讵非一证？若指摘中国，以为不足；则如上所作中英社会之比较，正可以严重地指摘英国。所以只可说彼此表见不同，互有短长。亦犹之英国与苏联，此重在政治上之民主，彼重在经济上之民主，各有其造诣，不必执此以非彼也。

---

① 此参取英人所著《苏联的民生》第 319～334 页所述，书为邹韬奋译，生活书店出版。

人心与人生（选录）[*]
（1975）

自　序

一九五五年七月着手起草《人心与人生》一书，特先写此自序。

于此，首先要说我早在一九二六年五月就写过一篇《人心与人生》自序了。——此序文曾附在一九二九年印行的《东西文化及其哲学》第八版自序之后刊出。——回首不觉已是三十年的事，这看出来此书在我经营规划中是如何的长久。

事情经过是这样的：在一九二一年《东西文化及其哲学》出版后的第二年，我很快觉察到其中有关儒家思想一部分粗浅不正确。特别是其中援引晚近流行的某些心理学见解来讲儒家思想的话不对，须得纠正。这亦就是说当初自己对人类心理体会认识不够，对于时下心理学见解误有所取，因而亦就不能正确地理会古人宗旨，而胡乱来讲它。既觉察了，就想把自己新的体认所得讲出来以为补赎，于是从一九二三年到一九二四年之一年间在北京大学哲学系我新开"儒家思想"一课，曾作了一种改正的讲法。在一年讲完之后，曾计划把它分为两部分，写成两本书，一部分专讲古代儒家人生思想而不多去讨论人类心理应如何认识问题，作为一书取名《孔学绎旨》；而把另外那一部分关涉到人类心理的认识者，另成《人心与人生》一书。这就是我最初要写《人心与人生》的由来。

---

* 此书开始撰写于 1960 年。1966 年突遇"文革"而被迫辍笔。1970 年乃得重新着笔，1975 年 7 月完成。首次得出版，时为 1984 年。此选录包括 1957 年所写成之"自序"和此书之第七章。

一九二六年所写那篇序文，主要在说明一点：一切伦理学派总有他自己的心理学作基础；所有他的伦理思想（或人生思想）都不外从他对人类心理或人类生命那一种看法（认识）而建树起来。儒家当然亦不例外。只有你弄清楚孔子怎样认识人类，你才能理解他对人们的那些教导；这是一定的。所以，孔子虽然没讲出过他的心理学——孟子却讲出了一些——然而你可以肯定他有他的心理学。但假使你自己对人类心理认识不足，你又何从了解孔子具有心理学见解作前提的那些说话呢？此时你贸然要来讲孔子的伦理思想又岂有是处？我在《东西文化及其哲学》中便是犯了此病。在一九二三——一九二四年开讲儒家思想时，自信是较比以前正确地懂得了孔子的心理学，特地把先后不同的心理学见解作了分析讨论，再来用它阐明儒家思想，其意义亦就不同于前。但我所相信孔子的心理学如是者，无疑地它究竟只是个人对于人类心理或人类生命的一种体认——一种比较说是最后的体认罢了。所以将它划出来另成《人心与人生》一书是适当的。

那次同这次一样，书未成而先写了序，手中大致有些纲领条目，不断盘算着如何写它。一九二七年一月我住北京西郊大有庄，有北京各高等学校学生会组织的寒假期间学术讲演会来约我作讲演，我便提出以"人心与人生"作讲题。那时我久已离开北大讲席，而地点却还是借用北大第二院大讲堂。计首尾共讲了四星期，讲了全书的上一半——全书分九章，讲了四章。当时仍只是依着纲领条目发挥，并无成文讲稿。记得后来在山东邹平又曾讲过一次，至今尚存留有同学们的笔记本作为今天着手写作之一参考。

为什么着笔延迟到今天这样久呢？这便是我常常自白的，我一生心思力气之用恒在两个问题上：一个是人生问题，另一个可说是中国问题。不待言，《人心与人生》就是属于人生问题一面的。而自从一九三一年的"九一八"事件后，日寇向中国进逼一天紧似一天，直到"七七"而更大举入侵，在忙于极端紧张严重的中国问题之时，像人生问题这种没有时间性的研究写作之业，延宕下来不是很自然的吗？

以下试把上面所说我当年对人类心理的体认前后怎样转折不同，先作一简括叙述。

首先说在《东西文化及其哲学》中所表见的我对人类心理的那种体认。而这一体认呢，却又是经过一番转折来的，并非我最初的见解。我最初正像一般人一样，以意识为心理，把人们有自觉的那一面，认作是人类心理的重要所在。这是与我最初的思想——功利派思想不可分的。如我常常自白的那样，我的思想原先倒很像近代西洋人，亦就是《东西文化及其哲学》所菲薄的墨子思想那一路。及至转到出世界想，即古印度人的那一路，又是其后的事。再转归到中国固有思想上来，更是最后的事了。因为我少年时感受先父影响。先父平素最恨中国旧式文人，以为中国积弱都是被历来文人尚虚文而不讲实用之所误；论人论事必从实用、实利作衡量；勉励青年后进要讲求实学。因而在我就形成了最初以利害得失来解释是非善恶的那种功利派思想。在这种思想中总是把人类一切活动看成是许多欲望，只要欲望是明智的那就好（正像近代西洋人那样提倡开明的利己心）。欲望下就是在我们意识上要如何如何吗？所谓明智不又是高度自觉吗？意识、自觉、欲望……这就是（我）当初的人类心理观。

　　自己好久好久运用不疑，仿佛是不易之理的，慢慢生出疑难问题，经过反复思考卒又把它推翻，这才进入《东西文化及其哲学》那一时期。《东西文化及其哲学》一书表面上好像站在儒家一面批评墨子，站在中国一边批评西洋，其实正是我自己从一种新的体认转回头来指摘其旧日所见之浅薄。

　　那么，此时所有新的体认是如何呢？那恰是旧日所见的一大翻案。人类一切活动不错都是通过意识来。——不通过意识的是例外，或病态。然而人类心理的根本重要所在则不在意识上，而宁隐于意识背后深处，有如所谓"本能"、"冲动"、"潜意识"、"无意识"的种种。总之，要向人不自觉、不自禁、不容己……那些地方去求。因此，人生应该一任天机自然，如像古人所说的"廓然大公，物来顺应"那样；若时时计算利害得失而统驭着自己去走路，那是不可能的，亦是很不好的。——这便是《东西文化及其哲学》中的思想。

　　如上所说由人心体认到人生思想这样前后一个翻案，好像简单得很，却概括了那全书大旨；一本《东西文化及其哲学》就从这里来。这在原书中曾不惜再三指点出。

　　原书第五章指证世界最近未来将从西洋文化转变到中国文化的复兴，分了三层来说明。其中一层就明白地说是由于现在心理学见解变了之故。

　　（上略）如果单是事实（社会经济）变迁了，而学术思想没有变迁，则文化虽有转变之必要，而人们或未必能为适当之应付。然西洋人处于事实变迁之会（资本主义经济要变为社会主义经济），同时其学术思想亦大有改变迁进，给他们以很好之指导，以应付那事实上的问题，而辟造文化之新局。这学术思想的变迁可分为见解的变迁（或科学的变迁）和态度的变迁（或哲学的变迁）之二种。见解的变迁，就是指其心理学的变迁说，这是最大的、根本的。（中略）差不多西洋人自古以来直到最近变迁以前，有其一种心理学见解，几乎西方文化就建筑在这个上面；现在这个见解翻案了，西方文化于是也要翻案。（中略）这就是一向只看到人类心理的有意识的一面，忽却那无意识一面；……不晓得有意识之部只是心理的浅表，而隐于其后无意识之部实为根本重要。（中略）以前的见解都以为人的生活尽是有意识的，尽由知的作用来做主的，尽能拣择算计着去走的，总是趋利避害去苦就乐的……如是种种。于是就以知识为道德，就提倡工于算计的人生。自古初苏格拉底直到一千九百年间之学者，西洋思想自成一种味调态度，深入其人心，形著而为其文化，与中国风气适相反对者盖莫不基于此。

这下面举出麦独孤（W. McDougall）《社会心理学绪论》之盛谈本能，罗素（B. Russell）《社会改造原理》之盛谈冲动，以及其他一些学者著作为例，证明好多社会科学社会哲学的名家学者们通都看到了此点，而总结说：

> （上略）虽各人说法不同，然其为西洋人眼光从有意识一面转移到另一面则无不同。于是西方人两眼睛的视线乃渐渐与孔子两眼视线之所集相接近到一处。孔子是全力照注在人类情志方面的，孔子与墨子不同处，孔子与西洋人的不同处，其根本所争只在这一点。西洋人向不留意到此，现在留意到了，乃稍稍望见孔子之门矣。我所怕者只怕西洋人始终看不到此耳。但得他看到此处，就不怕他不走孔子的道路。

其中最明白的例是罗素。罗素这本著作是第一次世界大战后写出的，他开宗明义的一句话，就说他从大战领悟了"人类行为的源泉究竟是什么"这个大道理。自来人们总把人类行为看做是出于欲望；其实欲望远不如冲动之重要有力。如果人类活动不出乎种种欲望，那么，他总是会趋利而避害的，不至于自己向毁灭走。而实际上不然。人类是很可以赴汤蹈火走向毁灭而不辞的；请看大战不就是如此吗？

酿成战争的都是冲动——不管怒火也罢，野心也罢，都是强烈的冲动。大凡欲望亦为有一种冲动（罗素名之为"占有冲动"）在其中才有力。冲动不同，要事先注意分别调理顺畅，各得其宜；抑制它，或强行排除它，不是使人消沉没有活气，就是转而发出暴戾伤害人的冲动来。"要使人的生机顺畅而不要妨碍它"，我认为这就是罗素终会接近于孔子的根本所在了。

其他类此，不再多说。

这种改变不独见之于当代西洋人，而且同时还见之于中国主张学西洋的人——"五四"新文化运动的首脑人物陈独秀先生。在他主编的《新青年》中和他本人的文章中均供给了我很好的例证，原书也一同作了征引，这里且从略。

以上只是说出了从我最初的见解到《东西文化及其哲学》时期见解的转变，而要紧的还在此后的第二个转变，以下将进而叙明它，亦即指出我对人类心理最后作何认识。

为了说话简便易晓，我每称此第二个转变为"从二分法到三分法"的转变。什么是二分法？二分法就是把人类心理分作两面来看：本能一面较深隐，而冲动有力；理智一面较浅显，却文静清明。人类行为无不构成于这两面之上，不过其间欹轻欹重各有不同罢了。除此两面之外不可能更有第三面，所以是"二分法"。

所谓三分法不是通常所说的"知"、"情"、"意"那种三分，而是指罗素在其《社会改造原理》中提出的"本能"、"理智"、"灵性"三分，恰又是对"不可能更有第三面"来一个大翻案的。在《东西文化及其哲学》中我曾表示不同意罗素这种三分法。罗素建立灵性，说它是宗教和道德的心理基础，我以为远不如克鲁泡特金所说的正确。克氏著《互助论》一书，从虫类、鸟类、兽类以至野蛮人的生活中，搜集罗列许多事实，指出像人类社会所有的母子之亲、夫妇之情、朋友之义等早见于生物进化的自然现象中，而说之为"社会本能"。这不和孟子"良知良能"之说相发明相印证吗？他还同孟子一样把人们知善知恶比做口之于味、目之于色，从切近平实处来说明道德，而不把它说向高不可攀，说向神秘去。何需乎如罗素那样凭空抬出一个神秘的"灵性"来呢？我恐怕由于"灵性"在人类心理上缺乏事实根据，倒会使得宗教、道德失掉了它的根据吧！

当年既如此斩截地否定了罗素的三分法，其后何以忽然又翻转来而肯定它？这不是随便几句话可以说明得了的，要看完我这全书才得圆满解答。看完全书亦就明白"三分法"并不是一句正确的说法，《人心与人生》所为作亦绝不只是为了阐明三分法有胜于二分法。然而在此序文中却不妨姑就此问题引一头绪。

我们要从二分法的缺欠处来认识三分法，那么三分法虽不是一句正确的说话［法？］，它还是胜于二分法的。二分法的缺欠在何处呢？其根本缺欠在没有把握到人类生命的特点，首先它远不能对人类社会生活予以满意的说明。

人类在生物界所以表见突出者，因其生命活力显然较之一般生物是得到一大解放的。其生命重心好像转移到身体以外；一面转移到无形可见的心思；一面转移到形式万千的社会。人类生命所贵重的，宁在心而不在身，宁在群体而不在个体。心思和社会这两面虽在生物界早有萌芽，非独见于人类，然而心思作用发达到千变万化，社会生活发达到千变万化，心思活动远超于其身体活动，群体活动远超于其个体活动，则是人类最为突出独有的。它虽从两面表现，但这两面应当不是两事。发达的社会生活必在发达的心思作用上有其依据；无形可见的心思正为形式万千的社会之基础。那么，就要问：从二分法来看，这里所谓心思主要是理智呢，还是本能？

头一个回答，似乎应该便是理智。因为谁都知道只有物类生活还依靠着先天本能，而人类所特别发达的正在理智。然而我那时（写《东西文化及其哲学》时）意见恰不如是。导致我那时意见的则有三：

第一，我看了近代西洋人——他们恰是以理智胜——由其所谓"我的觉醒"以至个人主义之高潮，虽于其往古社会大有改进作用，但显然是一种离心倾向（对社会而言）；使我体会到明晰的理智让人分彼我，亦就容易只顾自己，应当不是社会的成因。

第二，曾流行一时的"社会契约说"，正由近代西洋人理智方盛，不免把人类行为都看做是有意识的行为而想象出来的。其于历史无据，已属学者公论；社会构成不由理智，于此益明。

第三，从克鲁泡特金的《互助论》上，知道人类之一切合群互助早在虫类、鸟类、兽类生活中已有可见，明明都是本能。于是我便相信了发达的人类社会是由于所谓"社会本能"的特殊发达而来。

这是符合当时我重视本能的那种思想的。然而到底经不起细思再想，不久之后，就觉察出它的不对。第一，本能在人类较之物类不是加强而是大为减弱；我们之说人类生命得到解放的，即指其从那有机械性的本能中得解放。今若以其优于社会者归功于其所短之本能，如何说得通？再看物类如何合群，如何互助，乃至有的如何舍己为群，种种不一而莫不各有所限定。像这样恒各有所限而不能发展的，说它是一种本能自然没有错。但若人类社会之日见开拓，变化万千，莫知其限量的，焉得更以本能看待？

既不是理智，又不是本能，人类社会之心理学的基础必定在这以外另自有说。那么，是不是就在罗素所说的"灵性"呢？

在经过考虑之后，还是发现罗素在本能、理智之外提出灵性来确有所见，并不是随便说的。罗素说灵性"以无私的感情——impersonal feeling——为中心"，这就揭出了他之所见。我们要知道，本能在动物原是先天安排下的一套营谋生活的方法手段，因之其相应俱来的感情冲动——皆有所为，就不是无私的感情。到了人类，其生活方法多靠后天得来，既非理智代替了本能，更不是于本能外又加了理智，乃是在本能中有了一种反乎本能的倾向，本能为之松弛减弱，便留给后天以发明创造和学习的地步。原从降低了感情冲动而来的理智，其自身没有动向可见，只不过是被役用的工具；虽然倒可说它是无所私的，却又非所谓"无私的感情"了。因此，罗素提出的灵性确乎在此两者（本能、理智）之外，而是很新鲜的第三种东西。问题只在看是不是实有这种东西。

老实讲，第三种东西是没有的；但我们说来说去却不免遗忘了最根本的东西，那便是为本能、理智之主体的人类生命本身。本能、理智这些为了营生活而有的方法手段皆从生命这一主体而来，并时时为生命所运用。从主体对于其方法手段那一运用而说，即是主宰。主宰即心，心即主宰。主体和主宰非二，人类生命和人心非二。罗素之所见——无私的感情——正是见到了人心。

人类社会之心理学的基础不在理智——理智不足以当之；不在本能——本能不足以当之；却亦不是在这以外还有什么第三种东西，乃是其基础恰在人类生命本身——照直说，恰在人心。

我们为什么竟然忽略遗忘了它呢？因为你总要从生活来看生命，来说生命，而离开人的种种活动表现又无生活可言；这些活动表现于外的，总不过一是偏动的本能、二则是偏静的理智罢了；还有什么呢？特别是生命本身在物类最不易见。而我们心理学的研究之所以由意识内省转入本能活动者，原受启发于观察动物心理，那就也难怪其忽略。

物类生命——物类的心——因其生活大靠先天安排好的本能，一切为机械地应付便与其官体作用浑一难分，直为其官体作用所掩蔽而不得见。在物类，几乎一条生命整个都手段化了，而没有它自己。人类之不同于物类，心理学何尝不深切注意到。然而所注意的只在其生活从靠先天转变到靠后天，只在其本能削弱、理智发达；此外还有什么呢？理智！理智！这就是人类的特征了。而不晓得疏漏正出在这里——正在只看到生活方法上的一大变动，而忽略了与此同时从物类到人类其生命本身亦已经变化得大不相同。请问这生命本身的变化不较之生活方法的改变远为根本，远为重要吗？无奈它一时却落在人们的视线外。

这根本变化是什么呢？这就是被掩蔽关锁在物类机体中的生命，到了人类却豁然透露（解放）。变化所由起，还是起于生活方法之改变。当人类生活方法转向于后天理智之时，其生命得超脱于本能即是从方法手段中超脱出来而光复其主体性。本能一一是有所为的；超脱于本能，便得豁然开朗达于无所为之境地。一切生物都盘旋于生活问题（兼括个体生存及种族繁衍），以得生活而止，无更越此一步者；而人类却悠然长往，突破此限了。他（人心）对于任何事物均可发生兴趣行为而不必是为了生活——自然亦可能（意识地或无意识地）是为了生活。譬如求真之心、好善之心，只是人类生命的高强博大自然要如此，不能当做营求生活的手段或其一种变形来解释。

盖理智必造乎无所为的冷静地步而后得尽其用，就从这里不期而开出了无所私的感情——这便是罗素说的"灵性"，而在我名之为"理性"。理智、理性不妨说是人类心思作用之两面：知的一面曰理智；情的一面曰理性；二者密切相连不离。譬如计算数目，计算之心属理智，而求正确之心便属理性。数目算错了，此心不容自昧，就是一极有力的感情。这感情是无私的，不是为了什么生活问题——它恰是主宰而非工具手段。

本文至此可以结束。关于人类社会之心理基础问题，书内将有阐明，此不详。旧著《东西文化及其哲学》有关儒家思想一部分所以粗浅、不正确，从上文已可看出，那就是滥以本能冒充了人心，于某些似是而非的说法不能分辨。其他，试看本书可知。

一九五五年七月着笔而未写完，一九五七年八月十二日续成之。

梁漱溟记

我对人类心理的认识前后转变不同

一、意识与本能比较孰居重要

今将一谈我对人类心理的认识前后转变不同。此一前后不同的转变，颇有与近世西方心理学界的思想变迁情况相类似者，即从看重意识转而看重本能是也。但此非我最后之转变，最后之转变将于下一节言之。

我曾多次自白，我始未尝有意乎讲求学问，而只不过生来好用心思：假如说我今天亦有些学问的话，那都是近六七十年间从好用心思而误打误撞出来的。

由于好用心思，首先就有了自己的人生观，而在人生观中不可能不有一种对人类心理的看法：此即我最初对于人类心理的认识。大约我自十岁以至廿六岁前后应划属于这初一阶段的：在此阶段中我大体上是看重意识而忽于本能。二十当时并不晓得何谓意识，何谓本能；此不过后来回想当初所见是如此。

我十岁光景似乎就渐有思想，这思想当然是从家中亲长之启发而来。先父在当年是忧心国事而主张维新的人。他感受近百年历次国难的刺激，认定中国积弱全为文人所误。文人唯务虚文，不讲实学，不办实事，而西方国家之所以富强正在其处处尚实也。父既深恨一般读书人随逐颓风，力求矫正，形著于日常言动之间，遇事辄以有无实用为衡量，于是就感染到我。我少年时志向事功，菲薄学问（特指旧日书册之学），其思想恰为浅薄的功利主义一路。如今日之所谓文学、哲学——尔时尚无此等名堂——皆我所不屑为。然而好用心思的我却不知不觉在考虑到：人世间的是非善恶必在利害得失较量上求得其最后解释。这恰与近代西洋人——特如英国的边沁、穆勒——的人生思想相近。

我常常说我一生思想转变大致可分三期，其第一期便是近代西洋这一路。从西洋功利派的人生思想后来折反到古印度人的出世思想，是第二期。从印度出世思想卒又转归到中国儒家思想，便是第三期。凡此皆非这里所及详。

前所云我初一阶段对于人类心理的认识只在其意识一面，就是随着功利主义的人生思想所自然地带来的一种看法。那即是看人们的行动都是有意识的，都是在趋利避害、去苦就乐的。西洋近世经济学家从欲望出发以讲经济学，提倡"开明的利己心"，其所见要亦皆本于此。我以此眼光来看世间一切人们的活动行事，似乎一般亦都解说得通。既然处处通得过，便相信人类果真如此。众所周知，看重意识正是西方近世心理学界的一般风气，仿佛所谓心理学就是意识之学。我初不曾想研究什么心理学，却当年我的见地亦一度落归到此。

第一期功利思想以为明于利害即明于是非，那亦就是肯定欲望而要人生顺着欲望走。第二期出世思想则是根本否定人生而要人消除欲望，达于彻底无欲之境。这是因我觉悟到人生所有种种之苦皆从欲望来；必须没有欲望才没有苦。在人生态度上虽然前后大相反，却同样从欲望来理解人类生命，不过前者以欲望为正当，后者以欲望为迷妄耳。关于我人生态度的转变此不及谈，但须点明在人类心理的认识上，前后相沿，此时尚未超出初一阶段。

此时所见虽说尚未超出初一阶段，却实隐伏转变之机。盖先时（功利思想时）多着眼人们欲望的自觉面，亦即其主动性；并力求人生之能以清明自主，如所谓"要从明于利害以明于是非"者。而到此时，却渐渐发见人们欲望的不自觉面，亦即其盲目性、机械性或被动性，正有如佛家所斥为迷妄者是。欲望的不自觉面、欲望的被动性何指？此指欲望之为物，实以种种本能冲动为其根本，而意识只居其表面也。先时之看重意识实属粗浅之见，只看到外表，殊未能深察其里。且人当本能冲动强烈时，生死非所顾，又何论于利害得失？非但本能强奋时也，人在平时一颦一笑或行或止之间，亦为情感兴致所左右耳。岂能一出于利害得失计较之为耶？好用心思的我，恒时不停止地观察与思考，终于自悟其向者之所见失于简单浅薄，非事理之真。

人之所以高于动物者，信在其理智之优胜，一言一动罔非通过意识而现。然事实上其通过意识也，常不免假借一番说辞（寻出一些理由），以自欺欺人（非真清明自主而以清明自主姿态出现）而已。是感情冲动支配意识，不是意识支配感情冲动。人类理智之发达，不外发达了一种分别计算的能力。其核心动力固不在意识上而宁隐于意识背后深处。莫忘人类原从动物演进而来，凡生物所同具之图存传种两大要求在其生命中无疑地自亦植根甚深，势力甚强也。研究人类心理正应当向人们不自觉，不自禁，不容己……的那些地方注意。于是我乃大大看重了本能及其相应不离的感情冲动。就在我自己有此转变的同时，我发见一向看重意识的西方学术界同样转而注意于本能、冲动、潜意识（一称下意识）、无意识……这方面来，乃更加强我的自信。此即我在人类心理的认识上从初一阶段之进入次一阶段。

当时加强我之自信的西方学术思想可约略举出如次。

最先我看到英国哲学家罗素在第一次世界大战后写出的《社会改造原理》一书。[①] 他开宗明义第一章第一节就说他"从大战所获得的第一见解，即什么是人类行为的源泉……"他指出这源泉就在冲动（im-pulse）。试看战争不就是破坏、不就是毁灭？不论胜者败者同不可免。然而冲动起来，世界千千万万人如疯似狂，甘遭毁灭而不顾。他说以往人们总认为欲望是人类行为的源泉，其实欲望只不过支配着人类行为较有意识亦即较开化的那一部分而已。在这里，他是把欲望和冲动分别对待说的。其实欲望仍然以本能冲动为核心，只表面上较文明一些。罗素总分人们的冲动为两种。一种，他谓之"占有冲动"，例如追求名利美色之类。另一种，他谓之"创造冲动"。这与前者恰相反。占有是要从外面有所取得而归于自己；创造则是自己的聪明力气要向外面使用出去。科学家、艺术家工作起来往往废寝忘食，固属此例；实则一般人们每当研究兴趣来时，或任何活动兴趣来时，不顾疲劳，皆其例也。一切合己为人的好行为亦都是出于创造冲动。罗素认为近世以来资本主义社会鼓励人的占有冲动，发展了人的占有冲动，而抑制、阻碍人的创造冲动已经到了可怕的地步。所以现在必须进行社会改造，在改造上必当注意如何使人们的创造冲动得以发挥和发展，而使占有冲动自归减退。

当时我最欣赏和佩服罗素的，是其主张人的本能冲动必得其顺畅流行发展方好，而极反对加以抑制摧残。抑制将让人生缺乏活气，而摧残易致人仇视环境，转而恣行暴戾。我觉得他颇接近中国古代儒家思想了。[②] 在此同时，我又见到麦独孤（McDougall）《社会心理学绪论》一书[③]，突出地强调本能，最足表现西方心理学界从看重意识改而看重本能之一大转变。麦氏自序中首先指出心理学对于各门社会科学最重要的，是其论及人类行为源泉的那一部分；然而心理学一向最晦涩且杂乱无所成就的恰亦在此。在一般社会科学家们，当其讲伦理或讲经济或讲

---

① 此书在国内似有几种译本，我所见者为余家菊译本，1920 年出版。又其英文原著亦曾购得阅之。

② 罗素后来写有《论教育》（on Education）一书，在艾华编著《古希腊三大教育家》中附有摘译，同可见出其重视本能冲动之思想。又此所云儒家自是尔时我思想中的儒家。

③ 麦氏此书有刘延陵译本，上海商务印书馆出版。

政法或讲教育等各门学问时，亦从来不注意有必要先求明确人类心理那些有关问题以为其学说建好基础，辄复各逞其臆想或假设的前提以从事。试即以伦理学界为例，其通常流行的说法不外两种。一种是见到人们的意识总在苦乐利害之取舍趋避，便将其理论和理想建设于其上：此即功利主义之一流。另一种不甘于此浅见的，则认为人天生有道德的直觉，或良心，或某种高尚本能：此即神秘主义之一流。麦书指斥这两种同为不科学的无根之谈，即其指斥于人者以求之，而此新派学问之所本盖可见。

功利主义一流着眼在人心之意识一面，是与旧心理学如出一辙的。旧日心理学家之治学也，不外从个人以内省法冷静地进行分析描写其中知的方面入手。正为如此，所以心理学就落归意识之学，而其隐于意识背后实际上为人们一切行为活动之原动力的，就被忽略而晦涩不明。新派学者如麦氏，盖受启发于达尔文主义（人从动物演进而来），而大得力于比较心理学（动物心理学）之研究。其治学也，要在观察一般人种种行动表现而体会其动机，探讨其原动力。其发现支配人的行动者恒在衍自动物的种种本能，而意识殆不过居于工具地位，从而大大看重本能及其相应的感情冲动，自属当然。对于前一种的设想，其何能不斥为无根之谈乎？当其无从为神秘主义者之所云"直觉"、"良心"、"本能"求得其在动物演进中的来历根源也，则宜其又斥后一种说法为无根、为不科学矣。

麦书有颇见精辟之论。如其指驳伦理学名家雪德威教授（Prof. H. Sidgwick）是其一例。伦理学上的功利派一向是说人们的行为自然地都会择善（利）而从。雪德威思想不属功利派，却同样地认定人们行为之合理是其自然之常，而著作一专文申论何以人们时或亦会有不合理的行为（unreasonable action）。麦氏本其治学观点尖锐地反诘说：人类行为原起于本能冲动，而这些本能冲动固从动物（野兽）衍来，当其在生存竞争自然演进的年代中怎能料想要给未来的文明社会生活做好准备？所以事实正和雪德威所说的相反，人们行事合理非其自然之常，而不合理倒很自然的。当前有待学者研究解释的问题，乃是：何以人们到了文明社会居然会有合于道德理想的行为？中国古时荀子说"人之性恶，其善者伪也"，伪即人为之义，非其自然。不意其理论根据今乃于麦书见之。

麦书强调本能有合于我当时之所见，顾其必以道德为后天之矫揉造作则滋我疑惑。适又看到克鲁泡特金名著《互助论》及其《无政府主义的道德观》一小册，乃大得欣慰。《互助论》从虫、豸、鸟、兽以至原始人群搜集其同族类间生活上合群互助的种种事实，证明互助正是一种本能——可称社会本能——在自然选择中起着重要作用而逐渐得到发展来的。以往进化论者单讲"物竞天择"一义，失于片面，至此乃得其补充修正。此显有不同于神秘主义一流，而为可信之科学论证。在其论道德的小册中，更直言"吾人有道德感觉是一种天生的官能，一同于其嗅觉或触觉"（The moral sense is a natural faculty in us，like the sense of smell or of touch）。此不唯于中国古时性善论者之孟子为同调，抑且其口吻亦复逼肖。

后来又看到欧美学者间之言社会本能者固已多有其人。西洋旧说，人类之所以成社会是由于自利心的算计要彼此交相利才行。讲到伦理学上的利他心，总说为从自利心经过理性①推广而来。如此等等，无非一向只看人的有意识一面，而于本能和情感之为有力因素缺乏认识。现在则认识到社会组成实基于本能而非基于智力（智力宁助长个人主义），学术界风气丕变。从一向主知主义（intellectualism）之偏尚，转而为主情主义、主意主义（emotionalism，voluntarism）之代兴。其在心理学界新兴各派（如弗洛伊德之倡精神分析等），虽着眼所在种种不一，为说尽多不同，然其为西洋人之眼光从一向看重意识转而看重到其另一方面则似无不同。

如上所举诸家之言（尚多未及列举）足以见西洋学术思潮之变者，皆曾被我引入《东西文化及其哲学》一书，用来为我对人类心理的新认识张目；同时亦即用以证成我当时对人类文化前途之一种论断。此书出版于1921年，在人生态度上表现我于出世思想既经舍弃，而第三期儒家思想正在开端，同时亦即代表我对人类心理既舍弃其旧的认识，正进入次一阶段，尚未达于最后。

所谓我对人类文化前途之一种论断何指？此指书中论断：人类社会发展在最近的未来，无疑地要从资本主义阶段转入社会主义阶段；随着社会经济这一转变的到来，近代迄今盛极一时向着全世界展开的西洋文化即归没落，而为中国文化之复兴，并发展到世界上去。

此看似关涉许多方面的一绝大问题之论断，而归本到人身上则所指

———————
① 此处之理性一词相当于理智，而非后文我之所谓理性。

要不过其精神面貌的一种变化，可以简括言之如次：

> 处在资本主义下的社会人生是个人本位的；人们各自为谋而生活，则分别计较利害得失的狭小心理势必占上风，意识不免时时要抑制着本能冲动，其人与人之间的感情是很薄的（如《共产党宣言》中之所指摘）。同时，作为阶级统治的国家机器不能舍离刑赏以为治（此不异以对付犬马者对人），处于威胁利诱之下的人们（革命的人们除外）心情缺乏高致，事属难怪。——此即人类即将过去的精神面貌。

> 转进于社会主义的社会人生是社会本位的；大家过着彼此协作共营的生活，对付自然界事物固必计较利害得失，却不用之于人与人之间；在人与人之间正要以融和忘我的感情取代了分别计较之心（如所谓"人不独亲其亲、子其子"）。同时，阶级既泯，国家消亡，刑赏无所用而必定大兴礼乐教化，从人们性情根本处入手，陶养涵育一片天机活泼而和乐恬谧的心理，彼此顾恤、融洽无间。——此则人类最近未来的新精神面貌。

不言而喻，前者正是近代以来肇始于欧美而流衍于各处的所谓西洋文化；但何以便说后者取代前者就是中国文化的复兴呢？后者诚非中国古老社会所曾有过的事实，然却一望而知其为两千多年间在儒书启导下中国人魂梦间之所向往，并且亦多少影响到事实上，使得中国社会人生有所不同于他方（具如旧著《中国文化要义》之所阐述）。作为一个中国人的我，预见到世界未来景象如此，就径直目以为中国文化之复兴，要知道：后者原是人类文化发展的前途，不可能出现于早；却竟然在中国古时出现了一点影子。它只能是一点影子，不可能是具体事实。

《东西文化及其哲学》之所为作，即在论证古东方文化如印度佛家、中国儒家，均是人类未来文化之一种早熟品；因为不合时宜就耽误（阻滞）了其应有的（社会）历史发展，以致印度和中国在近代世界上都陷于失败之境。但从世界史的发展而时势变化，昨天不合时宜者今天则机运到来。其关键性的转折点即在当前资本主义之崩落而社会主义兴起。此一转变来自社会经济方面，却归根结果到人类心理上或云精神面貌上起变化。此一变化，在我当时（四五十年前）对人类心理的认识上，我只简单地把它归结到一个"意识与本能"的问题。

就其来自社会经济方面而言，固非任何人有意识地在求转变；其转变也，实为人们始料所不及。但此非有意识地转变，却恰好来自社会上人们的个人意识活动（各自为谋）。比及其转变趋势之所必至，被有识之士（马克思、恩格斯等共产党人）科学地预见到以后，乃始有意识地去推动其转变。最近未来共产社会之建设成功，无疑地应届人类自觉地创造其历史时代。然而恰好此意识明强的伟大事业运动，却必在其全力照顾到人们意识背后的本能及其相应的感情冲动——大兴礼乐教化陶养涵育天机活泼而和乐恬谧的心理——乃得完成。

在中国古代，儒墨两大学派是相反的。墨家是实利主义者，只从意识计算眼前利害得失出发，而于如何培养人的性情一面缺乏认识。[①] 儒家则于人的性情有深切体认，既不忽视现实生活问题，却更照顾到生命深处[②]。我当初正是从儒墨两家思想的对勘上来认识儒家的，同时，亦即在其认识人类心理之深或浅上来分别东方（古代）与西方（近代）。这从下面我当时称赞儒佛的话可以看出：

> 最微渺复杂难知的莫过于人的心理，没有彻见人性的学问不能措置到好处。礼乐的制作恐怕是天下第一难事，只有孔子在这上边用过一番心，是个先觉。世界上只有两个先觉：佛是走逆着去解脱本能路的先觉，孔是走顺着来调理本能路的先觉。（《东西文化及其哲学》一九九九年版，第一九九页）

东方古人早已看到的，今天西方人却刚看出来而当做新鲜道理大加强调。所谓东方西方一深一浅者在此；所谓儒佛皆为人类文化之早熟者在此；所谓世界最近未来中国文化必将复兴者，无不在此。

二、理性与理智之关系

上一节之所云云皆属四十五年前事。[③] 尔时对于人类心理的认识自以为有得，而实则其中含混不清之问题尚多。当《东西文化及其哲学》未成书时，满怀兴奋，不自觉察。书既出版，胸次若空，问题渐以呈露，顿悔其出书之轻率，曾一度停止印行。其后复印，则加一序文声明书中杂取滥引时下心理学来讲儒家实属错误。一九二三——九二四之一

[①] 墨子从其实利主义的观点极不了解儒家的礼乐而加以反对，既见于墨子书中，亦备见于其他各书之评述墨子者，此不列举。其见解不免浅近，但要知道其精神是伟大的。正为他是一个伟大的"非个人主义"者，所以其实利主义乃能成立。

[②] 墨子之所留意者殆不出现实生活问题。《论语》中如"足食、足兵"，如"庶矣富之""富矣教之"诸所指示，既见儒家同样不忽于此，而如《乐记》、《学记》诸篇更见其于生命深处体认甚勤，照顾甚周，求之墨子绝不可得。

[③] 此节文字撰写于1964年。

学年在北京大学开讲儒家哲学，即在纠正原书之误，但口授大意，未成书文。一九四九年出版之《中国文化要义》，其第七章约可代表新认识而不能详。今在此一节叙出我对人心之最后认识，仍必从往时如何错误说起。

简明地指出往时错误，即在如下之三者间含混不清：

一、动物式的本能（有如麦独孤、弗洛伊德等思想中的）；

二、著见于某些动物和人类的社会本能（有如克鲁泡特金及其他学者思想中的）；

三、人类的本能（有如孟子所云"不学而能，不虑而知"的）。其所以漫然不加分别，实为当时矫正自己过去之偏看意识一面而太过看重了其相对之另一面，亦即相信了克鲁泡特金对人类心理的（本能、理智）两分法，而不同意罗素的三分法。

罗素在其《社会改造原理》一书中，曾主张人生最好是做到本能、理智、灵性三者谐和均衡的那种生活。所谓灵性，据他解说是以无私的感情为中心的，是社会上之所以有宗教和道德的来源。① 我当时颇嫌其在本能之外又抬出一个灵性来有神秘气味，远不如克鲁泡特金以无私感情属之本能，只以道德为近情合理之事，而不看做是特别的、高不可攀的，要妥当多多。② 迨经积年用心观察、思考和反躬体认之后，终乃省悟罗素是有所见的，未可厚非。

关于人心是从动物式本能解放出来的，与所谓互助合群的本能亦非一事，不容混同，在前几章中既有所阐明，读者不难回忆。既然本能、理智的两分法失于简单，不足以说明问题，于是我乃于理智之外增用理性一词代表那从动物式本能解放出来的人心之情意方面。《中国文化要义》第七章即本此立言，读者可取而参看。又上文中的一篇章节里所谈无私的感情，亦具见大意。以下申论理性与理智之关系，除行文有必要外，将力避重复。然而在某些重要意义上却又必将不厌重言以申之也。

何为在理智之外必增一理性？

浑括以言人类生命活动，则曰人心；剖之为二，则曰知与行；析之为三，则曰知、情、意。其间，感情波动以至冲动属情，意志所向坚持不挠属意，是则又就行而分别言之也。在动物本能中同样涵具知、情、

---

① 罗素原书于此系用 spirit 一词，经译者译为"灵性"；又其原文 impersonal feeling，我今以"无私的感情"译之。

② 详见《东西文化及其哲学》，第 183～185 页。

意三面，麦独孤论之甚详。然其特色则在即知即行，行重于知；而人类理智反之，趋于静以观物，其所重在知焉而已。理性之所为提出，要在以代表人心之情意方面；理性与理智双举，夫岂可少乎？

或曰：人不亦有本能乎？设以人的情意方面归属于其本能，有何不可？应之曰："从与生俱来而言，理智亦本能也。"（可参见前文相关章节）然若不加分别，则此种后起之反乎本能的倾向，即无从显示出来。必分别之，乃见吾人之生命活动实有其在性质上、在方式上彼此两相异者在。今以反本能的倾向之大发展而本能之在人者既已零弱，其情意隶属于本能者随亦式微矣；夫岂可以人的一切情意表现不加分别举而归之本能耶？指点出此情意在其性质上、其方式上不属本能者，即上文所云无私的感情是已（其特征在感情中不失清明自觉）。而理性之所以为理性者，要亦在此焉。

析论至此，对于所谓无私的感情其必有一番确切认识而后可。首先当辨其与所谓社会本能之异同。

所谓社会本能，盖某些学者指互助合群的种种行动之著见于某些动物与原人者。小之征见于雌雄牝牡之间，亲与子之间，大则见于同族类之间。此其必由生物传种问题而来，无可疑也。两大问题，种族繁衍更重于个体生存；是故亲之护惜其子，往往过于自爱其生命；抗御外敌，分子不难舍己以为其群。据云索照蓝在其《道德本能之原始与生长》一书（Alex Southerland, *Origin and Growth of Moral instinct*）具有详细之例证与论述。[①] 若此不私其身之出于本能者，与我所谓无私的感情之在人者，究竟为同为异，其如何以明辨之乎？

前曾言之：生物生命托于机体以为中心而联通乎一切，既有其局守之一面（身），更有其通灵之一面（心）；生物进化即生命从局向通而步步发展，随其生物之高下不等而其通的灵敏度（广度、深度）亦大为不等（见前文）。本能地不自私其身之在动物与无私的感情发乎人心，罔非此通的一种表现，虽二者不相等而其为一事之发展也，谁能否认之乎？——此言二者固有其相同之一面。

然而吾在前又尝言之矣：

> 各项本能都是围绕着两大问题而预为配备的方法手段，——皆是有所为的。因之，一切伴随本能而与之相应的感情亦皆有所为而

---

① 此据麦独孤著《社会心理学绪论》，商务印书馆版中译本，第75～76页。

发（从乎其利害得失而发）。不论其为个体抑为种族，其偏于局守一也；则其情谓之私情可也。人类固不能免于此，却殊不尽然。（见前文）

无私者廓然大公盖从其通而不局以言之也。若本能地不私其身以为种族，则如今之所谓较大范围的本位主义，仍有其所局守者在焉，岂得言无私乎？此言二者同中有异，不可不辨。其异在本质（出于本能或不出于本能）非徒在等差之间也。

人类为动物之一，原自有其本能，因而亦不免于私情之流行，却殊不必然、不尽然。试即父母本能（parental instinct）为例以明之。此在人类以理智反本能之发展大不似其他动物之完足有力，而必待社会制度与习惯之形成于后天以济之。心理活动一般依傍于制度与习惯，其出于（父母）本能或出于理性，乃难语乎（父母）本能，尤难语乎理性，事实复杂万状盖无一定之可言者。其或有溺爱不明，则落于本能之私者也；其或有冷漠寡恩[1]，则本能不足而理性复不显也。一般言之，应离本能不远，苟无悖理性（有悖理性即陷于本能），则只可云常情，无所谓私情也。惟若"好而知其恶，恶而知其美者"，[2] 乃信乎大公无私，是则人类理性之发用流行也；虽不多见，岂遂无其事乎？

再举例以明之。常说的"正义感"，非即感情之无私者乎？吾书既借《论持久战》指点人如何用兵作战，如所云主动性、灵活性、计划性者，以说明人心之妙用；顾于人心纯洁伟大光明公正之德尚未之及焉。今当指出人心之德有其好例，即在该文对于战争必先分别其为正义战或非正义战者可以见之。为革命而战是正义的，反革命非正义；侵略之战非正义，反侵略是正义的。于此际也，无产阶级不私其国、不私其族，而唯正义之是从，利害得失非所计也。利害得失在决心作战之后为作战而计较之，是人心之妙用，非所论于其战或否之从违也。利害得失在所不计，是之谓无私。

理智者人心之妙用；理性者人心之美德。后者为体，前者为用。虽体用不二，而为了认识人心有必要分别指出之。

---

[1] 往时尝见富贵之家耽于逸乐，不自劬育其子女，付之婢媪，或累日不一顾。又尝闻一边僻之区有"溺女"之禁，则以有窘于生计者无力哺育，产女辄或溺之也。凡此皆不可能于动物见之。

[2] 此语出《礼记·大学篇》，其下文云："谚有之曰'人莫知其子之恶，莫知其苗之硕'。"

罗素三分法之所以有胜于两分法，吾卒不能不服其确有所见者，即在其特别提出无私的感情于本能之外。其原文 spirit 一词，中文以灵性译之似未善。在罗素以此为人世所以有宗教和道德的心理基础，固未为不当。但他以此与本能、理智三者平列并举，对于人心原为一整体来说则有未安耳。至于我所说理性与彼所说 spirit，二者不相等同，读者其必察之。

自我言之，理智、理性各有其所认识之理。理智静以观物，其所得者可云"物理"，是夹杂一毫感情（主观好恶）不得的。理性反之，要以无私的感情为中心，即以不自欺其好恶而为判断焉；其所得者可云"情理"。例如正义感，即对于正义（某一具体事例）欣然接受拥护之情，而对于非正义者则嫌恶拒绝之也。离开此感情，求所谓正义其可得乎？然一切情理虽必于情感上见之，似动而非静矣，却不是冲动，是一种不失于清明自觉的感情。冲动属于本能。人当为正义而斗争时往往冲动起来，此即从身体上发出斗争本能了。

本能是工具，是为人类生活所不可少的工具。正以其为工具也，必当从属于理性而涵于理性之中。本能突出而理性若失者，则近于禽兽矣。

人在斗争中，往往互以"不讲理"斥责对方；此实即以无私相要求，而丑诋对方之不公。因为理（不论其属情理抑属物理）都是公的，彼此共同承认的。人之怀私或不自觉，固出于本能；其自觉者（有意识的），亦根于本能。然假使不有无私的感情之在人心，其将何以彼此相安共处而成社会乎？

人与人之间，从乎身则分隔（我进食，你不饱），从乎心则虽分而不隔。孟子尝举"今人乍见孺子将入于井"必皆怵惕恻隐，以证人皆有不忍人之心，是其好例①。人类生命廓然与物同体，其情无所不到②。凡痛痒亲切处就是自己，何必区区数尺之躯。唯人心之不隔也，是以痛痒好恶彼此相喻又相关切焉。且要为其相喻乃相关切，亦唯其关切乃更以相喻。人类之所由以成其社会者端赖于此，有异乎动物社会之基于其本能。盖人之各顾其私者或出于无意识或出于有意识，要各为其身

---

① 孟子原文云："所以谓人皆有不忍人之心者，今人乍见孺子将入于井，皆有怵惕恻隐之心，非所以内交于孺子之父母也，非所以要誉于乡党朋友也，非恶其声而然也。"

② 此云"廓然与物同体"之"物"字赅括他人他物在内，非必是物也。

耳①。唯借此不隔之心超乎其身，乃有以纠正其偏，而为人们共同生活提供了基础。

说人心之不隔，非第指其在人与人之间也，更言其无隔于宇宙大生命。读者请回顾吾书前文之所云：

> （上略）生命发展至此，人类乃与现存一切物类根本不同。现存物类陷入本能生活中，整个生命沦为两大问题之一种方法手段，一种机械工具，浸失其生命本性，与宇宙大生命不免有隔。而惟人类则上承生物进化以来之形势而不拘泥于两大问题，得继续发扬生命本性，至今奋进未已，巍然为宇宙大生命之顶峰。（中略）

> 在生物界千态万变，数之不尽，而实一源所出。看上去若此一生命彼一生命者，其间可分而不可分。说宇宙大生命者，是说生命通乎宇宙而为一体也。（下略）

一切生物（人在其内）莫不各托于其机体（身）以为生，然现存物类以其生活方法随附于其机体落于现成固定之局也，其生命遂若被分隔禁闭于其中焉；所得而通气息于广大天地者几稀矣。人类则不然。机体之在人，信为其所托庇以生活者，然譬犹重门洞开、窗牖尽辟之屋宇，空气流通何所隔碍于天地之间耶？人虽不自悟其宏通四达，抑且每每耽延隔奥而不知出，然其通敞自在，未尝封锢也。无私的感情时一发动，即此一体相通无所隔碍的伟大生命表现耳。岂有他哉！

无私的感情虽若秉赋自天，为人所同具，然往往此人于此发之，而彼人却竟不然；甚且同一人也，时而发动，时而不发动，没有一定。此与动物本能在同一物种彼此没有两样，代代相传如刻板文章者，显非同物。盖本能是为应付两大问题而预先配备好的方法手段，临到问题不得不然；而此恰是从本能解放出来的自由活动，旷然无所为而为。克鲁泡特金、索照蓝等诸家之误，在其混同不分，尤在其误作一种官能来看待道德的心，错认无所为者有其所为。

麦独孤的错误，表面不相同而其实则相同。表面不相同者：麦书力斥人心特有一种道德直觉（良心）之说为神秘不科学，否认人性本善。其实则相同者：他主张必于人心进化的自然史中从其衔接动物本能而来者求之，乃为有据。是即把人类道德的心理基础认为只能是在人类生活上有其一定用处的，亦即必有所为的。其意若曰"设若无所为，它何从

---

① 此云"各为其身"之"身"非必止于一身，盖兼括身之所有者一切而言之。

而来？岂非神秘?!"

殊不知道德之唯于人类见之者，正以争取自由、争取主动不断地向上奋进之宇宙生命本性，今唯于人类乃有可见。说"无所为而为"者，在争取自由、争取主动之外别无所为也。在一切现存物类——它们既陷于个体图存、种族繁衍两大问题上打转转的刻板生活而不得出——此生命本性早无可见，从而也就没有什么道德不道德可言。论者必求其所为，必以为于两大问题上有其用处可指（如各官能或本能）乃合于科学而不神秘，以此言生物科学内事则可，非所语乎人心之伟大——今天宇宙大生命顶峰的人类生命活动。

人类之出现——亦即人心之出现——是在生物进化上有其来历的，却不是从衔接动物本能有所增益或扩大而来。恰恰相反，人类生命较之动物生命，在生活能力上倒像是极其无能的。此即从理智反本能之发展而大有所削弱和减除，从一事一事预作安排者转向于不预作安排，而留出较大之空白余地来①。正为其所削减者是在两大问题上种种枝节之用，而生命本体（本性）乃得以透露，不复为所障蔽。前文曾说：

> 理智之发展也，初不过在生活方法上别辟蹊径，因将更有以取得两大问题之解决。然不期而竟以越出两大问题之外焉。此殆生命本性争取自由、争取主动有不容已者欤。

读者不难会悟人类行为上之见有理性，正由生命本性所显发。从生物进化史上看，原不过要走通理智这条路者，然积量变而为质变，其结果竟于此开出了理性这一美德。人类之所贵于物类者在此焉。世俗但见人类理智之优越，辄认以为人类特征之所在。而不知理性为体，理智为用，体者本也，用者末也；固未若以理性为人类特征之得当。

克鲁泡特金、索照蓝、麦独孤之论，矫正一般偏重意识（理智）之失，而眼光之所注不出本能，抑亦末也；惜乎其举皆见不及此也！

---

① 此处"留出较大之空白余地"之云，与第五章所云"从分工以言之，则各事其事于一隅，而让中央空出来不事一事。从整合以言之，则居中控制一切乃又无非其事者。空出一义值得省思……"又"在机体构造上愈为高度灵活作预备，其表现灵活也固然愈有可能达于高度；然其卒落于不够灵活的分数，在事实上乃且愈多。此以其空出来的高下伸缩之差度愈大故也。"均宜参看互证。

梁漱溟先生生平

先生 1893 年生于北京，祖籍广西桂林；名焕鼎，字寿铭，后以漱溟行世。1988 年病逝于北京，终年 95 岁。

1898 年，先生开蒙于家塾，适逢光绪帝变法维新。次年入当时第一所"洋学堂"——中西小学堂，不读"四书"，而读《地球韵言》，习英文。这自然是先生先翁巨川老先生的意思，因他很早即倾向维新。此后，先生又先后就读于蒙养学堂、江苏小学堂等，1906 年先生入顺天中学堂，至毕业止，其后皆自学。

1911 年中学毕业后，不谋升学或就业，参加同盟会京津支部，从事革命活动。辛亥革命成功后，任天津《民国报》记者约一年。后因自己早年出世思想抬头，居家约四年，潜心研读佛典，写出心得之作《究元决疑论》一长文。后以此求教于蔡元培先生，并因此于 1917 年为蔡先生引入北大，讲授印度哲学等，前后于北京大学任教凡七年。1921 年出版成名之作《东西文化及其哲学》，书中倡导世界文化发展多元化的观点，于全盘否定传统文化浪潮中，独肯定以孔子思想为代表的中国传统文化对人类生活自有其不可磨灭的价值，从而被认为是现代新儒学的开山人。

1924 年，先生辞去北大教职，经数年思考探索，对中国文化历史与中国自救之道有了自己的见解主张，认为"中国之政治问题、经济问题，天然的不能外于其固有文化所演成之事实、所陶养之民族精神，而得解决"。为将自己所见付诸试验，决心投身农村，从事社会改造运动。1929 年，任河南村治学院教务长。1931 年，又与梁仲华等创办山东乡村建设研究院于邹平县，曾任研究部主任、院长等职。研究院开展乡村问题研究，同时培训乡村工作人员，以县为实验区，以教育为手段，通过乡村学等组织及合作社等形式，培养人民养成团体组织的新生活习惯、民主政治意识，同时引进科学技术于农村生产，提高人民文化，改善人民生活。后因日寇入侵，七年试验工作于 1937 年中止。

抗日战争时期，为尽力于国家的团结抗日与统一建国，先生由农村工作转入上层政治活动。先后任最高国防参议会参议员与国民参政会参政员，既为团结统一努力于会内，更为此而努力于会外。1938 年初，为此访问延安，会见毛泽东。1939 年，一为鼓励于敌后抗日的原山东乡村工作同人抗敌，二为了解敌后乡村变化及其将来对政治大局的影响，三为尽力协调于各方，促进团结，先生由重庆大后方赴华北、华东敌后游击区巡视。1940 年，与张君劢、黄炎培、左舜生三人共同发起"中国民主政团同盟"（后更名为"民主同盟"），以加强第三方面力量，促进国共团结抗日，避免内讧。1941 年，赴香港，创办民盟言论机关报《光明报》，公开宣告民盟成立，并公布民盟的政治纲领等重要文件。1946 年，作为民盟代表之一参加政治协商会议（重庆），后又以民盟秘书长的身份参加国共和谈，为反对内战、促进和平建国而努力，卒以国民党执意发动内战，和平无望，遂脱离现实政治，从事讲学与著述。1948 年创办勉仁文学院于重庆北碚，并于此时撰成《中国文化要义》一书。

中华人民共和国成立后，先生历任全国政协委员、常委及宪法修改委员会委员。但心思之用更在于人生问题之研究，至 1975 年先后撰成《儒佛异同论》、《人心与人生》等，其目的全在"有助于人类认识自己，同时盖亦有志介绍古代东方学术于今日之知识界"。

先生尝言："自有知识以来，便不知不觉萦心于一个人生问题，一个社会问题（或云中国问题）。"先生正是为此两大问题而思考、而行动，终其一生。

梁漱溟年谱简编

1893 年　出生
生于北京。
翌年中日甲午之战。

1898 年　五岁
开始读书。
是年光绪帝变法维新。

1899 年　六岁
入兼习英文之中西小学堂。

1900 年　七岁
因义和团运动、八国联军入侵北京而辍学。

1901 年　八岁
庚子变后，维新势力又抬头，学堂复兴，于是又入南横街公立小学堂学习。

1902 年　九岁
改入彭翼仲先生主办之蒙养学堂，学习至次年。

1904 年　十一岁
由亲友各家合请一位家庭教师，在家中不习"四书五经"，而读小学课本。

1905 年　十二岁
入江苏小学堂学习。

1906 年　十三岁
考入顺天中学堂，学习国文、英文及数理化各种科目。

1910 年　十七岁
因同学甄元熙介绍，开始参加革命活动。

1911 年　十八岁
中学（时改称顺天高等学堂，程度同大学预科）毕业。
读张继译日人幸德秋水著《社会主义神髓》有感而作《社会主义粹言》，自己油印数十份。
是年辛亥革命爆发。

1912 年　十九岁
参加同盟会京津支部，在支部主办之天津《民国报》（社长甄元熙，总编孙炳文）任编辑及外勤记者。

1916 年　二十三岁
袁世凯"帝制"失败，恢复民国法统。任南北统一内阁司法部秘书。有感于名记者黄远生之死，而作《究元决疑论》，发挥佛家出世思想。文章发表于《东方杂志》后，以此求教于北京大学校长蔡元培先生，因而被邀往北大讲授印度哲学。

1917 年　二十四岁
正式到北京大学哲学系任课，至 1924 年止，前后七年。
是年游湘，目睹南北战争之祸，因而写《吾曹不出如苍生何》，自费印发千册散发，呼吁制止南北军阀内战。

1919 年　二十六岁
开始与熊十力先生相交往。
《印度哲学概论》出版。

1920 年　二十七岁

作《东西文化及其哲学》讲演。

在北大添讲佛家唯识学。《唯识述义》（第一册）出版。

梁启超、蒋方震诸先生由林志钧（宰平）先生引导来访谈。

1921 年　二十八岁

《东西文化及其哲学》首次出版。

介绍熊十力先生到北大讲授佛家唯识学。

与黄靖贤女士结婚。

1922 年　二十九岁

与李大钊先生倡议裁兵，蒋方震先生草出"裁兵计划"。

在蔡元培先生家讨论《我们的政治主张》，并签名。

1923 年　三十岁

陈铭枢先生北来相访。

1924 年　三十一岁

辞去北大教学工作，赴山东主持曹州高中及重华书院，并筹办曲阜大学。

1925 年　三十二岁

因时局变化回北京，与熊十力先生住什刹海东煤厂，与青年朋友约十人同住共学。

是年为北伐前夕，南方革命空气高涨。李济深、陈铭枢、张难先三位来信，以革命大义相责勉，促速南下，而此时对中国大局之出路正处于疑闷中。

1927 年　三十四岁

应李济深等三位之邀赴广州。

南京国民政府发表为广东省政府委员，辞未就职。

1928 年　三十五岁

在广州，认为宪政应以地方自治为基础，而地方自治又应由基层

（乡村）入手，因而作《乡治十讲》；筹办乡治讲习所，未成。

1929 年　三十六岁
离广州，至上海昆山、河北定县及山西乡村考察乡村工作。

后因广州政局变化，不再南返。经王鸿一先生介绍，与筹办河南村治学院之梁仲华、彭禹廷等相识，并受聘为该院教务长。同时接办北京《村治》月刊。

1930 年　三十七岁
因蒋阎冯中原大战，村治学院开办未满周年即结束。

1931 年　三十八岁
梁仲华等与山东省主席韩复榘联系，在山东邹平创办山东乡村建设研究院，梁仲华任院长。内设训练部和研究部，任研究部主任。邹平县划为乡建实验区。

1932 年　三十九岁
《中国民族自救运动之最后觉悟》（《村治论文集》）出版。仍兼任《村治》月刊主编。

1933 年　四十岁
第一次全国乡村工作讨论会在邹平县召开，作《山东乡建院工作报告》。报告中说："顾今日中国之乱，系由近百年来，遭遇另一种不同文化……所引发其自身传统文化之一大激变。凤昔社会之组织构造，节节崩溃……此时而言求治，非从根底上重新建立其自身所适用之一种组织构造不可……所谓村治或乡村建设者，意在新组织构造必从乡村建其根基。"又划菏泽县为实验区。

1934 年　四十一岁
第二次全国乡村工作讨论会在河北定县召开。

增划山东济宁专区等十四县为实验区。

《乡村建设论文集》出版。

1935 年　四十二岁

与梁仲华、孙廉泉等推动山东省政府拟定以改革地方行政和民众自卫训练为主要内容的"三年计划"（1936—1938 年），为应对日本入侵、实行自卫做准备。

是年日人策划"华北五省三市自治"，华北局势紧张。

第三次全国乡村工作讨论会在无锡召开。

1936 年　四十三岁

赴日本考察农村工作。

应邀赴广州讲学，途经上海访蒋方震先生。蒋先生谈日本大举入侵将不在远，而我方之应付策略应植基山东、山西之农村。

1937 年　四十四岁

七七事变，日本入侵我国。

应聘为国防最高会议参议员，参加会议。自认为这是参与上层政治活动的开端。

因战火延及山东，山东乡村建设研究院建院七年（1931—1937 年）之后结束，部分人员撤往河南。

《乡村建设理论》与《朝话》出版。

1938 年　四十五岁

1 月初，为全国团结抗战，自武汉赴延安，访问毛泽东。

国防最高会议参议会改组，扩大为国民参政会，被选为参政员。自此任参政员至该会结束时（1947 年）止。

在四川创办南充民众教育馆。

1939 年　四十六岁

2 月，自重庆，经西安、洛阳，去游击区巡视，历经豫东、皖北、苏北、鲁南、冀南、豫北、晋东南，前后 8 个月。亲见国共摩擦，深惧内战爆发，妨碍抗敌。返回大后方成都、重庆，得悉党派关系恶化同样严重。于是与国共两党及第三方面分别商讨如何避免内战，并与第三方面人士组成"统一建国同志会"。

1940 年　四十七岁

年底，皖南事变前夕与张君劢、黄炎培、左舜生共四人商定将"统一建国同志会"改组为"中国民主政团同盟"。盖认为第三方面任务重大，非加强组织不可。

创办勉仁中学。

1941 年　四十八岁

1 月，皖南事变。因不能坐视国内分裂之发展，与民盟同人奔走于国共双方。为摆脱国民党政府之钳制压迫，被派赴香港创办民盟言论机关报《光明报》，自任社长。在报上发表了民盟成立宣言及民盟对时局主张纲领。年底太平洋战争爆发，香港陷敌，报纸停刊。

1942 年　四十九岁

年初自香港脱险，至桂林。

着手撰写《中国文化要义》。写出《我的自学小史》前十一节发表。

为蔡元培先生逝世二周年发表《纪念蔡元培先生》一文。

年末，张云川自重庆带来周恩来先生密信，劝往苏北或其邻近地区建立乡建或民盟据点。因感在苏北缺乏自己开展工作的基础，辞拒未去。

1943 年　五十岁

写《答政府见召书》，寄邵力子。信中说："……其在大后方，则执政党对于党外之压制，转迫转紧，浸至无所不用其极。人不入党，几不得以自存；言不希旨，绝难宣之于笔口。""如漱溟者正同处此境地，而身受其苦之一人。"信中最后说："政府诚有取于民主精神，政府自实践之，何用许多人来筹备。"因此，"实施宪政，非所愿闻；践行民主，宁待筹备"（《梁漱溟先生近年言论集》，1949 年）。拒赴重庆。

1944 年　五十一岁

发表《中国以什么贡献给世界呢》。

《漱溟最近文录》出版。

8 月，日军进犯桂林，避难于贺县八步。同陈此生兄"过着自己烧饭的生活"。此时曾为"策划两广、湖南三省交接处展开战时民众动员工作和树立对内政治革新旗帜，号召改造全国政局而奔走"，"尽算是苦心孤诣，卒于一事无成"（《我的努力与反省》，1987 年）。

1945 年　五十二岁

日本战败投降。以为"敌国外患既然没有，内部问题亦可望解决"，因此"用不着我再为现实政治努力"，"我要回到文化工作岗位。及至行抵广州，乃悉国内形势未容乐观"（《梁漱溟先生近年言论集》，1949 年）。

为参加重庆政治协商会议，年底由粤飞渝。

《梁漱溟教育论文集》出版。

1946 年　五十三岁

作为民盟代表之一参加重庆政协会议，会后以为"今幸内战停止，协商告成，中国有步入坦途之望"，"但时局旋即恶化，没有容我抽出身来，更且把我拖入"。4 月，接任民盟秘书长，"从五月初到十月底，整六个月，除一度去昆明调查李闻案外，都在京沪间为和谈尽力，但当我看清楚无可为力的时候，我就拔脚走开了"（《我的努力与反省》，1987 年）。

于是辞去秘书长职，远去重庆北碚，闭户著书，撰写《中国文化要义》。

1947 年　五十四岁

在《观察》杂志发表《树立信用，力求合作》。文中说："我与共产党之间显然有很大距离。……然而根本上还是相通的。……我对于民族前途，对于整个人类前途，有我的看法及其远大理想，除掉这远大理想，便没有我。而他们恰是一个以远大理想为性命的集团。"（《梁漱溟先生近年言论集》，1949 年）

1948 年　五十五岁

年末，写成《过去内战的责任在谁》，备发表。文中指出："过去内战的责任不在中国共产党"，"今天好战者既已不存在，全国各方应该共谋和平统一，不要再打"（《梁漱溟先生近年言论集》，1949 年）。

于重庆北碚创办勉仁文学院。

1949 年　五十六岁

《中国文化要义》出版。书中"自序"说："要认识中国问题，即必得明白中国社会在近百年所引起之变化及其内外形势。而明白当初未曾变的老中国社会，又为明白其变化之前提。现在《中国文化要义》正是前书（指《乡村建设理论》一书——编者注）讲老中国社会的特征之放大，或加详。"（《中国文化要义》，1949 年）

《梁漱溟先生近年言论集》出版。

蒋介石发布《元旦文告》。解放军将渡江。

发表《过去内战的责任在谁》、《敬告国民党》、《敬告中国共产党》。

写信致"民盟主席张澜先生转诸同人"和"中共中央毛周诸公"，"勉励诸先生为国家大局努力负责，而声明自己决定三年之内对国事只发言不行动"，"对民盟则许我离盟，对中共则恕我不来响应新政协的号召"。关于脱离民盟原因，他说："我知道我此时言论主张在盟内未必全同意。要我受拘束于组织而不得自由发言，我不甘心；使组织因我而受到破坏，尤非道义所许……"（《我的努力与反省》，1987 年）

1950 年　五十七岁

由重庆北碚来北京。

3 月 12 日，应毛主席邀请晚饭谈话，"主席问我是否可以参加政府，我答自己愿在政府外效力。我希望设一中国文化研究所，或称世界文化比较研究所"，"主席当时未置可否"，而以去参观新老解放区相劝。于是赴山东、河南、平原及东北六省参观，历时近半年。

1951 年　五十八岁

任全国政协委员。

自请赴四川合川县云门乡参加土改。

1952 年　五十九岁

写出《我的努力与反省》一长文，回顾多年从事社会活动的经过，并试作检讨。

1955 年　六十二岁

再次撰写《人心与人生》自序。

1965 年　七十二岁

在早年所作《悼王鸿一先生》一文后批注："此文写于 1930 年，其时吾于共产党缺乏了解，且有偏见，故尔出语不合。然此文可存，此语不必改，以存其真，且志吾过。"

1966 年　七十三岁

《人心与人生》写出前七章，因"突遇'文化大革命'运动，以自己所储备之资料及参考书尽失而辍笔"。

"抄家"未逾月，"在手头无任何资料的情况下，撰写《儒佛异同论》"。

1974 年　八十一岁

《我们今天应当如何评价孔子》改写完毕。文中说："目前批孔运动中一般流行意见，我多半不能同意。"随后写出《批孔运动以来我在学习会上的发言及其经过的事情述略》。

1975 年　八十二岁

7 月初，《人心与人生》撰写完毕。在此书后记中说："书虽告成，自己实不满意。"又说"竟尔勇于尝试论述"，"自己不能胜任的学术上根本性大问题——人心与人生"，是因为"第一，年方十六七之时对人生不胜其怀疑烦闷，倾慕出世，寻究佛法。由此而逐渐于人生有其通达认识，不囿于世俗之见，转而能为之说明一切"，"第二……当今人类前途正需要一种展望之际……"（《人心与人生》，1984 年）

改写《东方学术概观》一文。

1980 年　八十七岁

被推为全国政协常委和宪法修改委员会委员。

1984 年　九十一岁

《人心与人生》一书出版。

1988 年　九十五岁

6 月 23 日，病逝于北京。

中国近代思想家文库

图书在版编目（CIP）数据

中国近代思想家文库. 梁漱溟卷/梁培宽，王宗昱编. —北京：中国人民大学出版社，2014.10

ISBN 978-7-300-20169-6

Ⅰ. ①中… Ⅱ. ①梁… ②王… Ⅲ. ①思想史-研究-中国-近代 ②梁漱溟（1893～1988)-思想评论 Ⅳ. ①B250.5

中国版本图书馆 CIP 数据核字（2014）第 238854 号

中国近代思想家文库

梁漱溟卷

梁培宽　王宗昱　编

Liang Shuming Juan

出版发行	中国人民大学出版社			
社　　址	北京中关村大街 31 号		**邮政编码**	100080
电　　话	010 - 62511242（总编室）		010 - 62511770（质管部）	
	010 - 82501766（邮购部）		010 - 62514148（门市部）	
	010 - 62515195（发行公司）		010 - 62515275（盗版举报）	
网　　址	http://www.crup.com.cn			
经　　销	新华书店			
印　　刷	涿州市星河印刷有限公司			
开　　本	720 mm×1000 mm　1/16		**版　　次**	2015 年 1 月第 1 版
印　　张	29 插页 1		**印　　次**	2024 年 7 月第 3 次印刷
字　　数	462 000		**定　　价**	99.00 元